국기원
태권도 교본

국기원 編

□ 김 운용 원장 국기원 임원단 교육에 참가

□ 현재의 국기원 정경

세계태권도 선수권대회 포스타 (1회~8회)

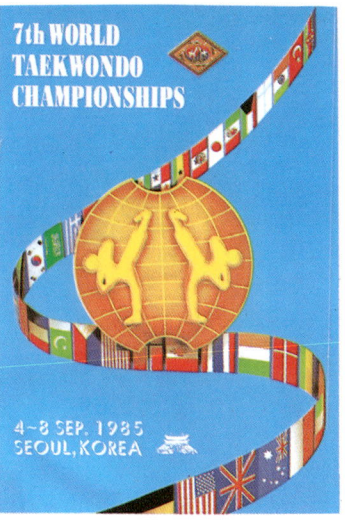

세계 태권도 선수권 대회 포스터 (9회~11회)

□ 제1회 세계태권도대회(1973. 한국·국기원)

한국의 태권도로 국위선양, 세계 각국과의 우호!

□ 제2회 세계태권도대회(1975. 한국·국기원)

□ 제3회 세계태권도대회(1977. 미국·시카고)

세계 각국이 참가한 5회, 6회 세계태권도 선수권대회

□ 제 4 회 세계태권도대회 (1979. 서독 스투트가르트)

□ 제 5 회 세계태권도대회 (1981. 에콰도르·콰이아길)

태권도 시범 장면의 멋진 모습!

올림픽 정식 종목 채택 기념 '94년 국제 태권도 대회

올림픽정식종목채택기념
'94 KBS배 국제태권도대회
1994 KBS CUP International Taekwondo Tournament 12.10-11

국민 교육 헌장

 우리는 민족 중흥의 역사적 사명을 띠고 이 땅에 태어 났다.
 조상의 빛난 얼을 오늘에 되살려, 안으로 자주 독립의 자세를 확립하고, 밖으로 인류 공영에 이바지 할 때다. 이에, 우리의 나아갈 바를 밝혀 교육의 지표로 삼는다.
 성실한 마음과 튼튼한 몸으로, 학문과 기술을 배우고 익히며, 타고난 저마다의 소질을 계발하고 우리의 처지를 약진의 발판으로 삼아, 창조의 힘과 개척의 정신을 기른다. 공익과 질서를 앞세우며 능률과 실질을 숭상하고, 경애와 신의에 뿌리박은 상부 상조의 전통을 이어받아, 명랑하고 따뜻한 협동정신을 북돋운다. 우리의 창의와 협력을 바탕으로 나라가 발전하며, 나라의 융성이 나의 발전의 근본임을 깨달아, 자유와 권리에 따르는 책임과 의무를 다하며 스스로 국가 건설에 참여하고 봉사하는 국민 정신을 드높인다.
 반공 민주 정신에 투철한 애국 애족이 우리의 삶의 길이며, 자유세계의 이상을 실현하는 기반이다. 길이 후손에 물려줄 영광된 통일 조국의 앞날을 내다보며, 신념과 긍지를 지닌 근면한 국민으로서, 민족의 슬기를 모아 줄기찬 노력으로 새 역사를 창조하자.

발 간 사

　국기 태권도는 한민족 고유의 무도로 우리의 자랑스런 문화유산입니다. 영광과 인고의 반만년 민족사와 운명을 함께 하며 면면히 이어온 우리의 태권도는 태권도인들이 끊임없는 기술연마와 정신수양은 물론 줄기찬 연구와 체험과정을 거쳐 현대체육으로서도 알맞게 체계화 되었다고 할 수 있읍니다. 아울러 이제 국민적인 호국무도로서도 완벽한 뿌리를 내렸다고 할 수 있읍니다.
　태권도의 정신적 본질은 인격의 순화를 통한 참된 윤리관의 배양에 있읍니다. 따라서 이미 제정된 태권도인의 예의규범은 우리 태권도인의 행동지침이며 생활철학인 것입니다.
　지난 1972년 본인은 모든 태권도인이 함께 열망하던 전태권도 종주국의 총본산이며 태권도인들의 정신적 요람인 국기원을 개원하였읍니다. 이와 함께 태권도연맹을 창설하고 활동영역을 국제사회로 넓혀 명실공히 태권도 세계화를 성취하는 한편 종주국의 위치를 확고하게 다졌읍니다.
　우리의 태권도는 1975년 국제경기연맹에 가입한데 이어 올림픽 승인종목으로 채택되었읍니다. 이에따라 우리는 모든 국제경기를 주도해왔을 뿐 아니라 그 동안의 전통을 수립하였읍니다. 감격도 새로운 86년 제10회 아시아 경기대회에서는 금메달 7개를 획득 압도적인 우승의 영광을 차지함으로써 한국체육사의 빛나는 한 페이지를 장식하였읍니다.
　태권도는 한국이 낳은 동양무도로서 세계의 스포츠 역사상 가장 훌륭하게 성장한 경기라고 전문가들은 말하고 있읍니다.
　이제 태권도는 한국의 태권도가 아닌 세계인의 것으로 일상생활에서도 건강체육으로 아낌을 받고 있읍니다.
　대망의 '88올림픽경기대회의 시범경기종목 채택과 함께 국기원 개원 15주년을 맞아 새로운 태권도 지도서를 발간하게 된 것을 뜻깊게 생각하며 경하해 마지 않읍니다.
　이 지도서는 그간 보안연구된 자료와 과학적 이론을 집대성하여 기술과 기법에 따르는 동작등을 재정립하고 입체식으로 분해하여 엮어졌읍니다. 특히 정신교양면에 중점을 두어 고매한 태권도 인상을 정립하는 데 큰 도움이 될 것으로 믿습니다.
　아울러 이 책이 전태권도인에게 다시없이 귀중한 수련의 동율서가 되기를 바라마지 않읍니다.
　끝으로 본서 발간을 위해 오랫동안 진력하신 여러분의 노고에 심심한 위로와 사의를 표하는 바입니다.

I. O. C. 부위원장
국 기 원 원 장　김 운 용

머리말

태권도는 우리 한민족의 얼과 혼이 담긴 국기이며, 자랑스런 문화유산으로 세계 체육사에 빛나는 금자탑이라 하겠읍니다.

태권도는 세계인의 무도 스포츠이며, 건강체육으로서 확고한 가치관으로 정립되었고, 이에 따라 우리 태권도계는 막중한 종주국 지도책임을 지니게 되었으며, 존엄하고 신성한 법통을 지켜 바른 태권도 정신, 바른 기법과 기술의 진수를 지도하고 길이 보존해야겠다는 김운용 원장님의 높은 의지에 의하여 1975년 발간된 교본에 이어 국기원 개원 15주년을 기념하는 사업의 일환으로 이 지도 교본을 발간케 됨에 따라 본원 기술심의위원회가 중심이 되어 대한태권도협회와 세계태권도연맹의 중진임원으로 구성한 편찬위원회가 각 분야에 따르는 전문지식과 오랜 실무적인 지도체험을 토대로 엮어낸 지도서이며 실기이론의 연구와 분석을 거듭하여 그 정의를 가다듬고 기술면에서 실제화된 새로운 분야를 정리하여

1. 정신 교양분야에 중점을 두어 태권도 사관의 합리성을 다지고
2. 기술상의 용어를 학술적으로 고증하여 보완하였음.
3. 기본 및 품새의 기법과 기술에 따르는 동작을 입체적으로 분해하여 용이한 지도와 수련에 중점을 둠.
4. 경기 및 겨루기 실기와 이론을 과학적으로 분석하고 체계있게 정리되어 선수들의 경기력 향상에 역점을 둠.
5. 예의규범을 비롯한 제 규정을 전재하여 태권도인의 소양과 실무역량을 제고케 하였읍니다.

끝으로 이 교본이 공인지도서로서 태권도 세계화에 길잡이가 되고 모든 태권도인의 수양을 겸한 동반자로서 애용되기를 바랍니다.

교본출간을 맞아 편찬실무자로서 오랜 시일을 두고 노력과 심혈을 다해 주신 김순배 위원장을 비롯한 위원제위께 뜨거운 감사를 드립니다.

국기원 부원장 엄 운 규

차 례

☐ 화보
  국민교육헌장 ··· 9
  발간사 ·· 11
  머릿말 ·· 12

1장 태권도 역사 ··· 21

1. 고대의 태권도 ··· 22
   가. 태권도의 발생 ··· 22
   나. 고구려의 선배와 택견 ·· 24
   다. 신라의 화랑과 택견 ··· 26
   라. 고구려 택견과 신라 전승 ·· 27
2. 중세의 태권도 ··· 28
3. 근세의 태권도 ··· 29
4. 현재의 태권도 ··· 32

2장 태권도 정신철학 ··· 37

민족고유의 정신세계와 태권도 ··· 39
  가. 태권도 정신(精神)의 근원적 사상(根源的 思想) ·············· 39
  나. 우리민족의 전통적 사상과 태권도 정신의 철학적배경 ······ 40
     1) 고조선시대 • 41   2) 삼국시대 • 41
     3) 고려 · 조선시대의 전통적 사상과 태권도 • 41
  다. 결론(結論) ·· 42

3장 태권도의 과학적 기초 ·· 43

1. 태권도의 생리학적인 접근 ·· 45
   가. 순환기계통(The Cardiovascular System) ······················ 45
   나. 호흡기계통 ··· 45
     1) 태권도 수련과 호흡의 관계 • 46   2) 태권도 수련과 폐의 환기능력변화 • 46
     3) 태권도 수련과 폐포내의 기체교환 • 46
   다. 신경계 ··· 47
     1) 대뇌 • 47   2) 소뇌 • 47   3) 시상 • 47   4) 연수 • 47   5) 자율신경 • 47
   라. 태권도와 체력요인 ·· 48
     1) 근력(筋力 · Strength) • 48   2) 순발력(瞬發力 · Power) • 48
     3) 민첩성(敏捷性 · Agility) • 48   4) 평형성(平衡性 · Balance) • 48

5) 유연성(柔軟性·Flexibility) · 48 6) 지구력(持久力·Endurance) · 49
2. 태권도와 운동역학 ··· 49
　가. 태권도와 운동역학과의 관계 ··· 49
　나. 태권도와 운동역학의 원리 ·· 49
　　　1) 반응시간과 반사작용시간 · 50 2) 신체운동 · 51 3) 힘(힘의 원리) · 53
　　　4) 힘과 운동의 법칙 · 53 5) 중심(重心)과 안정의 원리 · 54
3. 태권도와 운동심리 ··· 55
　태권도와 욕구심리 ·· 55
4. 태권도와 인접학문 ··· 57

4장　태권도의 지도 ·· 61

1. 개요 ·· 62
　가. 태권도 지도 ··· 62
　　　1) 지도의 의미 · 62 2) 지도의 조건 · 62
　나. 태권도 지도의 목적과 목표 ·· 62
2. 태권도 지도원리 ·· 63
　가. 의식성의 원리 ·· 63
　나. 자발성의 원리 ·· 64
　다. 개인차·성차(性差) ·· 64
　라. 사회화의 원리 ·· 64
　마. 전면성의 원리 ·· 64
　바. 연속성의 원리 ·· 65
　사. 흥미의 원리 ··· 65
　아. 창조성의 원리 ·· 65
　자. 평가의 원리 ··· 66
3. 태권도 지도의 구성요소 ·· 67
　가. 태권도 지도 모형 ··· 67
　나. 지도자 ··· 67
　　　1) 지도자의 자질 · 70 2) 지도자의 유형 · 70
　다. 수련자 ··· 72
　　　1) 수련자의 특성 · 72 2) 동기유발 · 72
　라. 수련과정 ·· 74
　　　1) 수련과정의 사고체계 · 74 2) 태권도의 수련내용 · 75 3) 수련과정표 · 75
　마. 수련환경 ·· 76
　　　1) 사회적 환경 · 76 2) 물리적 환경 · 77
4. 태권도 지도의 실제 ··· 77
　가. 태권도 지도방법 ·· 77

1) 도입단계 • 77　2) 전개단계 • 78　3) 정리단계 • 80
　나. 태권도 기술의 지도 ··80
　　　1) 태권도 기술지도의 의미 • 80　2) 기술의 습득과정 • 81　3) 집중법과 분산법 • 82
　　　4) 기술향상을 위한 교정방법 • 83　5) 기술지도시 유의사항 • 83
　　　6) 기술과 규칙과의 관계 • 84　7) 심리적 연습 • 84
　다. 태권도 정신지도와 이론지도 ··85
　　　1) 태권도 정신지도 • 85　2) 태권도 이론의 지도 • 86
　라. 도장에서의 생활지도 ··87
　　　1) 생활지도 내용 • 87　2) 도장에서의 수련자 준수사항 • 87　3) 상해 예방지도 • 88
5. 평가 ··88
　가. 평가의 개요 ··88
　나. 평가의 과정 ··89
　다. 평가의 조건 ··89
　라. 평가의 유형 ··89
　마. 태권도 지도에 필요한 평가내용 ··89
　바. 평가시 유의사항 ··90
　사. 간이체력검사 ··90

5장　태권도의 기본동작 ···91

태권도의 기본 ··92
1. 공격목표 ··94
2. 신체의 사용부위 ··95
　가. 주먹 ··97
　　　1) 주먹 • 97　2) 등주먹 • 99　3) 메주먹 • 99　4) 편주먹 • 100
　　　5) 밤주먹 • 101　6) 집게주먹 • 102　7) 주먹변화 • 103
　나. 손 ··104
　　　1) 손날 • 104　2) 손날등 • 105　3) 손등 • 105　4) 편손끝 • 106　5) 가위손끝 • 107
　　　6) 한손끝 • 107　7) 모은두손끝 • 108　8) 모은세손끝 • 108　9) 모듬손끝 • 109
　　　10) 곰손 • 109　11) 바탕손 • 110　12) 굽힌손목 • 111　13) 아귀손 • 112
　다. 팔 ··113
　　　1) 팔굽 • 113　2) 팔목 • 114
　라. 발 ··115
　　　1) 앞축 • 115　2) 뒤축 • 116　3) 발끝 • 117　4) 발날 • 117
　　　5) 발날등 • 118　6) 뒤꿈치 • 119　7) 발바닥 • 120　8) 발등 • 120
　마. 다리 ··121
3. 서기 ··122
　가. 넓혀서기 ··123

1) 나란히서기 • 123　　2) 오른서기 • 124　　3) 왼서기 • 124　　4) 편히서기 • 125
　　　5) 안쫑서기 • 125　　6) 주춤서기 • 126　　7) 낮추어서기 • 126　　8) 모서기 • 127
　　　9) 모주춤서기 • 127　　10) 안쫑주춤서기 • 127　　11) 앞서기 • 128
　　　12) 앞주춤서기 • 129　　13) 앞굽이 • 130　　14) 뒷굽이 • 131
　　　15) "ㅗ"자서기 • 132　　16) 범서기(오른범서기 경우) • 132
　나. 모아서기 ··· 133
　　　1) 모아서기 • 133　　2) 뒤축모아서기 • 133　　3) 앞축모아서기 • 133
　　　4) 곁다리서기 • 134　　5) 앞꼬아서기(오른발 앞꼬아서기) • 135
　　　6) 뒤꼬아서기(왼 뒤꼬아서기) • 135　　7) 학다리서기(오른 학다리서기) • 136
　　　8) 오금서기 • 137
　다. 특수품서기 ··· 138
　　　1) 기본준비서기 • 138　　2) 두주먹허리 준비서기 • 138　　3) 겹손 준비서기 • 139
　　　4) 보주먹준비서기 • 140　　5) 통밀기준비서기 • 141
4. 막기 ·· 142
5. 공격기술 ··· 162
　가. 지르기 ··· 162
　　　1) 지르기 요령 • 162　　2) 지르기 방법 • 164　　3) 지르기 목표에 의한 구분 • 164
　　　4) 지르기 용어 • 165　　5) 지르기법 • 166　　6) 지르기법 용어 • 167
　　　7) 지르기 종합용어 • 168　　8) 특수지르기 • 170
　나. 치기 ·· 172
　　　1) 치기설명 • 172　　2) 치기용어 • 172　　3) 특수치기 • 178
　다. 찌르기 ··· 179
　　　1) 찌르기 설명 • 179　　2) 찌르기 용어 • 179　　3) 특수찌르기 • 180
　라. 차기 ·· 181
　　　1) 차기 설명 • 181　　2) 차기 기본기술 • 181　　3) 차기 변화기술 • 185
　　　4) 차기 복합기술 • 192　　5) 뛰어차기(일단축) • 194　　6) 두발당성차기 • 195
　　　7) 모둠발차기 • 196　　8) 가위차기 • 196　　9) 몸돌려차기 • 197
　　　10) 거듭차기 • 197　　11) 섞어차기 • 197　　12) 이어차기 • 199
　　　13) 이어섞어차기 • 199　　14) 뛰어이어차기 • 199　　15) 뛰어넘어차기 • 199
　　　16) 일자차기 • 199　　17) 다 방향차기 • 199　　18) 특수차기 • 199
6. 기본동작 ··· 200

6장 태권도의 품새

1. 태극의 품새설명 ·· 212
　가. 태극 ·· 212
　　　1) 형의 • 212　　2) 유래 • 213　　3) 품새 • 213
2. 품새개론 ··· 213

가. 품새의 유래 …………………………………………………………………213
　　　나. 품새의 정의 …………………………………………………………………213
　　　다. 품새의 의의 …………………………………………………………………214
　　　라. 품새수련상 유의점 …………………………………………………………214
　　　마. 품새의 연성 …………………………………………………………………214
　　　　　1) 모양•214　　2) 뜻•214　　3) 실용•215　　4) 자기류•215　　5) 완성•215
　　　바. 품새의 유형 …………………………………………………………………215
　　　　　1) 기법•215　　2) 구성•215　　3) 중점•215
　　　사. 품새의 구분 …………………………………………………………………216
　　　아. 품새선의 종류 ………………………………………………………………216
　　　자. 품새선 방향기호 ……………………………………………………………216
　　　차. 교본에 사진배치의 방향은 정반대로 ……………………………………217
태극 1장 ……………………………………………………………………………219
태극 2장 ……………………………………………………………………………231
태극 3장 ……………………………………………………………………………243
태극 4장 ……………………………………………………………………………257
태극 5장 ……………………………………………………………………………277
태극 6장 ……………………………………………………………………………295
태극 7장 ……………………………………………………………………………309
태극 8장 ……………………………………………………………………………326
고려 …………………………………………………………………………………344
금강 …………………………………………………………………………………368
태백 …………………………………………………………………………………382
평원 …………………………………………………………………………………401
십진 …………………………………………………………………………………415
지태 …………………………………………………………………………………435
천권 …………………………………………………………………………………448
한수 …………………………………………………………………………………465
일여 …………………………………………………………………………………482
팔괘 1장 ……………………………………………………………………………495
팔괘 2장 ……………………………………………………………………………505
팔괘 3장 ……………………………………………………………………………515
팔괘 4장 ……………………………………………………………………………524
팔괘 5장 ……………………………………………………………………………535
팔괘 6장 ……………………………………………………………………………549
팔괘 7장 ……………………………………………………………………………559
팔괘 8장 ……………………………………………………………………………571

7장 태권도 겨루기 ·········· 587

- 세번 겨루기(몸통) ·········· 588
- 세번 겨루기(얼굴) ·········· 592
- 한번 겨루기(몸통) ·········· 596
- 한번 겨루기(얼굴) ·········· 601
- 앉아겨루기 ·········· 604
- 의자 겨루기 ·········· 607
- 짧은 막대 겨루기 ·········· 610
- 긴 막대 겨루기 ·········· 614
- 짧은 칼 겨루기 ·········· 617
- 긴 칼 겨루기 ·········· 620
- 권총 겨루기 ·········· 624
- 총검 겨루기 ·········· 628

8장 태권도 시범 ·········· 631

1. 개요 ·········· 632
2. 시범의 의의 ·········· 632
3. 시범의 구성 ·········· 633
   - 가. 대상 ·········· 633
   - 나. 시간 ·········· 633
   - 다. 장소 및 환경 ·········· 633
4. 시범의 종류 ·········· 633
   - 가. 단독시범 ·········· 633
   - 나. 단체시범(Group) ·········· 633
     - 1) 시범단 시범 • 634 2) 마스게임식 시범 • 634 3) 무용시범 • 634
5. 시범작성 요령 ·········· 634
   - 가. 준비운동 ·········· 634
   - 나. 기본동작 ·········· 634
   - 다. 품새 ·········· 634
   - 라. 겨루기 ·········· 635
   - 마 : 격파 ·········· 635
   - 바. 호신술 ·········· 635
6. 시범 프로그램 소개 ·········· 635

9장 태권도 경기규칙 (해설) ·················· 638

제 1 조 : 목적 ·· 638
제 2 조 : 적용범위 ·· 638
제 3 조 : 경기장 ·· 638
   1. 경기장의 구분 ·· 638
   2. 위치표시 ·· 638
제 4 조 : 선수 및 코치 ····································· 640
   1. 선수 ·· 640
   2. 코치 ·· 640
제 5 조 : 체급 ·· 641
제 6 조 : 경기의 종류 및 방식 ······················· 642
제 7 조 : 경기시간 ·· 643
제 8 조 : 추첨 ·· 643
제 9 조 : 계체량 ·· 643
제10조 : 경기진행 ·· 643
제11조 : 허용기술과 부위 ······························· 644
   1. 허용기술 ·· 644
   2. 허용부위 ·· 644
제12조 : 득점 ·· 645
제13조 : 채점과 표출 ······································· 646
제14조 : 금지행위 ·· 647
제15조 : 우세의 판정 ······································· 651
제16조 : 경기결과 판정 ··································· 651
제17조 : 위험한 상태 ······································· 652
제18조 : 위험한 상태에 의한 조처 ··············· 652
제19조 : 경기 중단 상황의 처리 ··················· 653
제20조 : 심판원 ·· 654
제21조 : 감독관 ·· 655
제22조 : 기록원 ·· 655
제23조 : 심판원 구성 및 배정 ······················· 655
제24조 : 본 규칙에 명시되지 않은 사례 ····· 655
제25조 : 소청 ·· 656

10장 태권도 선수훈련 ································658

1. 훈련의 개념 ································658
2. 트레이닝 요인 ································658
가. 신체적 준비 ································659
나. 기술적 준비 ································659
다. 전술적 준비 ································659
라. 심리적 준비 ································660
3. 트레이닝과 기술 ································660
가. 체력과 기술 ································660
1) 기술의 단계적 설정방법 • 661   2) 기술연습의 원칙 • 661   3) 보강운동 • 662
나. 준비운동과 정리운동 ································663
1) 준비운동(warming) • 663   2) 정리운동 • 665
3) 준비운동과 정리운동의 효과 • 665
다. 트레이닝의 분류 ································665
1) 기술의 트레이닝 • 665   2) 근력의 트레이닝 • 665
3) 지구력의 트레이닝 • 665   4) 유연성의 트레이닝 • 665
5) 조정력의 트레이닝 • 666   6) 순발력의 트레이닝 • 666
4. 코우치의 역할과 지도성 ································666
가. 코우치의 역할 ································666
1) 코우치는 선수의 소질과 장래성을 발견해야 한다. • 666
2) 코우치는 스포츠에 대한 선수의 심리적 상태를 파악해야 한다. • 666
3) 코우치는 합리적이고 보다 능률적인 트레이닝 계획을 입안해야 한다. • 667
4) 코우치의 최상의 업무는 연습의욕을 환기시키는 데 있다. • 667
5) 코우치는 선수들의 개성을 정확하게 파악하고 이에 어울리는 지도를 해야 한다. • 668
6) 코우치는 지도기술이 탁월해야 한다. • 668
7) 코우치는 끊임없이 코우칭학을 공부하고 정통해야 한다. • 669
8) 코우치는 시합에 대하여 임전태세가 완전히 준비되어 있어야 한다. • 669
5. 훈련계획 ································669
가. 훈련계획의 중요성 ································669
나. 훈련계획의 원칙 ································670
1) 목적파악의 원칙 • 670   2) 방법파악의 원칙 • 670
3) 대상파악의 원칙 • 670   4) 연간 훈련계획에 대하여 • 670
5) 일일 훈련주기 • 671

11장 상해예방과 처치 ...679

1. 상해의 원인 ...680
   가. 기본동작 미숙 ...680
   나. 준비운동 부족 ...681
   다. 과도한 긴장 ...681
   라. 과도한 훈련과 과로 ...681
   마. 안전교육 부족 ...681
2. 상해의 예방 ...682
3. 태권도 상해와 처치 ...682
   가. 피부와 근육의 상해 ...682
   　　1) 근경직과 근육통•682　2) 발의 위생과 상해•683　3) 근육좌상•683
   　　4) 근염•683　5) 스트레인•683　6) 하이 점퍼즈 스트레인•684
   　　7) 근경련•684　8) 근육 류머티스•684
   나. 관절의 상해 ...685
   　　족관절 염좌•685
   다. 뼈의 상해 ...685
   　　1) 골절•685　2) 장골 골절•686　3) 탈구•687
   라. 기타 ...688
   　　1) 훈련성 빈혈•688　2) 경련•688　3) 뇌진탕과 두부외상•688
   　　4) 비 출혈(코피)•688　5) 고환 타박•688　6) 복부 타박•689
   　　7) 탈수와 염분 손실•689
4. 응급처치 ...690
   가. 응급처치의 개요 ...690
   나. 처치에 들어가기 전에 알아두어야 할 사항 ...690
   다. 환자 발생시의 주의사항 ...690
   라. 응급처치에 필요한 약품 및 기구 ...690

부록

□ 심사규정 ...692
□ 대한 태권도협회 ...698
□ 주심의 수신호 ...702
□ 태권도 경기용품 공인규격 ...707

1장 태권도의 역사

1. 고대의 태권도

역사에서 시대를 구분하는 방법은 여러가지가 있으나, 여기에서는 고대, 중세, 근세, 현대의 넷으로 나누되 편의상 나라별로 구분해보면 고대는 삼국시대까지, 중세는 고려시대, 근세는 조선과 대한제국, 일제하 그리고 현대는 대한민국 정부수립 이후로 한다.

가. 태권도의 발생

인간은 자기 보존의 본능과 종족 보존의 본능을 가지고 있으며 이를 위해서 의식적 무의식적으로 신체활동을 하게 된다. 그러므로 인간에게서 운동을 제거할 수는 없으며 인간은 그 활동을 통해서 성장 발달한다. 이러한 신체 활동은 옛부터 있어 왔고 지금도 계속되고 있다.

어느 민족을 막론하고 무기가 발달하지 못했던 원시 사회에 있어서는 각자의 생활영위와 종족보존을 위한 식물의 획득, 외적방어라는 인간 본능의 생활요구에 따라 자연 발생적으로 도수공권(徒手空拳)의 투쟁형태가 투기 또는 자위무술로 발달하여 그 시대의 유일한 체육적 활동으로 행하여지게 되었다.

인간의 지혜가 발달함에 따라 자신의 육체적 힘만으로는 동물보다 우세할 수 없음을 알아 명석한 두뇌로 무기를 발명하였고 단체의 힘이 개인의 힘보다 우세함을 알아서 집단생활을 하게 되었다. 그러나 무기 사용 이후에도 자신의 몸을 튼튼히 하려는 생존의식은 계속되었고 체력과 기술을 발휘하고자 하는 인간 본능이 앞서 개발된 투기나 자위무술을 체계적으로 발전시켰다.

또한 이 시대는 농업을 위주로 하던 농경시대였으므로 천신, 태양, 산악 등을 숭상하는 원시신앙, 인간신앙이 유일의 생활이니만큼 오월 하종(下種), 시월 추수(秋收)가 끝나면 군중이 모여 신에게 제사하는 풍습이 있었다.

이는 부족에 따라 부여(夫餘)에서는 동맹(東盟), 마한(馬韓)에서는 시월제(十月祭), 신라(新羅)에서는 가위(架俳)라 불렀으나 같은 성질의 제례[1]이었으며 이때 힘과 기술을 겨루는 투기시합을 하였다하니 지금까지 전하는 농악, 씨름 등 민속놀이에서 그 자취를 엿볼 수 있다. 이러한 제천대회에서 여흥적으로 즐기던 유희・오락과 투기 등이 점차 경쟁의식을 갖게 되어 경기로 발전하였음은 거의 의심할 바 없다.

이러한 것은 다신교(多神敎)를 신봉하는 그리이스 인들이 여러 신의 영을 위로하기 위하여 신전에서 제전경기를 행한 '올림피아'경기를 통해서도 알 수 있다.

또한 부락의 단위가 확대됨에 따라 국방능력과 전투기능의 향상을 목표로 강한 정신력과 체력 배양을 위한 무예의 필요성이 강조되었다.

이러한 시대적 환경에 따라 제천대회의 체육활동 역시 투기를 중심으로 한 무술 경기를 중요시하였다. 이에 따라 전 부족민이 무예수련을 생활로 삼았으며, 대회에 참석한 무사들은 그들의

---

1) 後漢書 濊條, 三國志, 魏志, 夫餘條, 馬韓條

기(技)를 다루는 것이 상례가 되었다.

　제천 행사가 계속됨에 따라 신체 건강을 위한 양생술(養生術)이 발전되었고 동작이나 힘이 우세한 동물의 공·방자세 등을 자신들의 투쟁경험을 위주로 체계화시켰으니 여기서 오늘날의 태권도가 싹트게 되었으리라 생각된다.

　'한국체육사'[2]에 '이 시대의 환경·조건으로 보아 각저(角觝) 수박(手搏) 등의 투기가 행하여졌다'라고 기술한 것도 이러한 사실에 근거를 두고 있다.

　태권도는 발생후 택견, 턱걸이, 택건이, 수박, 태껸, 탁견 등으로 불리워 오다 태권도로 바뀌어 오늘에 이르고 있다.

　삼국시대에 들어와서도 고구려, 백제, 신라가 대내적으로 세력 확장을 위한 영토분쟁과 민족 통일을 위한 각축전을 벌였으며 대외적으로는 외적에 대한 민족적 의식의 각성을 촉진시키기 위해 무술을 중심으로한 체육활동이 성행하였다.

　이러한 사실은 삼국의 시조가 모두 무인이며 또 삼국사기 열전의 인사가 87명인데 그중 무인이 60명인 것을 보아도 나라의 주인이 무인이었음을 알 수 있다[3].

　이렇듯 시대적 환경이 무예체육의 실행을 촉진하여 마침내 고구려의 조의선인(皁衣仙人), 신라의 화랑도 같은 동서 고금에 빛나는 무인 청년단〔武士団〕의 확립을 보게 되었다.

　이 시기의 무인들은 검술이나 다른 무술의 기초수련으로서 태권을 행하였음을 고찰할 수 있는데, 해동죽지에 '검술(劍術)은 수술의 묘로부터 나온다[4]'라고 기술하고 있음은 수술(手術)이 검술의 기본이라는 증거의 하나이며, 무예서로서 정평이 있는 무예도보통지(武芸図譜通志)에 의하면 '태권(권법)은 손발을 마음대로 사용하고 사지와 몸의 활용법을 연마시켜줌으로써 무예의 초보와 토대가 되며 힘을 양성해 준다[5]'고 하였으니 당시의 무인들은 검술의 기본이나 무예의 초보로 태권을 실시하고 있었음을 알 수 있다.

　이렇게 우리나라의 무인들은 일찍이 부족국가시대부터 무예의 기본이나 무술의 하나로 태권을 행하였음을 추정할 수 있다.

　고대 부족국가시대는 부락의 부족들이 자위상 군장을 맹주로 삼아 그 족장에 복종하는 마음과 아울러 동기상부(同気相扶)하는 사상에 기인한 자치 관념이 점차 발전하여 사회 윤리의 근원이 되고 문화 발달을 촉진한 무사도가 이루어지게 된 것이다.

　이러한 무사단 가운데 특기할 만한 발전을 이룬 것은 부족국가를 지나 고구려·백제·신라가 정립하여 영토 분쟁과 각기 사회 문화의 발달을 이룬 시대로서 고구려는 압록강 건너 졸본천 기슭에서 B.C. 18년에 나라를 세우고 신라는 한반도의 남동방 서라벌 일대에서 B.C. 57년에 나라를 이룩했다. 3국은 서로 영토를 넓히려고 빼앗고 뺏기는 분쟁이 끊이지 않았으면서도 나름대로의 사회와 문화를 이룬 민족 국가로 성장했다.

　전기한 바와 같이 시대적 환경이 무예를 중시한 관계로 무예를 수련하는 무사단의 창설을 촉진하였으니 그 대표적인 예가 고구려의 '선배'(帛衣仙人)와 신라의 '화랑'이었으며 이들의 심신 단련과 무예 수련의 방법으로 태권도가 행하여졌다고 추찰된다.

---

2) 羅絢成, 韓國體育史, 서울 : 文泉社, 1975, 제4판 p. 33
3) 三國史記 列傳 참조
4) 崔永年, 海東竹技, 京城 : 獎學社, 1925 遊戲編 托肩戲條
5) 武藝圖譜通志, 卷之四 拳法條

나. 고구려의 '선배'[6]와 택견

고구려는 원래 주위의 적(漢族)과의 투쟁 과정에서 성장·발달한 관계로 신라나 백제보다 기력(気力)이 있고 호전적인 국민이었다.

고구려는 초기에 국가체제를 갖추기 시작한 2세기경 태조대왕과 차대왕의 2대에 걸쳐 '선배'라는 강력한 무사단을 형성하였는데 이는 국가의 강성과 중앙 집권 체제의 강화를 위해 창설된 것으로 풀이된다.[7]

역사책에는 '선배'를 선인(先人, 仙人), 조의선인(皁衣仙人)[8] 백의선인(帛衣仙人)[9] 예속 선인(翳屬仙人)[10]이라 기록되어 있다.

여기서의 선인(仙人)은 선배의 소리말 '선'이요 인은 '선배'의 배의 뜻을 빌려 쓴 이두문이며, 백의(帛衣), 조의(皁衣)는 우두머리〔上首〕의 옷과 빛깔, 예속은 무사 모의 깃 절풍(折風)에서 유래한 것이다. 학자들간에 선인(仙人, 先人)을 관직으로만 보는 견해가 있으나 발해사에 선인을 '사정병(士正兵)'이라 하고, 삼국 사기에 '선비는 싸움에 당(當)하여 물러서지 아니한다[11]'고 한 것을 보아도 선인이 '선배'라 부르던 무사단(武士団)에서 유래한 이름임을 알 수 있다.

해상잡록(海上雜錄)에서도 '명림답부 연개소문(明臨答夫 淵蓋蘇文)은 조의 선인 출신이다.[12]' 라고 하였고 또 연개소문의 아들 남생(男生)이 '총명하여 9세에 선인의 한 사람이 되었다.[13]' 하였으니 그 사실로도 선인이 단순한 관직명이 아니고 무사단 '선배'에서 비롯된 것임을 알 수 있다.

조선상고사에는 이에 대해 '태조 때에 와서는 매년 3월 10월에 신수두 대제(大祭)에 모든 군중을 모아 칼로 춤추고, 활도 쏘며, 앙감질도 하였다. 또는 수박(手搏;태견)도 하며, 강의 얼음을 깨고 물 속에 들어가 물싸움도 하였다. 가무(歌舞)를 연(演)하여 아름다움과 추함〔美醜〕을 보며, 대수렵을 행하여 그 잡은 양〔射獲〕의 많고 적음을 보아 그 내기에서 승리한 사람〔一者〕을 '선배'라 칭하고 선배된 사람에게는 국가에서 녹을 주어 그 처자의 생계를 유지케 하여 가실(家室)에 누(累)가 없게 하였다.

또 '선배'된 자는 각각 무리를 지어 한집에서 먹고 자며, 앉으면 고사(故事)를 외우고〔講〕학예를 익히며 나가면 산수를 탐험하거나 성곽을 쌓거나 도로를 닦고 군중을 위하여 강습(講習)하거나 일신(一身)을 국가와 사회에 바쳐 모든 어려움〔困苦〕을 사양치 않았다.[14]'

고구려 당시에는 각종 지위가 출신에 의한 세습제였으나 오직 '선배'만은 출신의 미천(微賤)이 없이 학문과 기술로 개인의 지위를 정하는 까닭에 인물된 사람이 그중에서 가장 많이 나왔다.

이로써 고구려에서는 문(文)과 대등한 무(武)의 위치를 엿볼 수 있고, 오히려 무예를 중요시하는 진취적인 상무정신이 더욱 두드러져 있음을 볼 수 있다.

무(武)를 중시한 고구려에서 무예의 근간인 택견이 으뜸의 위치를 차지한 것은 당연한 것으로 생각된다. 이러한 사실을 고증할 수 있는 유적으로는 통구에서 발견된 고구려 시대 고분인 삼실총(三室塚), 무용총(舞踊塚), 각저총(角觝塚)의 벽화를 들 수 있다. 이들 고분에는 고구려인들의 생활 풍속을 나타낸 그림이 섬세하게 그려져 있는데 삼실총 제3실 서벽(西壁)에는 무사가 맨

---

6) 申采浩, 丹斉 申采浩 全集(상), 서울;을유문화사 1972, pp.150~151
7) 三國史記, 高句麗本記, 太祖大王條
8) 上揭書, 次大王條(皁衣 : 검은옷)
9) 後漢書 東夷傳 高句麗條(帛衣;비단옷)
10) 隨書 東夷傳 高句麗條(翳;깃털)
11) 진단학회, 한국사 고대편, (서울;을유문화사), 1959, p.602
12) 신채호 전게서, p 297
13) 이란영편, 한국금석문추보, 서울;중앙대학 출판부, 1968, p.225
14) 註 6)과 같음

손으로 무예를 수련하는 모습이 그려져 있고 무용총에는 현실(玄室)과 주실(主室) 천정에 각각 두 장사가 겨루고 있는 그림 즉 쌍방이 공격하려는 순간의 광경을 기운찬 필치로 그리고 있다.

또 무용총 주실 정벽(正壁)에는 실내에서 주인이 접객(接客)하고 있는 그림이 있고 상부에 해 태를 상징하는 조문과 좌우에 큰나무(巨木)를 그려놓았으며 천정엔 앞에서 말한 겨루기 그림이 있다. 그 좌벽(左壁)에는 수렵도가 있고 내부에 산과 노루와 범 같은 동물을 사냥하고 있는 그림이 있다.

우벽에는 무용도가 그려져 있고 남쪽벽(南壁)에는 큰나무(巨木) 그림이 있다.

무용총 겨루기도   무용총 수렵도

또한 각저총에는 두 사람이 해가 뜬날 큰 나무 밑에서 서로 잡고 씨름을 하는 그림 옆에 심판인 듯한 사람이 서 있는 그림이 그려져 있어 씨름과 태권도는 고구려 시대부터 분리되어 있음을 알 수 있다.

각저총의 씨름도

이러한 그림은 무덤에 묻혀 있는 사람의 생전 행적이나 그 사람을 장례지낼 때 있었던 사실이나 행사의 모양을 나타낸 것[15]이라고 한다.

무용총에 있는 태권의 겨루기(自由對練)의 그림은 피장자(被葬者)가 생시에 택견을 하였든지, 아니면 그 장례 행사에서 죽은 자의 영혼을 위로하기 위해 사람들이 가무와 아울러 택견을 행한

---

15) 濟藤忠, 朝鮮 古代文化의 硏究, (東京 : 他人書舘, 1940) pp.78~81

모습을 그린 벽화라고 추정할 수 있다.
 이상으로 미루어 보면 고구려는 일찍부터 태양·산악·거목 같은 원시 신앙을 가져 '신수두'단 전에서 매년 제례 경기를 거행하였고 경기와 수렵의 결과로 선배를 선발하였으며 택견도 그 중의 하나였음을 알 수 있다.

다. 신라의 화랑과 택견

 한반도의 남단에 위치한 신라는 건국초기에는 외적의 침입이 없어 평화로운 생활을 영위하였으나 백제의 건국, 고구려의 침입 등 세력팽창과 영토확장을 위한 싸움을 시작하면서 무예의 발달을 보게 되었다.
 신라의 무예라면 먼저 화랑도의 수련을 대표적으로 들 수 있는데 이는 진흥왕이 고구려의 선배제도를 모방하여 당 12년에 이르러 풍류도, 풍월도란 민간청년 단체를 재정비 강화한 것으로 보인다.
 특히 화랑도는 무사도의 용맹과 충(忠), 효(孝)를 기조로 국가사회를 위해 헌신하는 희생정신이 강하였으며 원광법사의 세속오계를 바탕으로 삼아 인격도야와 심신단련에 힘써 국가를 이끌어 갈 인재를 많이 배출하였으니 삼국통일에 기여한 김유신, 김춘추 등이 그 대표적인 예이다.
 조선상고사에 기록된 바에 의하면 "국선화랑은 진흥대왕이 곧 고구려의 선배제도를 닮아 온 것이며 신수두 단전의 경기회에서 뽑아 학문에 힘쓰며 수박(手搏), 격검(擊劍), 기마(騎馬), 덕견이, 깨금질, 씨름 등 각종 경기를 하며 원근산수에 탐험하여 시가와 음악을 익히며 공동으로 한 곳에서 숙식하며 평시에는 환난구제, 성곽이나 도로수축 등을 자임하고 난시에는 전장에 나아가 죽음을 영광으로 알아 공익을 위하여 일신을 희생하는 것이 선배와 같다[16]"하였다.
 또한 팔관회고(八關會巧)에는 '진흥왕 12년 고구려와의 전쟁에서 귀화한 혜량을 승통으로 팔관회를 만들었는데 불교의 팔제(八齊)보다는 민간 신앙의 제천 대회에 가깝고 군사적, 가무적, 수련적 기능을 가진 화랑이 참석했다[17]"고 하였다.

석굴암 금강역사상

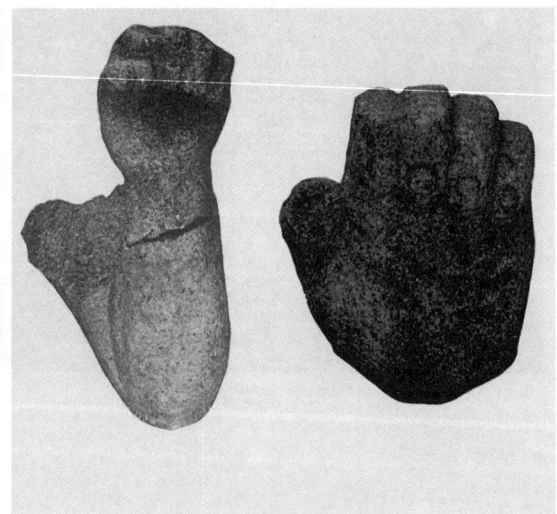
금강역사의 주먹 모양

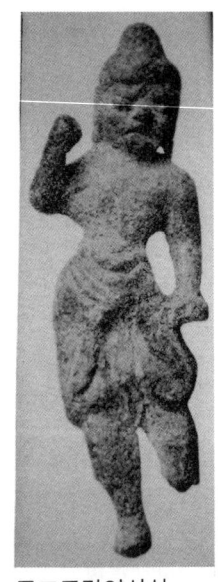
동조금강역사상

---

16) 申采浩 前揭書, pp, 218~219
17) 安啓賢, 人關會巧(東國史學 제4집, 1956. 12) p, 4

금강 역사상은 경주박물관에 있는 동조(銅造)인 금강역사상을 보면 공격과 방어의 뚜렷한 자세를 엿볼 수 있다.

특히 석굴암 금강역사상의 주먹모양은 현재의 바른 주먹[正拳]과 같고 그 밑의 손모양 역시 현재의 편 주먹과 같으며 동조금강역사상(銅造金剛力士像)을 보면 발을 사용한 흔적을 보여주고 있어 현재의 태권도와 상당히 흡사함을 발견할 수 있다.

상기와 같은 사실은 이 시대의 불교가 단순한 종교로서가 아니라 호국사상으로서의 역활을 담당하고 있었으므로 무예를 통하여 호국을 담당하는 무인들의 풍모나 기질이 불교와 영합하면서, 여기서 그들의 모습이 불교 조각에 등장하게 된 것으로 이해된다.

여기서 특기 할 것은 수박이란 용어와 덕견이(택건이)가 같이 나타남을 보아 지금까지 체계가 불분명하던 태권이 신라로 넘어오면서 손기술과 발기술이 분화되었다고 추측된다.

수박(手搏)이란 손기술의 명칭으로 무기를 사용하는 무인이나 상류층에 치중된 기술이 검술이나 다른 무술의 기초 수련으로 실시되었고, 일반 평민들은 몸 이외에는 다른 무기가 없었으므로 위력이 강한 발을 중심으로 술(術)을 발전시켰다.

이는 '태견'이란 말이 이두(吏讀)에서 비롯되었다는 것과 후일 이 말이 탁견(托肩)이란 글자로 표기되었음을 보아도 충분히 짐작할 수 있다.[18]

라. 고구려 택견의 신라 전승

택견은 시대의 진전에 따라 발전되어 왔으며 고구려에서 신라로 전해지게 되었는데, 다음과 같은 점에서 그러한 근거를 찾을 수가 있다.

첫째, 어원으로 볼 때 화랑은 선랑(仙郎)이라고도 했으며 선랑의 '선'은 음이요, '랑'은 선인(仙人, 先人), 선배(先輩)의 사람이라는 뜻을 취한 이두문으로 선배의 배와 같으며 화랑의 연원사를 선사(仙史)라 함을 보아도 선랑, 화랑, 선배(선인)가 다 같은 청년 무사단을 지칭함을 알 수 있다.

둘째, 화랑과는 선배의 조직과 상하 구분이 같다.

셋째, 신수두 경기에서 선배가 택견을 하였듯이 팔관회나 한가위 같은 모임에서 화랑이 겨룬 경기에 택견(수박, 덕견이, 택건이)이 포함되었다고 말한 점으로 보아 적어도 2세기경에는 옛부터 내려오던 투기가 택견으로 체계화되어 선배를 무예의 기본으로 행하고, 4세기부터는 태학과 경당에서 체계적인 무예를 교육함으로써 더욱 발전하여 무용총 벽화에 나타날 정도로 일반인에게까지 보급되었다고 한다.

또, 택견은 신라에 전해져 더욱 발전하였으며 손기술과 발기술이 나누어져 조직적으로 체계를 이루었다고 한다.

이러한 사실은 이 시대의 조각이나 불상에 있는 인물의 동작에서 손기술과 발기술이 다같이 나타나고 있음을 보아 알 수 있다.

---

18) 정찬모, 고대 우리나라 태권도의 발전과정 (서울대학교 대학원 졸업 논문, 1972) p.15

2. 중세의 태권도

삼국시대에 기본동작, 손기술 그리고 발기술로 분화 발전된 택견은 고려시대에 들어와서도 계승, 발전되었다.

특히 고려는 왕건이 삼국을 통일한 이후 475년간 존속하면서 우리역사상 상고(上古)시대와 근세를 이어주는 징검다리 역할을 하는 동시에 삼국의 문화를 계승 발전시키는 중추역할(中樞役割)을 하였다. 이 시대는 삼국을 거친 택견이 기초 단계를 넘어서 무예적가치(武才)를 인정 받아 벼슬과 직결될 만큼 무인의 필수 무술이 되었으며 기술과 위력도 인명을 살상할 정도로 무기(武器)의 수준에 도달하였다. 수련 형태 또한 오병수박희(五兵手搏戱)라 하여 실전에 응용할 수 있는 집단대련으로 발전하였다.

그 당시는 사회가 국방능력과 전투기능을 필요로 하였던 시기였기 때문에 무재(武才)만 있으면 군사로서 특별 채용될 수 있었다.

의종은 이의민이 수박(택견)을 잘 하여 대정(隊正)에서 별장(別將)으로 승진시켰다[19]든지, 최충헌이 손님을 초청하여 연회를 개설하고 중방의 힘센자로 하여금 수박희를 가지고 이긴자에게 교위(校尉)나 대정의 벼슬을 주었다[20]거나 변안렬이 임견미, 염흥방 등과 수박을 하여 이긴 결과로 밀직부사에서 밀직사사로 승진하였다[21]함은 직위와 높고 낮음을 막론하고 수박(택견)만 잘 하면 벼슬을 얻거나 승진할 수 있었음을 말해주며 택견의 승부로 벼슬을 주거나 진급을 시켰다함은 승부를 가리는 일정한 기준이나 규칙이 있었음을 뜻한다고 할 때 태권의 경기화 내지 스포츠로서의 기반은 고려시대에 이루어졌다고 보아야 할 것이다.

고려사를 보면 수박의 위력에 관해 이의민과 두 경승이 자리를 같이 하여 서로 힘 자랑을 하는데 이의민이 맨주먹으로 기둥을 치니 서까래가 움직였고 두 경승이 주먹으로 벽을 치니 주먹이 벽을 뚫고 나갔다고[22] 했으며, 이의민이 맨손으로 사람의 척추를 쳐서 살해하였다[23]고 하였다. 이러한 것도 격파와 같은 단련을 통해 택견의 위력이 인명을 살상할 수 있을 정도로 무기의 수준에 달해 있음을 말해준다. 또 의종이 보현원으로 행차 도중에 오문전에 이르러 무신들로 하여금 오병수박희를 하도록 하였다[24]하였으니 이는 단체대련이 행해지고 있었음을 말해주며 그 대상이 문신과 무신인 점으로 보아 대신(大臣) 모두가 수박희를 할 정도로 필수 무술이었음을 알 수 있다. 또 충혜왕이 상춘정(賞春亭), 화비궁(和妃宮), 마암(馬巖)[25] 등에서 수박희를 보았다 하였으니 왕이 거동할 때는 항상 수박희를 전문으로 개설할 수 있는 시범 체제가 갖추어져 있었던 듯 하다.

이와 같이 고려시대는 왕이 수박희에 많은 관심을 가지고 있었음을 알 수 있다. 이는 단순한 관심이 아니라 군인들이 모두 수박희를 필수 과목으로 행하여 잘 하면 특진을 시킬만큼 중요시 여긴 무술 종목이었다.

---

19) 고려사 卷128 열전41 이의민條 택견을 고려사에는 수박(手搏) 또는 수박희(手搏戱)라 기록하고 있다.
20) 上揭書 卷129 열전42 최충헌條
21) 上揭書 卷126 열전39 변안렬條
22) 前揭書, 이의민條
23) 上揭書, 이의민條
24) 上揭書, 卷128 열전41 정중부條
25) 高麗史 世家 忠惠王 後3年 5月 癸巳條, 後4年 2月 乙酉, 後4年 6月 丙申條

이러한 기록으로 보아 수박희는 기술이 매우 발달하고 군사는 물론 일반인에게까지 널리 보급되었으며 왕이 직접 관람할만큼 스포츠적 성격을 띠었고 벼슬과 직결될만큼 무인의 필수 무술이 되었다. 전신에서 나오는 위력도 대단하여 사람을 죽이고 벽을 뚫을 만큼 고도의 기술을 지녔고 기술도 오병수박희처럼 실제적 응용을 위주로 하는 집단 훈련제가 실시되었음은 특기할만 하다. 이렇게 발전해온 수박은 고려말에 이르러 화약이 발명되고 새로운 무기가 등장함에 따라 국가의 제도적 뒷받침이 줄어들기 시작하였다. 그리하여 무재 또는 무예적인 비중이 줄어드는 반면 민속경기로서의 기틀을 마련하여 갔다.

신채호 선생은 송도수박이 조선까지 내려오고 있다 하였고 고려사에는 수박으로 돈이나 물건을 내기한 자는 각각 곤장이 일백이라 하였다. 송도수박이 조선까지 내려왔다하는 기록은 고려의 서울인 송도에서 민속으로 수박경기가 비롯되었음을 말해주며 백성들이 수박으로 돈이나 물건을 내기하고 있어 이를 법적으로 규제하였다 함은 많은 백성들이 이를 민속으로 행하고 있었음을 말해 준다.

고려사에 나타난 태권

3. 근세의 태권도

초기에는 무예를 중시하여 국가의 기틀을 마련하는데 주력하였으나 화약 발명에 따른 새로운 무기의 사용도 높아지고 군대조직이 정비되자 태권과 같은 맨손무술은 점차 쇠퇴하기 시작하였다.

더구나 유교의 이념을 국시로 삼고, 배불숭유의 정책을 시행함에 따라 연등회, 팔관회 등 국가적인 행사가 폐지된 후 무예의 진흥은 많은 타격을 받았다. 이러한 사실은 조선왕조실록 및 기타 역사 문헌들이 잘 입증해 주고 있다.

이러한 사실을 실록에서 보면,

'담양의 향리 단노 등이 국가에서 시험을 보아 군사를 뽑는다는 소문을 듣고 여럿이 모여 수박희를 벌였다[26]' 하고, 동국여지승람에 '여산군 북쪽 12리 충청도 은진현 경계에 있는 작지(鵲旨)마을에서는 매년 7월 15일(백중)이면 근방 충청도와 전라도 사람들이 모여서 수박희를 행함으로서 승부를 겨룬다.[27]'

'병조(국방부) 의흥부에서 수박희로서 인재를 시험하여 방패군에 보하되 3인을 이긴 자를 채용하였다[28]'

'임금(태종)이 잔치를 베풀고 갑사 및 방패군으로 하여금 수박희를 행하도록 하고 구경했다[29]'

'봄부터 여름에 이르기까지 갑사를 뽑되 의흥부 병조의 무사를 모아 홍인문 안에서 기사, 보사로서 갑사를 충족시켰다. 이에 뽑히지 못한자는 3군의 부령(府令) 주보(走步)를 삼고 수박희로

---

26) 세종실록 卷9, 3年 9月 條
27) 신동국여지승람 卷34, 여산군 풍속 條
28) 태종실록 卷21 11年 6月 巳亥條
29) 태종실록 卷32 16年 7月 庚寅條

3인 이상을 이긴자는 모두 합격시켰다.[30]"
　'시위군사에게 수박희를 시키고 상을 주되 차등이 있었다.[31]"
　또 용제총화(慵濟叢話)에,
　'어함종은 어릴 때부터 기운이 장사였다. 그는 날마다 수박희를 행하는 것이 일과였다.[32]"
　라고 기록하고 있음을 보아 수박희가 일반 대중사이에 널리 보급되고, 정부의 관리 채용에도 특기를 인정받고 있음을 알 수 있다.
　그러나 나라의 기틀이 잡혀 안정을 찾게되고 군대 조직이 정비되면서 화약의 발명과 새로운 무기의 사용으로 수박희에 대한 제도적인 뒷받침은 사라지게 되었다. 이와 더불어 다른 무예도 경시되었으며 위정자들은 문치와 당쟁에 휘말리고 선비들은 무예를 무시하고 무관심하다가 임진왜란을 겪은 조선은 치욕의 역사를 되풀이 하지 않기 위해 군제를 재정비하고 창, 활, 검 등의 고대적 무기 외에 화포, 대통, 창술, 택견(권법) 등 무예를 일정한 방침 밑에 체계적으로 훈련하기 시작하였다. 서울에는 훈련도감을 두고 5부의 장정을 뽑아 무예를 가르쳤으며 지방에는 호관 또는 속오군이란 것을 두어 군사기술을 가르쳤다.
　정조때 이르러서는 무관을 양성하기 위해 무과를 두어 평소 군사훈련과 무예수련을 장려하였으며 이덕무, 박제가 등을 시켜 무예도 보통지란 무예서를 만들었다. 이 무예도보통지 제 4권에 권법이란 아름으로 태권의 품세와 동작을 싣고 있는데 이때 기효신서, 무편, 내가권법 등 중국 서적을 참고한 관계로 중국의 용어를 그대로 빌어 쓴 단점을 가지고 있다.
　무예도보통지의 권법 총도를 보면 다음의 순서로 진행된다.[33] ① 탐마세, ② 요란주세, ③ 현각허이세, ④ 순란주세, ⑤ 칠성권세, ⑥ 고사평세, ⑦ 도삽세, ⑧ 일삽보세, ⑨ 요단편세, ⑩ 복호세, ⑪ 현각허이세, ⑫ 하삽세, ⑬ 당두포세, ⑭ 기고세, ⑮ 중사평세, ⑯ 도삽세, ⑰ 도기룡세, ⑱ 요단편세, ⑲ 매복세, ⑳ 현각허이세, ㉑ 하삽세, ㉒ 당두포세, ㉓ 기고세, ㉔ 고사평세, ㉕ 도삽세, ㉖ 일삽보세, ㉗ 요단편세, ㉘ 오화전신세, 안시측신세, 과호세, ㉙ 상회립, 현각허이세, ㉚ 구류세, 안시측신세, ㉛ 과호세, 상회립, ㉜ 현각허이세, 구류세, ㉝ 안시측신세, 과호세, 상회립, ㉞ 복호세, 금나세, ㉟ 금나세, 복호세, 도월, ㊱ 포가세, ㊲ 점주세, ㊳ 갑, 을 상부

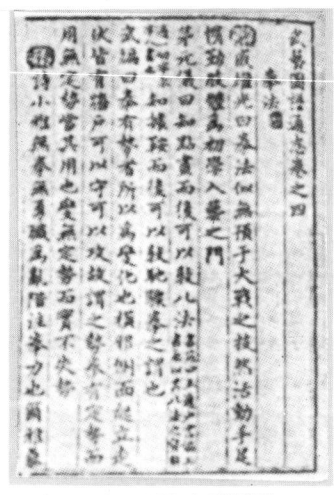
무예도보통지 권범조

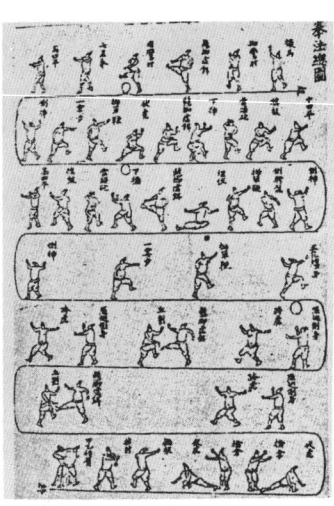
무예도보통지의 권법 총도

대쾌도

---

30) 上揭書, 卷21 11年 6月 己亥條
31) 세종실록 卷51 13年 3月 壬午條
32) 대동야승, 용제 총화 卷6 어함종 條
33) 무예도보통지, 卷4 권법조

이와 같은 탐마세로부터 점주세까지의 동작을 두사람이 행하여 수련하게 되어 있다. 이를보면 현재의 품새나 약속겨루기와 비슷하다는 것을 알 수 있다.

이상의 동작들을 오늘날의 태권도와는 비교할 수 없는데, 그 이유는 현재의 태권도는 과학적으로 훨씬 발전된 경기이기 때문이다.

이와 같이 국가의 장려에 힘 입어 택견이 되살아나기 시작하였다. 순조 때 유숙(劉淑)이 그린 대쾌도(大快図)를 보면 당시의 씨름과 더불어 택견을 하는 모습이 잘 나타나 있다. 또 그 당시 택견의 실시 방법에 대하여 해동죽지에는 다음과 같이 기록되어 있다.

해동죽지 탁견희(托肩戱)조에 '옛 풍속에 각술이라는 것이 있는데 서로 대하고 서서 서로 차 거꾸러 뜨린다. 이것을 탁견이라고 하며 그 방법에는 세가지가 있는데 최하는 다리를 차고 잘 하는 자는 어깨를 차며 비각술이 있는 자는 상투를 차서 떨어 뜨린다[34]'라고 하였다.

수벽타(手癖打)조에는 "옛 풍속에 수술(手術)이 있는데 예전 칼쓰는 기술로부터 온 것이다. 마주 앉아서 서로 치는 손기술이 있는데 두 손이 왔다 갔다 할 때에 만일 한 손이라도 법에 어긋나면 곧 타도를 당한다. 이것을 수벽타라고 한다"고 하였으며 또 척장군이 많은 군사에게 이 기술을 가르쳤는데 세 절구에 한 구절만 어긋나면 눈 깜짝할 사이에 주먹이 머리에 떨어진다[35]라고 하였다. 이것으로 미루어 보면 수련의 방법을 손과 발로 나누어 설명하고 있음을 알 수 있다.

이러한 택견은 전쟁의 양상이 달라지고, 시대가 개화됨에 따라 군인의 무예로서 보다는 민속경기나 어린이의 유희로 실시되었다.

신채호는 '지금의 송도 수박은 고구려 선배의 유풍이다[36]'하였으니 군사적, 무예적 기능보다는 민속적, 유희적인 기능으로 바뀌었음을 말해준다.

또 최남선의 조선 상식 문답에는 '수박은 본래 무예의 하나였으나 지금은 아동의 놀이가 되었다[37]' 고 하였으며 재물보(才物譜)에는 '수박은 지금의 탁견과 같다[38]' 고 하였다.

구한말에 이르러서는 일본의 침략으로 말미암아 그에 대항하기 위한 방책으로써 체육 운동이 조직화되자, 그들은 우리의 운동회나 민속놀이까지도 탄압하였다. 이 때 택견도 예외는 아니어서 금지되었으나, 사범들에 의해 비밀히 전승되어 내려왔다.

현존하는 인물로 그당시 탁견을 배워 민속경기에 참여한 송덕기옹의 증언에 의하면 그 당시 경기방법은 '동리 간에 십사오 명의 선수를 선발하여 이긴 사람은 그대로 다른 사람과 계속 싸우는 식의 승발전이었다'고 하며, 이긴 동리에서는 승전의 영웅과 같은 환대와 대접을 며칠 동안이나 선수들에게 베풀었다고 한다. 송 옹에 의하면 그에게 택견을 가르친 사람은 임호(林虎)라는 사람으로 태껸기술이 뛰어나 "짚단을 타고 담장을 뛰어 넘으며 소나무 사이를 빠져나가는 것이 마치 날으는 범과 같았고, 사방의 적을 양손으로 어르고 왼발 바른발로 차 넘기는 기술이 번개치듯 했다"고 한다. 시범 때에 송덕기옹의 몸놀림은 80고령임에도 불구하고 심히 부드럽고 율동적이었다."

당시의 기술용어는 다음과 같다.

품(品) ; 서로 맞서 겨루기를 준비하는 자세
굼실 ; 품이 움직이는 것
굼실굼실 ; 품의 움직임이 계속되는 것
안쫑다리 ; 상대의 발을 안으로 딴지 거는 것

---

34) 催永年, 前揭書, 托肩戱條
35) 上揭書, 수벽타조
36) 申采浩, 前揭書(上), p 151

박장다리 ; 상대의 발을 밖으로 딴지 거는 것
낚시걸이 ; 발목을 꼬부려서 상대의 뒤축(발목)을 걸어 넘기는 것
무릎걸이 ; 유도용어의 배대뒷치기
발등걸이 ; 발등으로 차기
곧은발질 ; 곧은 발차기
곁치기 ; 안으로 옆차기
두 발 당상 ; 두 발 뛰어 차기
날치기 ; 손집고 몸을 돌려 땅재주 넘으며 발로 상대 얼굴차기
칼잽이 ; 아금손으로 상대 목치기
이마재기 ; 상대 이마를 장칼바닥으로 치기
낙함 ; 장칼바닥으로 상대의 턱을 치는 것
턱걸이 ; 장칼바닥으로 상대턱을 치며 미는 것
깍끔다리 ; 상대의 정강이 후려차기

위의 내용으로 우리는 당시에 행해지던 민속경기로서의 동리간 택견 시합방법과 택견의 기술내용을 짐작할 수 있다. '품' '굼실굼실'을 빼 14개 기술 중 차기가 5, 손기술 4, 딴지걸고 뒤축걸어 넘기기 3, 재주넘으며 차기 1, 상대의 온몸 넘기기 1로서 발기술이 제일 많고 다음은 손기술이 많으며 잡아넘기는 기술이 그 다음이고 특이하게 재주넘으며 차는 기술까지 있음을 알 수 있는데 우리는 그것으로 우리 옛 택견의 원형을 추측할 수 있을 것이다. 그러나 전술한 바와 같이 택견을 했다는 이유만으로도 일제의 주재소(파출소)에 수차례 불려다니며 감시를 당하는 수모를 겪었으니 자연히 쇠퇴하게 되었다.

4. 현재의 태권도

해방과 더불어 민족문화와 전통에 대한 주체적 인식과 정리가 되어감에 따라 옛부터 내려오던 민속경기가 되살아나기 시작했다. 옛부터 '택견'을 수련하던 분들이 나타났고 그 중 송덕기같은 사람은 전 대통령인 이승만의 생일날 우리의 태권도(택견) 시범을 보여 한국 택견과 가라데의 다른점을 보여주기도 하였다.

또한 광복 이후 전문인들에 의해 태권도장이 개설되었고 그 후 6.25동란까지 초보적 발전단계를 거치다 6.25후에 시국의 안정과 더불어 점차로 일반인들에게 보급되기 시작하였다.

점차 수련생이 늘고 도장간의 교류가 이루어지자 1954년에 명칭을 태권도로 통일하고 그 후 1961년 9월 16일에는 태권도협회의 명칭을 대한태수도협회로 개칭하였다가 1965년 8월 5일 다시 대한태권도협회로 바꾸어 지금에 이르고 있다.

1962년 6월 20일 대한체육회의 경기단체로 대한태권도협회가 가입승인을 받았으며 1963년 10월 24일 제44회 전국체육대회에는 태권도가 시범종목으로 참가한 후 1964년 9월 3일 제45회 전국체육대회부터는 정식경기종목이 되었다.

그 당시 체급은 플라이(Fly)급 부터 헤비(Heavy)급까지 7체급의 개인전을 실시하였고 기술의 정도에 따라 중기부(1~2단)와 고기부(3단이상)로 구분하였다.

1966년부터는 대통령기쟁탈 전국단체대항태권도대회(1966. 10. 28)가 1968년부터는 주한외국

인 개인선수권대회(1968. 6. 16), 1970년부터는 전국국민학교태권도개인선수권대회(1970. 10. 24)와 함께 여자부 태권도개인선수권대회가 개최되어 현재에 이르고 있다.

또한 1963년부터 협회의 종별선수권대회에 포함되어 있던 대학부를 1974년부터 대학태권도연맹에서 대회를 주최하게 되었고, 전국체육대회도 일반부에 포함되었던 대학부를 독립 설치하게 되었다.

이같이 국내의 태권도가 각계 각층으로 확산되어 보급되는 동시에 군에서도 태권도의 우월성과 국방체육으로서의 가치를 인정하여 정식수련종목으로 선정하였다. 월남전에 참전한 용사들이 태권도 기술을 응용, 실전에서 적을 제압함으로써 한국 군인과 태권도는 세계적인 각광을 받기 시작하였다.

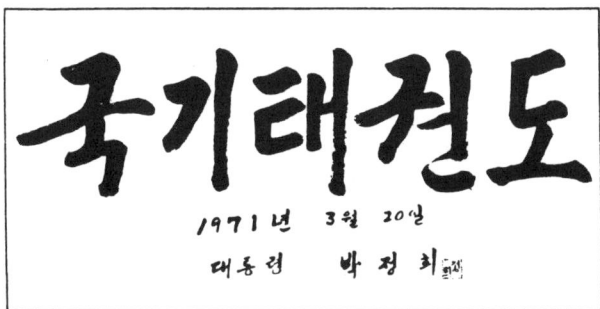

국기 태권도

이렇게 발전되어 온 태권도는 점차 그 가치를 인정받아 근래에 이르러 '체력은 국력'이라는 정부의 국민 체력 향상 정책과 체육인구의 저변 확대에 발맞추어 전국적으로 보급되었다. 태권도 기술의 우월성은 물론 심신수련, 인격도야, 체력향상이라는 목적이 높이 평가되어 1971년에는 우리나라의 국기로 지정되었다.

태권도는 국방과 치안을 담당하는 군대와 경찰뿐만 아니라 학업에 전념하는 학생들까지 실시하는 범국민적 운동으로 발전하여 국내에 200여만의 수련생과 50여만의 유단자를 배출하였고 해외 102여개국에 2,000여명의 사범을 파견하여 50여만의 수련생을 지도하고 있어 민간 외교와 국위선양에 큰 몫을 하고 있다.*

1972년에는 태권도 중앙도장 겸 시합장으로서 국기원을 개원하고 1973년 5월 28일에는 세계태권도연맹을 창설하였는데 현재 회원국의 수는 108여개국에 달하며 계속 늘어나고 있는 추세이다.

국기원 전경

또 1973년에는 제1회 세계선수권대회를 창설하여 매 2년마다 대회를 열고 있다. 1985년 9월 제7회 세계선수권대회시까지 계속 7연패함으로써 종주국의 위치를 확고히 하였다.

〈표 1〉 세계태권도 선수권대회 종합전적

대회	기 간	장 소	참가국	선수,임원수	결 과 (종합전적)
제1회	'73. 5. 25~27	한국·서울	19	200	1위 : 한 국, 2위 : 미 국, 3위 : 자유중국, 멕시코
제2회	'75. 8. 28~31	한국·서울	30	256	1위 : 한 국, 2위 : 자유중국, 3위 : 멕시코
제3회	'77. 9. 15~17	미국·시카고	46	720	1위 : 한 국, 2위 : 자유중국, 3위 : 멕시코, 미국
제4회	'79. 10. 26~28	독일·수투드가르트	38	453	1위 : 한 국, 2위 : 멕시코, 3위 : 서독, 네덜란드
제5회	'82. 2. 24~27	에콰도르·콰이아킬	50	456	1위 : 한 국, 2위 : 에콰도르, 3위 : 서 독
제6회	'83. 10. 20~23	덴마크·코펜하겐	66	783	1위 : 한 국, 2위 : 스페인, 3위 : 터어키, 서 독
제7회	'85. 9. 4~8	한국·서울	53	506	1위 : 한 국, 2위 : 아이보리 3위 : 터어키, 코스트

또 1974년부터 매 2년마다 아시아태권도선수권대회를 개최하고 있으며 세계의 각 대륙마다 지역대회를 실시하고 있다.[37]'

〈표 2〉 아시아태권도 선수권대회 종합전적

대회	기 간	장 소	참가국	선수,임원수	결 과 (종합전적)
제1회	'74. 10. 18~20	한국·서울	10	93	1위 : 한 국, 2위 : 자유중국, 3위 : 크메르
제2회	'76. 10. 16~17	호주·멜버른	10	127	1위 : 한 국, 2위 : 호 주, 3위 : 필리핀
제3회	'78. 9. 8~10	홍 콩	11	143	1위 : 한 국, 2위 : 호 주, 3위 : 이 란
제4회	'80. 11. 14~16	자유중국·타이페이	9	132	1위 : 한 국, 2위 : 자유중국, 3위 : 요르단
제5회	'82. 11. 9~11	싱 가 폴	17	158	1위 : 한 국, 2위 : 자유중국, 3위 : 호 주
제6회	'84. 11. 9~11	필리핀·마닐라	25	200	1위 : 한 국, 2위 : 필립핀 3위 : 자유중국
제7회	'86. 4. 18~20	오스트레일리아다 원	18	132	1위 : 한 국, 2위 : 자유중국 3위 : 호주

한자리에 모여 제 7 회 세계 태권도 대회를 관람하는 I.O.C. 위원들

또한 1975년에는 태권도가 미국체육회(A.A.U)와 국제경기연맹연합회(G.A.I.S.F)에[28], 1976년에는 국제군인체육회(C.I.S.M)[39]에서도 정식경기종목으로 채택되었다. 또 1979년에는 세계태권도연맹의 김운용 총재가 세계비올림픽종목연합회의 회장에 선임되었고 1980년에는 세계태권도연맹이 IOC의 정식 승인 단체가 되는 동시 태권도 종목이 올림픽 종목으로 채택되었다. 1981년 미국 산타클라라에서 개최된 제1회 월드게임*에서는 태권도가 9개의 메달을 획득, 한국이 종합 2위를 획득하는데 크게 기여하였다.

1983년 8월 12일에는 판암게임(Pan-American Games)에도 정식 경기종목으로 채택되었다.

1986년 9월 우리나라 서울에서 개최된 제10회 서울아시안게임에서는 태권도가 정식종목으로 채택되어 8체급중 7체급에서 금메달을 획득하여 일본을 앞지르고 우리나라가 아시아 제2의 스포츠 강국이 되는데 일익을 담당하였다.

---

28) 국제경기 연맹연합회(General Association of International Sports Federation) : 아마츄어 스포츠 총연합 단체로 1967년 창설되었으며 모나코의 몬테카를로에 본부가 있다. 현재 67개 단체가 가입하고 있다. 우리나라는 1975년 10월에 가입

29) 국제군인체육회(Council International Sportive Militaire) : 스포츠를 통한 국제군인간의 친목도모를 목적으로 1948년에 창설한 단체로 회원국은 84개국이며 벨지움에 본부를 두고 있다. 우리나라는 1957년에 가입하였으며 태권도는 1976년 4월에 정식경기종목으로 채택되었다.

36 1장 태권도 역사

2장 태권도의 정신철학

민족 고유의 정신세계와 태권도

　민족고유의 전통무예인 태권도가 담고 있는 사상적인 면을 조명해 보기 위해서는 우선적으로 전통적사상의 흐름을 살펴보지 않고는 그 의의가 무의미 할 것이다.
　한(韓)민족의 조상들은 원시적 정신세계에서 부딪치는 실존적인 한계 상황과 천재지변에 의한 좌절을 경험하면서 인간의 능력을 초월한 인간 이상의 어떤 힘, 즉 하늘, 비, 구름, 태양, 달, 나무, 바위와 같은 자연의 힘에 대해 의존하게 되었다. 그리고 그 힘에 대한 위안을 통하여 삶을 영위해왔다.
　세월이 흐르면서 부족국가와 농경사회의 기틀을 다져가면서 공통적으로 형성된 「사상」이 곧 하늘의 힘에 의존하는 "천신숭배사상"으로 나타나 한(韓)민족은 하늘을 정성껏 섬기는 일을 중요시 하였고 이를 바탕으로 선(仙) 사상이 우리민족의 철학적 사상의 바탕이 되었다.
　이러한 선 사상의 바탕 위에 불교(佛敎)와 유교(儒敎)가 전파되었고 그 구체성을 더해가면서 개인이 심신수련(心身修練)을 통하여 사리사욕을 떠나 나라와 사회를 위하여 몸을 바치는 실천철학으로 발전해 나갔다.
　또한 충효의 정신을 기르고 권리를 찾기에 앞서 자신의 의무를 다하려는 무실역행(務實力行)의 생활태도를 확립했고 의(義)로운 일에 앞장서는 것을 제1의 생활태도로 삼았다.
　삼국시대에는 이것을 국선(國仙)이라 하였으며 중국에서 들어온 도교(道敎)의 선(禪)과는 성격과 차원을 달리하는 민족고유의 사상으로 확립되어 갔다.

가. 태권도정신(情神)의 근원적사상 (根源的思想)

　고대 태권도의 근원적인 면(面)을 살펴보면 생존(生存)을 위한 식물의 획득(獲得), 외적 방어(外敵防禦)라는 인간본능의 생활요구(生活要求)에 따라, 자연발생적으로 도수공전의 투쟁형태(鬪爭形態)가 투기(鬪技) 또는 방어무술(防衛武術)로 발달하여 점차 심신단련(心身鍛鍊), 무예수련(武藝修鍊)의 방법으로서 태권도가 체계화되기 시작한 것은 삼국시대라고 볼 수 있다.
　신라(新羅), 고구려(高句麗), 백제(百濟)가 정립하여 신라는 한반도의 남동방 서라벌 일대에서 BC 57에, 고구려는 압록강 건너 졸본천(卒本川) 기슭에서 BC 37에 그리고 백제는 한반도 중간지점에 위례성(慰禮城)을 근거삼아 BC 18에 각각 나라를 세웠다.
　이 3국은 국내적으로는 민족통일(民族統一)을 위한 영토분쟁(領土紛爭)과 사회(社會)의 문화발달(文化發達)을 위해 각축전(角逐戰)을 벌였으며, 국외로는 외적방어 때문에 자연히 무술이 중시되었으며 무사의 지위가 확보되었다. 삼국사기열전(三國史記列傳)에 수록된 인사가 모두 87명인데 그 중 무사가 60명인 것도, 이러한 역사적인 배경에서 연유하는 것이었다.
　이러한 시대적 환경에 있어서 위정자(爲政者)들의 정치적 과제는 병합(倂合)시킨 제부족(諸部族)들을 여하히 사상적으로 통일하고 정치적으로 통합하여 정복사업(征服事業)에 재투입(再投入)하느냐는 점이었다. 따라서, 민족고유의 선사상(仙思想)에 불교사상(佛敎思想)과 유학(儒學)이 도입되어 호국정신(護國精神)을 크게 강조하였다. 특히 국방의 일선에 나서는 무사들에게는 더욱 크게 강조되었으며, 당시 무사들의 규범의식(規範意識)이자 무인정신(武人精神)이었던 것이다.
　여기서 우리는 조상들의 숨결과 함께 그 심성에 뿌리 깊이 흐르고 있는 선사싱(仙思想)은 신라

(新羅) 뿐만 아니라 시대적 환경에 따라 그 나라의 국민정신으로 승화되고 있었음을 추찰(推察)할 수 있다.

그러므로 당시의 대표적 무사단체(武士團體)인 화랑도(花郎徒)의 강력한 국민정신에서 태권도정신의 근원적 사상(根源的 思想)을 찾을 수 있는데 첫째, 충효사상(忠孝思想)을 바탕으로한 확고한 국가관(國家觀)이다. 화랑들은 집안에서는 효도하고 나라에는 충성하는 것이 그들의 기본 강령이기에 개인적인 영욕보다 멸사봉공의 정신으로 문화창달에 기여하였고 국가의 변란(變難)이 있으면 생명을 초개와 같이하여 진충보국하였던 것이다. 둘째로는 임전무퇴(臨戰無退)의 용맹성이다. 5계(五戒)의 가르침을 받은 귀산등은 진평왕 19년 8월에 백제(百濟)와의 전쟁(戰爭)에서 적병의 복발로 자군측이 불리해지자 외쳐 가로되 "내 일찍이 스승에게 들으니 선비는 싸움에 임하여 물러서지 않는다 하였다. 어찌 감히 쫓겨 달아날까 보냐"고 취항과 더불어 창을 휘두르고 용약 돌진하여 적을 치니 모든 장군도 이를 보고 분투하여 마침내 크게 이겼다. 그러나, 귀산 등은 이 싸움에서 장렬히 최후를 마쳤다.

이와 같이 전장에서 한치의 땅도 적에게 물려줄 수 없다는 임전무퇴(臨戰無退)의 정신(精神)은 한사람의 비겁자도 없이 죽음으로써 국가와 민족을 지키겠다는 국토수호(國土守護)의 결의(決意)를 명백히 한것이며 다른 어느 도덕 운동에서도 찾아볼 수 없는 이색적인 강령(綱領)인 것이다. 셋째로는 아는 것은 곧 행하는 지행합일(知行合一)의 실천적(實踐的)인 윤리사상(倫理思想)이다. 화랑서기석(花郎誓記石)에 "임신년 6월 16일에 두 사람이 맹서(盟誓)하여 기록(記錄)한다. 하느님 앞에 맹서(盟誓)한다. 지금으로부터 3년 뒤에 충도(忠道)를 집지(執持)하고 과실(過失)이없기를 맹서한다. 만일 나라가 평안하지 않고 세상이 크게 어지러워질 때에는 가히 실행(實行)할 것을 맹서한다. 또 따라 먼저 신미년 7월 22일에 크게 맹서하였다. 시경(詩經)과 상서(尙書)와 예기(禮記)와 춘추전(春秋傳)을 차례로 배워 읽기를 3년으로 맹서하였다."라고 기록되어 이러한 사실에서 쉽게 찾을 수 있는 것이다.

이처럼 당시 청년들은 젊은 기백(氣魄)과 열정(熱精)을 쏟아 국가와 민족을 보위(保衛)하였기에 삼국통일(三國統一)의 결정적 역활을 수행할 수 있었다.

이와 같이 화랑도정신(花郎道精神)은 한민족 고유(韓民族 固有)의 전통(傳統)과 이념(理念)의 발로인 선사상(仙思想)의 계승(繼承)인 만큼 시대를 달리하면서 겨레의 가슴 속에 면면히 이어져 왔으며 그 속에서 태권도정신의 근간을 이룬 충효사상(忠孝思想)과 임전무퇴(臨戰無退)의 용맹성(勇猛性), 지행합일(知行合一)의 실천적 이론사상(實踐的 理論思想)이 오늘날 평화정신(平和精神)으로 한국인(韓國人)의 정신(精神) 속에 이어져 오는 것이다.

나. 우리민족의 전통적 사상과 태권도정신의 철학적 배경

겨레의 윤리적 전통과 태권도 역사는 우리의 과거 모습을 비춰주는 거울과도 같다. 그것은 과거로부터 현재에 이르기까지 우리들이 살아온 여러모습들이 새겨져 있기 때문이다. 한 민족의 역사란 그 민족의 윤리관이 스며 있기 마련인데 전통무예인 태권도는 무술(武術)로서만이 아닌 무예(武藝)로서의 철학적 정신세계가 내재된 우리 겨레의 고유한 전통적 산물이라 할 수 있다.

지구상에는 각기 다른 많은 민족들이 생존경쟁의 역사속에서 발전을 거듭해 왔으며 그중 우리 민족은 5,000년이라는 유구한 역사와 전통성을 유지해 오면서 민족의 정신을 계승 발전시켜 왔다. 아울러 민족고유의 무예인 태권도 역시 역사의 발전과 더불어 그 맥락을 함께 했다고 볼 수 있다.

여기서 우리 겨레의 윤리적 전통과 함께 발전해온 태권도의 무예로서의 사상적 흐름과 원류를 살펴보고자 한다.

1) 고조선시대

우리 민족은 예로부터 상대의 인격을 존중하는 것을 미덕으로 삼아왔으며 이는 개국 초기의 홍익인간(弘益人間)과 재세이화(在世理化)의 사상에 잘 나타나고 있다.

이 말은 널리 인간 세상을 이롭게 하고 세상을 도리로써 교화(敎化)시킨다는 뜻이며 우리민족 정신의 근간을 이루어 겨레사상의 구심점이 되고 있다.

2) 삼국시대

삼국시대에는 고구려, 신라, 백제가 나름대로의 정신세계를 구축해 오면서 전통적 사상과 함께 기량을 연마하는 무예정신을 계승, 발전시켰다.

고구려는 일찍부터 원시신앙에서 계승된 천신사상의 발현인 제천의식을 통하여 당시의 무예집단인 선배의 내면적 정신에 많은 영향을 끼쳤으며 이러한 선(仙)사상은 신라의 고선도(古仙道)를 부흥시켜 화랑도로 체계화 시킴으로써 신라의 찬란한 정신문화와 함께 당시의 국민적 대동단결에 중추적 역할을 하였다.

신라는 민족 고유의 사상인 선(仙)사상과 외래사상인 유불사상(儒佛思想)이 결합된 화랑도정신에서 강조되고 있는 충(忠)효(孝)신(信)의 덕목과 5계, 3미(三美) 즉 겸양정신과 검소한 정신, 절제의 정신을 체득케 하여 예의(禮義)와 인격(人格)을 연마하였으며 신앙생활을 통하여 국가와 민족을 위하는 애국심을 길렀다. 이렇듯 화랑정신을 기초로 하여 신라는 삼국통일을 이루는 기틀을 삼았다.

우리는 여기에서 전통무예의 철학적 정신세계를 바탕으로 민족사적인 대업을 달성하는 선조들의 슬기를 배워야 할 것이다.

3) 고려 조선시대의 전통사상과 태권도

'홍익인간' '경천애인' 등 우리의 전통적 사상은 한마디로 '인간중심' 즉 인본주의에 그 뜻을 두고 있다.

이러한 인간존중 사상은 우리민족의 인덕(仁德)을 생명의 원리로 삼아 체질화 시켰다. 그리하여 일상생활속에서 어른을 공경하고 아랫사람을 아끼며 덕이 높은 사람을 존경하는 정신이 싹트게 되었으며 이러한 정신은 유(儒), 불(佛), 선(仙), 동학(東學), 천도(天道)의 정신에서도 강조 되었다.

또한 서경덕의 중심적 사상인 기일원론(氣一元論)과 물질불멸론과 주기론(主氣論), 이퇴계의 중심적 사상인 사서(四端) 즉 인(仁), 의(義), 예(禮), 지(智)와 7정(七情)인 희(喜), 노(怒), 애(愛), 오(惡), 욕(慾)과 같은 이기호발설(二氣互發說)이 나타난데 비하여 이율곡은 주자학을 토대로 보다 개방적인 입장을 취하였다.

퇴계는 만물의 근본은 무극이며 태극[無極而太極]인 이(理)라 하였으나 율곡은 음양(陰陽)을 그 근본으로 삼았으며 퇴계는 "이"와 "기"를 분리하고 "이"의 근본성·초월성·선재성을 주장한데 비하여 율곡은 "이"와 "기"의 요합적 불가분리성을 주장하여 "이"의 초월성이나 선재성, "이"만의 근원성을 부정하였다. 또한 율곡은 그의 행동철학(行動哲學)이라고 할 수 있는 자경문(自警文)에서 "성인의 경지에 이를 때까지 끊임없이 자기극기에 노력하였다." "마음을 결정해야 될 일에는 먼저 말을 적게 하여야 한다." "해야할 일이면 정성을 다한다." 아무리 횡포한 사람이라도 감화시켜야 한다." "수양과 학문은 완급이 없이 꾸준히 노력해야 한다." 등 그의 중심사상(中心思想)은 다분히 교육적 요소가 내재되어 있음을 볼 수 있다.

또한 조선조에서 빼놓을 수 없는 사상적 기류가 있다면 동학사상(東學思想)과 천도사상(天道思想)이라 할 수 있는데 이 두 사상에서의 공통적인 사상(思想)은 인간의 존엄성과 보국안민(保

國安民) 정신, 사심을 버리는 공인정신(公人精神)이 그 바탕이 되고 있다.

다. 결론(結論)

앞에서 기술한 바와 같이 태권도정신의 내면적 세계에는 생사고락을 함께하고 희노애락(喜怒哀樂)을 나누면서 얻어진 그들의 공통적인 방식과 정서 속에서 함양된 민족(民族)의 혼(魂)이 숨쉬고 있다.

이러한 태권도정신은 고대로부터 흘러내려온 민족 고유(民族 固有)의 전통(傳統)과 사상(思想)을 발전시켜 신라인(新羅人)의 국민정신(國民精神)으로 승화시킨 화랑도정신(花郎道精神)과 맥락을 같이 하였던 것이다. 화랑도정신은 한민족(韓民族)의 정신적(精神的) 기둥인 선사상(仙思想)을 바탕으로 불교(佛敎)의 호국사상(護國思想)과 유교(儒敎)의 충효사상(忠孝思想), 도교(道敎)의 무언실행(無言實行)이 함유되어 주류를 이룬 자주의 정신이며, 진취적 기상으로 신라(新羅)가 삼국(三國)을 통일(統一)하고 하나의 민족(民族)을 만들 수 있었던 원동력이었던 것이다.

그래서 우리 고유의 무예 태권도(武藝 跆拳道)는 자기보존(自己保存)의 본능에서 발생한 오로지 힘과 기술적인 측면만이 모든 것이 아니라 호랑이처럼 용맹스러워 정의를 위해 생명을 아끼지 아니하며, 책임(責任)을 중히 여기는 선비 기질과 작은 미물과도 함께 호흡할 줄 아는 만인 평등사상(萬人 平等思想)을 품고 있으며 인격(人格)의 완성(完成)을 향하여 부단히 정진하는데 그 의미가 있는 것이다.

따라서 우리는 태권도(跆拳道)의 내면적 정신세계(內面的 精神世界)에 흐르고 있는 홍익인간(弘益人間), 평화정신(平和精神), 정의(正義)를 수호(守護)하는 결백정신(潔白精神) 및 투철(透徹)한 책임감(責任感) 등을 하얀 도복안에 품고 한민족(韓民族)의 숭고한 정신을 오늘에 되살려서 태권도정신(跆拳道精神)을 확립(確立)·실천(實踐)함으로써 이를 **생활화**하고 나아가 조국발전의 정신적 지주로 승화시켜 **조국번영**(祖國繁榮)의 선봉(先鋒)이 되는 긍지 높은 태권도인이 되어야 할 것이다.

3장 태권도의 과학적기초

1. 태권도의 생리학적인 접근

인간의 생존 수단은 신체의 내·외적인 스트레스(Stress)로 부터 지극히 정교한 생리학적인 현상에 의해서 살아간다.

즉 하나의 운동은 대뇌, 신경, 근육의 활동과 호흡, 순환, 심폐, 물질대사, 체온조절, 음식물의 소화, 호흡 및 배출에 이르기까지 생리적인 기전(機轉)에 의해 균형과 항상성(恒常性) 및 역귀환작용(逆歸還作用)에 의해 항정상태(恒定狀態)를 유지한다.

따라서 태권도의 수련에서 우리 인체의 생리학적인 제현상을 이해하고 그 작용을 부분적으로나마 이해함으로써 태권도를 수련함에 있어서 경기인이나 지도자가 가장 기초적으로 숙지해야 할 운동의 생리적인 작용을 중심으로 살펴보기로 한다.

가. 순환기 계통 (The cardiovascular system)

순환기 계통은 심장과 혈관 및 혈액이며 커다란 활동성에 의해 순환기 계통이 적응되어 간다. 사실 태권도는 격렬한 운동중의 하나이며 순간적인 힘에 의하여 상대를 제압하는 것이므로 대표적인 무산소적 경기라고 할 수 있다.

일반적으로 정상적인 사람의 평균 심박은 보통 70회 정도이나 계속적인 운동에 의해서 안정시에 있을땐 이보다 더 낮은 심박의 수로 생활할 수 있다. 이것은 심장에서 혈액의 공급은 일정하다고 할때 1회에 대동맥으로 유출시키는 양은 더욱 많아지게 되며 심장근의 발달로 더욱 튼튼한 심장을 가질 수가 있다. 심장이 수축하는 동안 심박출량(Stroke Volume)과 심박수는 밀접한 관계를 가지는데 지속적인 훈련은 1회 심박출량을 증가시킨다는 사실이다. 1회의 심박출량과 심박수의 증가는 운동에 적합한 순환기의 출력을 위해 필수적인 것이다. 격렬한 운동을 함으로써 요구되는 이러한 현상은 심박출량을 모두 증가시켜 격심한 운동을 원활히 수행할 수 있게 해 준다.

이러한 훈련은 혈압에 직접 운동의 효과를 반영한다. 즉 평상적인 인간의 혈압은 최고 120mmHg에서 최저 80mmHg의 혈압을 평균 혈압이라고 하는데, 보다 강한 훈련은 혈압의 상승을 가져와 인간의 내적 및 외적인 스트레스(Stress)에 저항할 수 있는 능력을 준비하기도 한다.

그러나, 운동은 계속적으로 행할 수는 없다. 즉 일시적인 운동은 인체에 내재되어 있는 에너지로써 가능하나 계속적인 것은 불가능하다. 계속적인 운동을 행함에는 영양이나 산소공급을 받아야 하며 운동으로 인하여 신체내부에 부산물이 생성되지만 지속적인 훈련에 의해 이러한 문제를 보다 원활히 제거할 수 있게 해 준다.

즉 부산물인 젖산, 탄산가스, 무기인염의 증가를 가져오지만 지속적인 훈련을 하게 되면 이를 제거하면서 운동을 계속할 수 있게 부산물 제거의 개선에 도움을 주는 것이다.

나. 호흡기 계통

호흡은 신체의 모든 조직에 산소를 공급한다는 의미이다. 이는 다시, 폐포에서 가스의 실질적인 교환을 하는 외적 호흡과 또다른 하나는 혈액으로 신체의 곳곳에 산소를 옮겨주는 내적호흡으로 나뉜다.

산소와 이산화탄소의 교환은 이러한 가스들이 혈액에서 공기로 통과되어 가스가 빨리 확산되기에 충분히 얇은 모세관 벽과 폐포를 통함으로써 일어난다.

호흡은 흉부 압력의 변화와 호흡 근육에 의하여 조절된다. 흉곽의 압력이 대기의 압력보다 작을때 공기도 허파속으로 들어가며 계속적인 훈련은 호흡수를 감소시키고 호흡의 깊이를 증가시킴으로 이런 점에 유의해야 한다.

안정시의 호흡수는 1분에 16~18회 정도이고 1회 호흡량은 약 500ml로서 1분간의 호흡량은 8~9ℓ 정도가 보통이다.

그러나 격렬한 운동을 할 때는 10~20배 정도까지 증가하게 된다. 가벼운 운동을 할 때는 산소의 섭취량과 산소 소비량이 비슷하지만, 격렬한 운동시에는 산소 섭취량보다도 산소 수요량이 많아져 운동을 계속하기 어려운 상태에 놓이게 되는 것이다.

이와 같이 산소가 부족한 현상을 산소부채현상이라 하며 보통 안정시의 사람은 5ℓ 정도이지만 태권도 수련을 1~2시간 정도 계속한다든지 선수가 경기시 3분 3회전 정도 끝난 후면 약 3배에서 4배정도 늘어난 산소부채현상을 느끼게 된다.

태권도와 같은 격렬한 운동을 하고 있는 선수가 시합시에 섭취할 수 있는 최대값의 산소부채량을「최대산소 섭취량」이라고 하는데 이는 1분간에 무려 3~5ℓ 정도가 필요하게 되는 것이다. 태권도 경기와 같이 과격한 운동을 단시간에 끝낼 경우 이를 아나에로빅(Anaerobic)운동이라고 하고 중정도의 운동을 계속적으로 오랫동안 실시하는 경우 에로빅(Aerobic)운동을 하고 있다고 한다. 과격한 운동이나 태권도 수련시에 어느점에 이르면 호흡이 곤란하여 고통을 느끼는데 이를 가리켜「사점」(Dead Point)이라고 하고 이때의 고통을 참고 견디면 서서히 땀이 나고 운동의 결과로 생긴 부산물인 "젖산"이 근육에서부터 이탈하여 배출되면서 심장의 혈액 박출량이 증가하여 호흡이 부드러워지고 그렇게 됨으로써 운동을 계속할 수 있게 된다. 이를「세컨드 윈드」(Second Wind)라고 한다.

태권도 수련이 호흡계에 미치는 영향에 대하여 요약하여 보면 아래와 같다.

1) 태권도 수련과 호흡의 관계

태권도를 수련함에 있어서 급격히 늘어나는 산소 필요량을 공급하기 위해서 폐포의 환기량이 증가하고 동시에 폐포에서 기체 교환이 활발해지는 현상을 볼 수 있다.

2) 태권도 수련과 폐의 환기능력 변화

태권도 수련의 강도에 따라서 폐포의 환기량과 산소의 소비량은 밀접한 관계를 갖고 비례하여 증가한다.

수련을 시작하면 곧 환기량이 증가하며 수련이 끝난 다음 심호흡을 하는 것은 산소부채로 인한 것인데 심호흡은 폐의 환기량을 늘리기 때문에 산소의 가용량을 증가시킬 수 있다.

3) 태권도 수련과 폐포내의 기체교환

태권도 수련으로 인하여 처음에 CO_2의 압력이 높아지면서 호흡중추를 자극하여 환기량을 증가시킨다. 폐의 모세혈관에 머무는 시간은 보통시에 1초 정도이나 태권도 수련시에는 폐내에 머무는 시간이 줄어들게 된다.

다. 신경계

인체의 신경조직을 이해하는 일은 태권도 수련을 이해하는데 중요한 요소 중의 하나이다. 특히 신경조직은 매우 복잡하여 신경에 관한 생리는 생리학 전분야에 걸쳐 가장 어려운 분야이기도 하다.

운동은 자극에 대한 반응으로 근 수축에 필요한 자극을 주며 운동량에 따라 적당량 운동단위를 동원해서 필요한 동작을 할 수 있게 한다.

자율신경계는 체내에서 일어나는 모든 상황을 감지하고 외부 환경에 적응하여 적절히 자극을 조절한다. 또한 통합적으로 경험에 의해 얻은 자극의 감수, 보전, 회상과 사고과정에서의 연상 또는 연합을 할 수 있다.

신경계를 대략 나누어 보면,

신경계 { 중추신경계 — 대뇌, 소뇌, 척수
       말초신경계 — { 말초신경 : 뇌신경, 척수신경
                    자율신경 : 교감신경, 부교감신경

등으로 나뉜다.

각 신경계를 대략적으로 설명하면, 다음과 같다.

1) 대 뇌

대뇌는 최초 중추 기관으로서 그 무게는 1.7kg 정도로 좌우 반구로 나누어지며 사고하고, 기억하는 언어, 감각 등의 중추가 있다. 특히 우리 몸의 의식적인 동작을 지배하고 있다.

2) 소 뇌

소뇌는 근육운동의 협응작용을 조절하는 기능을 가지고 있으며 또한 소뇌는 여러 감각 수용기에서 지각 정보를 받아서 우리 몸의 정확한 공간적위치를 알게 하여 근육이나 건에작용하는 장력의 정도를 알게 하는 기능을 가지고 있다.

또한, 소뇌는 근육의 장력을 유지하고 자세를 유지하거나 보고 모든 운동의 협응 작용을 가능케 하여 팔과 다리의 적절한 공격과 방어시의 협동체제를 이루는데 결정적 역할을 하는 기관이다. 또한 동작의 범위와 힘을 조정해 주는 기능도 가지고 있다.

3) 시 상

뇌반구 밑에서 자극을 전달하는데 시상하부는 체온, 평형, 입맛 등을 조절하는 기능을 가지고 있다.

4) 연 수

심장의 박동, 호흡 등을 조절하고 반사작용을 하는 곳이다.

5) 자율신경

감각기관에서 뇌나 척수에 자극을 전달하는 섬유로 구성된 신경을 구심성 신경(감각신경)이라고 하며, 뇌나 척수에서 근육이나 내분비선에 자극을 전달하는 섬유로 구성된 신경을 원심성 신경(운동신경)이라고 한다. 자율신경계는 교감신경과 부교감신경 사이에 서로 "길항작용"을 하고 있다. 예컨대, 교감신경은 혈액을 수축시켜 혈압을 상승시키고 부교감신경은 혈관을 이완시켜 혈압을 저하시킨다. 이와 같이 두 신경은 상반되는 작용을 통하여 상호평형상태를 이루며, 인체의 기능을 적절히 조절해 주고 있다.

라. 태권도와 체력요인

※ 태권도와 기초 체력과의 관계

일반적으로 체격이 크고 근육이 발달하여 울룩불룩 하면 곧 체력이 강한 것처럼 인식하는 경우가 있는데 체력은 그렇게 간단하게 구성되어지지 않는다.

체력의 요인은 근래에 들어 다양하게 나뉘어지고 있으며 문헌에 밝혀진 바에 의하면 약 80가지의 구성요소로 되어 있다.

이를 크게 나누어 보면 「의학상의 기증」, 「신체측정상의 상태」, 「신체기능」 등 세 부류로 대별하며 더 크게는 「신체적인 요인」과 「정신적인 요인」으로 구분한다.

이와 같은 여러가지 요인중에서 태권도의 수련에서 꼭 필요한 기능상의 체력 요인을 6가지로 발췌하여 살펴보자.

1) 근력 (筋力, Strength)

근력의 특정은 주로 악력과 배근력, 지력, 신전력, 내전력, 외전력, 대퇴력, 하퇴력, 족력, 두부근력 등 주로 근육의 기능을 측정하여 태권도를 수련함에 있어 근육을 발달시키는 관계와 선수의 근기능을 정확하게 측정하므로 기능상에 도움을 주는 요소이다.

2) 순발력 (瞬發力, Power)

순발력의 테스트는 주로 수직도(서전 점프와 같은 제자리에서 위로 솟아오르는 능력)와 단거리 질주 등을 측정하여 태권도인에 있어서 필요한 순간적으로 솟는 폭발적인 힘을 측정하고자 하는 것이다. 이것은 근육의 기능과 신경기능을 함께 측정하는 효과가 있는 것이다.

3) 민첩성 (敏捷性, Agility)

민첩성의 측정에서는 주로 신경기능과 근육의 기능을 함께 측정하는 것으로서 왕복달리기 (10m Shuttle run), 사이드 스텝 (Side step) 반응시간, 십자로 달리기 (Boomerang run test), 지그자그 런 (Zigzag run), 샷 포테이토 레이스 (Shot potato race), 바피 테스트 (Squat thrust), 크리스 크로스 테스트 (Criss cross test), 휘돌아 달리기 (Loop the loop run) 등으로 단시간에 몸을 최대한도로 움직일 수 있는 능력을 측정하는 것이다. 이것은 태권도 경기에서 가장 필요한 항목이며 많은 측정항목과 개발이 필요하다.

4) 평형성 (平衡性, Balance)

평형성의 측정에서는 주로 신체의 감각기능(感覺機能)을 측정하는 항목에서 눈감고 외발서기, 스틱 테스트(Stick test), 동적 평형측정(Dynamic balance test), 평균대 테스트 등으로 주로 몸의 균형을 불안정한 상태에서 어느 정도 유지할 수 있느냐를 측정하는 것이다.

5) 유연성 (柔軟性, Flexibility)

유연성의 측정은 주로 신체부위중 관절기능(關節機能)을 측정하는 것이며 몸앞으로 굽히기(Standing trunk Flexion forward)와 뒤로 젖히기, 엎드려 누워 윗몸젖히기(Trunk extension backward), 앉아 윗몸앞으로 굽히기(Trunk flexion forward) 등이 있다.

6) 지구력(持久力, Endurance)

지구력의 측정에서는 주로 호흡 순환기능(呼吸循環機能)과 근기능(筋機能)을 함께 측정하는 항목으로서 주로 의자 오르내리기(Harvard step test)와 오래달리기를 하여 측정한다.

2. 태권도와 운동역학

가. 태권도와 운동역학과의 관계

태권도를 수련함에 있어서나 각종 스포츠를 행함에 있어서 자신이 행하고 있는 운동의 종목에 대하여 운동을 일으키게 하는 기초적인 원리와, 운동을 행함에 있어 보다 효과적인 훈련방법을 위해서는 그 근본적인 원리를 알아야 한다. 태권도 동작이 단순히 어떠한 기법에 따라서 우리의 인체가 움직인다고 생각한다든지, 어떠한 자극에 의해서 그 반응으로 움직인다고만 이해할 것이 아니라 자극과 반응 또한 그 원리적인 면을 이해하며 운동을 일으키는 원인과 신체의 물리·역학적인 현상을 함께 이해함으로써 태권도에 대한 보다 깊은 수련을 하게 될 것이다.

즉 태권도를 수련하여 각종 시합에서 우승을 위해 상대선수와 겨룰때 상대방의 장점과 단점, 또는 상대의 움직임에서 빈틈, 즉 허(虛)를 이용, 상대를 제압하여 우승의 영광을 얻는 것은 개인적인 영광이 될 수 있지만 이러한 영광을 얻을 때까지는 남보다 강도 높은 훈련과 또한 훌륭한 지도자 밑에서 과학적인 훈련을 쌓았을 때 비로소 가능한 것이다.

여기에서 과학적이란 말은 태권도가 단순히 주먹과 발만을 사용하여 상대방과 겨룬다는 의미 이상의 것이 담겨져 있다. 왜냐하면 태권도에는 타 운동종목에서 찾아보기 힘든 정도의 역학적인 동작이 많기 때문이다. 막고, 지르고, 차고, 찌르는 동작 뿐만이 아니라 몸을 회전시키며, 뛰어서 내려오는 동작, 공중에서 균형을 바꾸면서 목표를 공격하는 동작, 상대의 중심을 이용하여 공격과 방어를 하는 동작, 이동하는 물체의 공격, 또는 자기의 신체일부를 이용하여 강도 높은 격파물을 깨어버리는동작 등 이루 헤아릴 수 없을 정도의 많은 동작들을 태권도에서 발견할 수 있으며 이러한 동작들은 극히 운동역학적인 제법칙에 준하여 고안되고 발전한다고 하는 사실을 우리는 먼저 이해하고 자부심과 함께 부단히 연구하여 옛 선인들의 지혜가 헛되지 않도록 노력하여야 할 것이다.

나. 태권도와 운동역학의 원리

운동과학분야에서 해부학이 인간을 대상으로한 구조에 관하여 연구하는 학문이라고 한다면 역학은 인간의 근육운동과 관련된 물리학적인 원리와 기계론적 법칙에 의하여 설명되어지며 근골격계통, 근골격조직은 하나의 조직으로 연구되어질 수 있고 골격, 관절, 근육의 세 가지 세부적인 계통으로 이해할 필요가 있다.

＊태권도는 반응시간과 밀접한 관계를 가진다.

태권도 동작에서 근육의 움직임을 보면 지르기와 차기 동작에서 특히 근신전 운동을 많이 하는 것을 볼 수 있다. 유도와 같은 운동은 굴근 사용이 많은 것을 볼 수 있는데 이러한 굴근과 신근은 반응시간과 밀접한 관계가 있는 것이 특징이다.

1) 반응시간과 반사작용시간

태권도를 연구하는 학자들이나 초학들사이에서 논문을 쓰는데나 연구를 진행하는 과정에서 흔히 사용되고 있는 두 가지 용어는 전술한 바와 같이 태권도의 특성으로 보아 상대적이며 고도의 민첩성과 순발력을 필요로 하는 운동이므로 그 중요성이 강조되고 있는 것이다.

반응시간은 의식적인 반응을 이루는데 포함되는 시간을 말하고 반사작용시간은 자극을 받은 때부터 무의식적인 반응을 할때까지의 시간을 말한다.

즉 겨루기시에 나 자신이 상대의 헛점을 발견하게 될때 의식적으로 작전에 의하여 "앞돌려 차기"로 상대의 안면을 공격하면 효과적이라는 생각을 하고난 다음 공격으로 연결시킨다든지, 또는 상대방의 특기가 "발들어 찍어차기"의 기술이 능한 것을 미리 간파하였다면 먼저 상대에게 "발들어 찍어차기"의 기술에 대한 헛점을 보여 그 기술이 들어오게한 다음 그 기술을 실수로 처리하든지 상대가 발을 들어올리는 순간을 정확히 포착하여 아랫배를 목표로 빗차기로 공격한다는 의식적인 작전을 먼저 머리속에 구상한 다음 그 작전을 용의주도하게 "실전에 옮기는 때까지의 시간"을 말하며, 상대방의 어떠한 형태의 공격이든지 의식적이라기 보다는 거의 무의식적으로 피한다든지 반격하는 동작을 반사작용이라고 하면 쉽게 이해될 것이다.

따라서 반응시간이나 반사시간에 「조건반사시간」이라는 개념이 또한 많이 대두되게 되는데 본질적으로 조건반사는 "기본적인 움직임이 반복되는 연습을 통하여 발달된다. 이는 중추신경계의 통제에 의하여 신속하게 움직일 수 있다. 이를 도표화 시켜보면 다음과 같다.

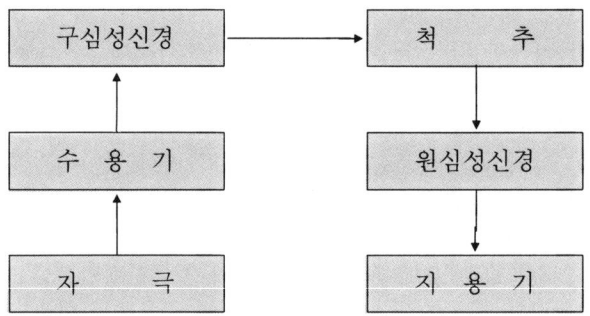

위의 도표에서 보는 바와 같이 계속적인 훈련은 중추신경과 말초신경과의 소통을 더욱 원활히 하게 되는 신경과 신경의 연접인 스냅스의 아세틸콜린이라는 물질이 매개체로 신경계를 이어주는 작용을 한다.

한편 오늘날 많은 학자들에 의해 밝혀진 바에 의하면 「훈련은 근육의 섬유를 비대하게 하며, 활용하지 않던 근육에 자극을 줌으로써 다시 활발한 근운동에 참가하게 된다」라고 밝히고 있다.

이를 근육의 비대현상이라고 말하면 각신경 마이애린의 발달을 가져와 보다 빠른 동작을 행할 수가 있게 되는 것이다. 이와 같은 마이애린의 발달은 운동을 지배하는 중추신경 기능에 영향을 주는 중요한 요인이 될 수 있으며 마이애린 발달은 운동에 의해서 촉진된다고 할 수 있기 때문에 환경의 자극은 신경계통과 아울러 인간 동작의 발달을 촉진하는 요인중의 하나라고 할 수 있다.

* 해부기능학적인 기초적 바탕위에서의 태권도, 운동역학이 중요하다.

위에서 언급된 바와 같이 태권도의동작은 타 운동에서 찾아보기 어려울 만큼의 수많은 동작들이 운동역학적인 원리에 의하여 움직여지고 있는 역학적 운동의 대표적인 종목이라 하여도 과언이 아니다. 이러한 훌륭한 운동을 보다 구체적으로 과학화 하기 위해서는 우리 인체에 관한 움직임의 근본이 되는 해부기능학의 기초적인 바탕위에서 태권도 동작의 물리역학적인 측면을 이해하지 않으면 안된다.

품새는 이와 같은 제문제를 기본동작과, 경기에서 좀더 자세히 다루고 본 편에서는 목차 그대로 태권도의 과학적인 기초지식을 이해하기 위한 원칙적인 문제를 다루도록 하겠다.

2) 신체운동

(1) 신체운동의 의미

우리 인간이 사지를 움직이며 막고, 지르고, 차고, 찌르고, 어떠한 물체를 깨는 동작을 하며 태권도를 수련하는 것을 총칭하여 「신체운동」 또는 「신체활동」이라고 한다.

그러나 사람이 달리고 있는 것보다 더 빠른 속도의 차나 비행기를 타고 높게 또는 낮게 움직이거나 비행하고 있을때는 차나 비행기가 움직이는 것이지 그 안에 타고 있는 사람이 운동을 하고 있다고는 하지 않을 것이다.

그러면 도대체 운동이란 어떤 근거를 기준으로하여 운동을 행한다고 하고 또는 운동을 행하고 있지 않는다고 하는 것일까? 그것은 일반적으로 「어떠한 물체가 다른 물체에 대하여 위치를 변화시키는 일」을 역학적 운동이라 하며 이 역학적 운동의 내용은 물체의 상대적인 위치변화에 의하여 결정되는 것이며 이러한 것을 운동의 상대성이라고 할 수 있는 것이다.

다시 말하면 신체운동이란?

신체가 어떠한 물체에 대응하여 위치의 변화를 일으키게 하는 것이며 좀 더 상세히 표현한다면 신체의 내적구조나 조직에 의하여 전신 또는 신체부분의 위치 변화를 유도시키는 경우를 일반적으로 신체운동이라고 한다.

(2) 신체운동의 종류

신체운동을 행하고 있는 인간의 동작범위를 관찰해보면 그 운동으로서 동작중에 동일한 몇가지의 특징을 발견할 수 있다.

신체 각부분의 행동이 앞으로 동일방향으로 동작을 하는 것과 신체 각 부분의 행동이 이루어지는 중심선(中心線)으로 회전축이 이루어지는 축의 동작 형태인 두 종류로 구분할 수 있다.

운동학적으로 전자(前者)의 행동동작이 이루어지는 운동을 병진운동 또는 직선운동이라 하며, 후자(後者)의 운동을 회전운동이라 한다.

운동의 형 { 회전운동(Rotary Motion)
병진운동(Translatory Motion) { 직선운동(Linear tranlatory motion)
곡선운동(Curvilinear tranlatory motion)

① 모든 운동은 회전과 병진운동이 동시에 일어난다.
② 병진운동의 직선운동과 곡선운동을 연달아 행한다.
  (예 : 뛰어 옆차기를 행할 때)
③ 직선운동은 이동경로가 직선일 때 일어난다.
④ 곡선운동은 회전의 방향과 강도에 따라 결정되며 구부러진 경로에 따라서 움직일 때 생긴다.
  (예 : 몸돌려차기, 회전돌려차기)

뛰어옆차기

(3) 운동방법의 원리
① 반대동작의 원리 : 운동을 행할 때 팔과 다리는 거의 반대로 동작을 한다.
② 전체집결의 원칙 : 몸전체의 힘으로 그 동작을 이루게 하는 것.
③ 목표촛점의 원리 : 어떠한 목표물을 맞추기 위해서 끝까지 그 지점을 보면서 행하는 원리이다.
　　　　　　　　 (예 : 테니스. 야구배팅시, 태권도 격파시)
④ 팔로우―드―루의 원리 : 운동을 행할 때 충격을 완화시키기 위하여 동작의 진행방향으로 신체를 움직이는 원리이다.
⑤ 에너지 효율의 원리 : 경제원칙과 같이 최소의 힘을 들여 최대의 효과를 얻기 위하여 신체 각 부가 상호협조 한다는 원리이다.

(4) 신체운동의 직선운동
① 운동의 속도

　동일한 장소에서 동시에 달리고 있는 사람과 걷고 있는 사람이 있다. 이때 두 사람을 비교하여 보면 도로변에 서 있는 2그루의 나무사이의 거리를 통과하는데 걸리는 시간의 차는 대단히 크다. 이러한 경우에 우리들은 달리고 있는 경우를 빠르다고 말할 것이며 걷고 있는 상태를 느리다고 말한다. 이때 속도(Speed)는 시간과 경과에 대하여 거리(Distance)의 변화로 표시한다.

　일정한 속도로 운동하고 있는 물체이면 시간(Time), 속도(Speed), 거리(Distance)의 관계를 표시하는 것은 간단하다.

　현재 매초 5m의 속도로 달리는 사람의 속도와 시간 또는 거리와 시간과의 관계를 그래프(Graph)로 나타내면 아래와 같다.

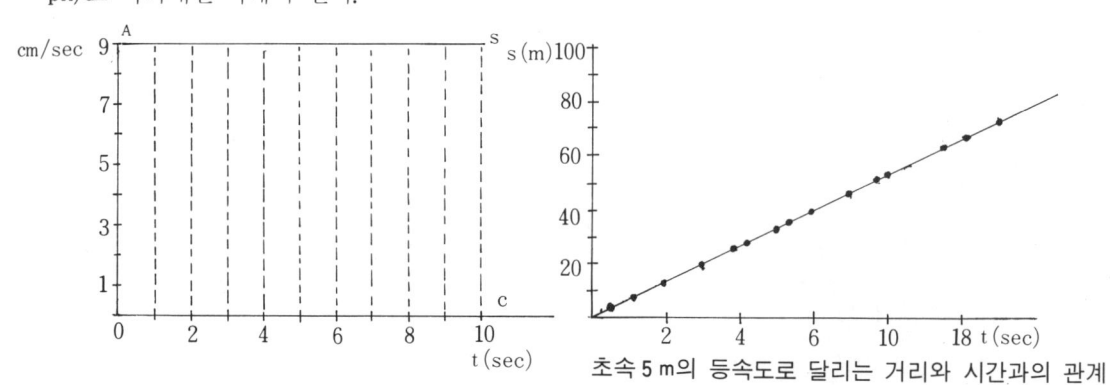
초속 5m의 등속도로 달리는 거리와 시간과의 관계

앞 페이지의 두 그림에서 보는 바와 같이 속도와 시간의 관계를 나타낸 그래프(Graph)는 시간축에, 수평인 직선에 운동거리와 운동시간의 관계를 표시한 그래프(Graph)는 시간축에 일정한 각도를 가진 직선이 된다. 직선관계가 이루어진다는 것은 이 운동이 거리를 어떻게 하든간에 항상 동일한 속도의 크기를 갖고 있다는 것을 알 수 있다.

일반적으로 이러한 성질의 운동을 등속운동이라 말하며 이는 속도의 방향이 변하지 않으므로 직선운동이고 속도의 크기가 일정하다.

등속운동에서는 평균속력, 평균속도크기, 순간속력, 순간속력크기가 같다.

S=거리 t=시간 V=속도
$S = V \cdot t$
$V = \dfrac{S}{V}$

(5) 공간운동

T. K. Cureton의 연구에 의하면 투척운동에서 손의 높이를 213cm로 했을 때 최대 도달거리의 투사각은 40~43°가 제일 적당하다고 할 수 있다. 그러나 보다 멀리 던지기 위해서는 투사각을 높이는 것보다는 던지는 물체의 속도를 빨리해서 힘을 순간적으로 작용하는 것이 더욱 유리할 것이다. 이와 같이 점프운동, 스피드운동, 던지는 운동 등 거의가 공간운동을 하는 경우가 많으며 태권도에서 뛰어 높이차기, 뛰어 옆차기, 돌려차기, 공중회전차기 등 대표적인 기술을 제외하더라도 특히 시범을 보이는 장애물차기와 같이 태권도 시범에서 공간운동을 하는 경우가 많으며 이러한 운동은 그것을 실시하는 사람에 따라 포옴(Form)과 속도의 차이는 있으나 그 운동의 원리는 낙하운동과 공간운동의 원리에 입각하여 이루어진다.

3) 힘 (힘의 원리)

힘[力]이란 물체의 운동상태를 변화시키거나 물체의 모양을 변화되게 만드는 원인을 말한다.

인체가 내는 힘(F)은 체중(m)과 가속도(a)의 곱으로 나타낸다. 즉 이것을 공식화하면 F=ma 라는 식이 성립된다. 운동중에 있는 두 사람의 체중을 가했을때 힘은 가속도에 비례한다. 따라서 일정한 시간내에 큰 힘을 내려면 빠른 속도의 변화가 있어야 한다.

예를 들면 같은 체급인 플라이급에서 두 선수가 각각 같은 50kg의 체중을 가졌다면 중요한 것은 바로 가속도가 된다.

즉 가속도 $a(=\dfrac{F}{m})$가 크면 클수록 힘은 비례하게 되기 때문이다.

여기서 가속도(a)는 속도가 변화하는 정도를 말하는데 구하는 방법으로는 일정한 시간내의 나중 속도에서 처음 속도를 빼고 이것을 시간으로 나누어 구한다.

V_f=종속도 V_o=초속도   t=시간
$a = \dfrac{V_f - V_o}{t}$ 가 된다.

힘의 3요소
① 힘의 크기
② 힘의 방향
③ 작용점

4) 힘과 운동의 법칙

(1) 운동의 제 1법칙 (관성의 법칙)

어떠한 물체에 힘을 가해 그 물체가 움직이게 되면 그 힘을 중지하여도 당분간 그 방향으로 움직이려고 하는 힘의 성질이 있다. 이것은 뉴톤(Newton)이 발견한 이론으로 이것을 제1법칙 또는 관성의 법칙이라 한다.

강물에서 배를 저어 가는 시간에 같은 방향으로 가기 위해서는 계속해서 배를 젓지 않으면 않된다. 그러나 멈추었을 때에 얼마간의 시간동안 그 배는 그동안의 힘에 의하여 계속해서 같은 방향으로 진행하려고 한다. 바꾸어서 말하면 배의 전진을 멈추게 하기 위해서는 그 배에 방향이 다른 힘이 작용하지 않으면 안된다.

예 : ① 차를 타고 가다가 급정차 하게 되면 타고 있는 사람이 앞으로 넘어지고 급히 출발하면 뒤로 넘어진다.
　　② 삽질을 할 때 삽안에 있는 물체가 떨어져 나가는 현상
　　③ 동전을 쌓아놓고 아주 빠른 속도와 강한 힘으로 치게 되면 맞는 부분의 동전만 빠져나가는 현상

(2) 운동의 제2법칙(가속도의 법칙)

운동 제1의 법칙에서 말한 노젓기처럼 노를 저을때 아주 많은 노를 이용하여 급히 저어 그 힘을 작용케 하면 배의 진행속도가 매우 빨라지게 될 것이다.

이때 속도 변화의 크기는 작용한 힘의 크기와 그 힘에 작용한 시간간격에 의한다. 일정한 힘 F에 일정한 시간 t를 더하면 여기에서 일어나는 물체의 속도변화는 그 물체에 따라서 다르며 물체의 질량이 크면 클수록 속도변화는 적어진다고 하는 이론이다.

(3) 운동의 제3법칙(작용, 반작용의 법칙)

이 법칙을 요약하면 물체가 서로 작용해서 이루어진 힘은 작용과 반작용이 동등하므로 상호적인 성격을 갖고 있다는 것이다.

예를 들면 얼음판 위에서 어린이와 어른이 스케이트를 신은 상태에서 마주서서 어린이가 어른을 밀었을 경우에 밀린 어른이 움직임과 동시에 그것보다 큰속도로 어린이가 움직이며 두 사람은 급격히 서로 떨어져 나가게 된다. 이 경우에 서로 받는 가속도는 그 질량에 반비례하며 서로 받는 힘의 작용은 동일하다.

5) 중심(重心)과 안정의 원리

스포츠에서 모든 운동은 중심이 중요한 작용을 하지만 특히 태권도에서는 상대방과 겨루기를 하는 경우 막기와 피하기, 공격을 할 때에 몸의 중심은 크나큰 영향을 미친다.

(1) 중심이란 무엇인가?

신체운동을 포함한 모든 운동은 지구와 서로 대응하는 것으로서 지상에서 일어나는 모든 물체의 운동은 항상 중력(重力)의 지배하에 있음을 알 수 있다.

중력은 신체를 포함한 어떤 형태에 있어서 그 물체를 구성한 모든 부분에 동작하고 있는 그 힘의 방향이 지구의 중심에 향하여 지는 지구와 지상체의 대응에서 항상 평행임을 관찰할 수 있다. 평행에 움직이는 힘, 이것은 한 점에 합성할 수 있으며 그 합성점은 그 물체가 강체인 경우 항상 동일점을 나타내고 있다.

(2) 평형과 안정

태권도 수련을 함에 있어서 용의 중심과 더불어 평형을 유지해야 한다고 하는 사실 또한 중요한 요소중의 하나이다. 상대방을 공격하기 위하여 한발을 들어 높이 올렸을 때 몸의 평형을 잃게 되면 오히려 상대방을 공격하기 전에 자신이 먼저 넘어지게 될 것이다. 우리 인간의 신체는 항상 역학적인 원리에 의해서 움직이게 되며 휴식을 취하고 있을 때에는 안정을 갖게 되지만 운동을 하고

있을 때에는 운동의 원리에 의하여 움직이게 되고 또한 그 자세가 불안정할 때에는 운동이 잘 이루어지며 자세가 안정된 상태에서는 운동이 잘 일어나지 않는 것이다.

즉 신체운동의 하나 하나를 분석해 보면 극히 불안정한 상태임에도 불구하고 지속적인 운동이 계속되고 또한 외력의 힘에 의하여 각종의 자세가 유지된다.

일반적으로 두개의 힘이 서로 반대되는 방향으로 움직일 때 그 힘이 동일한 상태, 또는 그 힘이 정지 위치를 유지하고 있는 상태를 평형이라고 한다. 또 이 평형을 유지한 조건을 안정성이라고 한다.

(3) 안정도의 조건
① 기저면이 넓으면 안정하다.
② 중심고가 낮으면 안정하다.
③ 물체의 중량이 크면 안정하다.
④ 외력이 작용해 오는 쪽으로 몸을 기울이면 안정하다.
⑤ 중심선이 기저면 중앙에 올수록 안정하다.

3. 태권도와 운동심리

태권도와 욕구심리

태권도를 수련함에 있어서 수련자의 욕구를 어떻게 충족시키며 또 그러한 심리를 어떻게 활용하느냐 하는 문제는 수련할 때나 경기에 참여할 때나 마찬가지로 인체의 생물학적인 욕구에 의한 것이라 볼 수 있다.

이 욕구에 대한 분류는 그 기준을 어떻게 잡느냐에 따라서 달라진다. 그러나 여기에서는 구체적으로 밝히는 내용이 그 목적이 아니고, 그 욕구가 인간에게 어떤 의미를 갖고 있는가를 염두에 두고, 맘포드(L. Mumford)의 학설을 인용하여 태권도 수련과 연관시켜 운동심리적인 측면에서의 방법상의 원리에 대하여 기술하고자 한다.

맘포드의 학설에 의하면 인간의 운동욕구를 둘로 구별하고 있다. 그 하나는 「생존의 욕구」또 하나는 「완성의 욕구」이다.

생존의 욕구는 공기, 물, 음식, 주거, 운동과 같이 생명을 보존하는 일에 관계되는 것으로 볼 수 있는 것, 또 성욕, 애정 등 생명의 존속에 관계되는 것을 포함한다고 볼 수 있다.

완성에 대한 욕구는 의미, 가치, 유의의(有意義)한 목적을 달성하려고 하는 데에 나타난다. 여기에서 물론 만족스런 물질적 생활, 또는 높은 정신생활에 이르는 모든 조건들을 포함시키고 있다.

따라서 자기자신을 한층 높이려고 하는 인격적욕구, 나아가서 정신적 활동을 키우고 정신의 발달을 촉구하는 것으로의 탐구라는 것도 물론 여기에 포함된다. 그리하여 여러 가치의 욕구에서 사람이나 사회에 대한 사랑에 이르는 의미, 가치, 목적, 계획과 그 모든 것의 완성 성취라는 것이 있다.

그러나 이 양자(兩者)는 서로 무관계한 것이 아니며 상호보완적인 관계를 가지고 있는 것임을 기억해야 할 것이다.

이와 같은 기본적인 욕구와 관련하여, 태권도 수련시나 경기시에 근본적인 문제를 해석할 수 있다. 예컨대 항상 두려운 상태나, 무서워하는 상태에 놓이게 되면 운동을 하는 사람은 심리적으로 증오, 의혹, 불신, 노여움 등이 생겨서 절대로 사랑과 관용은 생기지 않는다.

그렇기 때문에 인간은 근본적으로 공포로부터 해방되려는 욕구를 가지고 있다. 따라서 공격(攻擊)적 행위는 공포를 자기 자신으로부터 몰아내기 위한 하나의 변형이라고 볼 수도 있는 것이다. 그것은 곧 자기 자신에게 공격을 가해 올지도 모르는 대상을 압도하려는 하나의 활동형식으로써 행해지는 행동표현인 것이다.

(1) 안전에 대한 욕구

인간의 운동에 대한 욕구에는 자기 자신을 안전하게 보호하고 싶은 안전에 대한 욕구심리가 있는데 이것도 역시 공포에서 피하려고 하는 것과 관계가 있다. 개인이 완성을 구하고 생명의 유지 존속을 바랄때 거기에는 안정성이라는 것의 보장이 없으면 안된다. 말할 것도 없이 개인이든 사회, 국가이든 간에 그것이 발전하고 완성되기 위해서는 외부로부터 압력을 받거나 공격을 받는 상태에서는 안된다. 거기에서 평화에 대한 욕구가 나타나는데, 그것은 결국 안정성에 대해 보장을 받고 싶어하는 심리라 할 수 있다. 즉 상대를 공격하여 쓰러뜨리거나, 외부로부터의 위협을 느끼지 않는 상태를 만들어 내는 것을 희망하고 있을 것이다.

(2) 소속의 욕구

인간에게는 소속의 욕구가 있다. 어떠한 집단에서 이탈할 때는 또다른 집단에 소속되기를 바라고 있으며 그전에 소속이 약속된 상태에서 이탈하기도 한다. 개인으로서의 힘과 발안에 대한 불이익을 경험하면서 이러한 소속의식에 대한 필요성을 느끼는 경우도 있지만 근본적으로 어떠한 조직에 소속되기를 희망하는 소속의 욕구를 가지고 있는 것이다. 태권도에서도 어떠한 도장의 일원이 되어 전통을 이어가기를 원한다든지 어떠한 유명한 팀에 소속되어 명예와 함께 그 소속의 일원이라는 자부심과 함께 시합에 출전한다든지 그 도장의 문하생으로서 열심히 수련하여 그 도장을 계속적으로 계승발전시키는 일원이 되는 희망을 품고 있는 것도 소속욕구 심리에 기인한다고 할 수 있다. 그러므로 우리는 집단생활에서 자신이 어떤 위치를 가지고, 일정 역할을 분담받고 서로 상호관계를 유지하며 사회의 일원이 되려고 하는 것이며 그것이 곧 직접적으로는 안전의 욕구에, 궁극적으로는 생존의 욕구에 연관되는 것이다.

(3) 정체와 슬럼프

태권도의 수련 과정에서 기술의 진보는 일정하게 향상되어지는 것은 아니다. 수련 초기에는 급속도로 진보 상승되어 가지만 어느정도 향상되어 궤도에 올라가면 진보의 속도가 정체되고 또한 슬럼프 상태(교착상태)에 빠져서 이 기간을 잘못 넘길 경우 장기간의 슬럼프 상태에 빠져 회복되기 어려운 상태에 이르기 쉽다.

정체(停滯)현상은 수련 초기에 발생하기 쉬운 반면에, 슬럼프(Slump) 현상은 비교적 기술이 진보된 연습과정의 후기에 나타나는 상태인 것이 특징이라 하겠다.

※ 이와 같은 두 가지 현상을 원인적으로 분석해 보면 정체 현상에서는,

첫째 : 태권도에 대한 흥미나 노력이 없어졌을 때.
둘째 : 태권도 수련에 대한 능력이 한계점에 도달되었다고 자신감을 잃을 때.
셋째 : 수련에서 비능률적이고 비효과적인 수련을 고집할 때.
넷째 : 태권도 수련외적인 일에 쓸데없이 노력을 기울였을 때.
다섯째 : 수련중에 동작 일부분의 잘못이 다른 부분에 미칠 때.
여섯째 : 수련 방법이 변화없이 시종일관 똑같은 상태로 오래 동안 지속되었을 때이며,

※ 슬럼프 현상을 심리적으로 볼 때에는,

첫째 : 수련자들(팀일경우 동료)의 인화가 잘 되지 않을 때.

둘째 : 지도자에 대한 불평으로 의욕상실이 되었을 때이다.
또 생리적인 원인으로는,
첫째 : 지나친 수련으로 인해, 과로 하였을 때
둘째 : 수련으로 인한 영양분의 섭취가 뒤따르지 못하여 영양실조 상태에 있을 때.
셋째 : 신체중의 어느 부위에 일정한 근육피로가 왔을 때.
넷째 : 수련중에 부상을 입었을 때, 특히 초보자의 경우 고단자에게 신체의 어느 급소 부위를 외상당했을 때 위축을 받는다.
다섯째 : 질병으로 인하여 오랫동안 태권도의 수련을 하지 못하였을 경우 등을 생각할 수 있다.

4. 태권도와 인접학문

태권도와 인접학문과의 관계와 연구분야

일반적으로 태권도를 수련하고자 하는 수련생들이나, 유단자가 되어 몇년의 전문적인 경기훈련에 임하는 선수들, 또는 이를 지도하는 태권도 사범과 코치, 일선지도자, 해외에서 민간 외교관으로서의 역할을 담당하며 종주국의 태권도 지도에 심혈을 기울이고 있는 해외사범 등 모든 태권도 수련생이나, 지도자들이 필수적으로 알아두어야할 간단하면서도 원리적인 문제를 체육학적인 원리와 태권도의 특성에 맞는 부분을 연관시켜 이해를 높이는데 역점을 두었다.

특히 운동생리학, 운동역학, 운동심리학 분야에서 태권도 운동의 특수성에 비추어 볼 때 보다 많은 연구가 필요하며 원리적인 분야에서 뿐만 아니라 실제적인 측면에서 더욱더 많은 이론적 정립이 필요하다고 생각된다.

따라서 생리, 역학, 심리학적인 면은 너무나 좁은 의미에서 논한 것이며 실질적으로 태권도의 심오한 운동학적인 특성과 기술을 이해하기 위해서는 많은 인접 학문과 관련하여 이것을 이해하고 습득하며, 지도하는데 활용되어야 할 것이다.

태권도를 학술적으로 좀더 깊이 있게 이해하기 위해서는 태권도의 종목 특성과 방향을 결정하고 목표와, 의의와 본질적인 문제를 다루는 「철학 분야」, 태권도 종주국으로서 그 유래와 발생의 근원을 규명하고 당시의 정치, 경제, 사회, 문화의 역사적 배경을 바탕으로 과거를 거울 삼아 현재의 위치를 파악하여 미래를 조명하는 「역사분야」, 모든 종목이 그러하듯이 교육적인 측면에서 조명하는 태권도의 「교육학적인 분야」, 특히, 「교수법」, 「교육과정」, 「심신의 발육 발달」 등의 연구가 병행되어야 한다.

「태권도와 사회학적인 분야」, 「태권도와 경영적 분야」, 「체육 행정」, 「태권도와 측정 통계 분야」, 인체의 기능과 구조를 이해하는 「해부 생리 분야」, 「기능학」, 「위생학 분야」, 태권도의 예술성을 강조하고 승화발전 시키는데 필요한 「미학 분야」, 전문체력과 기초체력 육성에 필요 불가결한 분야인 「체력관리」, 「트레이닝」, 「신체 적성운동」, 지도자의 필수 학문인 「코우칭론」, 지도자와 수련자 사이에서 항상 공정하게 이루어져야 할 교육적인 측면에서의 「교육 평가 분야」, 여가 선용을 지도하는 「레크레이션」 등의 인접 학문이 우리 태권도를 둘러싸고 있으며 이러한 학문적 지식을 절대로 도외시해서는 아니되며 태권도의 과학적인 체계를 이룩하는 데 항상 도입하여 발전시켜 나가야 할 것이다.

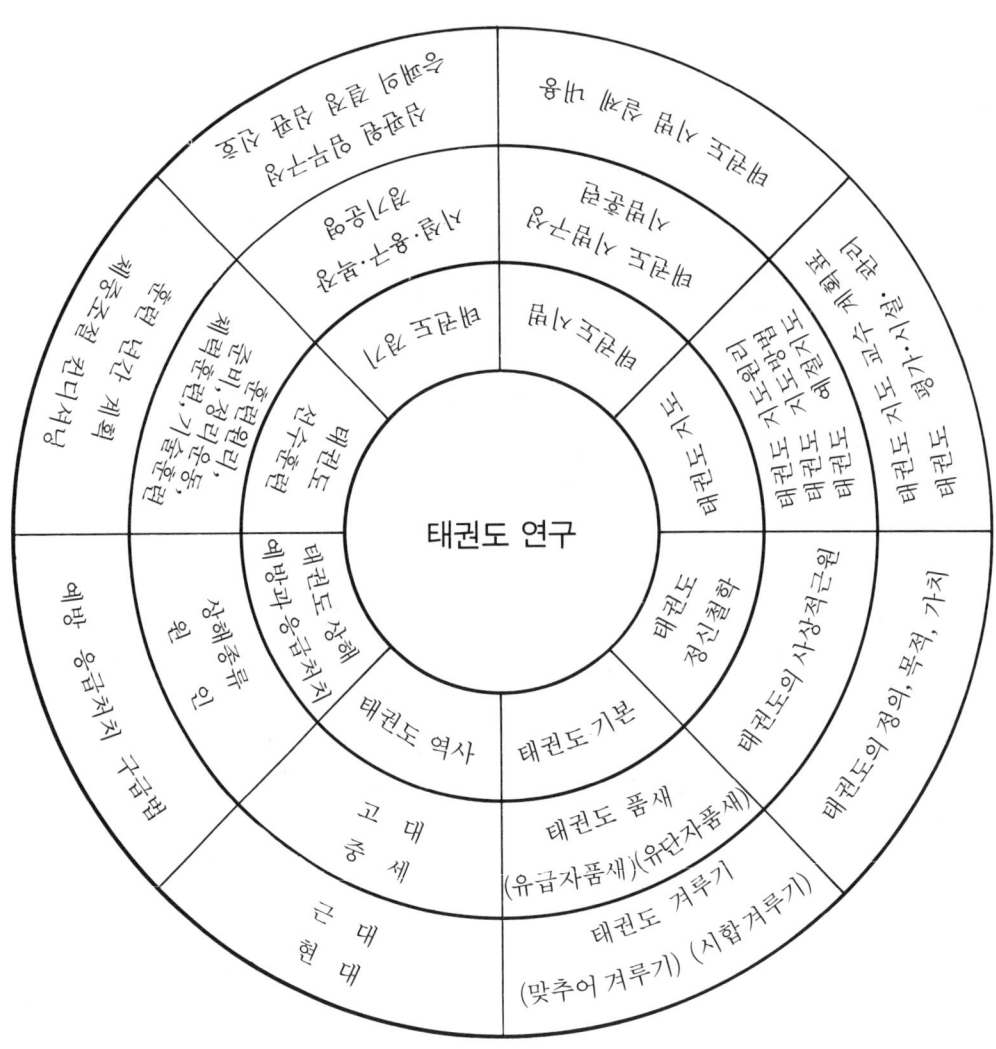

태권도 연구의 과제

4. 태권도와 인접학문 59

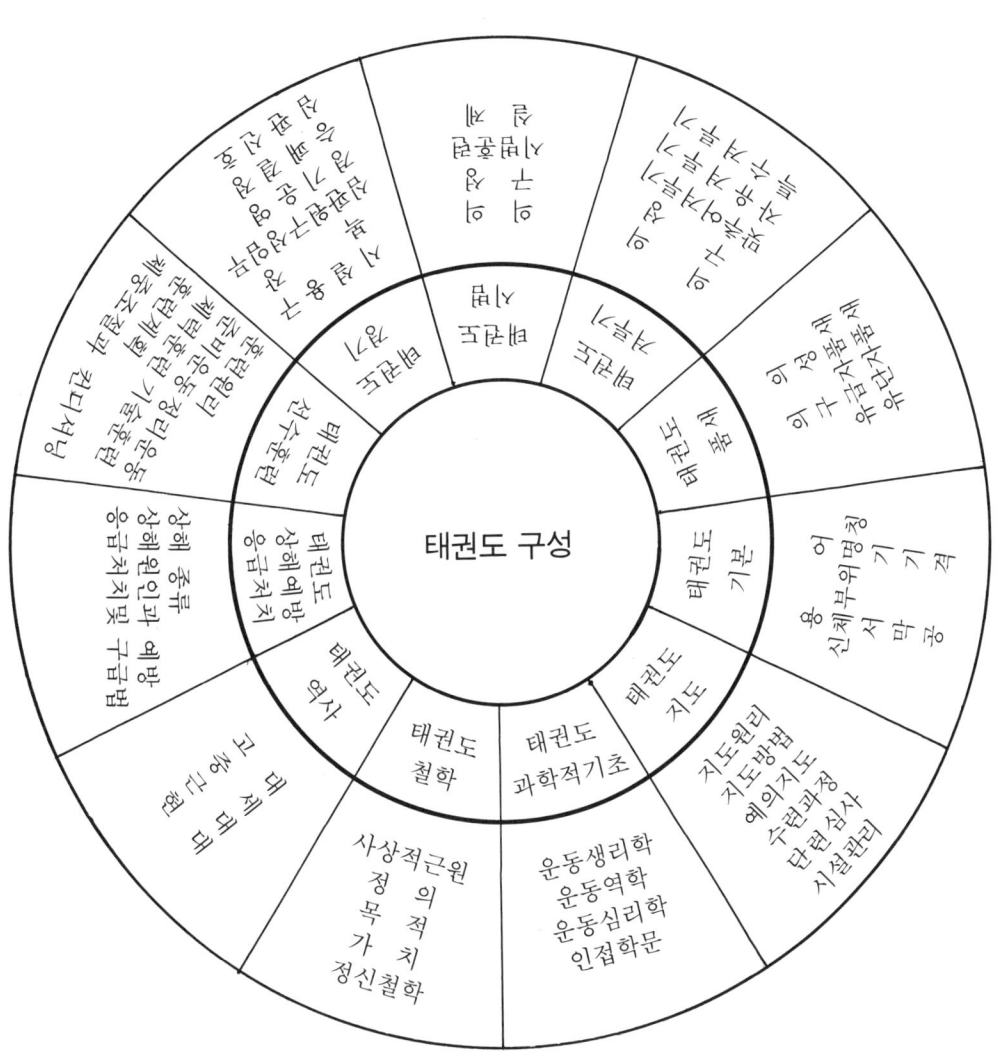

태권도의 구성

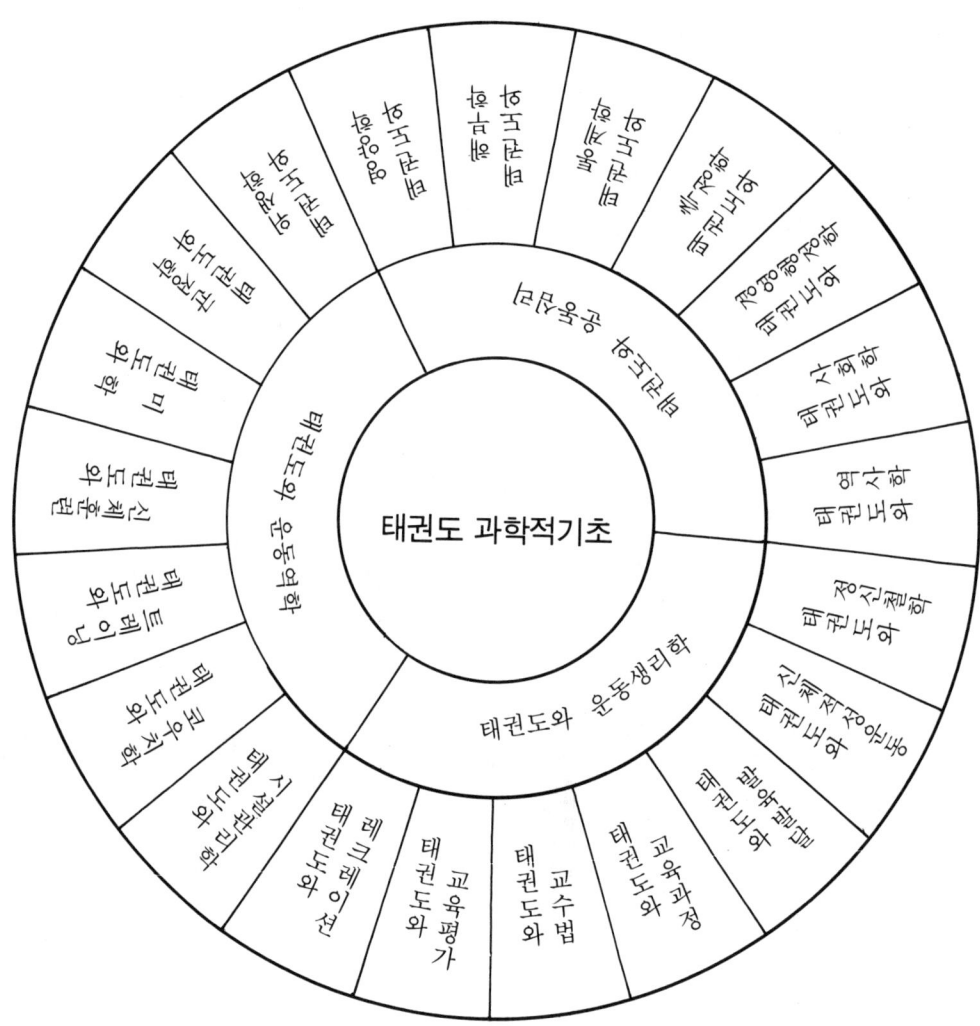

태권도의 과학적 기초와 인접학문

4장 태권도의 지도

1. 개   요

가. 태권도 지도

1) 지도의 의미

태권도 지도는 교수활동(教授活動)을 통하여 지도자가 태권도의 제요소를 수련자(修練者)에게 이해시키고 습득하게 하는 것이다.

여기에서 '지도'라는 말에 내포된 두 가지 면을 밝혀 태권도 지도라는 의미가 무엇인지를 명확히 할 필요가 있다.

'태권도를 지도한다'라고 하는 것은? 요약해서 말하면 태권도의 제반기술 및 동작을 바르게 가르치는 일이다. 즉 전문가가 미숙련자에게 태권도를 전수 또는 전달하는 일이라고 할 수 있을 것이다.

태권도를 지도한다는 말은 단순히 기술을 전달하는 일도 있겠지만 더 많은 교육적 의미를 내포하고 있는 것이다. 개인이 가지고 있는 다양한 잠재능력을 태권도라고 하는 운동을 통해서 이끌어 내어 보다 깊게, 넓게, 높게 강화시켜야 한다. 이는 태권도를 수단으로 하고 교재로 하여 신체적인 면은 물론이고 정신적인 면까지도 다양하게 발전시킬 수 있도록 하는 것을 의미하며 이상적인 지도방법과 형태가 될 수 있는 가능한한 모든 방법을 강구하는 노력이 따라야 할 것이다.

2) 지도의 조건

교육적인 측면에서 태권도 지도가 갖추어야할 기본적인 요소를 학자들의 학설에 근거하여 보면 다음과 같은 조건을 들 수 있다.

① 의도성 : 인간 변화를 위한 노력으로 지도하고자 하는 목적의식이 있어야 한다.
② 계획성 : 목적에 알맞는 내용과 그 실현을 위한 방법을 선택하고 그 접근전략이 수립되어야 한다.
③ 전인적 관심 : 인간의 전체적인 성향체제를 그 대상으로 하여야 한다.
④ 가치 지향성 : 의도와 계획속에는 가치있는 것을 지향하고 선택하는 일이 포함되어야 한다.

나. 태권도 지도의 목적과 목표

일반적으로 목적과 목표를 비슷한 의미로 생각하는 경우가 있으나 이 둘은 구별될 필요가 있다. 목적은 일반적인 의도 또는 방향을 말한다. 또한 목적은 종국적이고 이상적이기 때문에 실현이 용이하지 않다. 이는 한층 포괄적이며 추상적이어서 구체성을 띄지 못한다. 이러한 반면에 목표라고 하는 것은 어떠한 목적을 달성하기 위하여 좀더 구체적으로 그 내용을 분석하고 실현가능한 항목을 설정한 것이 곧 목표인 것이다.

태권도 수련목적이란 태권도 수련을 통하여 추구하는 궁극적 가치이고, 태권도 수련 목표란 이 목적을 성취하기 위한 수단가치를 말한다. 태권도 지도의 목적과 목표는 수련자들이 수련의 목적과 목표를 달성할 수 있도록 도와주는 일이 되는 것이다.

태권도의 지도목적은 태권도를 수단으로 하여 미완성의 인간을 신체적, 정신적, 사회적으로 이상적인 인간이 되도록 하는데 있다.

● 태권도 지도 목표

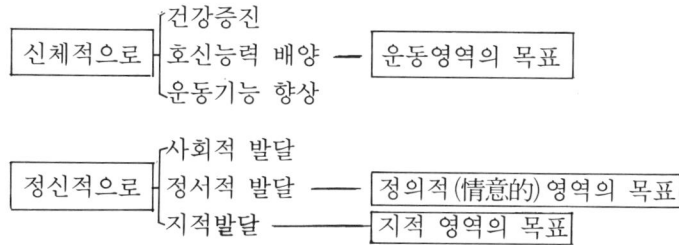

즉 수련자로 하여금 신체적으로 정신적으로 그 목표를 세부적으로 설정하여 운동영역의 목표와, 정의적(情意的) 영역의 목표, 지적 영역의 목표로 나누어 실현될 수 있도록 설정하여 향상시키는 데에 있다.

2. 태권도 지도원리

바람직한 태권도 지도가 수행되기 위해서는 태권도에 적합한 학습지도가 되어야 하고 이 학습지도는 일정한 근본원리에 의하여 설정되어야 하며, 그 교육목적을 달성하기 위해 구성한 학습내용의 전개와 방법, 기술에서 찾아야 할 것이다. 이 방법과 기술에 의하여 교육이 이루어지고 있다.

교육은 환경에 대한 반응에 의하여 항상 자기를 새롭게 해가는 작용이다. 이전의 경험은 새로운 경험에 비추어 끊임없이 재구성되어 다음에 오는 새로운 경험의 기초가 되는 것이다.

이러한 교육적 작용에 내포된 원리와 신체적 발달을 위한 트레이닝의 원리가 혼합되어서 태권도 지도의 원리이자 방법이 된다.

가. 의식성의 원리

의식성의 원리는 목적의 원리, 자주·자각성의 원리와 유사하며 학습지도는 일정한 목적아래 명확한 목표를 세우고 실현하려는 의도로 행하여지지 않으면 안된다는 것을 주장하는 원리이다.

태권도 수련에 있어서 기술의 향상을 유일한 목표로 생각하고 다른 목표를 등한시 하기가 쉽다. 태권도는 기술의 연마를 수단으로 하여 학습이 행하여지지만 그것을 통하여 달성되는 여러가지 다른 목표가 있음을 인식하여야 할 것이다.

의식성의 원리는 수련자 각자가 수련목표와 과제를 정확하게 이해하고, 그 수단과 방법에 대한 편성내용을 명확히 인식함으로써 그 수련 효과를 높일 수 있는 자주적 활동이라고 규정하고 있다. 수련에 대하여 의식적이고 적극적으로 참여하게 하여 태권도 동작과 그 안에 담겨진 정신을 일깨워 주어 그 목표에 접근할 수 있도록 시도해야 한다.

나. 자발성의 원리

태권도 지도는 학습자, 즉 수련자의 자발활동을 기초로 하여 행하여 지는 것이 효과적이다. 과거의 태권도 지도에서는 사범이 중심이된 지시일변도식 지도가 대부분이었으며 수련자의 자발성을 기초로 하여 학습을 전개하는 방법이 적었다고 할 수 있다. 지도자는 될 수 있는 대로 권한을 행사하려고만 하지 말고 지도에 임하여 수련자의 필요에 따라 좋은 안내자 또는 상담자가 되며, 수련자가 수련을 하는 목표를 인식하게 하여 목표에 도달할 수 있도록 안내하고 조언해 주는 역할을 담당하는 것이 바람직하다.

다. 개인차. 성차(性差)

개별성, 개성화의 원리라고도 하며 지도에 있어서 집단적으로 실시되는 경우나, 개별적으로 실시되는 경우를 막론하고 대상자의 성(性), 연령, 건강상태, 체력수준, 심리적 특성을 고려하여 행하여야 한다는 원리이다. 태권도 지도에서는 수련자의 연령에 맞는 집단지도를 실시하고 있고 다시 수련중에 단·급수에 따라 소집단을 편성하거나 개별적으로(품새수련시) 지도하고 있다. 이것은 수련급수의 개인차를 적용한 것이지만 좀더 욕심을 낸다면 그 외의 개인차를 고려할 필요가 있다. 또한 수련형식, 강도, 시간, 방법 등에 따라 경기 참가선수를 위한 보다 높은 수준의 수련에 있어서 수련자의 성별, 연령별 숙련도, 건강도 및 심리적인 요소를 반드시 고려하여야 한다. 일반적으로 그 학습자의 개별적 특수성은 끊임없는 교육적인 관찰과 평가를 통한 의도적 관리에 의해서 살펴볼 수가 있는 것이다.

라. 사회화의 원리

사회화의 원리에서 핵심적인 것은 학습의 능률을 올리기 위하여 공동집단을 구성하도록 주장하는 원리이다. 혼자서 학습하는 것보다 집단 내에서 서로 경쟁하면서 학습을 하면 그 효과가 상승한다. 이론적으로는 모든 학습은 개인적으로 행하여지는 것이 원칙이지만 실제로 학습은 집단적으로 행해지는 예가 많고 또 효과적이기도 하다.

사회화의 원리는 개성화의 원리와 상반되는 것같이 생각하기 쉬우나 결코 그렇지 않다. 즉 개인과 사회는 상호 의존적 관계에 있음이 엄연한 현실이며 개인차 그것 자체가 사회적 관계에 있어서 비판되고 인정되는 만큼 개성을 신장시키기 위해서는 집단화 한다. 이러한 관점에서 두 원리는 아무런 모순 없이 동시에 적용되는 것이다.

함께 땀흘리며 태권도를 수련하는 가운데 수련자끼리 서로가 보조하고 경쟁하는 것에는 이러한 원리가 내재해 있고 태권도 현장에서는 이 원리가 실질적으로 잘 활용되고 있음을 볼 수 있다.

마. 전면성의 원리

전면성의 원리에서 찾아볼 수 있는 주된 논리는 학습지도의 능률을 올리기 위해서 학습내용을 통일하여 일관성 있게 하며 지육(知育)·덕육(德育) 체육(體育) 등의 교육작용이 일체가 되어 발현하게 하고, 발달단계에 따라 지도법에도 일관성 있게 하여 인간성과 신체발달의 조화를 꾀하지 않으면 안된다는 원리이다.

태권도 수련자의 전면적 발달이란 태권도 호신기술, 근력, 지구력, 유연성과 근지구력 등의 체력과 건강요소, 태권도 정신에서 나오는 인격과 정신력의 발달을 의미한다.

이러한 전면성의 원리는 어린이에게 있어서 더욱 중요한 의미를 가진다. 도장에서나 기타 교육기관에서 태권도 유치부 어린이들의 지도에 특히 유의해야만 한다. 왜냐하면 교육의 초기단계에서 받는 파급 효과는 대단히 큰 것이며 흰 백지 위에 그림의 구성이 잘못 시작되어지는 그릇된 교육이 된다면 성인이 되어서까지도 그 영향을 받는다고 하는 사실이다. 즉 어릴 때의 심신의 전면적 발달은 장래 단련된 신체와 높은 수준의 운동성취에 기초가 되며 개인의 이상을 실현하는데 있어서 기본적인 성향이 되기 때문이다.

바. 연속성의 원리

연속성의 원리에서 주장하는 핵심적인 논리는 일정한 순서에 따라 점진적으로 학습시킴이 학습능률을 높이는데 효과가 있다고 주장하는 원리이다.

아동과 청소년의 심신의 성장은 계속적인 것이므로 그들의 신체적·정신적 발달의 정도에 따라 적합하게 지도가 되어야 한다. 즉 그들의 발달 정도보다 과도한 수련이 행하여지지 않도록 수련계획을 세워서 조절하는 것이 필요하다.

신체를 훈련하는데 있어서는 운동기능과 체력향상을 꾀하는 기본원리로서 점진성의 원리, 반복성의 원리, 계속성의 원리로 세분하고 있다.

다시 요약하면 쉬운 기술수련에서 시작하여 어려운 동작의 수련으로, 원리적인 동작에서 응용적인 동작으로의 점진적인 교육, 반복연습을 행함으로써, 그리고 장시간에 걸쳐 계획적으로 수련함으로써 비로소 그 효과가 기대되는 것이다.

사. 흥미의 원리

이 원리는 학습자의 흥미를 존중하여 자발적인 학습의욕을 환기시킴으로써 학습을 용이하고 활발하게 할 수 있다는 것을 나타내고 있다.

흥미라고 하는 것은 태권도 수련활동을 내심에서 촉진하는 심리적 기능으로써 이 원리를 잘 적용하면 수련자는 적극적으로 수련하게 될 것이다. 흥미에는 수련에 대한 바람직한 흥미 (예를 들면 품새, 격파 등의 자체에 대한 흥미)와 짖궂은 장난과 같은 그릇된 쪽의 흥미가 있으므로 지도자는 흥미자체가 비교육적인 면으로 흐르지 않도록 하고 수련자에 내재하는 의욕적 흥미를 발견하고 그것을 잘 이용하지 않으면 안될 것이다.

아. 창조성의 원리

이 원리는 의식성의 원리와 일맥상통한 면이 있지만 학습자의 성능(性能 : 성질과 능력)인 구심성(球心性)과 활동성에 의하여 발휘되는 창조성이 학습효과를 올리는 것을 강조한 원리이다. 교육에서 '창조교육'이라는 것을 강조하는 이유가 바로 여기에 있는 것이다.

대부분의 태권도 지도에 있어서 학습의 방법이나 요령을 수련자에게 먼저 설명, 시범을 한 후에 기계적으로 반복시키는 방법이 통용되고 있다. 그러나 그와 동시에 수련자로 하여금 왜 그동작이 잘 되지 않는가? 어떻게하면 잘 될까? 를 생각케 하여 스스로 창의 노력하도록 유도하고 지도함이 중요하다. 요컨대 학습지도는 학습자의 자발활동을 기초로하여 표현적·창조적·경험을 통하여 이루어져야 한다는 것이 창조성의 원리인 것이다.

자. 평가의 원리

평가의 원리에서 중요한 요점은 학습자에게 자기의 학습결과를 부단히 평가시킴으로써 적극적인 학습의욕과 능률을 올리는 효과가 있다고 주장하는 원리이다. 평가를 함으로써 수련자에게 목표와 진보에 대한 자각과 기쁨을 줄 수 있으며 수련의 동기를 강화시킬 수 있는 것이다.

태권도인이면 누구나 승단심사에 응시하여 합격한 후 검은띠를 허리에 매는 순간 그 강렬한 쾌감을 경험하였을 것이다. 도장에서 열심히 수련하여 사범에게 심사를 받고 중앙도장인 국기원에서의 승·단 심사는 수련자에게 자신의 성취 결과를 가능케하는 좋은 기회가 된다. 그러나 평가의 결과가 수련수준에 대한 합·불합격의 가부만을 결정하는 단순한 것보다는 어떤 점이 잘 되었고, 어떤 점에 더 유의할 것인지 수련자에게 명확히하여 줄 필요가 있는 것이다.

이상의 학술적인 원리를 근거로하여 지도상의 방침을 요약하여 보면 다음과 같다.

- 계획적으로 지도한다.
- 뚜렷한 목표와 수련의 필요성을 이해시켜 지도한다.
- 자발성과 흥미를 존중하여 지도한다.
- 성별과 개인차를 고려하여 지도한다.
- 쉬운 것에서 어려운 것으로의 원리에 의한 응용으로 점진적으로 지도한다.
- 전면성과 부분성을 조화있게 지도한다.
- 수련자들이 스스로 탐구하도록 지도한다.
- 계절과 기후에 따라서 지도 형태를 달리한다.

3. 태권도 지도의 구성요소

합리적인 태권도 지도가 수행되기 위해서는 태권도 지도의 구성요소를 보다 정확하게 이해할 필요가 있다. 구성요소는 지도의 주체가 되는 지도자와 수련자, 지도가 이루어지는 수련과정, 그것을 둘러싼 공간적 요소인 수련환경 등으로 나뉘어진다. 이러한 요소들에서 우리가 주의해야 할 사항이 무엇인지를 살펴보기로 한다.

가. 태권도 지도 모형

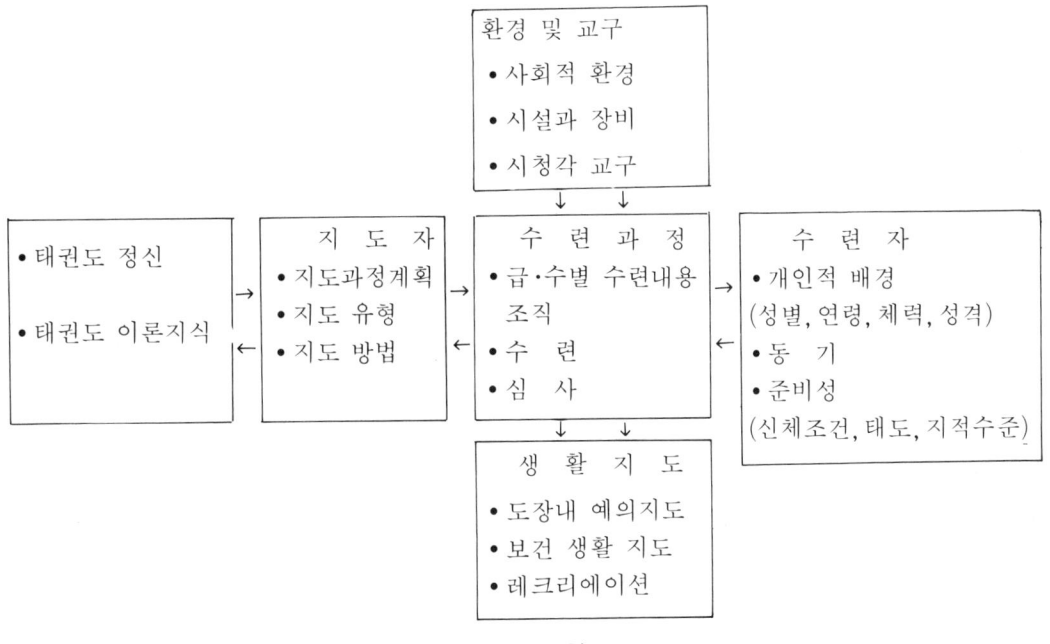

태권도 지도모형

나. 지도자

태권도 지도에 있어서 사범, 즉 지도자가 차지하는 비중은 타 어느 종목 보다도 교육적으로 많은 비중을 차지하고 있다. 사범의 유형, 지도방침, 지도방법은 수련자에게 효과면에서 직접적으로 크게 작용하며 수련자의 태도나 성격에 미치는 영향은 물론이고 태권도의 사회풍토나 분위기와도 깊은 관계가 있다.

일반적으로 지도자란 타인에게 사고체계, 행동방식, 행위 등에 대한 영향력을 행사하는 사람을 말한다.

여러 수련자들에게 태권도를 지도하는 사범은 명실상부한 지도자로서의 자부심을 가져도 좋으며 사범의 행동과 생활태도와 말씨 등은 직접적으로 수련자의 전인적 발달(全人的 發達)에 지대한 영향력을 미친다.

발육발달 단계별 특징과 태권도지도 요점

〈표 3-1〉 발육발달 단계별 특징과 태권도지도요점

성장구분 특징 및 지도요점	아 동 전 기 (6세~9세)	아 동 후 기 (10세~13세)
신체적·운동적·발달	① 신장은 년간 5cm, 체중은 약 2kg 증가 한다. ② 아동의 건강을 단순히 신장·체중만으로 판단이 곤란하다. ③ 손과 눈의 협동동작 체계가 불완전하며 원활치 못하다. ④ 이 시기의 어린이는 자세가 나쁘다. ⑤ 한가지의 패턴에 30분이상 견디기 어려우며 피로하기 쉬우나 휴식을 취할 필요를 느끼지 않는다. ⑥ 고정시설을 사용하는 놀이 등에 흥미가 남아 있으나 그 놀이 방법이 복잡하게 되어 뛰어내리거나, 기어오르거나 하는 리드미컬한 운동을 좋아한다. 손으로 정확하게 상대방의 목표지점에 전달하거나 목표지점을 명확히 찾지 못하는 시기이다.	① 일반적으로 피로할 줄을 모른다. ② 신장과 체중은 이 시기에 착실히 늘어난다. ③ 자세는 아직도 빈약하다. ④ 심장의 발달은 신체의 성장에 비하여 늦다. ⑤ 원활하게 활동하는 시기로 달리거나, 쫓아가거나, 맞붙거나 하는 동작을 좋아하며 경쟁하기를 즐긴다. ⑥ 눈과 손의 조정력이 발달하고 운동기능의 현저한 향상이 나타난다.
사회적 발달	① 3~4명이 한 그룹이 되어 비교적 장시간 놀이에 임할 수 있다. ② 단체유희를 좋아하며 규칙은 간단하고 경쟁적이 아닌 것이 좋다. ③ 자주 싸움을 하지만 곧 사이가 좋아진다. ④ 어른으로부터 떠나서 자유를 구하지만 어른에 대한 호기심도 많다. 따라서 흉내를 내는 일이 많다. ⑤ 같은 년배의 친구가 다른 아동들의 언행에 영향을 주며 그들 행동의 기준이 된다.	① 그룹(Group)을 좋아하나 그 조직은 분명치가 않으며 오래가지 못한다. ② 어른을 무시하는 경향이 생긴다. ③ 친구들의 소문이나 명예에 관심을 갖는다. ④ 내면적인 애정·동정·존경에 의해서 교우관계가 성립된다. ⑤ 리더(Reader)가 나타나고 그의 의견은 친구들간에 놀랄 만큼의 영향력을 행사한다.
정서적 발달	① 정서가 동요하기 쉬우며 어른의 기분에 대한 변화에 민감하다. ② 아동은 애정에 의해서 지배되기 쉽다. ③ 유아기에 비하여 정서가 복잡하게 되며 지속성은 늘지만 격렬성은 감소한다. ④ 강한 욕구심리와 함께 투정을 부리는 심리가 감소하게 된다.	① 정서적 생활은 더욱 복잡하게 된다. ② 겁쟁이나 수줍어하는 사람이 줄어든다. ③ 자신의 안정감을 위해서 남의 애정을 필요로 하게 된다. ④ 주의력이 발달하며 조금씩 침착하게 되어 하나의 일을 상당히 오래할 수 있게 된다. ⑤ 계획을 세우고 실행할 수 있으나, 아직 충분치 못하므로 좌절할 때가 많아 고민을 하게 된다.
지적 발달	① 지각(知覺)이 서서히 발달한다. ② 원근의 거리와 넓고 좁은 것과 같은 것을 이해하게 되며 공간지각의 관념이 성립된다. ③ 모험적인 태도가 생겨서 새로운 장소에 가보고 싶어한다. ④ 시각지각과 운동지각이 생겨나게 된다. ⑤ 질문을 많이 하며 대부분 상상의 세계에 흥미를 가지게 된다. ⑥ 과거·현재·미래에 대한 구분을 할 수 있으나 과거와 현재가 혼동되는 수가 많다.	① 지적면에서의 발달이 현저하다. 새로운 지적인 흥미는 넓은 지식욕과 새로운 경험에 대한 욕구를 만족시키는데에 관련되고 있다. ② 모든 일에 흥미와 호기심을 가지고 있다. ③ 관심권은 어른과 비슷하나 그 정도가 얕다. ④ 이론적으로 따지기를 좋아하며 친구들끼리 논쟁이 많은 시기이다. ⑤ 수개념(數槪念)의 발달이 현저해진다. ⑥ 사고(思考)와 기억의 개념이 구체화 되기 시작한다.
지도 요점	① 교우관계가 집단화 하기 쉬운 시기이고, 또한 그 집단 속에서 여러가지를 배워가는 시기이기도 하므로 집단 연습이 필요하다. ② 사회생활이 폭넓게 전개되는 시기이므로 가정 및 양친으로부터 떨어져서 독립적으로 사범의 지시를 따르는 생활에 적응하도록 유도한다. ③ 이 시기는 수련에 대한 심신의 준비도가 낮기 때문에 수련효과를 크게 기대할 수 없으므로 지도에 있어서는 심신의 자연적인 성장 발육을 도와주는 역할이 되어야한다. ④ 간단한 기본동작·품새·발차기 등 전신적인 운동에 의하여 신경기능이 관계하는 신체조정력 등 기본운동능력 배양을 위주로 한다. ⑤ 기술 수련이라기 보다는 전신움직임 교육이라는 측면이 합당할 것이다. ⑥ 태권도 동작수련에 대한 흥미와 다른 아동들과 친하게 수련생활을 영위하도록 분위기를 조성한다. 준비운동에서 짝을 지워 하는 것도 효과적인 방법이 될 수 있다. ⑦ 과다한 운동량은 금물이며 피로와 상처예방에 특히 주의해야할 시기이다.	① 인격 형성의 기초가 되는 신체적 정신적 사회적 기능을 조화적으로 고루 발달시킴이 주목표가 된다. ② 신체활동을 원활히할 수 있는 바탕을 마련하기 위한 운동능력의 개발 및 신장에 중점을 두되 수련을 통해 얻어지는 여러가지 가치를 감안하여 지도한다. ③ 기술향상을 위해서는 신체활동의 원리를 적용시켜 계획적으로 지도한다. ④ 정기적인 체력테스트 후 그 결과를 수련지도에 활용하도록 한다. ⑤ 이 시기에 추상적·과학적 사고가 형성되기 때문에 정신 및 기술지도에 있어 그에 적합한 설명 해설이 효과적이다. ⑥ 운동기능의 고하를 스스로 평가할 수 있게 됨에 따라 운동을 잘하는 아동은 더욱 열심히 하게 되고 서투른 아동은 운동에 소극적인 자세를 보이므로 능력별 수련형태도 바람직하다. 따라서 기능이 부족한 아동에게는 자신감과 아울러 그에 알맞는 지도가 필요할 때이다.

※ 발육 발달의 단계별 특징과 지도요점

청 년 전 기 (14세~16세)	청 년 후 기 (17세~20세)
① 신장과 체중의 증가가 현저하다. ② 남자는 어깨가 벌어지며 가슴이 두터워지며 여자는 가슴과 골반이 현저히 발달한다. ③ 사랑이를 제외하고는 영구치가 다 나온다. ④ 심장은 몸의 발육에 비하여 늦는다. 제2차적인 성징(性徵)이 나타나기 시작한다. ⑤ 이 시기의 소녀들은 월경을 경험하게 되며 소년들은 성에 대한 호기심을 갖게 된다.	① 휴식의 욕구도는 어른과 같아진다. ② 17세경에는 신체조직이 안정된다. ③ 발육이 현저하게 되며 특히 남자의 근육은 강대해 진다. ④ 발육정도의 개인차가 심하므로 같은 활동에 종사시키기가 어렵다. ⑤ 개인 운동경기에 참가하는 일이 많지만 역시 단체활동을 좋아한다.
① 이성을 구하려고는 하지 않으나 점차 성의식이 싹터서 이성과 함께 있으면 마음의 동요를 일으킨다. ② 상부상조의 관계로 친구가 생긴다. ③ 협조를 위해서 원만한 사회접촉의 기회를 갖게할 필요가 있다. ④ 남·녀 모두 경쟁적인 심리에 빠지기 쉽다. ⑤ 어른의 인정 보다도 친구와의 인정에 관심이 많으며 또한 중시 한다.	① 독립적인 사회성이 발달하며 그 기준을 어른의 행동 양식에 둔다. ② 부모의 권위의식에 대하여 반항적인 태도가 나타난다. ③ 사회적인 기준보다는 친구에 대한 기준으로 가치관을 삼으려 한다. ④ 이성의 친구를 갈구한다. ⑤ 자기를 인정하고 이해하는 어른을 구하는 일이 자주 있게 된다.
① 신체적·생리적인 변화에 의하여 정서가 동요되기 쉬우며 이로 인하여 고민하게 된다. ② 자기 자신에 대하여 민감한 시기이다. ③ 이성에 대한 관심은 대립적이며 반발적으로 나타난다. ④ 감정이 불완전하여 곤란에 당면하면 전력으로 해결하려고 하기 때문에 초조해하며 혼란을 일으키기 쉬운 시기이다. 이와 같은 성격이 오래 지속되면 내향성의 성격을 띄게 된다.	① 자신에 문제에 지나치게 민감하고 격렬한 정서를 가지기 쉽고 극단으로 달리기 쉽다. ② 때로는 낙천적이고 때로는 극히 비관적인 상태에 빠지기 쉽다. ③ 감정은 동요하기 쉽고 가끔 일시적 기분으로 행동을 취하나 정서는 차츰 안정되어 간다. ④ 인생의 전망과 생각의 바탕으로서 과거의 경험을 정리하는 것이 보통이다. 즉 노력하여 성공한 기쁨, 친구간의 우정, 실패를 반성한 후의 분발 등은 자기 자신의 경험으로서 반성되기 쉽다.
① 정서의 영향을 받아 지식을 구하려는 성숙은 급격하나 아동기의 요소가 아직도 남아있어 아직도 논리적 기억에 이르지 못한다. ② 끝없는 공상과, 이상, 동경을 강하게 추구한다. ③ 사용단어가 증가되며 광범위한 분야에 걸쳐서 독서를 하는 시기이다. ④ 자신의 체격, 성격, 능력 등에 주의가 집중되기도 하고, 자기의 살아가는 모습에 대해 생각에 잠기곤 한다. ⑤ 사회의 도덕과 법률에 의혹을 품게되며 자기나름대로의 독특한 비판을 갖는다.	① 후기적 특성은 지적인 행동을 추구하고 지식의 체계를 세우게 된다. ② 미적 관심이 높아진다. ③ 남자의 독서 경향은 모험소설로부터 과학적 독서물로 바뀌어 진다. ④ 추상적 사고를 필요로 하는 사항에 흥미를 가진다. ⑤ 사회·정치적·경제적 생활에 관심을 형성하게 된다. ⑥ 태권도 수련경험을 자신의 인격형성의 초석으로 생각하는 것도 이 시기이다.
① 만물을 논리적으로 추구하는 태도가 형성되어 가고 있기 때문에, 적어도 과학적인 논리에 맞는 설명이 필요하다. ② 수련중에 될 수 있는한 자극이나 모욕적인 언행을 삼가하고 간섭을 적게 하는 것이 좋다. ③ 상벌은 방법상에 있어서 때와 장소를 선택해야하며 「칭찬할 때는 여러 사람 앞에서, 질책할 때는 개인적으로 불러서」하는 것이 효과적이다. ④ 이 시기는 아동기처럼 모두들 운동을 좋아하는 것이 아니다. 왜냐하면 경쟁성이 우열의 두 갈래로 나뉘기 때문이다. 　승패감이나 우열의식을 없애게 하고 수련이 왜 필요한가를 인식시켜야 한다. ⑤ 이 시기의 수련생들의 눈에 비치는 좋은 지도자란 권위나 능력이 높은 사람보다는 자신들의 기분과 행동을 이해해 주는 사람인 깃이다. 특히 여성 수련생들에게는 인품에 끌리는 경우가 많다.	① 이 시기의 수련생들은 비판력이 상당히 높으며 또한 정서면에서 다정다감 하기 때문에 일방적인 강압이나 권위주의적 태도에 대해서는 반감을 가지기 쉽다. 따라서 평소에 대화로서 긴밀한 관계를 유지하다가 경우에 따라서는 잘못에 대해서는 반드시 지적하여 주어 무조건 용서해주는 사범이 되어서는 않된다. ② 적절한 방향과 목표설정(동기부여·가치지향)으로 폭발적인 에너지를 살려 수련생들에게 자신을 가지도록 해야 한다. ③ 이 시기의 수련생들은 지도자의 인간상이 그들의 이상형과 합치 했을 때 수련자 자신은 어떠한 희생도 감수하고 희생정신을 발휘한다. 따라서 수련생들의 이상적인 지도자가 될 수 있도록 노력하여야 한다. ④ 수련중에는 명확히 이해시키고 수련의 필요성을 자기자신이 느끼도록 주지시켜야 한다. ⑤ 기술향상을 위한 정신 연습을 실시할 시기이다.

지도자에 대한 논리는 학자들에 따라서 다소의 견해차이는 있으나 크게 나누어 자질론과 상황론의 둘로 대별된다.

자질론이란 지도자의 요건을 천부적으로 타고난 것으로 그것이 어떤 사람으로 하여금 지도자로 되게 한다는 것이다.

상황론이란 개인적인 자질보다는 그를 둘러싼 환경적 조건들이 지도자로 되게끔 한다는 이론이다.

이와 같은 이론에 비추어 볼때 태권도 지도자에게 필요한 것은 첫째, 지도에 필요한 태권도 기술과 인격. 둘째, 그것을 적절하게 가르치는 지도력이 된다.

1) 지도자의 자질

훌륭한 태권도 지도자란 다음 세가지 면의 자질을 겸비해야 한다.

(1) 인격적 감화자(感化者)

태권도 지도자이기 이전에 태권도의 무예를 수련한 하나의 인격자로서의 심성을 갖추기 위해 꾸준히 노력하고 실천해야 하며 자신의 행위에 대하여 끊임없이 질문을 던지고 반성과 함께 자기향상을 도모하는 자세, 긍정적이고 합리적인 사고방식, 도덕적 가치판단, 교양, 다른 사람에 대한 관심, 통찰력, 너그럽고 성실한 마음 등은 지도자로서 필히 갖추어야할 중요한 자질이다.

이러한 품성을 바탕으로 수련자에게 깊은 애정을 가지고 수련자의 전인적 성장에 관심을 둠으로써 태권도 이외의 잠재능력까지도 개발시킬 수 있어야 한다.

(2) 탁월한 태권도 구사능력(驅使能力)의 소유자

태권도 구사능력이란 태권도 기술·정신 뿐 아니라 이론지식을 풍부하게 표현할 수 있는 능력으로 태권도 지도자로서 당연히 갖추어야할 자질인 것이다. 한마디로 태권도 실력자로서 수련자로부터 기대치가 높은 지도자이다.

(3) 합리적인 지도력의 소유자

적절한 수련환경, 체계적인 수련계획, 이상적인 지도방법과 전략 등을 갖추고서 수련자들의 신체적 발달은 물론 흥미, 욕구, 태도, 가치관, 신념에 관계되는 정의적·지적 성장과 발달을 성취시켜 주는 능력 즉 교육자적 자질이 된다. 효과적인 지도를 위해 수련자에게 계속적인 동기와 흥미, 유용한 습관이나 지식, 경험 등을 가지도록 부단히 노력하고 실천하는 지도자 상(象)이다.

2) 지도자의 유형

(1) 지도유형에 따른 구분

태권도 지도에 있어서 지도하는 사범에 따라서 그 유형이 다르다. 지도 형태에 따라서 유형별로 보면 다음과 같이 세가지로 나누어지며 각각의 지도유형에 따른 특징을 살펴 보기로 한다.

(2) 전제형 지도자

① 구성원간의 자유도가 낮다.
② 수련자의 상호협력이 부족하다.
③ 일부 수련자는 지도자(사범)에게 공격적 태도나 반발 심리를 가지고 있으나, 일부 수련자는 절대 복종적인 태도를 갖게 된다.
④ 수련자 중에서 복종자는 사범에게 전적으로 의존하게 되고 좋은 평가를 받으려고 노력하게 된다.

⑤ 사범이 있으면 잘 움직이지만 사범이 자리를 비우거나 잠시라도 자기 사범이 아닌 다른 사범의 지도에서는 자발성, 독립성, 자기결정성 등의 성격이 부족한 면을 가지게 된다.

(3) 방임형 지도자
① 수련 분위기 자체가 극히 자유롭다.
② 수련에 대한 이해도가 낮다.
③ 수련에 대한 수련자 상호간의 공동목표 설정이 적고 능률이 저하된다.
④ 수련자 간에 불만과 반목이 생기기 쉽고 사범에 대하여 반항적인 태도를 갖기 쉽다.
⑤ 사범이 지도할 때나 없을 때나 수련의 능률에는 차이가 없다.

(4) 민주형 지도자
① 사범과 수련생간에 전체적으로 화목하고 협조적이다.
② 사범과 수련생간의 문제나 수련생과 수련생간의 문제를 서로 대화로써 처리하고 수련 능률도 올라간다.
③ 수련생간에 좋은 평가를 받고자 노력한다.
④ 일정한 수준에 도달하게 되면 사범이 없어도 능률에는 큰 문제가 되지 않으며 자율적인 수련에 임하게 된다.

(5) 지도형태에 따른 구분

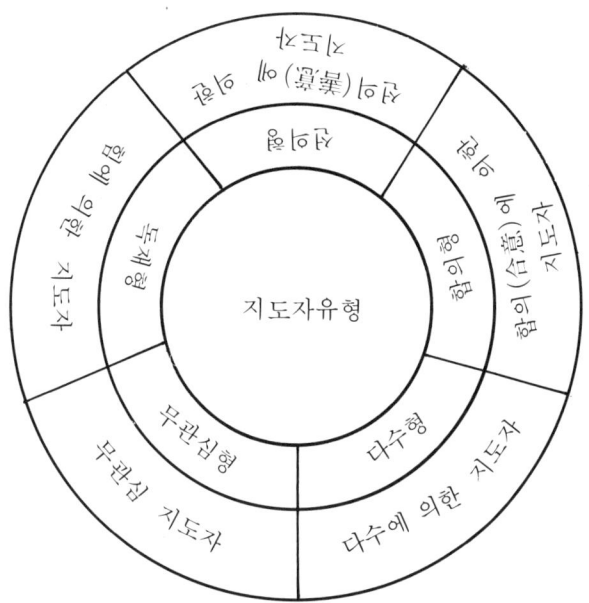

〔그림 3-2〕 지도형태에 따른 지도자 유형

사범의 지도형태에 따라서 그 유형을 구분하는 방법의 하나로 블레이크(R. R Blake)가 개발한 학설을 기준으로 하여 조명해 볼 필요가 있다.
① 독재형
이 유형은 사람에 대한 관심보다는 일과 목표에 대한 과업에 관심이 많은 지도자 상(象)이다.
독재형 지도자의 특징은 의사결정에 독단적이며 구성원의 활동에 대한 평가는 긍정적인 면보다는 부정적으로 판단하는 경향이 많고 매사에 거의 처벌위주로 기강을 세우려 한다.

② 선의형

선의형의 지도자는 각 구성원의 사기 진작에 큰 관심을 쏟는 지도자이다. 외관상으로 아주 좋은 대인관계를 유지하고 있다.

③ 합의형

합의형의 지도자는 과업에 대한 관심과 사람에 대한 관심도의 양립이 가능하고 상호보완적인 사고방식을 가지고 있다. 또한 지도기능을 자기가 거느리고 있는 구성원과 나누어 가지며 모든 의사결정은 완전한 합의에 의해서 이루려고 노력한다. 갈등과 소란은 합의를 이루기 위한 준비운동이라고 생각하며 이와 같은 갈등은 새로운 모델의 창조와 발전의 촉매제가 된다고 하는 사고방식의 지도자이다.

④ 다수형

다수형의 지도자는 사람과 과업은 결코 양립하기 어려운 것이라고 믿고 있다. 집단이나 집단 구성원에게 권한을 위임하기도 하지만 설득 타협과 같은 정치적 능력도 발휘한다. 다수결의 원칙을 존중하려고 하는 사고방식을 가지고 있다.

⑤ 무관심형

이 형의 지도자는 일에도 사람에도 관심이 없다. 사람을 다루는 일이나 과업을 성취하는 두 가지 모두가 갈등을 모면하기 어려운 것이고 보면 이 두 가지 모두 상관하지 않고 떠나 있는 것이 편하다. 새로운 변화에 대한 강한 두려움과 현실에 만족하여 현상유지형이라고 할 수 있다.

다. 수련자

태권도 지도자가 수련자들을 효율적으로 가르친다는 것은 여러 요인에 의하여 좌우되지만 가장 중요한 것은 지도하는 사범의 수련자에 대한 이해이다.

수련자들은 태권도 수련에 직접적 영향을 주는 신체적 발달의 정도와 동작을 행하는 심리적 배경을 지니고 있으므로 이점을 유의하여 지도에 활용한다면 보다 좋은 교육적인 결과를 얻을 수 있을 것이다.

1) 수련자의 특성

⊙ 수련자의 특성은

첫 째 : 연령별 및 성별의 특성을 가진다.
둘 째 : 운동기능, 체력적 능력이 포함되는 신체적성의 특성이 있다.
세 째 : 동기, 흥미, 태도, 포부, 자아개념, 불만, 성격, 성취동기 등이 포함되는 정의적 (情意的) 특성을 가지고 있다.
네 째 : 기능·창의력, 인지적(認知的) 측면의 특성을 가지고 있다.
다섯째 : 가족 및 사회·경제적 배경 등 구성의 특성을 가진다.

2) 동기유발

태권도를 수련하는 목적이나 그 동기는 수련자에 따라서 각기 다양하게 나타날 수 있다. 국가대표선수를 꿈꾸면서 시합에 대한 집념을 가지고 수련하는 사람이 있는가 하면, 호신을 목적으로, 또는 허약체질을 보완하기 위해서, 건강과 체력증진을 위하여, 정신적인 수양을 위해서, 태권도 수련을 통해서 얻고자 하는 매력 때문에 수련을 하는 등의 각기 다양한 동기가 있다.

특히 어린이의 경우 수련에 참여하는 근본적인 동기는 다른 사람들과 함께 신체활동을 통하여 즐거움과 만족감은 물론 성공감의 경험을 하는 것이다. 여기에서 지도자가 명심해야할 사항은 수련자들의 동기를 파악한 후에 동기부여를 효과적으로 활용하여 지도에 임해야 할 것이다.

⊙ 태권도 지도과정에서의 동기부여 방법은
① 사범의 유감없는 열성적인 지도.
② 수련자에게 신뢰감을 주는 체계적이고 합리적인 지도방법.
③ 명성있는 사범의 순회초청 시범과 같은 흥미롭고 다채로운 태권도 프로그램의 개발.
④ 시청각 교육 교재의 적극 활용 (맨손교육 방법의 지향).
⑤ 인근 도장과의 방문교류, 대항전, 경기관람, 국기원방문, 해외시범 추진 등의 기회제공.
⑥ 태권도 수련의 가치 및 효과와 같은 태권도의 지적·정서적·사회적 목표에 대한 이해증진.
⑦ 수련자의 운동 성취도와 장점을 적극 격려해 주고 모범수련자 심사에서의 우수한 수련생에 대한 상장과 부상을 수여하며, 출석모범 수련생, 행동모범생, 협동을 잘하는 수련생 등의 다양한 성취동기의 기회를 줌으로써 수련에 대한 흥미와 자신감을 갖게 해준다.

라. 수련 과정

　수련과정이란 일정한 기간 내에 학습하도록 되어 있는 과(科)의 내용과 분량으로서 진술된 목표를 가능한 완전히 성취할 목적으로 대상자로 하여금 경험토록 하기 위하여 계획되고 조직된 학습기회이다.
　즉 태권도 수련과정은 수련자의 신체적·정의적(情意的)·지적(知的)영역의 성장과 발달을 돕기 위하여 마련된 태권도 수련 경험의 계획이다. 이 과정은 계획 → 시행 → 심사 의 단계로 구성되는데, 지도자는 계획된 내용을 가지고 시행단계에서 유효적절한 지도방법과 평가로서 과정을 운영하게 된다.

1) 수련과정의 사고체계

　태권도 수련과정의 사고체계는 태권도 교육의 근본이념에서 출발하여 그 목적을 달성하기 위한 수련목표의 설정, 수련자가 익혀야 할 수련내용의 조직, 운영을 거쳐서 심사로 연결되어야 한다.

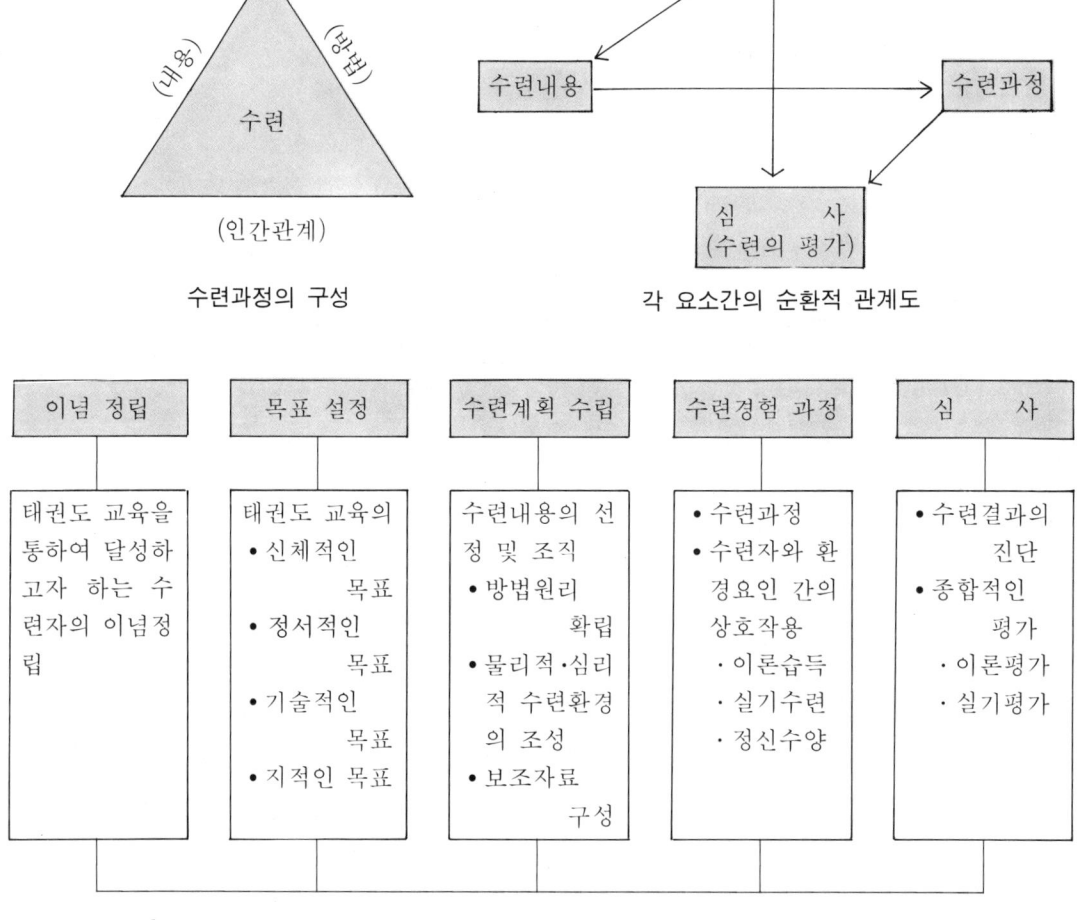

태권도 수련과정의 형성

2) 태권도 수련내용

(1) 태권도 이론체계
① 태권도의 역사.
② 태권도의 정신, 원리, 철학, 목적, 가치, 사상적 근원.
③ 태권도 지도 - 지도방법, 예의지도, 수련과정, 단련, 심사, 시설관리.
④ 태권도의 과학적 접근 - 생리학, 역학, 심리학, 코우칭학.
⑤ 태권도 상해예방
⑥ 태권도 선수훈련 - 훈련원리, 준비 정리운동, 체력훈련, 기술훈련.
　　　　　　　　　훈련계획, 체중조절.

(2) 태권도 실기수련
① 태권도 기본
　　태권도 품새 - 유급자 품새
　　　　　　　　　유단자 품새
② 태권도 겨루기 - 약속겨루기, 시합겨루기, 자유겨루기.
③ 태권도 시범
④ 태권도 경기

3) 수련과정표

태권도 수련과정을 표로 나타내면 〈표 Ⅲ - 2〉와 같다.

〈표 Ⅲ - 2〉 태권도 수련과정표

단·급	과정	수련내용	
		이론	기술
무급	기초과정	● 태권도의 가치와 목적 ● 태권도 정신 ● 수련상의 주의사항, 준수사항 ● 예의규범 ● 도복보관, 개는 법, 띠 매는 법 ● 묵상 ● 신체 각 부의 명칭, 급소	● 준비운동 ● 주먹쥐는 법 ● 기본자세(각종 서기 자세) ● 기본동작 ● 맞추어 겨루기(세번 겨루기) ● 앞차기　　● 옆차기 ● 돌려차기
8급~4급	초보과정	● 태권도 현황 ● 태권도 역사 ● 급소명칭 ● 기본동작 및 품새 기초 이론	● 막기(방어)　　● 공격 ● 피하기 ● 품새(태극 1장~5장) 　　　(팔괘 1장~5장) ● 발차기(찍어차기, 돌려차기, 옆차기) ● 맞추어 겨루기(한번 겨루기) ● 단련(고정 단련)

3급 ~ 단보	초급기술과정	● 태권도 개념과 정의 ● 경기규칙 ● 응급처치 및 상해 예방법	● 품새(태극 6장~8장, 　　　팔괘 6장~8장) ● 발차기(뒷차기, 후려차기, 뛰어차기) ● 자유겨루기　　시합겨루기 ● 격파　　　● 호신술 ● 단련(고정 단련)
1단 ~ 3단	중급기술과정	● 경기규칙 ● 경기와 관련된 전술 ● 태권도의 과학적 기초 이론 ● 신체훈련론	● 품새(고려, 금강, 태백) 　　　(신품새) ● 발차기(연속차기, 복합기술) ● 시합겨루기 숙달 ● 격파(위력격파, 기술격파) ● 단련(이동 표적차기단련)
4단 ~ 6단	고급기술과정 (지도자과정)	● 태권도 정신철학 및 지도이념 ● 태권도 지도법 ● 심판규정 및 심판법 ● 응급처치	● 품새(평원, 십진, 지태, 천권, 한수, 일여) ● 품새의 응용　　● 특수 기술 개발 ● 격파(응용격파) ● 특수겨루기(2 : 1 겨루기, 3 : 1 겨루기, 대부기 겨루기)
7단 이상	연 구 과 정	◉ 태권도 행정체계 확립　　◉ 이론및 기술연구　　◉ 각계에 학술논문 발표 및 저서활동(理論 및 技術硏究).	

마. 수련환경

학습은 자아와 환경체제의 역동적인 관계에 의해 성립되는 만큼 태권도 수련에 있어서도 환경은 절대로 무시될 수 없는 것이다.

공간적 측면에서 태권도 수련장(道場)이란 수련자가 마음껏 수련할 수 있도록 적합한 시설과 용구를 갖춘 장소이다. 또한 수련 환경은 수련자의 동기와 흥미에 밀접한 관계를 가지며 수련자 개인의 능력을 최대한으로 발휘하게 된다. 따라서 수련에 적합한 환경을 조성하는 것은 지도자가 해야할 빼놓을 수 없는 일이다.

1) 사회적 환경

사회적 환경이란 인간 환경을 말한다. 지도자와 수련자와의 인간관계, 수련자 끼리의 선·후배, 친구관계, 수련분위기 등 인간적 관계에 의해서 구성되는 환경이다.

바람직한 사회적 환경으로서의 수련분위기는 다음과 같다.
● 수련자간에 반목이 없을 것
● 수련자 전원이 상호 협조적인 자세를 가질 것
● 지도자와 수련자 사이에 온정이 감돌고 있을 것
● 실패자를 위로하고 도와주는 분위기가 있을 것
● 모든 행동에 있어서는 항상 조직적이고 질서가 있을 것

이와 같이 화목한 분위기에서 수련에 대한 진보적 상황과, 상호협동하고 자주적인 분위기에서 인정이 넘치는 교육의 장(場)이 될 때에 수련의 효과면에서 소기의 목적을 달성하는데 기여하게 될 것이다.

2) 물리적 환경

태권도의 수련에 있어서 환경이란 인간 관계에 의해서만 만들어지는 것 이외에도 다음과 같은 물적(物的) 관계에 의해서 만들어 진다.
- 시설 : 도장의 넓이, 바닥면, 구조, 통풍, 채광, 벽면의 색채, 조명, 소음, 실내온도·습도, 실내장식 등
- 설비 : 샤워장, 탈의실, 옷장, 구급약품, 대형거울, 레크레이션 용구.
- 훈련보조 용구 : 단련구, 보호구, 보강운동 기구 등
- 시청각 교구 : 벽화보, 사진, 태권도 전문서적, 인쇄물, 태권도 찬가 테이프, 품새, 겨루기, 기타 교육자료 등의 슬라이드(Slide), 오버헤드(Over Head), 필림(Film), 비디오테이프(VTR Tape) 등

4. 태권도지도의 실제

가. 태권도 지도방법

교육학과 체육학의 방법론에 비추어 볼때에 태권도에서도 수련의 방법과 지도의 방법 두 가지 영역으로 나누며, 이 두 가지가 병합되어 동일한 방향으로 진행될 때 비로소 방법으로써 완전한 것이 될 수 있는 것이다. 태권도 기술의 수련에 있어서 수련자에게는 어떻게 하면 그 기술의 향상을 꾀할 수 있느냐가 직접적 문제가 되지만 지도에 있어서는 지도자 자신이 기술의 향상을 목표로 하는 것이 아니라 수련자의 기술을 향상시키기 위해서 어떠한 교육적인 방법을 취할 것인가에 문제의 초점을 맞추는 것이다.

태권도의 지도방법에는 수련자의 조직형태에 따라서 「집단지도」「소집단지도」「개별지도」 등으로 나눌 수 있으나 대개의 경우 전체지도를 하면서 수련단계별 단·급수에 따라 소집단지도 및 개별지도를 병행해야 할것이다. 또한 수련내용을 어떻게 전개하느냐에 따라서 「도입단계」「전개단계」「정리단계」와 같이 3단계로 구분하여 그에 적합한 지도방법을 들 수가 있는 것이다.

태권도 지도에서 원칙적으로 고려해야할 사항과 지도상 유의점을 단계별로 나누어 살펴보자.

1) 도입단계

도입단계에서는 사범이 수련자들을 목표장 안으로 이끄는 일이다. 효과적인 태권도 지도를 하기 위해서는 수련자의 주의력과 관심을 포착하여 분위기를 조성하고 수련의 방향을 주지시키는 매우 중요한 단계이다. 실제지도시 정렬상태에서 국기배례와 지도자와 수련자가 인사를 나눈 후 잠깐 동안 묵상을 하게 하여 수련에 임하는 마음의 준비자세를 가다듬도록 한다. 그 다음 수련내용을 간단히 소개한 후, "자! 한번 해볼까"하는 말 등으로 수련의욕을 생기게 함으로써 수련자들을 자연스럽게 교육의 장으로 끌어 늘이는 것이 좋다.

- 정렬
- 출석점검
- 복장점검
- 건강상태 확인
- 수련의 동기유발
- 수련의욕의 고취
- 준비운동

⊙ 지도자의 위치

집단지도에 있어서 지도자의 위치는 전원의 동작이 잘 보이는 곳이어야 하는데, 간혹 수련자와 거리가 너무 가깝거나 혹은 멀어서 의사전달이 잘 되지 않는 경우가 있으니 특히 유의해야 한다.

2) 전개단계

실제 수련에 접어드는 단계로서 지도자는 구령, 설명, 시범 등 언어적·시각적·의사소통을 사용하여 다음 사항을 수행한다.
- 수련조건의 적절한 편성
- 수련자에게 협력
- 수련활동에 대한 조건
- 수련자의 행위 및 동작의 관찰 감독
- 수련중에 나타나는 잘못된 동작의 시범 교정
- 차시 예고

(1) 구령시 유의사항

① 구령·기합시에 하복부에 힘을 넣어 힘차게 한다.
② 명확하고 전원에게 잘 들리게 할 것
③ 예령과 동령사이에 약간의 간격을 두고 동작이 일제히 시작되게 할 것
④ 구령과 기합은 장소와 인원에 따라 음성의 고저, 장단, 강약 등을 조절하고 필요 이상으로 큰소리를 내어 수련자들로 하여금 지나친 위압감을 조성하지 않도록 주의해야 한다.
⑤ 간혹 수련자에게 구령연습을 시키는 것도 좋다.

(2) 설명시 유의사항

① 목소리의 조절방법을 익혀두어 발음이 올바른 가를 확인할 것
② 말하기 전에 모든 수련자들이 듣고 있는 가를 확인할 것
③ 설명을 할 때는 모든 수련자들을 조용히시킬 것
④ 언어를 되도록 최소화 할 것
⑤ 친절한 태도로 원기있고 품위있게 설명하며 연설이나 설교식으로 하지 않도록 한다.
⑥ 수련자가 잘 이해할 수 있도록 쉬운 말로 명료하게 할 것
⑦ 요점만을 들어내어 이론정연하게 설명하며 되도록 같은 말을 되풀이 하지 않는다.
⑧ 수련자의 수준에 맞추어 설명하고 간혹 유우머를 섞어서 흥미를 유발시키도록 한다.
⑨ 야외지도시에는 설명하는 시기와 장소를 고려하여 수련자들이 햇빛을 등지게 하고 수련자의 전방에 마음이 끌리는 것이 있거나 시끄러운 곳은 설명을 피한다.
⑩ 때때로 질문을 하여 수련자들로 하여금 응답하도록 한다.
⑪ 설명을 끝낸후 질문을 받는 것도 좋다.
⑫ 사투리나 은어를 쓰지 않도록 한다.

(3) 비언어적 의사전달

비언어적 의사전달 혹은 신체언어(Body language)는 또다른 중요한 의사전달의 양식이다. 수련자들의 앞에서 태권도를 지도할 때 지도자의 표정과 몸짓은 수련자에게 자신의 의사를 표현하는 셈이다. 이러한 표정과 몸짓은 의식적, 무의식적으로 항상 변화하며 또한 단조로운 몸짓을 계속함으로써 수련자에게 지루함을 느끼게도 한다. 비언어적 의사전달이 의식적이건 무의식적이건 간에 의사전달의 중요한 기능을 한다는 의미에서 다음 사항을 유의해야 한다.

① 수련중에 위험한 행동을 했을때는 근엄한 표정을 지으며 인지로 그 사람을 가리켜 지적해 준다.
② 수련자의 칭찬할만한 행동에 대해서는 공개적인 칭찬과 함께 다정한 미소로써 격려를 아끼지 않는다.
③ 중요한 점을 강조할 때에는 인지로 위를 강하게 가리킨다.
④ 보강하고 싶은 점은 인지를 아래로 가리킨다.
⑤ 양발에 체중을 균등히 한 자세는 신념, 준비를 의미한다.
⑥ 한발로 체중을 지탱하고 있으면 편안한 태도를 의미한다.
⑦ 손바닥을 허리에 대고 서 있으면 권위와 확신을 의미한다.
⑧ 창문 밖을 응시하거나 시범자를 집중하지 않으면 흥미 없음과 지루함을 의미한다.
⑨ 눈썹을 위로 올리면 의심을 의미한다.

(4) 시범시 유의사항

① 시범할 기술에 대한 동작목표를 명시한다.
② 수련자들이 보는 관점에 차이가 있기 때문에 정확하게 시범을 보이도록 한다.
③ 수련자의 수준에 따라 시범의 복잡성과 세밀도를 가감하여 수련자가 적합한 학습목표를 가지게 한다.
④ 부분보다는 전체동작을 보여준다. 그러나 동작이 복잡하거나 너무 빨라서 관찰 또는 비교가 곤란하거나 요점을 지적해야할 경우에는 느린 동작이나 구분동작을 사용하고 적당한 설명을 하는 것이 좋다.
⑤ "이것이 대단히 중요한 동작이다."라는 부분이 있으면 수련자의 주의력을 특별히 집중시키도록 한다.
⑥ 지나치게 복잡하거나 너무 자세한 것까지의 시범은 피하는 것이 좋다.
⑦ 올바른 동작을 시범해야 하고 수련자들이 공통적으로 그릇된 동작을 취하면 흔히 흔들리기 쉬운 동작은 보여주는 것도 효과적이다. 그러나 이 경우 수련자에게 시범을 시키지 말고 지도자가 직접 보여주어야 한다.
⑧ 어떤 기술에 지도자 자신이 좋은 시범을 행할 자신이 없을 때에는 숙달된 수련자에게 시키는 것도 좋다.
⑨ 시범방향은 수련자와 마주한 상태에서 수련자와 같은 방향으로 시범한다. 즉 수련자와는 반대 팔·다리 동작이 되는 점은 염두에 두어야 한다.
⑩ 시범은 잘 보이는 곳에서 하고 시범이 끝나면 곧 연습으로 들어가도록 한다.

이상과 같이 설명이나 시범을 정보전달이라는 점에서 보면 다음 요인에 의존하고 있다.
- 설명의 몸짓, 명확도와 간결도.
- 동작을 통해서 볼 수 있는 기술의 부분이나 단계의 수.
- 수련자의 흥미, 능력, 욕구, 지능, 습관 등에 따른 학습잠재력

3) 정리단계

정리단계는 수련자들이 전개단계에서 수련한 기술의 내용과 지식을 전체적으로 종합하여 정리하는 단계이다. 시간중의 수련태도나 습관·분위기·수련목표의 달성여부 등을 평가하고 충분한 점과 불충분한 점을 점검, 그에 따른 정확성을 기하도록 한다. 아울러 열심히 수련한 결과에 대해서는 격려와 칭찬을 해주도록 한다.

- 정리운동을 시킨다.
- 그날 수련의 총평을 한다 (기술내용의 강조점, 수련태도 지적).
- 묵상
- 출결사항에 대한 분석 점검
- 공지사항
- 차시 예고를 함으로써 수련자들이 다음 시간에 무엇을 수련할 것인지를 알고 끝날 수 있도록 한다.

⊙ 지도시 유의사항

① 지도계획을 사전에 진지하게 준비해야 한다.
② 지도원리와 방침에 벗어나지 않도록 해야 한다.
③ 태권도에 대한 열의와 성의가 없는 지도는 무의미하다.
④ 도복은 단정히 착용하고 도복을 입은채로 흡연, 음주, 외출 등을 삼가하여야 한다.
⑤ 수련이 끝나고 난 다음 수련자는 반드시 사범의 면전에서 도복을 고쳐입지 않도록 주지시켜 지도하여야 한다. 뒤로 돌아서 단정히 매만진 다음에 끝마칠 수 있도록 지도한다.
⑥ 지도자의 말씨는 항상 표준어를 사용해야 하며 수련중에는 일체의 잡담과 여담을 피해야 한다.
⑦ 구령은 절도있고 명확하며 힘차게 한다.
⑧ 평상시의 수련중, 계획에 의하여 수련자들에게 구령조정 시간을 할애하여 장차 지도자로서의 자질을 높여주며 태권도 수련에 자신감을 불어넣어 주도록 지도한다.
⑨ 준비운동과 정리운동을 충분히 하며 초급자들의 겨루기나 과다한 경쟁심으로 인한 수련자들 간의 심리를 사범이 적절히 유도하며 이때 생기기 쉬운 상해에 예방을 하도록 해야 한다.
⑩ 지도자는 가능한한 뒷면을 보이지 않도록 노력하여야 한다.
⑪ 원칙적으로 체벌을 해서는 안되며, 불가피할 경우에는 수련자의 인격에 손상이 가지 않도록 세심한 배려를 하여야 한다.
⑫ 수련 시작시간과 마침시간을 지켜야 한다.

나. 태권도 기술의 지도

태권도의 기술동작은 수련내용에 따라 기본동작, 품새, 겨루기, 격파, 호신술 등으로 구분되며, 동작의 형태에 따라서 서기, 막기, 지르기, 찌르기, 치기, 차기, 피하기 등으로 구분한다.
이러한 기술들은 다시 공격부위, 목표부위등 형태에 따라서 세부기술로 나누어진다. 이처럼 다양하고 섬세한 기술동작들은 어떻게 습득되며 여기에 따른 적절한 기술지도는 어떻게 해야 하는가를 알아보자.

1) 태권도 기술지도의 의미

일반적으로 운동기술이란 목표에 도달하기 위해서 선택한 수단과 방법으로써 인간관계를 떠나 합리적·객관적 성질을 가지고 있다.
   그러나 교육적인 의미로서는 인간 개개인에 연관지어 인간의 내면화된 주체적인 기술을 의미하는 것이다. 즉 개개인이 직접적인 경험속에서 습득되는 것이라 하여도 무방하다.
   태권도 수련의 목표인 건강과 체력증진은 기술향상을 위해서 꾸준히 연습함에 따라 자연히 얻어지는 부산물이다. 따라서 태권도를 지도하는 지도자는 수련자의 기술향상을 위해서 새로운 기술동작을 효과적으로 이해시키고 연습을 반복케 함으로써 지도목표를 달성할 수 있다.

(1) 기술지도시 고려해야 할 사항
① 지도하고자 하는 기술의 형태
② 수련에 할당된 시간량(예 : 일반적으로 하루 1시간가량)
③ 지도하고자 하는 기술의 목표(예 : 단·급수의 목표에 따른 수련내용)
④ 수련자 개개인의 특성과 개인차

(2) 기술의 수련방법
① 수련시간을 휴식없이 연속적으로 하느냐 아니면 중간중간에 간격을 두어서 수련하느냐에 따라서 집중법과 분산법
② 하나의 기술동작을 몇개의 구분으로 나누느냐, 아니면 전체를 가르치느냐에 따라서 분습법과 전습법
③ 수련목표를 속도증강에 둘 것인가, 아니면 정확성증강에 둘 것인가 하는 속도와 정확성
④ 기술지도의 목표를 신체적으로만 연습케 하는가, 아니면 정신수련을 병행하는가에 따라서 신체연습과 정신연습 등으로 생각할 수 있다.

2) 기술의 습득과정

기술의 수련방법에 앞서 어떻게 기술이 우리 몸에 체득되는가를 「휘트」의 운동학습이론(運動學習理論)에 비추어 보면 다음과 같다.

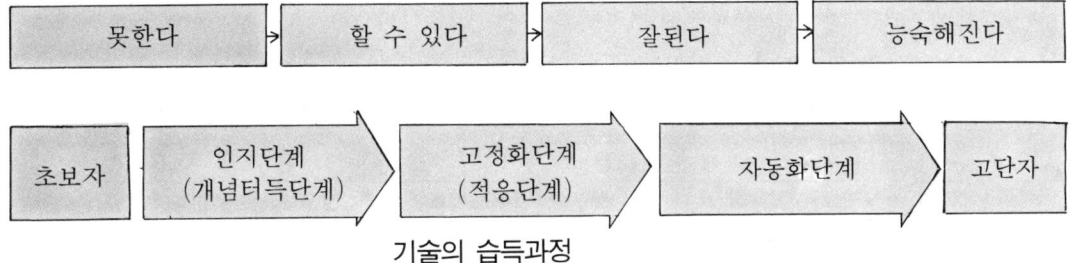

기술의 습득과정

(1) 인지단계 (認知段階, Perceptual Stage)
인지단계에서 수련자는 자신이 수행해야할 반응을 얻게 된다. 이 단계에서 초보자에 대한 지도자의 지시나 설명은 매우 중요하다. 초보자들은 과거의 학습경험에 비추어 그들이 수행하여야 하는 운동을 지각하고 이해하려 시도한다. 이때에 지도자가 정보(설명 및 시범)를 제공하되 매우 신중을 기하여야 한다. 만일 정보가 너무 많이 제공되면 그 모두를 다룰 수 없어, 이해를 못하게 되어 혼란에 빠지게 되며, 반대로 정보가 너무 적으면 늦어지게 된다.

(2) 고정화단계 (固定化段階, 送環反應)
이 단계에서 운동수행은 실수가 점점 적어진다. 그러나 이때에는 단순한 연습만으로 충분치 못하며 적합한 송환작용이 수반되어야 한다. 송환작용은 운동을 하는 중에 자기자극가가(운동에 대한

자신의 정보감각)을 통하여 내부에서 자발적으로 일어나게 된다. 그러나, 자발적으로 일어나지 않을 경우에는 지도자가 수련자에게 그 운동에 대하여 설명을 가함으로써 자극을 줄 수 있다.

(3) 자동화단계(自動化段階)

충분한 반복연습이 이루어지면 최종적으로 자동화단계에 이르게 되는데, 그 기간은 그 기능의 복잡성과 또한 수행자의 기능에 따라 차이가 난다. 이 단계에 이르면 인지적 조절없이 정확한 반응을 일으킬 수 있게 되며 특히 완숙된 상태가 되면 운동수행중 다른 요인들에 주의를 집중하면서도 정확한 반응이 가능하게 된다.

3) 집중법과 분산법

태권도의 기술을 향상시키는 방법은 합리적인 연습을 반복하는 것이다. 그러나 이 연습의 효과를 올리기 위해서는 연습의 양이나 시간을 어떻게 배분하는 것이 좋은가? 이 문제와 관련하여 제기된 연습방법이 곧 집중법과 분산법이다.

(1) 집중법

수련자가 연습을 하는동안 휴식을 거의 취하지 않고 어느 한 기술만을 계속적으로 연습하는 방법이다. 합숙훈련시나 강화훈련시에 수련시간을 집중적으로 한단위 시간으로 잡아서 사용한다든지 또는 수련시간은 짧지만 한가지 기능만을 전문적으로 집중하여 행하는 연습방법인 것이다.

(2) 분산법

수련자가 연습을 하는 동안에 휴식을 적당히 취하거나 다른 종류의 연습을 삽입하여 발행하는 방법을 말하는 것이다. 이 방법은 수련에 사용되는 시간을 여러 횟수로 분산해서 사용한다든지 한 가지 기술을 익히는데 사용되는 시간을 조금씩 오랜 시간에 나누어 사용하는 방법이기도 하다.

(3) 연습시간을 배분할 때 고려해야 할 사항

① 수련자의 기술수준
② 수련자의 연령
③ 연습하고자 하는 기술의 유형
④ 연습하고자 하는 기술의 난이도

(4) 집중법과 분산법을 선택할때 고려해야 할 요인

	집 중 법 (운동시간은 짧게 빈도는 자주)	분 산 법 (운동시간은 길게 빈도는 적게)
운동과제가	● 단순하고 권태를 느끼게 하는 것일 때 ● 강한 주의집중을 느끼게 하는 것일 때 ● 피로감을 주는 것일 때 ● 세심한 주의력이 요구되는 것일 때	● 복잡한 것일 때 ● 많은 요소(부분동작)들로 구성된 것일때 ● 준비운동을 필요로 하는 것일 때 ● 수련자가 처음 경험하는 과제일때
수련자가	● 어리고 미성숙할 때 ● 주의가 산만할 때 ● 주의집중력이 약할 때 ● 쉽게 피로를 느낄 때	● 성숙한 사람일때 ● 오랜시간 주의집중을 할 수 있을 때 ● 주의집중할 수 있는 능력을 갖추었을 때 ● 비교적 체력이 강할 때

태권도 기술지도에서 분습법과 전습법을 선택함에 있어서 기술내용이나 지도대상인 수련자에 따라 달라진다. 예를 들어 비교적 간단한 기술인 "앞굽이 아래막기"를 초보자에게 가르칠 경우, 분습법으로는 두주먹을 허리에 붙인채 서기동작인 앞굽이 만으로 왕복 진행시킨 후 다시 팔동작을 포

함한 상체의 막기동작을 보태어 연습시키는 것이다. 한편 전습법은 앞굽이 자세로서 진행하며 팔과 상체의 막기동작을 동시에 수행케 하는 것이다. 한가지의 기본동작이나 발차기는 그 자체로서는 독립된 기술의 한 단위이지만 결국 엄밀히 분석해 보면 품새나 겨루기의 분습법이라고 할 수 있는 부분기술이 되는 것이다.

　대체로 태권도의 기술동작은 변화가 많고 복잡 다양하기 때문에 기본기술이 중요시 되는 바 초보자에게는 분습법을 위주로 하는 것이 좋다. 기본동작과 발차기 등이 미숙한 상태에서 품새나 겨루기를 효과적으로 습득할 수 없기 때문이다. 그러나 분습은 전습을 위한 단계라고 할 수 있기 때문에 하나의 완성된 기술동작이 되지 않으면 안되는 것이다. 수련자의 지능, 운동기능수준이 높으면 높을수록 또는 기술내용이 단조로울수록 전습법을 시행하여야 하고 이때에는 동작의 계열성과 타이밍을 유념시킨다. 반대로 복잡한 기술동작이나 수련자의 지능, 기술수준이 낮을 경우에는 전습법으로 간단히 소개한 후 분습법으로 집중적 연습을 하는 것이 효과적인 교육방법이다.

　분습법과 전습법 두가지를 결합하여 사용하는 경우에는 다음과 같은 원칙에 주의를 기울여야 한다.
① 수련자에게 될 수 있는 대로 명확하고 전체적인 기술동작을 파악하도록 해야 한다.
② 복잡한 기술동작을 자연스런 범위에서 분할·분습되어야 하며 무리하게 분할시켜서는 안된다.
③ 분습시 부분동작에 지나치게 많은 수련시간을 소요하지 말아야 한다.

4) 기술향상을 위한 교정방법

　수련자들의 기술향상을 꾀하기 위해서 지도자는 그릇된 기술동작을 지적하고 수정을 가하게 된다. 특히 품새 수련에 있어서는 수련자 자신이 어떤 동작을 취하고 있는지 확인케 하는 것이 중요하다. 수련중 흔히 생기는 그릇된 동작은 지도자·수련자 상호간, 수련자가 자기평가를 통해 교정이 되는 것이다. 이때 지도자는 수련자의 시각·청각·촉각기능을 최대한 활용하여 다음 사항을 시행한다.

지도자평가	● 설명식 교정 ● 지도자 및 숙련자의 시범 ● 수련자의 몸을 직접 움직여 주는 것
상 호 평 가	● 수련자 상호간에 동작을 교정케 하는 것
자 기 평 가	● 수련자 자신이 거울 등을 이용하여 스스로 동작을 교정케 하는 것

5) 기술 지도시 유의사항

태권도 기술지도시에는 다음 사항을 유의하여 지도하여야 한다.
● 기술의 습득과정을 이해하고 지도해야 한다.
● 기술동작에 대하여 수련자가 스스로 생각하여 수련케 한다.
● 속도, 정확성, 바른동작에 유의하여 지도한다.
● 지도하기 위한 기본적인 것으로 훌륭한 자세와 나쁜 자세를 구분하여 익혀두어야 한다.
● 단순한 기술부분에서 복잡한 기술로 이행하기 위해서 기술을 제시하는 적절한 프로그램을 선택해야 한다.
● 점차적으로 복잡한 것으로의 단계를 정한 기술적인 등급을 수련자의 단·급수에 맞추어야 한다.
● 기술동작의 완전한 습득에 역점을 두어야 한다.
● 교정이 가능한 그릇된 기술은 습관이 되기 전에 바로 잡아주어야만 한다.

- 겨루기 기술지도시에는 상해방지를 위한 각종 보호대의 착용을 의무화 하여야 한다.
- 겨루기의 개념을 수련생에게 반드시 주지시킨 다음에 지도하여야 한다. 즉 겨루기는 상대방과 적으로서 싸우는 것이 아니라 상대방과의 겨루기를 통하여 상호 부족한 기술을 보완하는 기술 습득의 한 과정임을 주지시켜야 한다.
- 연습량을 수련자의 연령과 수련 단·급수에 따라 적절히 배분하여야 한다.
- 기술의 과학적인 기초가 되는 운동역학 등의 이론을 지도에 응용하여야 한다.
- 수련자의 과도한 연습이나 피로는 심신의 장애에서 생기는 수련의 정체현상이라는 점을 인식하고 플래토(Plateau)와 슬럼프(Slump) 현상에 유의하여 지도해야 한다.

6) 기술과 규칙과의 관계

운동기술은 정해진 규칙(Rule)에 제한을 받는다. 기술과 규칙과의 관계는 참가자끼리 서로 이해되고 공식화된 행동양식이며, 사회적 태도인 에티켓, 스포츠맨쉽 등을 늘 습관적으로 지켜야 하는 틀인 것이다.

신체의 각부분을 무기화하여 상대의 급소를 공격하는, 즉 일정한 규칙에 제한되지 않고 상대를 제압하는 무술이 태권도가 가지고 있는 특성의 하나이지만 현대에 와서는 그 의미 자체가 재구성되고 있다. 지난 수십년동안 태권도가 대중화된 결과, 이제는 건강증진을 위해서 남녀노소 누구나가 수련할 수 있는 한편 경기 스포츠로서 확고한 기반을 다지게 되었다.

따라서 태권도의 겨루기에서는 일정한 경기규칙이 확립되어 있고 그 규칙의 범위내에서 주먹, 발기술이 허용된다. 이것은 수련자 서로의 안전을 위하여 필수적이다. 수련생활이 안전하고 질서있게 되도록 수련자 스스로가 규칙을 이행함이 필요한 것이다.

7) 심리적 연습

정신연습(mental practice)이라고도 하는 심리적 연습은 특히 태권도 기술 향상에 큰 도움을 줄 수 있다. 이것은 실제로 운동을 하지 않고 앉아서 운동장면을 머리로 상상해 보는것, 즉 어떤 기술을 머리속에서 실시해 보는 연습 방법인 것이다.

태권도 품새, 겨루기, 격파 등에 광범위하게 활용될 수 있는데, 예를 들면 품새를 수련하기전 긴장을 풀고 앉은 자세에서 하고자 하는 품새를 준비자세에서 끝날때까지 실제와 똑같은 방법으로 머리속으로 실행하는 것이다. 그 다음에 실제로 몸을 움직여 동작을 연습시킨다. 이것이 끝난후 다시 심리적 연습을 실시케 한다. 이 과정에서 신체적 연습의 결과에 대해 추가적인 지식을 줌으로써 강화하는 효과를 갖게 된다.

심리적 연습은 신체적 연습사이의 휴식시간에 하면 수련과제를 보다 신속히 익히게 하고 그 과제에 대한 이해를 촉진시킬 수 있다. 주로 정신수준이 높은 수련자에게 효과적이다.

(1) 심리적 연습은 왜 해야 하는가?
 ① 심리적 연습은 수행하고자 하는 수련과제중 주의를 집중할 필요가 있는 중요한 요소에 대한 주의집중력을 길러줄 수 있기 때문에 필요로 하는 것이다.
 ② 심리적 연습은 수련자로 하여금 경기, 심사, 시범 등에 대비하여 신체적·정신적인 준비자세를 갖추게 한다.

(2) 심리적 연습은 언제 하는 것이 효과적인가?
 ① 심리적 연습의 시기는 대체로 품새가 어느정도 숙달되었을 때, 겨루기에서 상대와 겨루기전 혹은 경기에 참가하기전, 시범을 앞두고 휴식시간이나 수련시에 하는 것이 효과적이다.
 ② 장차 전개될 상황을 심리적으로 연습하는 것은 특히 경기에 대비한 작전을 세우는 하나의 과

정으로써 필요하다.

(3) 심리적 연습의 효과
① 심리적 연습은 일반적으로 생각하는 것보다 기술향상에 효과가 크다.
② 심리적 연습은 신체적 연습을 결합시켜 대신할 수 있는 것이 아니고 신체적 연습과 함께 결합해서 적용시켜야 한다.
③ 심리적 연습은 어떤 기술에 대하여 사전경험이 있거나 이미 알고 있는 내용에 효과를 증대시키며 초보자에게는 큰 효과가 없다.
④ 자유롭게 상상하는 정신연습은 규제된 집단수련보다 효과가 크다.
⑤ 수련자 자신의 연습형태를 조직화하기 위해서는 자유를 필요로 한다.
⑥ 신체적 연습과 심리적 연습을 교대로 시행하면, 운동수행의 성과는 신체적 연습만의 경우보다 최소한 같거나 그 이상의 효과를 준다.
⑦ 주의 집중이 유지되기 위해서는 심리적 연습시간이 5분정도를 초과해서는 안된다.

다. 태권도 정신지도와 이론지도

1) 태권도 정신지도

타 스포츠와 달리 태권도 수련에 내존해 있는 정신은 태권도의 가치를 높여주는 중요한 요소라고 하는 점은 누구도 부인하지 못할 사실이다.

태권도 정신이란 태권도 수련을 통해 함양할 수 있는 올바른 인간행동의 바탕이며 주된 수련목표의 하나이다.

태권도 정신은 두가지 측면으로 나누어 생각할 수 있다.

첫째 의미는 생각이나 감정을 지배하는 마음의 능력으로서 정신력(의지력이라고 표현함)을 의미한다. 이 정신력은 체력과 역동적인 관계에 있고 (신체와 정신이 자율신경계와 내분비계를 매개로 하여 서로 긴밀한 관계를 가지고 있다는 것이 정신신체의학에서 이미 증명된 바 있다), 기술·체력훈련에 의하여 향상되는 것이다.

격파에서 신체 부위를 단련하고 근력과 순발력을 발휘하는 순간 정신집중의 유무에 따라 그 결과가 현저히 달라지는 것은 평소 수련시에 잘 경험하고 있는 것이다. 실행하고자 하는 일에 대하여 정신을 집중하는 것은 그것에 대한 생리적, 신경적 준비자세를 갖추는 일이며 다음의 행동을 유효하게 실행할 수 있는 것이다.

둘째의 의미는 양성된 정신력 발휘의 기준이 되고, 도덕적 행위의 바탕이 되는 행동이념을 말한다. 강한 힘을 가진 태권도인으로서의 행동방침, 예의와 신의의 지도철학 등의 내용들이 여기에 속한다.

(1) 이념적인 면의 지도영역
태권도 이념, 예의규범, 국가관, 지도철학 등

(2) 의지적인 면의 지도영역
① 집중력 – 목표를 향하여 정신적 에너지를 집중하고 능률적으로 적용시키는 힘
② 자제력 – 본능과 감정을 지배하는 능력, 참을성, 인내, 극기라고도 함
③ 기타 – 결단력, 용기, 자신감, 실천력, 통솔력 등

(3) 정신지도시 유의사항

① 이념지도는 지도자의 실천적 행동에서 성과를 올릴 수 있고, 수련자와의 대화와 그들의 이해·실천에 옮기도록 지도한다.
② 체력훈련과 정신력과의 밀접한 관계를 이해시킨 후 일상생활에서의 의의와 활용을 주지시킨다.
③ 흔히 겪을 수 있는 경험에 비추어 설명한다.
④ 수련자의 신체적, 지적 수준과 관심을 고려하여 실시한다. 지나친 체력, 정신력 강조는 오히려 수련 욕구를 저하시킨다.
⑤ 여름이나 겨울철에 수련자의 희망을 유도하여 합리적인 야외 수련을 계획, 실천해 보는 것도 효과적인 방법이 될 수 있다.

2) 태권도 이론의 지도

태권도 수련에서 실기가 주가 되지만 이를 바르게, 또한 지속적으로 행하게 하기 위해서는 이론지도 또한 중요한 과제가 아닐 수 없다.

이론의 지도는 기술과 체력, 연습법과 주의사항 등에 대한 과학적 이해를 깊게 하여 수련자들이 자발적으로 바르게 수련하는 태도와 능력을 향상시키게 한다.

(1) 태권도 이론분야
① 태권도정신 : *정신철학 *예의규범 *묵상법
② 태권도 과학분야 : *태권도와 운동생리 *태권도와 심리학 *태권도와 운동역학 등 기타 관련학문
③ 태권도 역사
④ 태권도 기술이론
⑤ 태권도 경기규정
⑥ 태권도 지도법
⑦ 태권도 급소 및 신체부위
⑧ 태권도 도장 경영
⑨ 구급법 : 응급처치 및 상해예방

이밖에 어린이들에게는 확고한 국가관을 아울러 심어줄 수 있는 윤리교육 또한 필요하며 수련자의 연령과 남·녀, 환경조건 등에 맞추어 시청각교재 등을 활용하여 교육하는 것이 바람직하다. 이론지도의 방법으로서는 설명식, 문답식, 과제식, 실험식이 있으며 지도자의 계획에 따라 수련과정에 삽입, 운영되어야 한다.

(2) 이론 지도시 유의사항
① 수련자의 지적 수준과 관심을 고려하여 지도한다.
② 실기와 이론을 일체화하여 지도한다.
③ 필요한 타 교과와 관련지어 지도한다.
④ 전국체육대회, 세계태권도선수권대회, 아시안게임 등의 각종 태권도대회와 관련시켜 지도한다.
⑤ 기술이론의 실기에 응용할 수 있도록 촛점을 맞춘다.
⑥ 이론지도를 위한 시간을 특별히 배정한다.

라. 도장에서의 생활지도

이 장(章)에서는 어린이와 청소년들이 태권도 수련을 통하여 심신을 단련하는 도장을 교육의 장(場)으로 볼 때에 생활지도 면에서의 도장지도를 생각해 보고자 한다.

감수성이 예민한 어린이와 청소년들을 각 도장에서 맡아서 교육을 시키는 것은 실로 막중한 임무라고 해도 결코 지나친 표현은 아닐 것이다. 이때의 청소년들은 자신을 가르치고 지도하는 스승의 말씨, 행동일체를 숭배하며 따르고 닮아가려고 노력하기 때문이다.

따라서 사범의 위치는 수련생들에게 있어서는 선망의 대상이며 지도할때의 권위는 절대적이다. 때문에 사범은 도장에서나 사생활에서의 행동을 각별히 조심하지 않으면 수련생이 실망을 하게 된다. 이렇게 되면 한 사람의 인생관에 치명적인 타격을 줄 뿐만 아니라 스승의 권위와 함께 태권도 지도자 전체에게 누를 끼친다고 하는 사실을 먼저 지도자들이 명심하여 실천한 다음에 수련생들을 지도하여야 할 것이다.

1) 생활지도 내용

(1) 도장 생활지도
① 수련자 준수사항과 예의규범
② 수련자 상호간의 원만한 인간관계
③ 수련상 개인적인 문제점 파악

(2) 보건 생활지도
① 운동피로에 대한 휴식과 영양상태
② 그릇된 신체자세의 교정
③ 도복의 청결관리지도
④ 신체의 청결위생지도

(3) 레크레이션 지도
① 주1회정도 수련생의 여가를 지도하는 것도 바람직하다.
② 구기운동, 장기자랑
③ 단결심과 협동심을 고취시킬 수 있는 그룹대항 게임을 지도한다.

2) 도장에서의 수련자 준수사항

- 도장 출입시 경건한 자세로 국가에 대한 예를 한 다음, 관장, 사범, 고단자순으로 인사를 한다.
- 도장내에서는 정숙히 행동한다.
- 수련자끼리 정중히 대하며 사범의 지시에 순종한다.
- 수련시작 10분전에 입실하여 수련준비를 완료한다.
- 수련전에 신체의 부착물은 수련에 방해가 되지 않도록 사전에 예방조치를 취한다 (예: 시계, 안경, 반지 등).
- 수련중에는 태권도 수련에만 정신을 집중해야 한다.
- 습득한 태권도 기술을 함부로 남용해서는 안된다.
- 자주 목욕하고, 손·발톱을 깎고 수련에 임한다.
- 땀에 젖은 도복은 세탁하거나, 말려서 청결하게 관리한다.
- 수련 전후에는 수련장의 청소와 용구정리에 솔선수범한다.

● 기타 태권도의 예의규범을 익혀서 타인의 모범이 되도록 한다.

3) 상해 예방지도

　상해는 운동시간과 양에 비례한다고 할 정도로 큰 장애요인이지만 수련장에서의 적절한 지도는 대부분의 상해를 사전에 예방할 수 있다.
　환경조성, 충분한 준비운동과 정리운동, 합리적인 프로그램, 신체 각 부위의 단련, 보호구 착용, 능숙한 수련관리 등은 상해예방의 필수적인 요소들인 것이다.
　"한번의 예방은 백번의 치료보다 낫다"고 하듯이 예방에 만전을 기함과 아울러 불의의 사고에 대비하여 구급용품 및 구급 전화번호부를 미리 갖추어 두는 것도 필요하다.

◉상해예방을 위한 점검사항
● 수련장의 정리정돈은 완벽한가?
● 바닥면의 상태와 용구에 이상은 없는가?
● 수련자의 준비상태는 양호한가?
● 준비운동은 충분한가?
● 겨루기 수련시 보호대를 착용했는가?
● 수련자 상호간의 신체조건과 실력수준 차이는 적절한가?
● 수련자 상호간의 감정이 유발되어 있지 않은가?
● 겨루기 규칙을 잘 이해하고 지키고 있는가?
● 수련당일의 수련량은 적당한가?
● 수련자중 부상자는 없는가?
● 수련자가 수련결과에 만족해 하는가?

5. 평　　가

　평가는 수련계획의 중심이 되는 요소의 하나다. 평가는 수련과정의 효율과 수련자의 행동적 변화, 그리고 지도자의 능력 등 여러 영역의 분야에서 목표를 어느 정도 달성하였는지를 알기 위하여 사용되는 전체적인 과정을 의미한다.
　태권도의 실기 평가는 수련자들이 그때까지 배운 기술을 자기의 것이 되도록 하고 그들이 더 연습해야 할 것이 무엇인가를 알게 한다.

가. 평가의 개요

◉평가의 목적과 과정
● 수련자의 심신상태를 파악하여 지도하는데 활용한다.
● 수련자에게 명확한 목표를 제시하고 자신의 성취정도를 알게 함으로써 수련동기를 강화한다.
● 수련자의 학부형에게 평가결과를 알려줌으로써 신뢰감을 얻는다.
● 지도계획을 수립하거나 개정하는데 기초자료로 한다.
● 태권도 수련효과 진단에 활용한다.

나. 평가의 과정

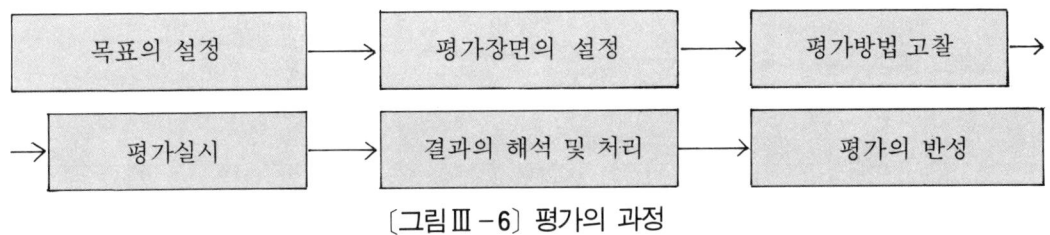

〔그림Ⅲ-6〕 평가의 과정

다. 평가의 조건

① 타당성 : 측정하고자 하는 목적에 평가방법이 타당한가의 여부
② 신뢰성 : 측정방법을 적용하는 데에 대한 일관성과 정확성, 즉 여러번의 측정에서 오차가 생기는 정도
③ 객관성 : 서로 다른 평가관이 심사할 경우 일치의 정도
④ 실용성 : 평가의 결과가 쉽게 활용될 수 있어야 한다.
⑤ 경제성 : 모든 조건들이 비슷한 경우라면 적은 비용과 시간이 드는 방법을 사용한다.

라. 평가의 유형

(1) 평가상황에 따라
① 검사 : 특별한 시간과 장소가 필요하며 사전 과제가 주어진다.
② 관찰 : 시간이 정해져 있지 않으며 관찰사례가 다양하다. 피검사자에게 검사를 받는다는 느낌을 주지 않는다.

(2) 평가의 기준에 따라
① 절대평가 : 목표달성도를 타인과 비교함이 없이 선정된 기준에 의해서 평가하는 방법. 현재 태권도 심사는 이 방법을 택하고 있다.
② 상대평가 : 한 집단에서 같은 급수의 타인과 비교하여 상대적으로 판단하는 평가 방법(예: 수 10%, 우 20% 등)

마. 태권도 지도에 필요한 평가내용

① 건강도 파악 : 입회시 수련희망자의 질병사항과 신체적 성격적 결함사항 등의 건강상태를 카드화하여 비치토록 함으로써 건강도를 체크하는 것이 바람직하다.
② 신체검사 : 신장, 체중, 흉위, 좌고 등의 변화도 검사

$$비체중(\frac{체중(kg)}{신장(cm)} \times 100)$$

$$비흉위(\frac{흉위(cm)}{신장(cm)} \times 100)$$

③ 간이 체력검사　　　　　　　　④ 태권도 수련의 평가
⑤ 개인 수련평가 기록부(작성 보관)　⑥ 수시 평가기록과 정기평가기록부(작성 보관)

종 류	내 용	평 가 방 법
실 기	품새, 겨루기 등 태권도 기술	정기 실기검사
품 행	출석상황 수련 태도 생활 태도 예절 및 봉사, 희생정신 등	출석부 통계 관찰 기록 관찰 면접, 기록
필 기	태권도 지식 및 관련분야	필기시험 및 질의응답

바. 평가시 유의사항

① 평가에 대하여 수련자에게 지나친 부담감을 주어서는 안된다. 정기적인 평가는 자신의 기술·체력·태도 향상도를 스스로 자발적이고 흥미롭게 참여할 수 있도록 이끌어야 한다.
② 평가의 결과를 상세히 분석한 후 수련자 개개인에게 이해시킨다. 현저히 향상된 수련생에게는 적절한 칭찬을, 저조한 수련생에게는 수련방향을 지도하고 분발시키거나 격려를 한다.
③ 어린이의 경우, 평가의 결과를 학부형에게 통지한다.
④ 측정시에는 수련자의 안전에 유의토록 한다. 심사나 체력측정전에 충분한 준비운동과 측정장소의 시설을 사전에 점검하여 두어야 한다.
⑤ 평가는 정기적으로 계속 실시하여야 한다.
⑥ 평가를 구성하고 실시하며 분석하는 과정에서 지도자의 능력이 발휘되며 꾸준한 노력이 요구된다.

사. 간이체력 검사

태권도장에 수련생들의 체력을 알아보기 위한 비교적 간편하게 측정할 수 있는 체력요인별 체력검사 종목을 간략히 소개코자 한다.

체력요인	측 정 종 목	측 정 방 법	측 정 도 구
근 력	악 력	좌우 교대로 2회씩 측정 높은 점수 기록	악력계
근지구력	팔굽혀펴기 턱걸이 오래매달리기 } 중 택일 윗몸일으키기	회수 측정 〃 30초간 실시 회수 〃	보조자, 철봉, 안전벨트, 초시계, 매트
민 첩 성	사이드 스텝 테스트 버어피 테스트 왕복달리기	20초간 실시 회수 10초간 실시 회수 두번 왕복소요시간(초)	초시계, 테이프 〃 초시계, 각목, 테이프
유 연 성	윗몸 앞으로 굽히기	발아래로 내려간 길이(cm)	계측기 또는 테이블, 자
순 발 력	제자리 수직 높이뛰기	선자세 손끝 높이와 띈 후의 높이의 차(cm)	흑판, 자
평 형 성	스틱 테스트	각목(3×3×50cm) 위에서 서있는 시간(초)	초시계

5장 태권도의 기본동작

태권도의 기본

태권도는 작고 큰 부위를 사용하여 아주 작은 목표를 향하여 「지르기」「찌르기」「치기」그리고 「차기」기술로 공격하여 상대를 쓰러뜨리거나 그 반대로 상대방의 이와 같은 기술의 공격을 「막기」 기술로 막아내는 것이다. 이와같이 태권도는 독립된 여러가지 기술의 동작이 모여서 이루어지는 데 이 독립된 기술의 동작을 태권도의 기본이라 한다. 이 태권도의 기본은 공격과 방어의 목표에 따라서 또는 기술의 복합과 변화에 의하여 무궁무진한 태권도의 응용기술을 발생할 수 있으나 이 장(章)에서는 다음 다섯 가지의 기본에 대한 지식 체계도와 용어를 설명하기로 한다.

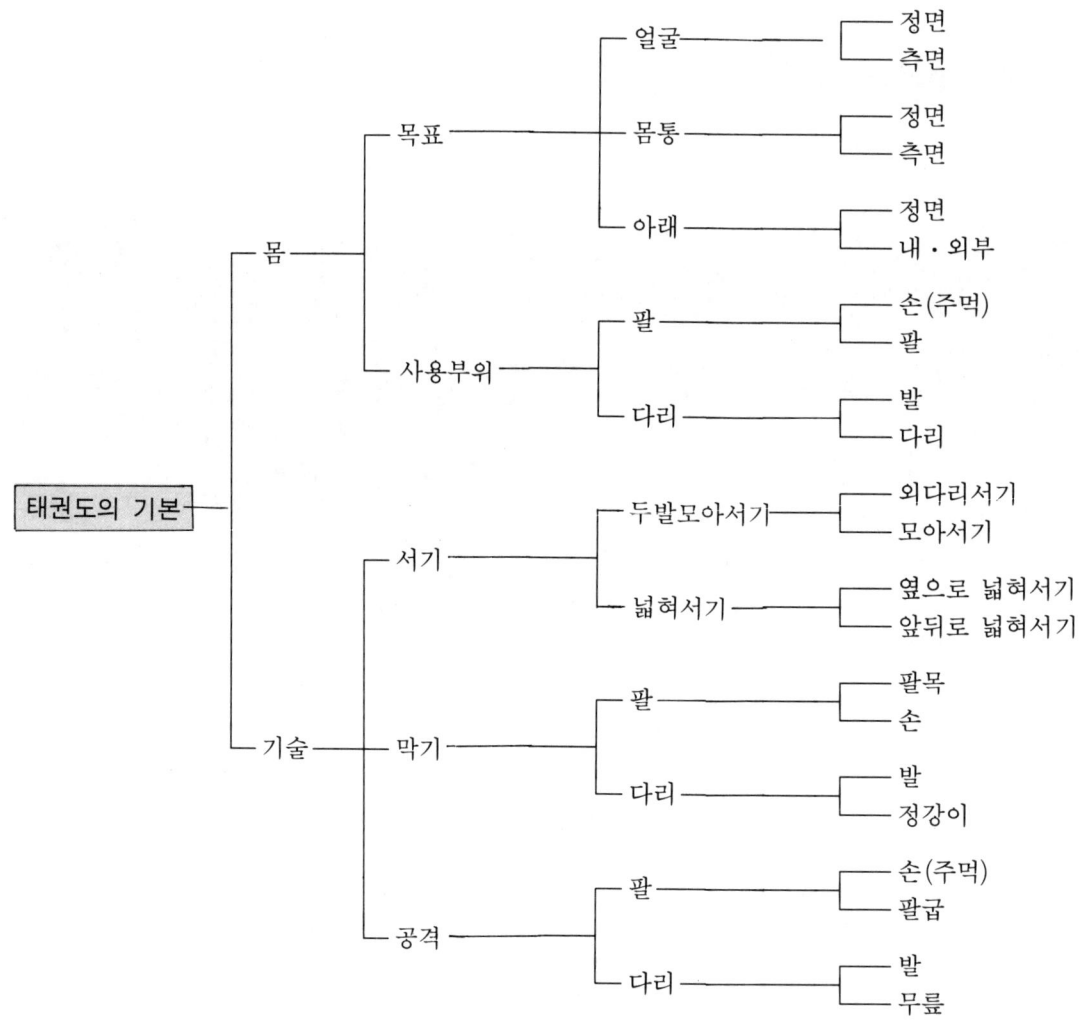

지식체계도 및 용어

인체급소 및 공격목표

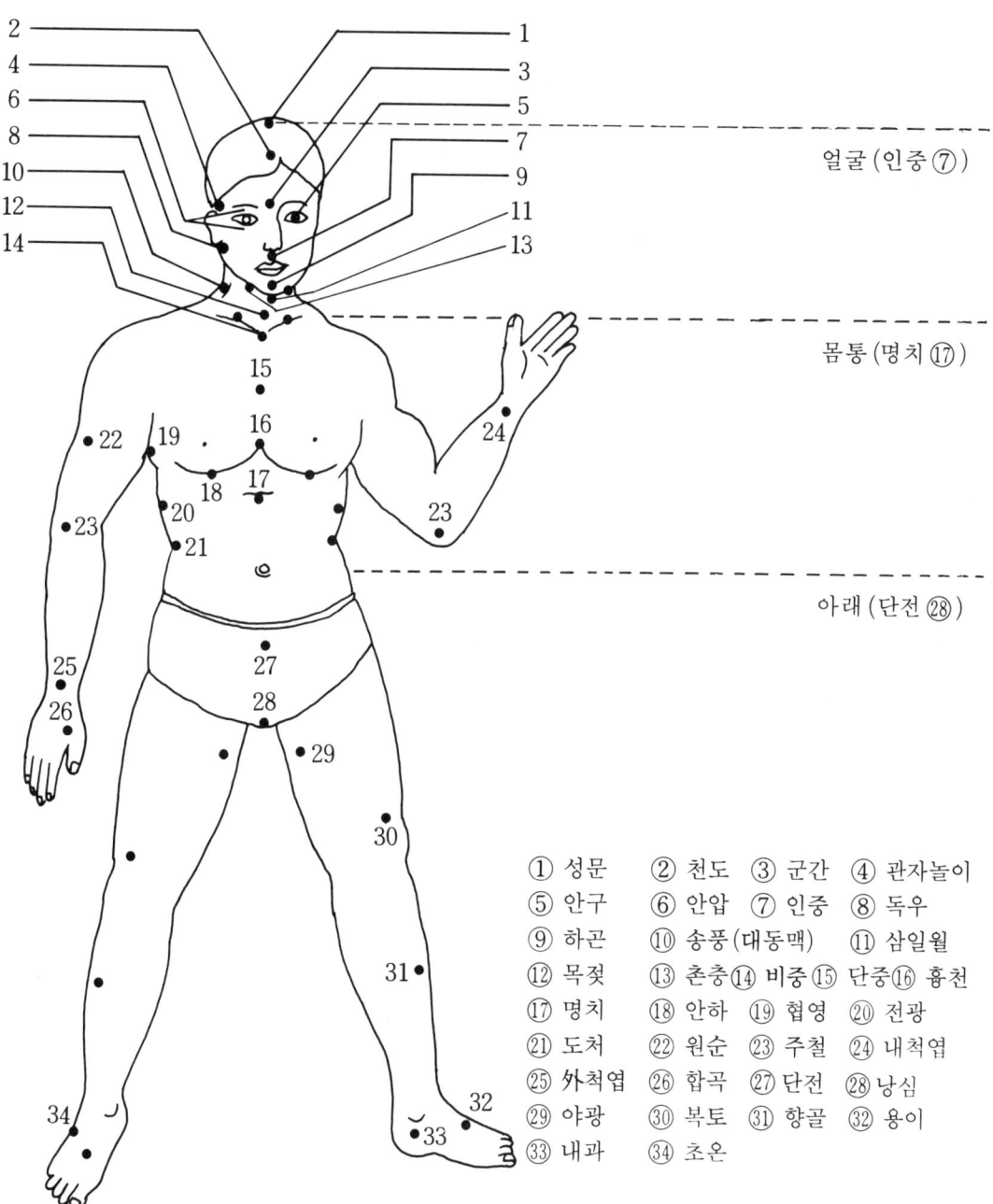

① 성문 ② 천도 ③ 군간 ④ 관자놀이
⑤ 안구 ⑥ 안압 ⑦ 인중 ⑧ 독우
⑨ 하곤 ⑩ 송풍(대동맥) ⑪ 삼일월
⑫ 목젖 ⑬ 촌충 ⑭ 비중 ⑮ 단중 ⑯ 흉천
⑰ 명치 ⑱ 안하 ⑲ 협영 ⑳ 전광
㉑ 도처 ㉒ 원순 ㉓ 주철 ㉔ 내척엽
㉕ 外척엽 ㉖ 합곡 ㉗ 단전 ㉘ 낭심
㉙ 야광 ㉚ 복토 ㉛ 향골 ㉜ 용이
㉝ 내과 ㉞ 초온

1. 공격목표

　태권도는 자기수양의 무도이므로 도수공권으로 공간을 향하여 기술을 발휘하므로 무한대의 속도와 힘을 발산하며 기(氣)를 토하여 정기를 기르고 정신을 한곳으로 집중시켜 정신통일을 이룬다. 또한 기술을 연마하는 동작의 운동을 통하여 육체의 발달을 가져오며 이를 행하는데 따르는 육체적인 고통을 이겨내는 정신적인 강력한 의지와 인내로 육체를 지배할 수 있는 정신력을 강화시키며 또 때에 따라 상황판단과 결단심으로 자기의 행동을 자제하는 일을 거듭함으로써 정의와 불의를 분별하는 수양을 쌓아 정도(正道)를 향하는 인간으로 함양시키게 된다.
　그런데 이 모든 것에 목표가 없으면 아무 뜻이 없으며 태권도가 아닌 보통 팔다리 운동이나 온몸운동으로 끝나게 된다.
　인간의 인생도 목표가 없으면 넓고 넓은 바다 한가운데 방향도 못잡는 조각배와 같으며 또 먼 훗날의 목표가 있는가 하면 하루하루의 생활목표가 있어 이를 하나하나 처리해 나갈 때 삶의 보람이 있듯이 태권도를 행하는데 있어서도 원대한 목표를 세워 동작 하나 행하는데도 목표를 향하여 정성을 다하고 온 힘을 기울려 정확하게 지르고 차고 막아야 할 것이다. 이와 같이 태권도는 목표의식을 갖고 행하여야 한다. 그럼으로써 정신통일이 되고 이러한 정신에 의하여 모든 동작을 지배하고 통제함으로 태권도는 영육일체(永育一體)의 경지에 오르게 된다.
　그런데 이 목표는 아무 곳에나 설정하는 것이 아니다. 사람 몸에는 작은 충격으로도 치명적인 아픔을 느끼는 곳이 있으니 이를「급소」라 하며 이는 신경이 피부 가까이 노출되어 있으며 공격하기 쉬운 곳에 있는 것을 말한다. 이와 같이 공격목표가 될 급소가 인체에 약 280여 개가 있으나 이 교본에서는 다음 34개만 표시하며 사람을 큰 목표로 세 곳(얼굴 : 인중, 몸통 : 명치, 아래 : 단전)으로 구분한다.
　이 세 곳의 목표는 수련시에 자기와 똑같은 체격의 가상의 적이 나와 똑같은 자세로 서 있다고 가정하고 그 목표를 공격하고 또 막아내야 한다. 만일 실지로 적과 마주서게 되면 그 적의 목표점을 정확하게 공격하고 적의 공격을 정확하고 안전하게 막아내야 한다.

2. 신체의 사용부위

 태권도를 행함에 있어 힘(타격력)은 몸통에서 나오나 실지로 상대방의 목표를 타격하는 것은 팔과 다리이며, 그 중에서도 주로 손과 발의 역할이 크다.
 또 발은 발목을 제켰다 폈다하고 발가락을 제켜 단단한 곳은 공격무기로 사용하며 길고 둔탁한 곳은 방어에 사용한다.
 이와 같이 태권도는 손끝부터 발끝까지 사용치 않는 곳이 없고 온 몸을 사용하므로 신체의 사용부위의 명칭(용어)과 손·발의 변화로 인하여 발생대 는 무기의 용어를 살펴보도록 한다.

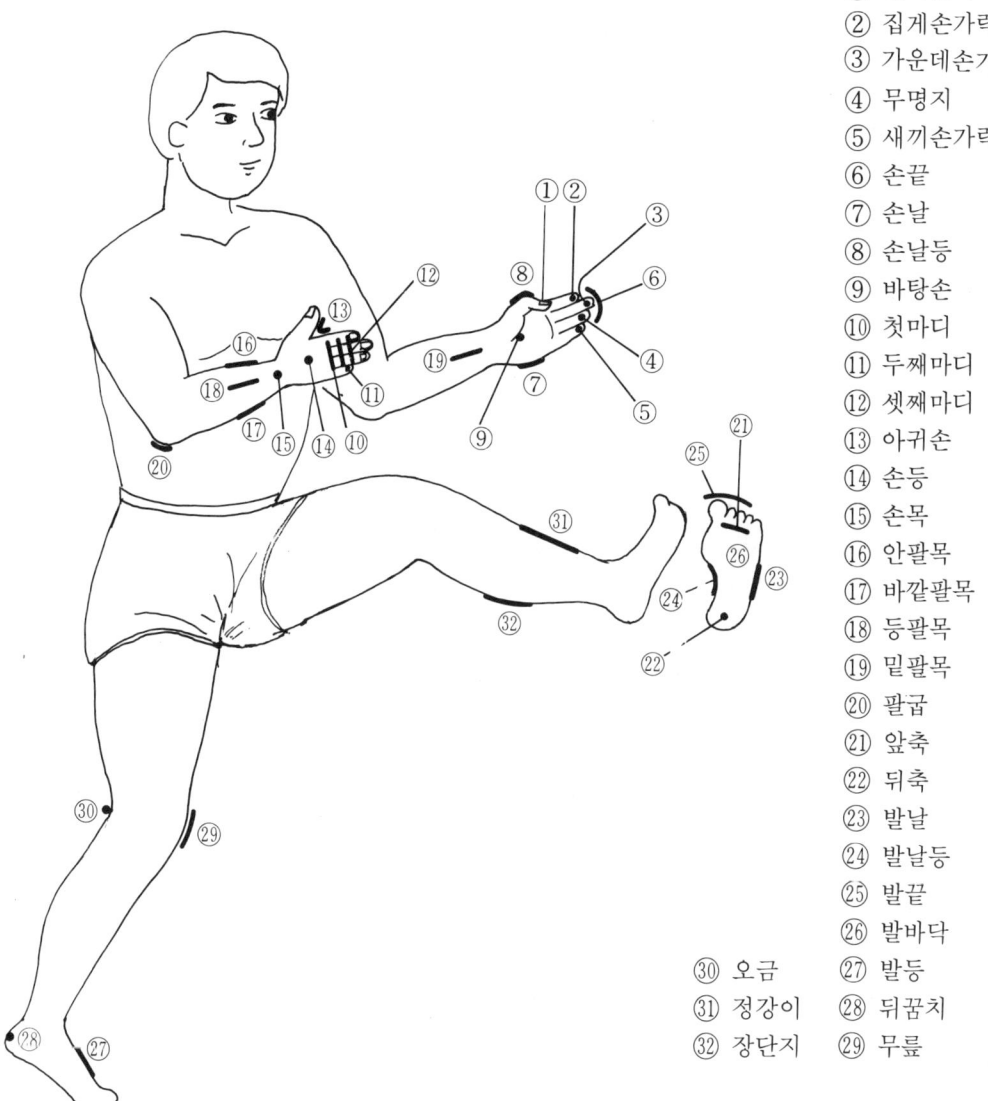

① 엄지손가락
② 집게손가락
③ 가운데손가락
④ 무명지
⑤ 새끼손가락
⑥ 손끝
⑦ 손날
⑧ 손날등
⑨ 바탕손
⑩ 첫마디
⑪ 두째마디
⑫ 셋째마디
⑬ 아귀손
⑭ 손등
⑮ 손목
⑯ 안팔목
⑰ 바깥팔목
⑱ 등팔목
⑲ 밑팔목
⑳ 팔굽
㉑ 앞축
㉒ 뒤축
㉓ 발날
㉔ 발날등
㉕ 발끝
㉖ 발바닥
㉗ 발등
㉘ 뒤꿈치
㉙ 무릎
㉚ 오금
㉛ 정강이
㉜ 장단지

가. 주먹

보통 주먹이라 함은 손가락을 오무려 쥔 모양을 말하며 사용되는 부위에 따라 그 이름과 사용방법이 달라진다. ① 주먹 ② 등주먹 ③ 메주먹 ④ 편주먹 ⑤ 밤주먹 ⑥ 집게주먹 등이 있다.

1) 주먹

태권도에서의 주먹은 네개의 손가락을 붙여 힘있게 말아쥐는 것은 물론 사용부위가 집게손가락과 가운데손가락의 첫마디 앞부분만으로 상대를 지르는 기술로만 공격할 수 있는 것을 말한다.

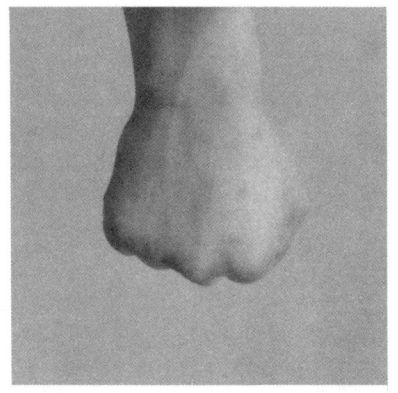

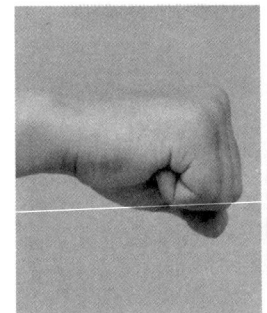 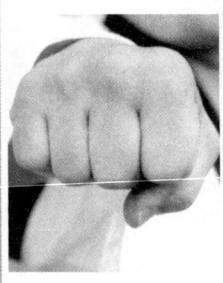

● 주의점 : ㄱ. 주먹을 쥐면 손목이 꺾여서는 안된다. 팔뚝과 손등은 일직선 이어야 한다.
ㄴ. 집게손가락과 가운데 손가락의 연장선과 팔뚝은 일직선상에 있어야 한다.
ㄷ. 손등과 구부린 손가락의 첫마디가 직각을 이루어져야 한다.

누구나 처음에는 잘 되지 않으나 주먹을 쥘 때마다 주의사항을 실천하는데 힘써야 하며 반듯하고 단단한 주먹으로 단련시켜야 한다.
● 사용부위 : 집게손가락과 가운데손가락의 첫마디 앞부분이다.

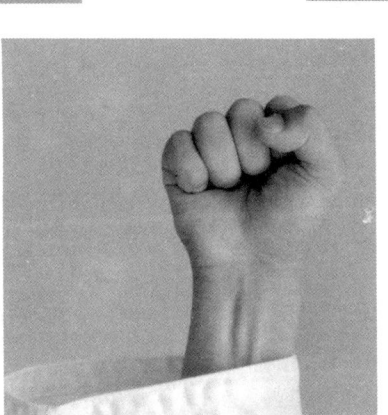

2. 신체의 사용부위 97

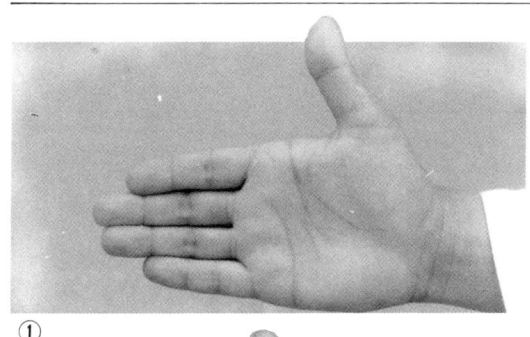
①

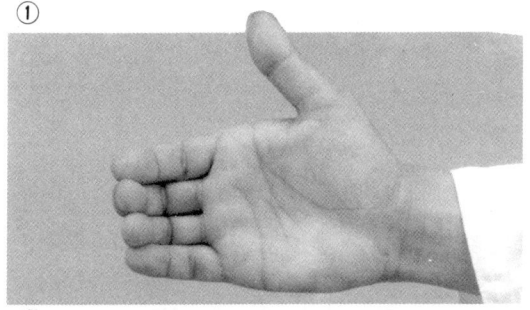
②

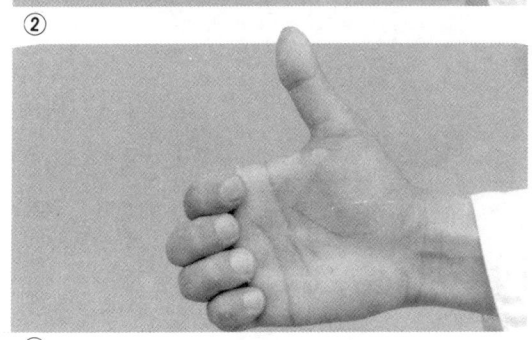
③

④

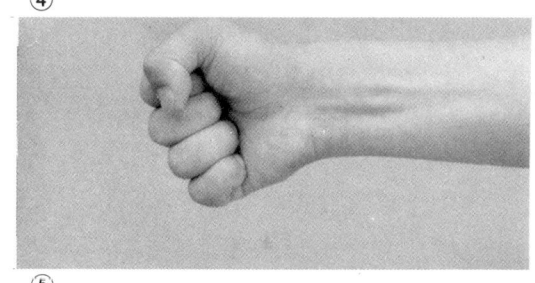
⑤

● 주먹쥐는법 : ㄱ. 우선 엄지를 제외한 네손가락을 붙이고 끝마디부터 오므려 말아쥔다.

ㄴ. 엄지도 힘있게 오므려 끝마디가 집게손가락과 가운데 손가락의 둘째마디에 얹도록 한다. 물론 주먹은 아주 단단하게 쥐어야 한다.

98   5장 태권도의 기본동작

● 사용 : 주먹은 "지르기" 기술에만 사용된다.
※ 사진 : 얼굴지르기, 치지르기, 돌려지르기.

얼굴지르기

치지르기

돌려지르기

2) 등주먹

● 쥐는법 : 주먹쥐는 법과 같으며 주의사항도 같으나 다만 사용부위가 손등쪽이다.

앞치기

바깥치기

3) 메주먹

● 쥐는법 : 주먹과 같으나 사용부위가 새끼손가락쪽이다.
● 사용 : 메주먹은 등주먹과 같이 "치기"기술에만 사용된다. (※ 머리내려치기, 팔굽관절 내려치기, 옆구리바깥치기 사진)

머리내려치기

팔굽관절 내려치기

옆구리바깥치기

4) 편주먹

주먹쥘 때와 같이 네 손가락을 힘있게 붙쳐 끝마디부터 말아 쥐어 두째마디까지 완전히 오므리고 첫마디는 약간 굽혀 첫마디에서 내각 160° 가량 되게 한다. 엄지는 굽힌 집게손가락 둘째마디 옆에 밀어 붙인다.

- 사용부위 : 제일 앞에 나와 있는 둘째마디이며 단련을 잘하면 주먹보다 더 강한 공격을 할 수 있으며 한마디의 길이만큼 더 깊이 지를 수 있으므로 유리하다.
- 사용 : 주먹과 같이 지르는데 쓰이며 또 손끝과 같이 훑기(긋기) 기술에도 쓰인다.

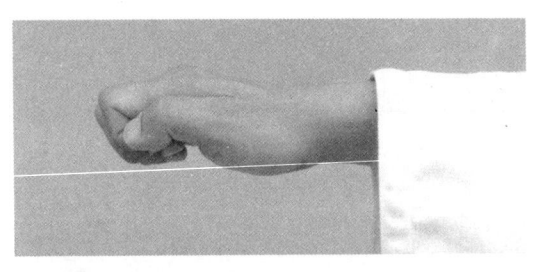
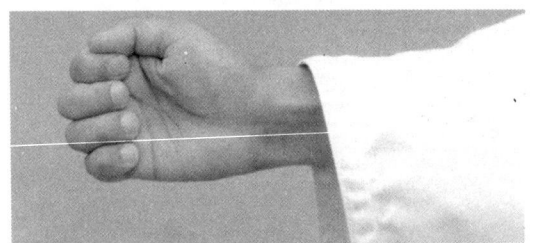

5) 밤주먹

● 쥐는법 : 주먹에 밤톨하나 쥔 것과 같은 모양이다. 다섯 손가락을 힘있게 말아쥐되 가운데 손가락 첫마디만 약간 펴서 가운데 손가락 둘째 마디만 툭 빠져나오게 하고 엄지손가락으로 세째마디를 밀어 가운데 손가락이 밀려들지 않게 되어야 한다.
● 사용부위 : 가운데손가락 둘째마디.
● 사용 : 주먹과 같이 지르기에 쓰이며 주먹보다 깊이 뚫고 드러가므로 치명적인 타격을 주게된다. 또 흉기 기술에도 쓰인다.

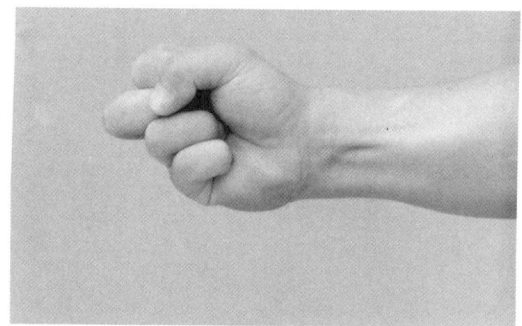

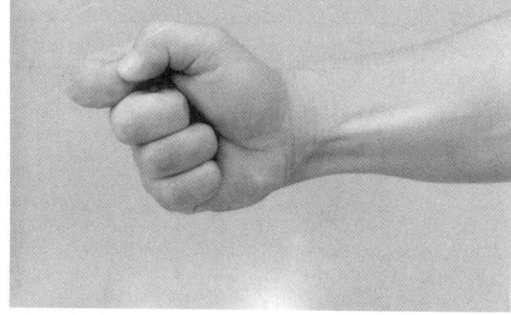

집게 밤주먹

밤주먹

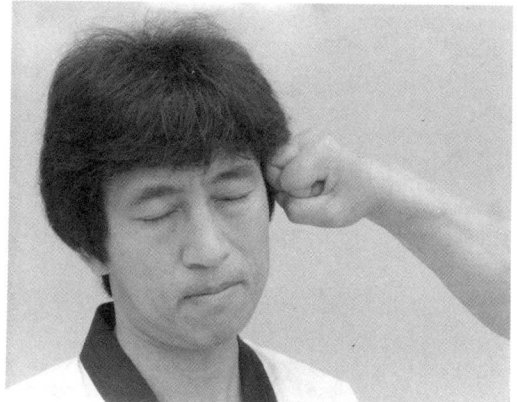

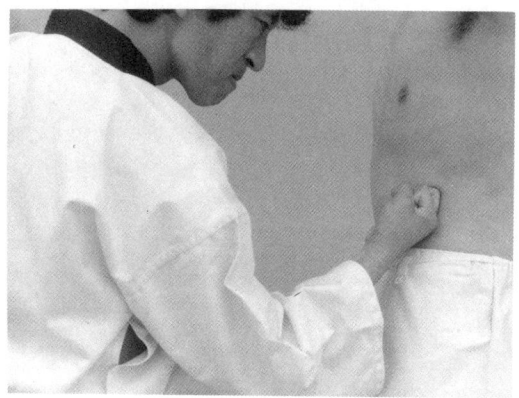

6) 집게주먹

- ●쥐는법 : 엄지손가락과 집게손가락을 벌려 아귀손과 같이 하고 나머지 가운데 손가락 무명지 새끼손가락을 붙여 말아 쥔다.
- ●사용부위 : 말아쥔 세 손가락의 둘째마디와 아귀손의 엄지와 집게손가락 끝을 오므려 집게 역할을 한다.
- ●사용 : 집게주먹은 "지르기"를 하지만 바로 엄지와 집게손가락으로 잡아 뜯는다. 주로 목젖 (식도)을 지르고 바로 집게로 목젖을 뜯는다.
- ●주위 : 지를 때는 주먹을 세워야 한다. 엄지와 집게손가락은 벌렸다가 지르기를 하고 반작용 으로 손을 허리로 끌 때 목젖을 집게로 잡듯이 잡아 끈다. 주로 목젖 공격에만 사용된다.

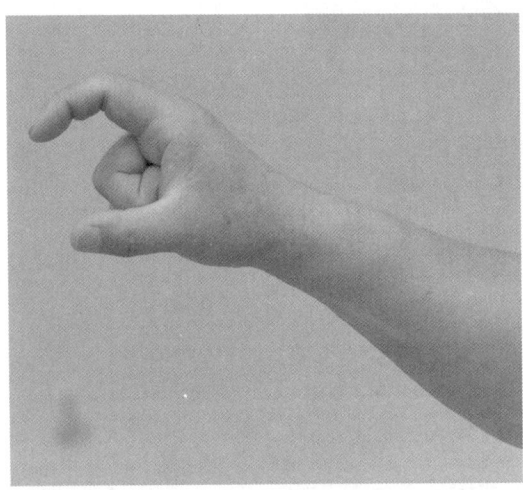

집게주먹

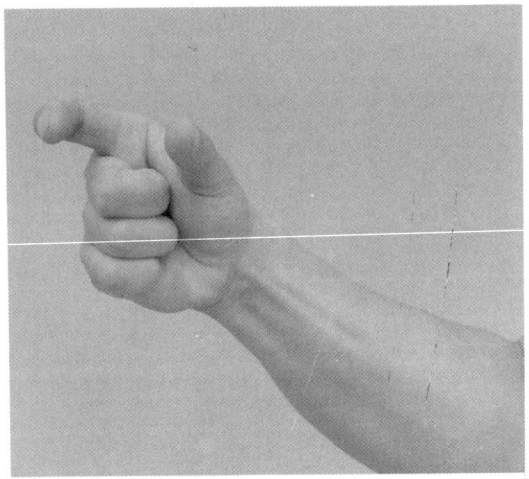

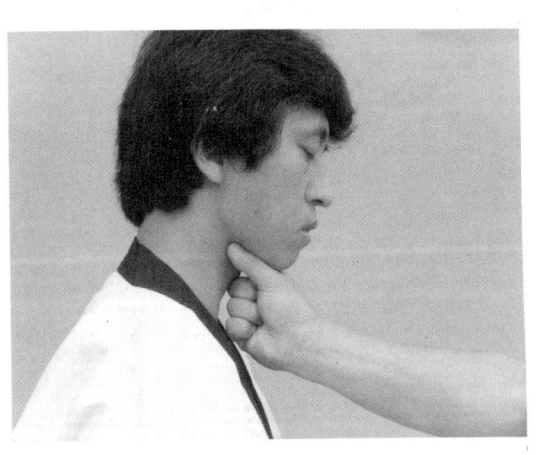

7) 주먹 변화

주먹의 변화에는 제친주먹과 세운주먹이 있다. 주먹을 지를 때 상대가 가까우면 제친주먹으로 지른다. 이때를 제쳐지르기라 한다. 또 약간 멀면 세운주먹으로 지르게 된다. 이 때를 세워지르기라 한다.

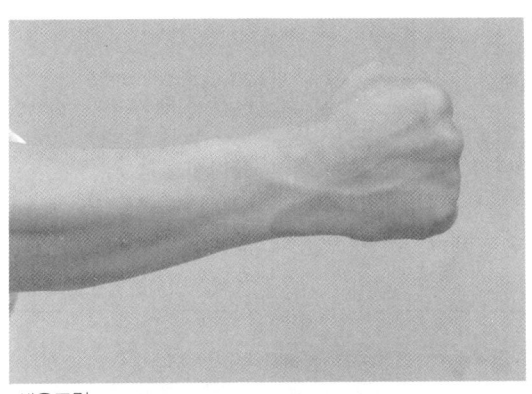
세운주먹

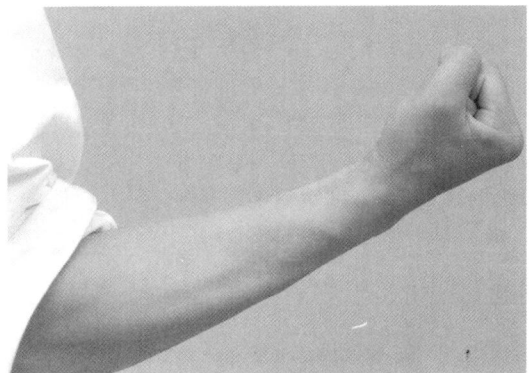
제친주먹

세워지르기

제쳐지르기

두주먹 제쳐지르기

나. 손

태권도에 있어 손이라 함은 주먹과 반대로 손가락을 두마디 이상 오므리지 아니하고 주로 펴져 있을 때를 말하며 사용부위가 주먹에 비하여 배 이상이 되며 공격목표에 따라 사용부위도 달라진다.

1) 손날

- 쥐는법 : ㄱ. 네 손가락을 붙이고 끝마디를 약간 안으로 구부린다.
  ㄴ. 엄지도 끝마디를 약간 오므려 집게손가락 첫마디 부분 옆에 붙인다.
- 사용부위 : 새끼손가락 쪽으로 손목부터 새끼손가락 첫마디 까지이다.
- 주의사항 : 손날을 사용할 때는 주먹을 쥐었을 때와 같이 팔목과 손은 일직선으로 하며 손목에서 위, 아래, 안밖으로 꺾여서는 안된다.
- 사용 : 손날은 "치기" 기술과 "막기"기술에 사용된다.

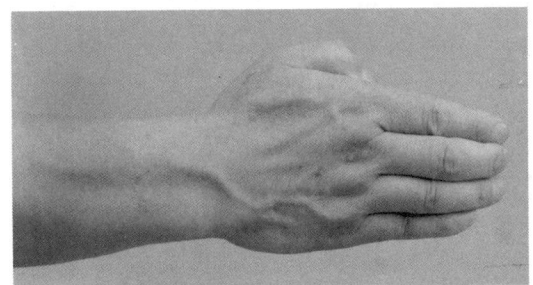
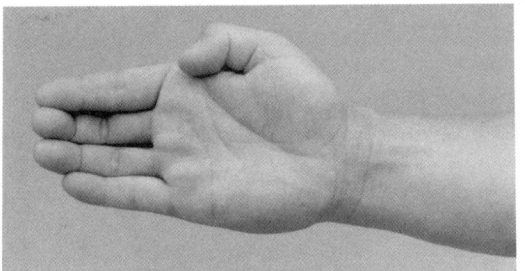
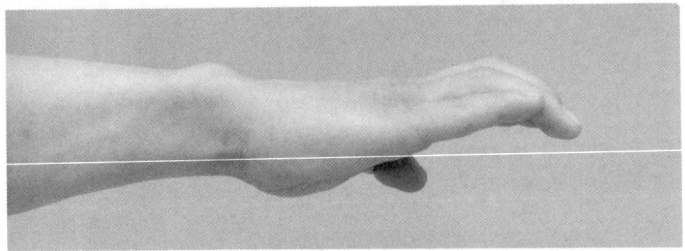

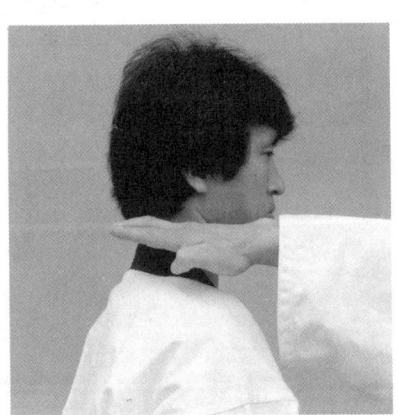

막기 기술   치기 기술

2) 손날등

- 쥐는법 : 손날 때와 같으나 엄지손가락을 첫마디부터 안으로 깊이 파묻어야 한다.
- 사용부위 : 엄지손가락 첫마디부터 집게손가락 첫마디 옆 부분.
- 주의사항 : 엄지손가락을 손바닥 안쪽으로 깊숙히 파묻어야 한다.
- 사용 : 주로 "치기" 기술에만 사용한다.

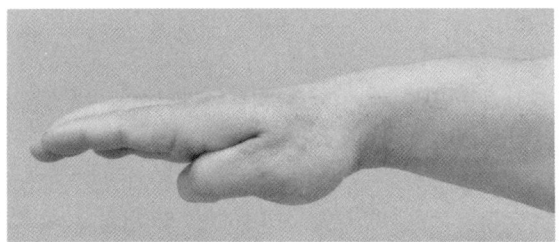

3) 손등

- 쥐는법 : 주로 손날 때와 같으나 손날과 같이 다섯 손가락을 힘을 주어 서로 꼭 붙이지 않아도 좋다.
- 사용부위 : 손등부터 손가락 등까지 전부를 사용한다.
- 사용 : 주로 "치기" 기술에 사용하며 짧은 거리에서 순간적인 공격에 사용하며 상대에게 치명적인 공격은 될 수가 없다.
- 주의 : 공격을 하는 순간 손등에 튕김을 준다.

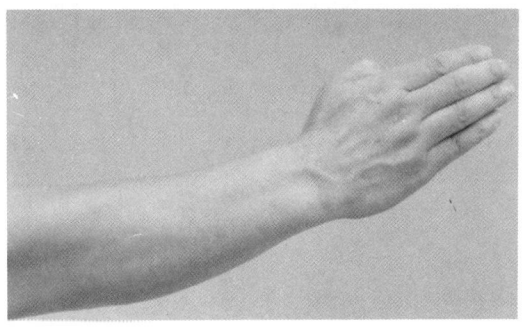

4) 편손끝

● 쥐는법 : 손날 때와 같으나 다만 집게손가락, 가운데손가락, 무명지 세개의 손가락을 나란이 힘있게 붙이고 세 손가락의 끝이 같도록 한다.
● 사용부위 : 집게, 가운데 손가락과 무명지 세개의 손가락 손끝을 사용한다.
● 사용 : 주로 "찌르기" 기술에 사용되며 "훑기"에도 사용된다.

※ 손끝 단련을 잘하여 놓으면 "공격"에서 유리하게 사용된다. 주먹을 사용할 때 보다 손가락 길이만큼 깊이 공격할 수 있으며 창이나 송곳같이 급소에 깊숙히 공격하게 되므로 치명적인 공격을 할 수 있다.

편손끝을 사용하는 방법에 의하여,
㉠ 세운 편손끝(편손끝 세워찌르기) ㉡ 제친 편손끝(편손끝 제쳐지르기) ㉢ 엎은 편손끝(편손끝 엎어찌르기)

편손끝 세워찌르기

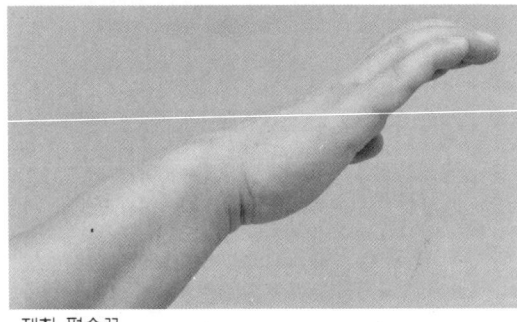
엎은 편손끝

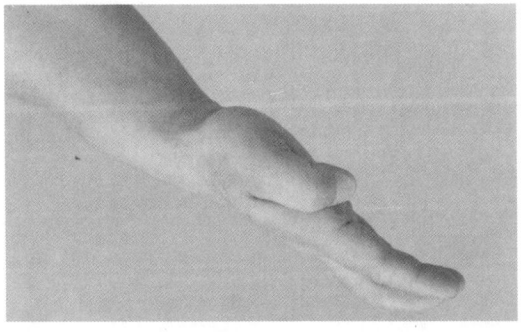
제친 편손끝

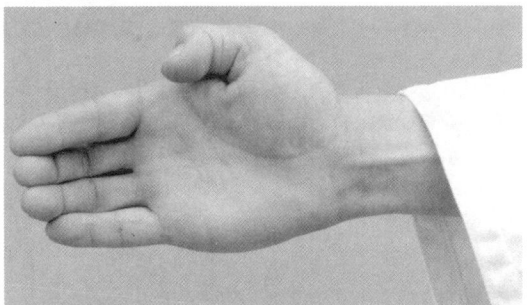
세운 편손끝

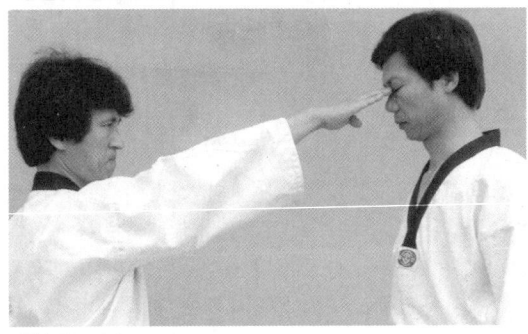
편손끝 엎어찌르기

편손끝 제쳐지르기

5) 가위손끝

- ●쥐는법 : 집게손가락과 가운데 손가락을 펴서 벌리고 무명지와 새끼손가락을 말어쥐고 엄지도 굽혀 무명지 둘째마디 위에 말아 붙인다.
- ●사용부위 : 집게손가락과 가운데손가락의 손끝을 사용한다.
- ●사용 : "찌르기" 기술에만 사용한다. 주로 두눈을 찌르기에 사용한다.

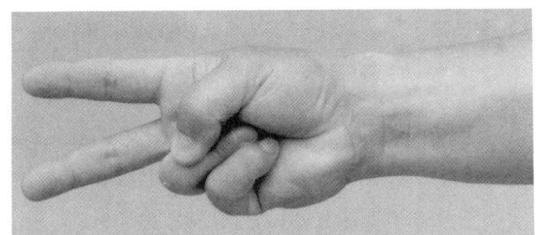

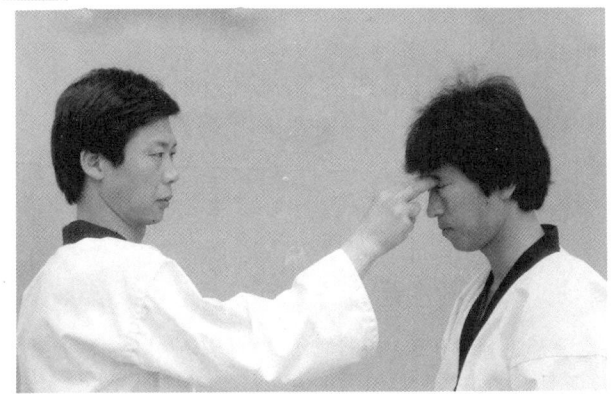

6) 한손끝

- ●쥐는법 : 집게손가락으로 무엇을 가르킬 때와 똑같으나 엄지를 가운데 손가락에 힘있게 붙인다.
- ●사용부위 : 집게손가락 끝만 사용한다.
- ●사용 : 주로 한쪽 눈을 찌르는데 사용한다.

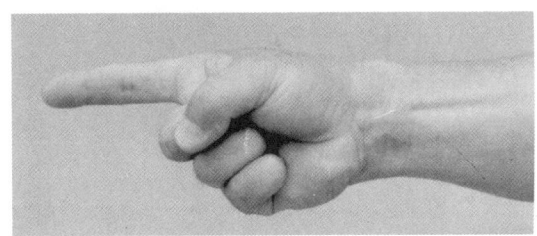

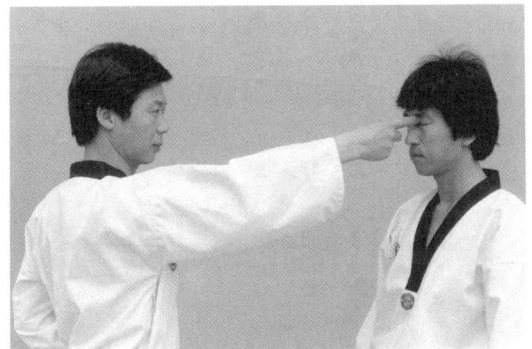

7) 모은두손끝

●쥐는법 : 집게손가락 위에 가운데 손가락을 포개고 나머지 무명지, 새끼손가락 엄지는 가위손끝 때와 똑같은 모양으로 쥔다.
●사용부위 : 한손끝과 같다.
●사용부위 : 모은 두 손가락끝
●사용 : 한손끝과 같다.
※ 한손끝보다 두 개의 손끝을 모은 것이므로 더 강한 힘을 낼 수 있다.

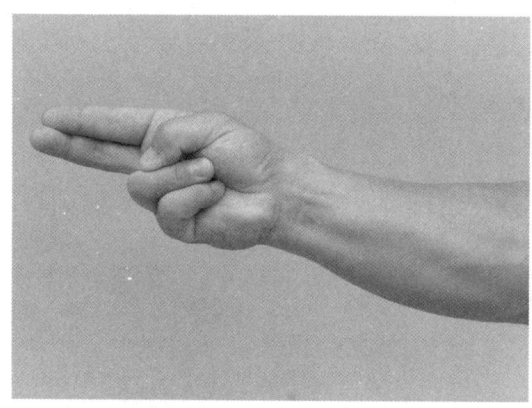

8) 모은세손끝

●쥐는법 : 집게손가락과 무명지를 붙이고 그 위에 가운데손가락을 포개 꼭 붙인다. 나머지 엄지와 새끼손가락은 자연스럽게 위치한다.
●사용부위 : 모은 세손가락의 끝을 사용한다.
※ 모은 세손가락이 삼각형을 이룬다.
●사용 : 한손끝과 같으나 편손끝의 변화된 모양이며 오히려 편손끝보다 더 강한 힘을 발휘할 수 있다.

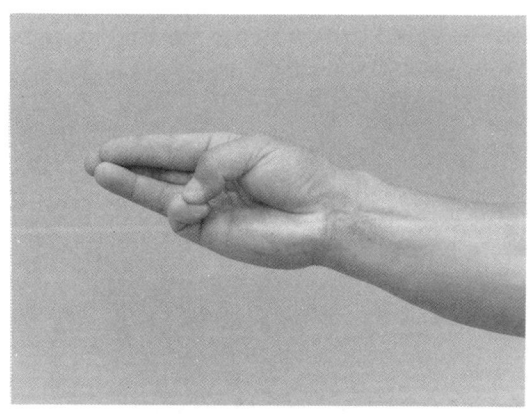

9) 모듬손끝

- 쥐는법 : 다섯 손가락 끝을 모두 모아 뭉친다. 그리하면 자연히 엄지를 제외한 네 손가락의 첫마디는 굽히게 된다.
- 사용부위 : 모은 다섯 손가락 끝
- 사용 : 모듬손끝으로 "찍기"를 한다. 이는 찌르기보다 가까운 거리에서 사용된다.

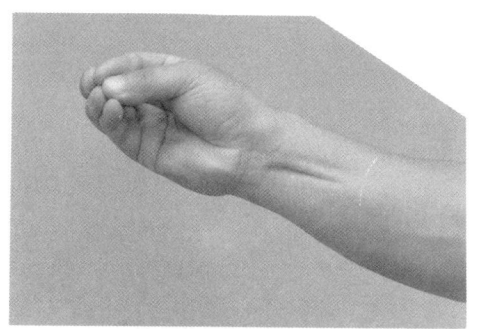
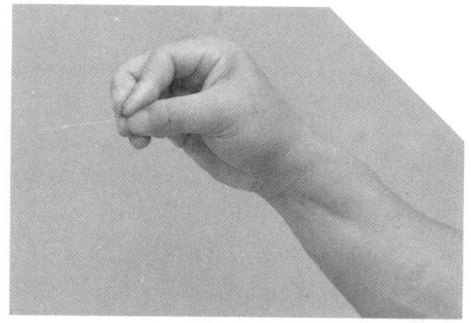

10) 곰손

- 쥐는법 : 편주먹 쥐는법과 흡사하나 편주먹보다 엄지를 제외한 네 손가락을 더 오므린다.
- 사용부위 : 손바닥쪽 세째마디 부위이다.
- 사용 : 주로 "치기" 기술은 따귀치듯 친다. 곰이 앞 발바닥으로 훑는 형식으로 안으로 "치기"를 한다.

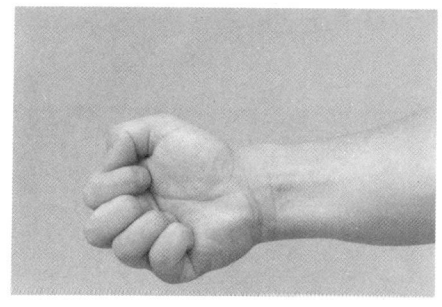

11) 바탕손

- ●쥐는법 : 손에 힘을 빼고 손등을 위로 제킨다. 손가락은 너무 힘을 주지 말고 자연스럽게 굽힌다.
- ●사용부위 : 손바닥 밑 부분(손목쪽)
- ●사용 : "치기"기술에 쓰인다. 바탕손은 넙적하므로 상대에게 충격을 주어도 치명적인 타격을 주지 않는다. 그러므로 막기 기술에도 쓰인다.

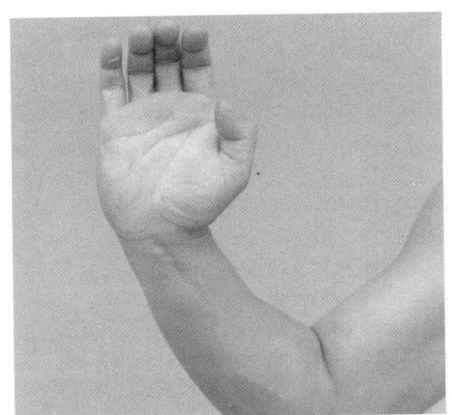

12) 굽힌손목

● 쥐는법 : 바탕손 쥐는법과 반대로 손목을 손바닥 쪽으로 바짝 굽힌다. 다섯 개의 손가락은 가볍게 모은다.
● 사용부위 : 굽힌 손등쪽의 손목을 사용한다.
● 사용 : 주로 "올려치기"에 많이 사용되며 "막기"에도 사용이 된다.   바탕손 치기는 팔굽을 펴서 행하기 때문에 "지르기"와 같이 먼 곳에 사용되지만 굽힌 손목은 팔굽을 다 펴지 않기 때문에 가까운 곳에 사용된다.

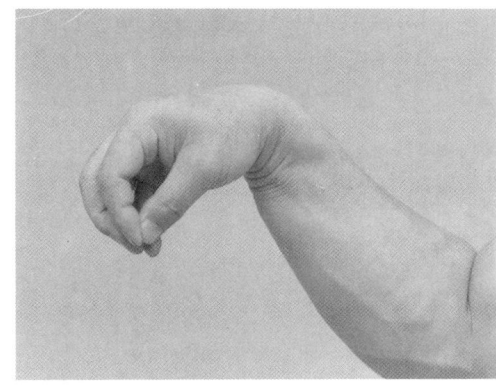

13) 아귀손

- 쥐는법 : 엄지와 집게손가락 사이를 벌리며 집게손가락, 무명지, 새끼손가락을 나란히 부쳐 각 마디를 약간 꾸부려 동그스럼하게 한다. 이때 손목을 위로 제키면 바탕손 모양이 되므로 팔목과 손등은 일직선으로 되어야 한다.
- 사용부위 : 엄지와 집게손가락 사이 오목한 곳이다.
- 사용 : 주로 "치기" 기술에 사용한다 공격목표가 아귀손 안에 넣어야 되기 때문에 턱 또는 목을 공격 목표로 삼는다.

※ 아귀손으로 아래턱을 내리치면 낙턱이라 한다. 이와 같이 아귀손으로 치는 동작을 "칼재비"라 한다.

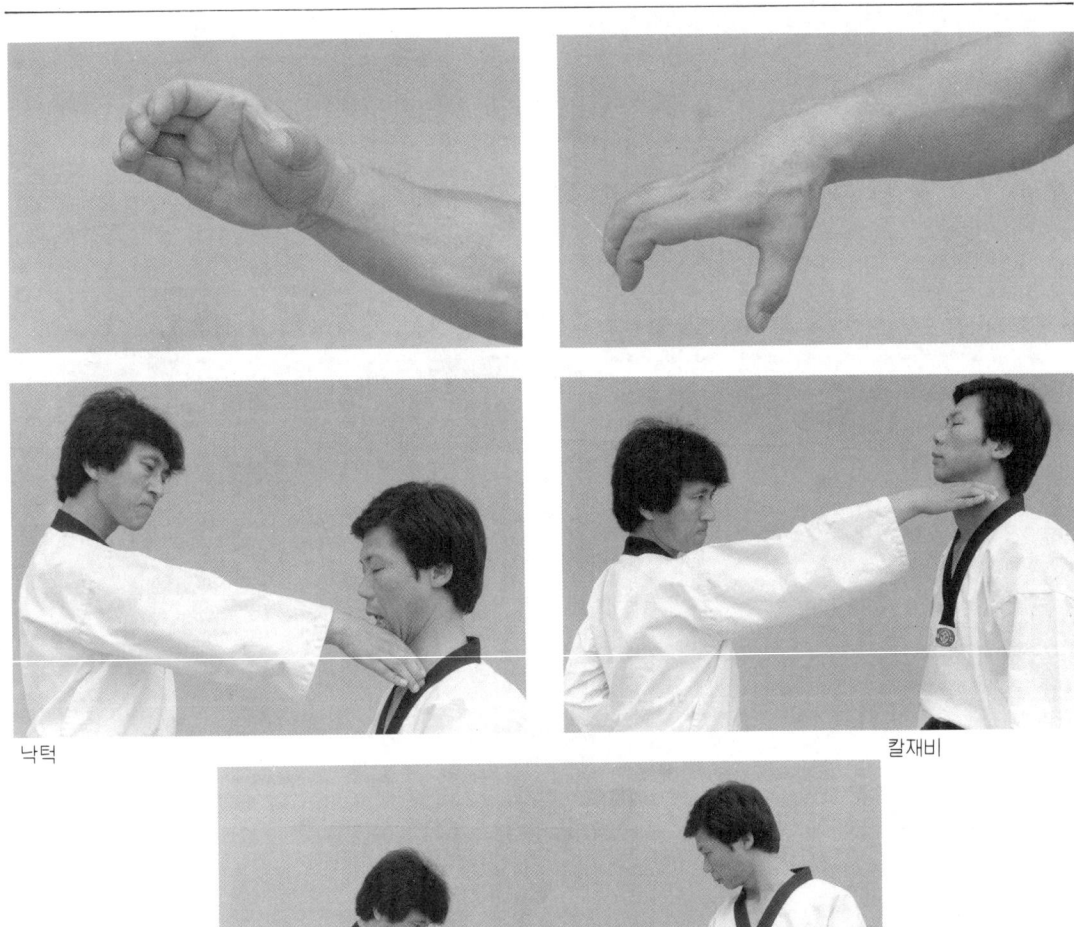

낙턱 칼재비

무릎꺾기

다. 팔

손을 제외한 팔은 날카로운 부분이 별로 없다. 그러나 팔굽은 공격에 사용되며 팔목은 주로 방어에 사용된다.

1) 팔굽

팔굽은 관절을 구부리면 단단하여 주로 치기기술에 사용되며 상대가 가까울 때 주로 쓰인다.
① 돌려치기 ② 올려치기 ③ 내려치기 ④ 옆치기 ⑤ 뒤치기가 있다.

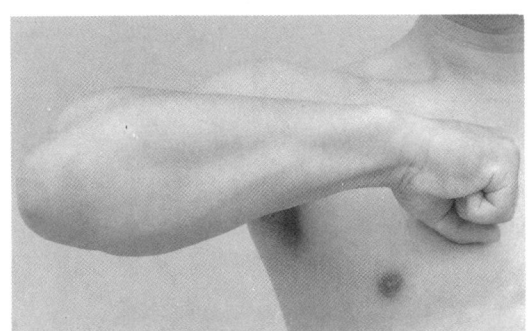

팔굽

팔굽 돌려치기

팔굽옆치기

팔굽 올려치기

팔굽뒤치기

팔굽내려 지르기

2) 팔목

팔목은 뼈가 굵고 길어서 막기에 편하다. 그 중에서도 바깥팔목과 안팔목은 모가 지고 날카로와서 막으면서 상대에게 타격을 가하게되는데 "막기"기술은 바로 공격이 되어야 한다"는 좋은 교훈이 이에 해당된다. 그러나 "밑팔목"과 "등팔목"은 넓적하여 막기 기술에 사용되나 상대에게 타격을 가할 수는 없으며 더욱이 잘못하면 골절되기 쉽다.

팔의 사용부위는 다음과 같다.

① 바깥팔목 ② 안팔목 ③ 등팔목 ④ 밑팔목

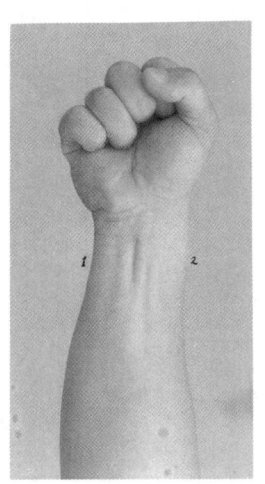

① 바깥팔목　② 안팔목

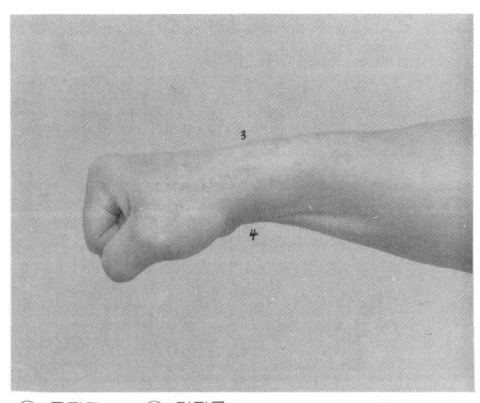

③ 등팔목　④ 밑팔목

라. 발

사람의 두 다리와 발은 중심을 잡아 서기와 이동 몸옮기기, 돌기, 몸낮음과 높임, 높이뛰기와 멀리뛰기, 차기와 막기 등을 할 수 있다. 또 발바닥의 적은 여러 개의 부위에 따라 날카로운 무기로 사용하여 주로 "차기" 기술을 행하고 긴 부분은 막기에 사용한다.

발의 기술은 손이나 주먹의 기술과 같이 빠른 동작과 유연성이 좋지 않으며 서기와 정확성을 갖기 힘들기 때문에 많은 수련이 필요하다. 더욱이 기술을 걸 때는 한발로 중심을 유지하므로 불안하며 중심이 위로 부상하기 쉬워 막히거나 걸어 올리면 공격도 실패하고 넘어지기 쉽다. 또 높이 뛰어 찰 때는 중심의 추진력으로 힘을 발휘하는데 이 역시 몸이 허공에 떠 있으며 몸을 의지할 곳이 없어 막히게 되고 중심 이동의 변화를 주면 공중에서 중심을 잃고 추락이 된다. 따라서 다리의 공격시에는 속도가 빨라야 하며 상대의 헛점을 찾아 공격하여야 하기 때문에 오랜 시일과 많은 수련이 필요하다.

하나의 장점은 다른 어떠한 공격보다 힘이 강하며 팔길이보다 다리의 길이가 길어서 멀리서 깊이 공격을 할 수 있다.

1) 앞축

● 부위 : 발가락을 제쳐 올린 발바닥의 제일 앞쪽이다.
● 사용 : 몸이 돌 때 축이 될 수 있다. 앞차기, 돌려차기, 비틀어차기, 반달차기 등에 사용된다. 또 몸의 이동에서 제동 역할도 한다.

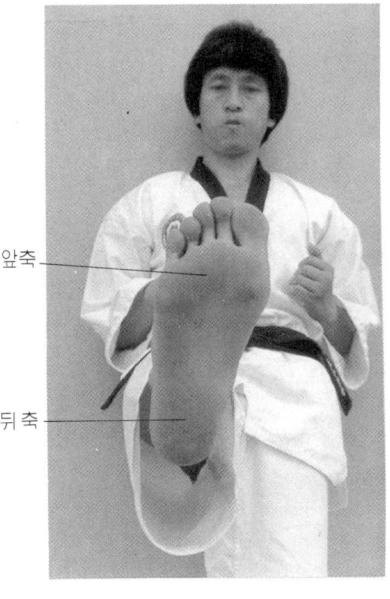

돌려차기

2) 뒤축

- ●부위 : 발바닥의 뒷 부분이다.
- ●사용 : 돌 때 축이 되며 짓찧기와 옆차기, 뻗어차기를 한다.

옆차기

짓찧기

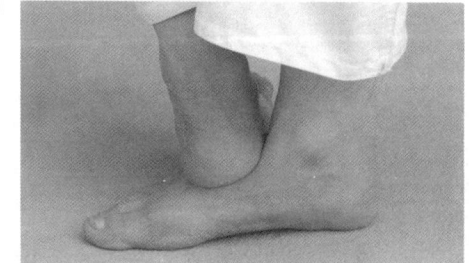

3) 발끝

- 부위 : 발가락을 똑바로 편 발가락의 끝 부분을 말한다.
- 사용 : 앞차기와 비틀어차기 중간을 택하고 무릎을 튕기는 힘으로 뻗어 찬다.

주로 낭심을 차며 숙달이 되면 명치도 찰 수 있다. 세운손끝 찌르기와 같이 엄지발가락이 위로 가게하여 찬다.

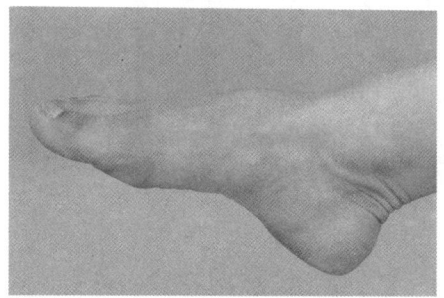

발끝

4) 발날

- 부위 : 발바닥과 발등의 모서리로 발바닥 바깥쪽 뒤축 부위부터 새끼발가락 까지를 말한다.
- 사용 : 옆차기, 막기(차올리기), 받아차기, 기술에 사용된다.

낭심차기

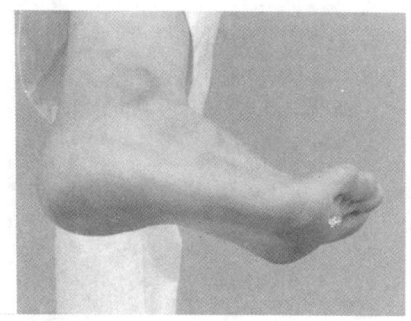

발날

막기(차올리기)

받아차기

5) 발날등

- 부위 : 발날의 반대쪽(발바닥 안쪽) 뒤축부터 앞축 전까지를 말한다.
- 사용 : 이 부위는 넓적하므로 "막기" 기술에 사용된다. 주로 "표적차기".

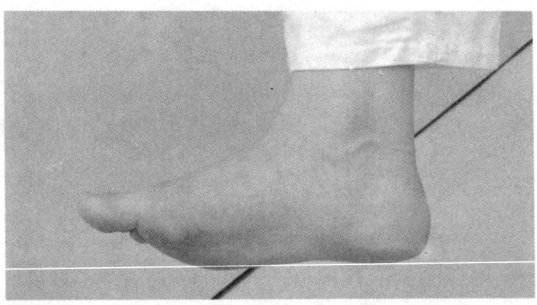
발날등

6) 뒤꿈치

- 부위 : 발의 뒤쪽 아래 부분이다.
- 사용 : 내려차기, 몸돌며 후려차기, 낚어차기에 사용된다.

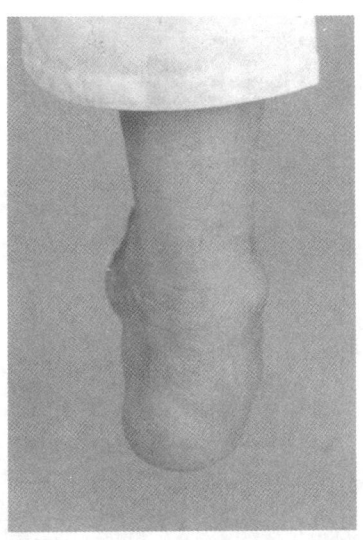

뒤꿈치

뒤올려차기

낚어차기

7) 발바닥

- 부위 : 발뒷축부터 앞축을 지나 발끝까지를 말한다.
- 사용 : 몸돌며후려차기, 내려차기에 사용된다.

내려차기

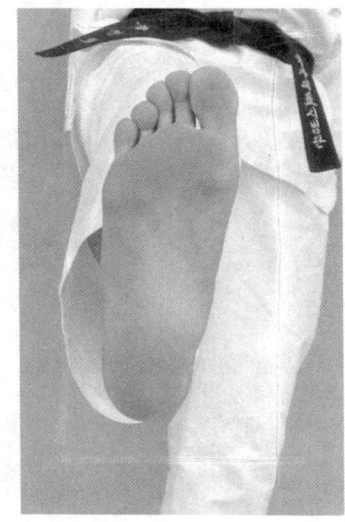

8) 발등

- 부위 : 발의 윗부분으로 발가락부터 발목까지이며 사용할 때는 발목을 펴야 한다.
- 사용 : 올려차기, 돌려차기, 후려차기 등에 사용된다·

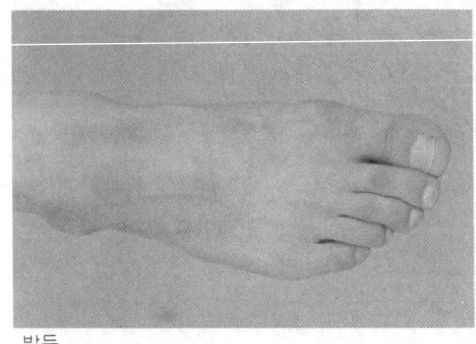

발등

돌려차기

마. 다리

 방골관절 밑으로 발목까지를 말하며 다리는 길고 단단하여 막기 기술에 쓰이나 반면 공격을 당하기도 쉬운 부위이다. 정강이는 막기기술에 사용되나 상대의 차는 힘과 맞부딪쳐 막기 때문에 자신도 많은 아픔을 느끼게 된다. 또 무릎은 구부리면 단단하여 치기기술에 사용한다. 주로 "올려치기"를 한다.
 다리의 사용부위는 다음과 같다.
 ① 무릎
 ② 정강이

정강이 받아막기

무릎돌려치기

무릎 올려치기

3. 서 기

　서기란 아랫도리를 이용하여 두 발외 몸의 어느 부분이든지 땅(바닥)에 닿지 않을 때까지를 말한다. 웃도리(팔의 움직임)는 자유자재로 하여도 관계는 없으나 몸통만은 우뚝(입체적으로 수직이 되었을 때) 서 있어야 하며 자력으로 행동하여야 한다. 서기의 기술에는 중심(重心)과 중심(中心)의 이동에 많은 영향을 주는 동시에 두발의 위치와 움직임에 의하여 여러가지 서기 기술에 변화가 생긴다. 태산과 같이 묵직한 자세로 방어를 위주로 하는 서기를 할 때도 있는가 하면 바람이라도 불면 곧 쓰러질 것 같은 불안정한 자세를 취하여 중심의 이동을 빠르게 하고 순발력을 발휘시켜 다음 행동에 민첩하게 대응할 수 있는 서기가 있다. 그 모양은 두 발을 옆으로 벌릴 때와 앞 뒤로 벌릴 때가 있으며 또 무릎을 폈을 때와 구부렸을 때 등에 의하여 구별한다.
　두 다리를 모으거나 좁히면 중심(中心)이 불안정하여 무릎을 펴면 중심(重心)이 위로 떠 올라 더욱 불안한 자세가 된다. 반면 중심의 이동이 빨라지며 순발력이 좋아진다.
　두 발을 많이 벌리면 중심(中心)에 안정감이 있고 더욱이 무릎을 굽혀 몸을 낮추면 중심(重心)이 낮아지므로 튼튼하며 요지부동이다. 중심(中心)의 이동이 느리며 순발력이 둔화된다.
　위와 같이 서기의 기술에는 두 발을 넓혀서 설 때 넓힌 정도에 따라 중심 유지에 많은 영향을 미치게 됨을 알 수 있다. 사람은 몸 전체에 비하여 다리가 긴 사람, 반대로 짧은 사람 또 발바닥이 큰 사람, 작은 사람이 있다. 이와 같이 똑같은 사람은 흔하지 않으므로 넓이를 일정하게 몇 cm라고 정하면 불합리하므로 본인의 신체적인 조건에 맞추어 움직이는 길이의 단위는 크게는 걸음으로 하고 작게는 발바닥 길이로 한다. 즉 앞으로 넓혀 설 때는 "한걸음" 또는 "한걸음반"으로 하고 옆으로 넓혀 설 때는 발바닥의 길이를 "한발" "한발반" "두발"로 표현한다. 또 두발이 땅에 닿는 발바닥의 각도에 대하여 생각하지 않을 수 없다. 발바닥의 각도를 말할 때는 시선과 몸의 방향을 기준하여 두 발의 각도를 각각 오른쪽과 왼쪽을 구별하여 표시한다.

가. 넓혀서기

1) 나란히서기

- 자세 : ㄱ. 두발의 넓이는 한발 길이의 넓이로 하며 발바닥은 안쪽(발날등)을 서로 나란히 되게 한다.
  - ㄴ. 두 다리의 무릎은 편다.
  - ㄷ. 중심(重心)은 두 다리에 똑같이 실리며 중심(中心)은 한가운데 놓여 있다.
- 사용 : 정지상태와 준비서기 등에 사용되며 서기의 기본이 된다.

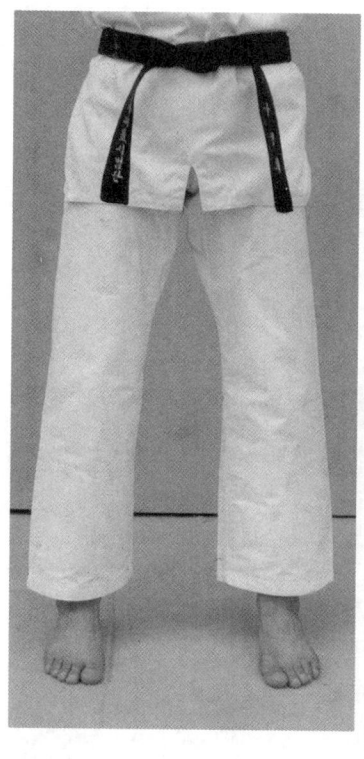

2) 오른서기

●자세 : 나란히서기와 모두 같으나 다만 왼발은 제자리 오른발바닥의 뒤축을 중심으로 하여 앞축을 90°로 돌려 딛는다.
●사용 : 메주먹 내려치기, 등주먹 바깥치기 등에 사용되며 낮추었던 몸을 높이며 자세를 잡는다.

3) 왼서기

모든 것이 오른서기의 반대 동작이다.

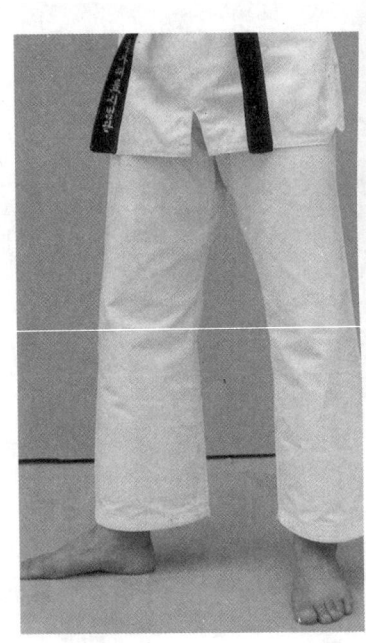

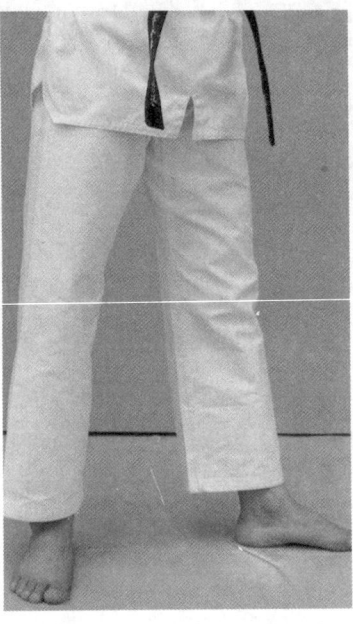

4) 편히서기

- 자세 : ㄱ. 두 발의 뒤축과 뒤축의 넓이는 "한발" 길이로 하고 앞축은 각각 22°5′로 벌려선다.
  ㄴ. 두 다리 무릎을 편다.
  ㄷ. 중심은 두 다리에 똑같이 실되 나란히서기 때보다 뒤축에 가까와진다.

5) 안쪽서기

- 자세 : ㄱ. 두 발의 앞축과 앞축의 넓이는 "한발" 길이로 하고 뒤축을 각각 22°5′로 벌려 선다.
  ㄴ. 두 다리의 무릎은 편다.
  ㄷ. 중심은 두 다리에 똑같이 실고 나란히 서기 때보다 앞축으로 가까와진다.
  ※ 모든 자세가 편히서기와 반대이다.
- 사용 : 보통 준비자세에 사용되며 순발력과 다리에 힘을 키우게 된다.

편히서기　　　　　　　　　　5) 안쪽서기

6) 주춤서기

- 자세 : ㄱ. 두 발의 넓이는 "두발"길이로 넓혀 선다. 두 발바닥은 나란히 되게 딛는다.
  - ㄴ. 무릎은 무릎이 튕길 정도만큼 주춤하고 낮춘다.
  - ㄷ. 발부터 무릎까지(정강이)를 수직으로 세워 전체를 안으로 조으듯 힘을 주어 선다. 물론 아랫배에도 힘이 들어가야 한다.
- 사용 : 중심이 낮으므로 서기에 안정도가 높아 방어나 공격에 사용된다.

7) 낮추어서기

- 자세 : 주춤서기와 같은 요령이나 두 발을 더 넓게 벌리며 더 낮추어 선다.
- 사용 : 중심이 낮으므로 서기에서 가장 안정도는 높으나 순발력이 감소되어 모든 동작을 힘으로 하게 된다. 따라서 힘을 기르는데 많이 사용된다.

주춤서 몸통지르기

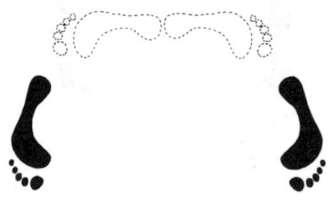

6) 주춤서기

8) 모서기

● 자세 : 나란히서기에서 어느 한 발(오른발, 왼발)을 "한발"길이로 앞으로 내딛어 모로 되게 섰을 때를 말한다. 물론 중심은 두 다리에 똑같이 실려야 하며 한가운데 있다.

※ 위와 같이 발 하나가 앞 뒤로 차이나게 내딛게 되면 오른쪽, 왼쪽 구별을 해야 된다. 즉 앞으로 내딛는 발이 오른발이면 오른모서기, 반대로 왼발이 앞에 있으면 왼모서기라 한다. 그런데 두 발이 옆으로 되어 체중이 두 다리에 똑같이 실릴 때는 오른쪽, 왼쪽 구별을 하지 않는다. 다만 움직인다고 지시만 한다. 예를 들면 모아서기에서 나란이서기를 설 때는 왼발을 넓혀 딛고 나란이서기로 한다 라고 표현한다.

9) 모주춤서기

● 자세 : 주춤서기에서 왼발이나 오른발이 앞으로 "한발" 길이만큼 내딛었을 때이다.

10) 안쫑주춤서기

● 자세 : 역시 주춤서기와 같으나 발바닥 딛는 모양이 뒤축을 많이 넓혀 안쫑서기 모양으로 섰을 때이다.

8) 모서기

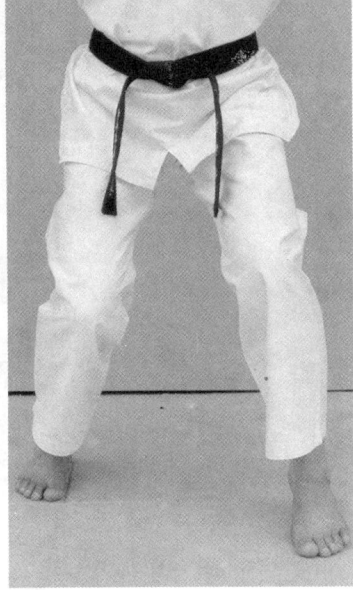

9) 모주춤서기

10) 안쫑주춤서기

11) 앞서기

● 자세 : 걸어가다 멈춰 섰을 때와 똑같다.
　ㄱ. 두 발의 거리는 "한걸음"
　ㄴ. 두 발의 안축은 일직선상에 있어야 한다.
　ㄷ. 두 무릎은 펴며 중심은 두 다리에 똑같이 실어야 한다.
※ 뒤에 있는 발의 발바닥 각도는 사람의 구조상 일직선상에 놓기가 힘들다. 따라서 자연 그대로 벌어지는 것은 좋으나 30° 이상 벌어지는 것은 좋지 않다.
● 사용 : 주로 공격에 사용되며 방어에도 쓰인다.

11) 앞서기

공격　　방어

12) 앞주춤서기

● 자세 : 앞서기와 같으나 두 무릎을 튕겨서 낮추어 주춤하고 선다. 이때 자연히 앞에 있는 발의 발바닥 뒤축이 밖으로 물러나며 각도를 갖게 된다. 여기에서 지나치게 틀어 —30° 이상이 되어서는 안된다. 체중은 두 다리에 똑같이 실려야 하며 순발력을 발휘하기 위하여 두 발의 앞축만 딛고 뒤축을 들어 발목에 탄력이 생기도록 자세를 취하여도 좋다.

● 사용 : 겨루기에서 겨눔자세에 사용되며 순발력 있는 동작이다.

앞주춤서기

13) 앞굽이

- 자세 : ㄱ. 60° 각도의 차렷서기에서 왼발을 한 걸음 반 앞으로 내딛으며 발바닥은 정면을 향하고 무릎을 굽힌다. 오른발 발바닥은 앞축을 축으로 하여 뒤축이 안으로 틀어져서 30° 이내로 딛으며 무릎을 펴서 버틴다.
  ㄴ. 오른다리의 무릎구부린 정도는 지면에서 전방으로 80~90°의 범위내여야 한다.
  ㄷ. 지면에 버티는 힘은 두 다리에 똑같이 되나 몸의 중심(中心)은 앞으로 1/3이 와 있다.
- 사용 : 힘을 앞으로 밀며 이동하는데 편리하여 주로 공격에 사용된다.

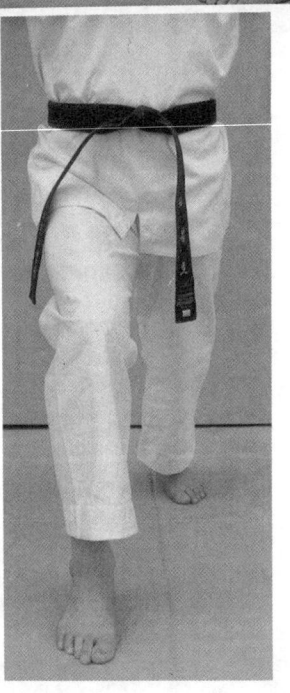

앞굽이

14) 뒷굽이(오른뒷굽이일 경우)

- 자세 : ㄱ. 모아서기에서 오른발 뒤축을 축으로 앞축을 90° 되게 벌려 선다.
  ㄴ. 오른발 90° 벌려 선데서 왼발 "한걸음"길이로 앞으로 내딛으며 두 무릎을 굽혀 몸을 낮춘다.
  ㄷ. 몸을 낮출 때 오른다리 무릎은 오른발끝 방향으로 지면과 60~70° 되게 충분히 굽혀 낮추고 왼다리 무릎은 정면(왼발 끝방향)으로 지면에서 100~110° 가량 되게 약간 구부린다. 역시 두 무릎도 90°가 되게 하여야 한다. 앞주춤때와 같이 무릎을 안으로 조으면 않된다.
  ㄹ. 체중과 중심 모두 오른발에 2/3가 되도록 한다.
- 사용 : 체중이 뒷다리에 많이 실리므로 뒤로 이동하는데 편리하여 방어에 많이 사용된다.

※ 모서기에서 설명한 것과 같이 두 다리가 앞뒤로 벌려서 설 때는 오른서기와 왼서기로 구별되는데 모두 앞에 나와 있는 다리를 기준으로 한다. 그런데 뒷굽이만은 예외로 뒤에 있는 다리를 기준하여 표시한다. 예로 왼다리가 앞에 있고 오른다리가 뒤에 있으면 "오른뒷굽이" 반대로 오른다리가 앞에 있고 왼다리가 뒤에 있으면 "왼뒷굽이"로 표현한다.

뒷굽이

15) "ㅗ"자서기

● 자세 : 모든 자세가 뒷굽이와 똑같으나 다만 앞에 내놓은 발의 위치가 뒤의 발 위치에서 정면으로 나와 있다. 바꾸어 말하면 앞다리에 발바닥의 뒤 연장선이 뒷다리 발바닥 발날 등 한가운데 오므로 두 발의 발바닥이 "ㅗ"자와 같이 된다. 이는 앞의 다리를 안쪽으로 위치함으로써 낭심공격을 방지하고 또 "몸돌려차기" 등을 쉽게 하기 위한 자세이다.
● 사용 : 방어자세이며 기습공격의 자세이다.

16) 범서기 (오른범서기 경우)

● 자세 : ㄱ. 모아서기에서 왼발(뒷발)을 뒷축 중심으로 앞축을 45° 벌려서며 오른발을 앞으로 "한발" 내딛는다.
ㄴ. 체중을 뒤에 있는 왼발에다 전체 실어 무릎을 굽혀 (주춤서기정도) 몸을 낮춘다.
ㄷ. 앞에 있는 오른발은 발목을 펴서 발끝 또는 앞축만 가볍게 대고 있으며 무릎은 몸을 낮추는 정도에 따라 굽히고 약간 안으로 튼다. 이 때 힘이 들어가거나 무릎을 너무 의도적으로 안으로 틀면 안된다.

ㅗ자서기

● 사용 : 주로 방어에 사용되며 앞의 발에 체중이 실리지 않았으므로 앞발로 받어차거나 기습공격을 하고 또 앞발을 들어 정강이로 차오는 공격을 받아 사전 제압 시키며 두손으로 역습하는데 사용된다.

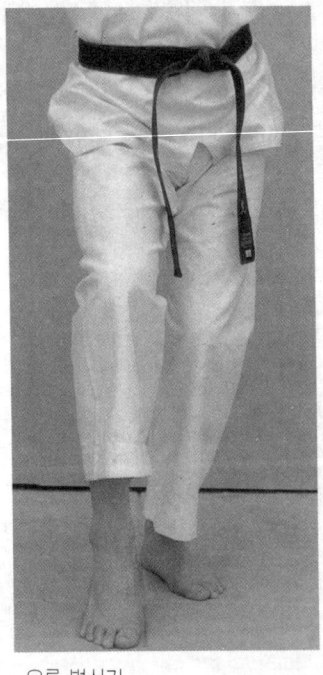

오른 범서기

나. 모아서기

1) 모아서기

　자세 : 두발 발날등을 맞대고 발끝부터 뒷축까지 이그러지지 않게 똑같이 맞대어 놓고 두 무릎을 펴 맞대고 섰을 때이다.

2) 뒤축모아서기

●자세 : 모아서기에서 뒤축은 붙인대로 두고 앞축만 왼발 22°5′ 오른발 22°5′씩 벌려 선다. 일명 "차렷서기"이다.

3) 앞축모아서기

●자세 : 모아서기에서 앞축 엄지발가락을 붙인 채로 두고 뒷축만 각각 22°5′씩 벌려 선다. "뒤축모아서기"의 반대이다.
●자세 : 모아서기에서 앞축 엄지발가락을 붙인 채로 두고 뒷축만 각각 22°5′씩 벌려 선다. "뒤축모아서기"의 반대이다.
●사용 : 뒤축모아서기나 앞축모아서기는 정지 상태에서 준비서기 등에 사용된다.

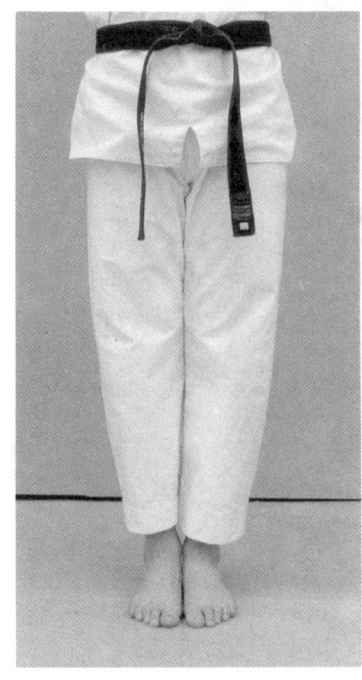
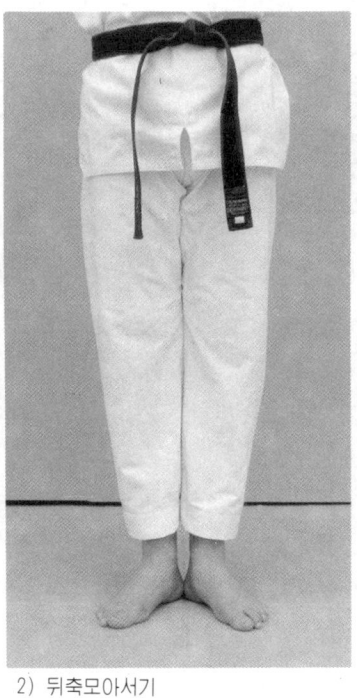
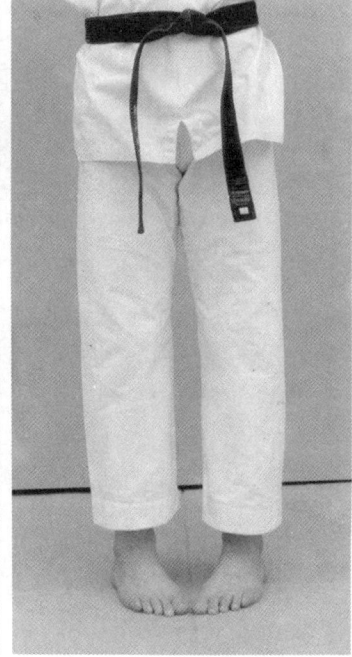

1) 모아서기　　　2) 뒤축모아서기　　　3) 앞축 모아서기

4) 곁다리서기

- 자세 : ㄱ. 앞의 한 발에 뒤따라와 곁드린다하여 곁다리서기이다.
  ㄴ. 곁드린 발은 앞서 딛고 있는 발바닥의 발날등에 다른 앞축의 엄지발가락 부분이 와서 닿게 하며 그 발의 뒤축은 들고 발목을 펴서 앞축만 땅에 닿고 있다.
  ㄷ. 두 다리의 무릎은 주춤서기 높이와 같이 구부려 낮춘다.
  ㄹ. 모든 중심의 힘은 앞서 딛은 발에 있으며 곁드린 발은 가볍게 곁드려 딛고 중심 유지에 도움을 준다.
- 사용 : 곁다리서기는 돌격적으로 앞으로 뛰어 들어가는데 사용된다.

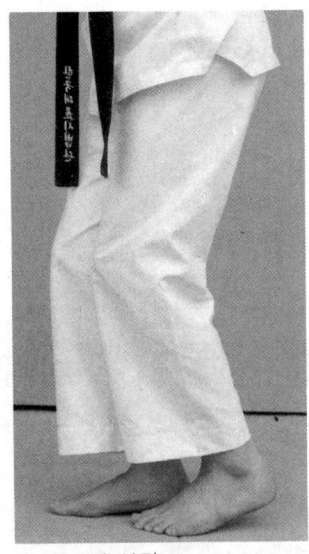

4) 곁다리 서기

5) 앞꼬아서기(오른발 앞 꼬아서기)

- 자세 : ㄱ. 주춤서기, 낮추어서기에서 옆으로 이동할 때 만들어지는 순간동작의 자세이다.
  ㄴ. 왼발 그 자세에 오른발을 끌어 왼발등을 넘어 새끼발가락 옆에 오른발앞축을 딛는다. 이 때 무릎은 낮춘데로 이동되며 왼발정강이와 오른발 장단지가 서로 엇갈리게 (가위표⟨×⟩) 한다.
  ㄷ. 두 발은 될 수 있는대로 가까이 위치한다.
  ㄹ. 앞꼬아서기로 완전히 멈추어 어떠한 동작을 할려면 중심 유지상 엇갈리는 오른발의 앞축만 대고 서는 것이 아니라 정강이와 장딴지가 엇갈리면서 오른발 앞축부터 뒤축까지 발바닥 전체를 딛고 체중을 오른발에 완전히 이동시키며 왼발 앞축만 대고 뒤축은 들리게 한다. 이 때 장단지와 정강이가 떨어져서는 안되며 꼭 붙어야 하고 또 두 발의 간격이 멀어 무릎에서 꼬아지거나 무릎을 펴 몸이 일어나 무릎에서 꼬아지면 안된다.
- 사용 : 몸이 옆으로 이동할 때 사용된다.

5) 왼 앞 꼬아서기

6) 뒤 꼬아서기

6) 뒤꼬아서기(왼 뒤꼬아서기)

- 자세 : ㄱ. 뒤꼬아서기는 오른발이 앞으로 뛰어나가 짓찧는 순간 왼발이 뒤따라와서 오른발 발날쪽에 왼발 발가락이 가까이하며 왼발 앞으로 제동을 걸면서 멈추어 서기를 한다. 이 때 오른장단지에 왼정강이가 밀착되면서 엇갈려 꼬아서기로 선다.
  ㄴ. 역시 두 다리의 무릎은 굽혀 낮춘다.
- 사용 : 상대의 발등을 짓찧으며 가깝게 접근하면서 2차 공격에 사용한다.

7) 학다리서기(오른 학다리서기)

● 자세 : 오른다리 무릎을 주춤서기때와 같이 굽혀 낮추고 왼발은 끌어 올려 발날등이 오른다리 무릎안쪽 가까이에 갖다 놓는다. 이 때 왼다리로 끌어 올린 무릎이 앞을 향하도록 조여야 한다. 반대로 벌려 무릎이 바깥을 향하면 중심 잡기에도 불편하며 또 다음 공격시에 동작이 둔하다.

● 사용 : 외다리로 서기 때문에 중심유지 운동에 도움이 되며 또 들고 있는 다리로 여러가지 차기로 바로 적용시킬 수 있으므로 상대를 현혹시킬 수 있다.

7)오른학다리 서기

8) 오금서기

● 자세 : 학다리서기와 같이 선다. 다만 끌어 올린 다리의 발등이 딛고선 다리의 오금에 대고 선다.

● 사용 : 학다리서기와 달리 오금서기는 앞으로 뛰어 나가는 힘을 딛는 다리 하나로 제동을 걸어 멈추며 중심을 잡을 때 뒤따라오는 다리의 발등이 오금에 닿으면서 도움을 주는 동작이며 바로 앞으로 또는 옆으로 차기를 찰 수 있는 기술에 변화를 준다.

이상의 서기기술은 아랫도리만의 모양에 의하며 그 이름(용어)이 정하여 졌으나 다음 특수한 서기품은 몸 전체에 의하여 이름을 갖게 되는 것이 있다.

8) 오금서기

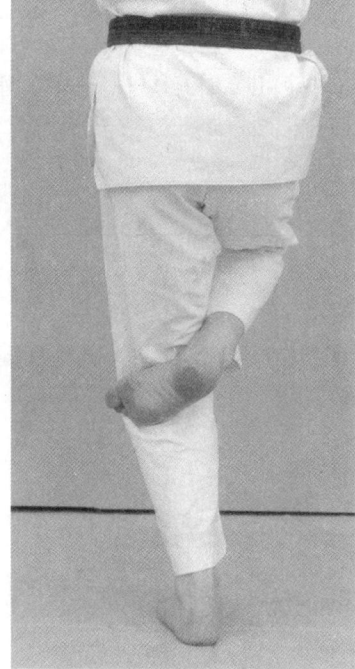

다. 특수품서기

품이라 함은 태권도 기술의 동작을 취하였을 때 그 결과의 모양을 말하며 지금까지의 "서기"에 설명은 두다리의 모양을 변화하여 중심을 잡는 기술만 표시하였으나 특수품서기라 함은 팔, 다리, 몸 움직임의 조화된 서기의 전체의 모양을 말한다.

1) 기본준비서기

● 자세 : ㄱ. 차렷서기에서 왼발을 한발길이 넓이로 넓혀 나란히 서기로 한다.
　　　　ㄴ. 두 손은 명치에 가까이 끌어올려 말아쥐면서 배꼽밑 단전에 위치한다.
　　　　ㄷ. 두 주먹 사이는 주먹 하나 들어갈 사이
　　　　ㄹ. 배와 두주먹 사이는 팔목 두께 정도를 떼어 놓는다.
　　　　ㅁ. 호흡은 들어마셨다 약 1/3내쉬면서 단전에 힘을 주어 선다.
　　　　ㅂ. 시선은 정면을 향하되 광범위하게 바라보며 눈을 크게 뜬다.
　　　　ㅅ. 정신은 통일시키되 적의 태도에 언제나 적응이 될 수 있는 준비가 되어있어야 한다.

● 사용 : 이는 이름 그대로 "준비자세"이다. 그러나 모든 것을 끝마치고 난 "정리자세"로도 그 뜻이 내포되어 있다. 정리자세란 다음 또 무엇인가를 시작하기 위한 준비자세나 마찬가지이므로 준비자세 하나로 통하여도 될 것으로 본다.

구령용어는 기본준비자세이나 이를 행하게 하기 위하여 부르는 구령은 "준비"로 통한다.

태권도는 수양의 도이므로 시작할 때는 "예의"로 시작하고 "예의"로 끝난다. 아울러 모든 동작을 행할 때는 "준비"로서 시작하고 "준비"로서 끝나는 진리를 깨닫고 이 준비서기야말로 동작이나 정신이 중요함을 언제나 생각하여야 한다.

2) 두주먹허리 준비서기

1) 기본 준비서기　　2) 두주먹허리 준비서기

●자세 : ㄱ. 두 다리는 "모아서기"로 선다.
　　　　ㄴ. 두 주먹은 손등이 밑으로 향하게하여 허리에 위치한다.
　　　　ㄷ. 상체몸가짐, 시선, 정신상태, 호흡조절 등은 "기본준비서기" 때와 같다.
●사용 : 준비서기에 사용된다.
●구령 : "두주먹허리준비"라 하며 "준비" 때 음을 강하게 하여 동령으로서 강조한다.

3) 겹손준비서기

●자세 : ㄱ. 두 발을 모아서기로 서며
　　　　ㄴ. 몸가짐은 차렷서기와 같이 한다.
　　　　ㄷ. 오른손 위에 왼손을 열십자로 겹쳐 놓는다. 이 때 손은 손날이나 편손끝과 같이 손가락을 펴서 붙인다.
　　　　ㄹ. 겹친 두 손은 각각 힘을 주고 오른손등과 왼손바닥 사이는 종이 한장 사이로 띠운다.
　　　　ㅁ. 상체의 몸가짐, 시선, 정신상태, 호흡조절 등은 "기본준비서기" 때와 같다.
●사용 : 준비서기에 사용된다.
●구령 : "겹손준비"로 하며 역시 "준비" 때 음을 강하게 하여 큰소리를 낸다.

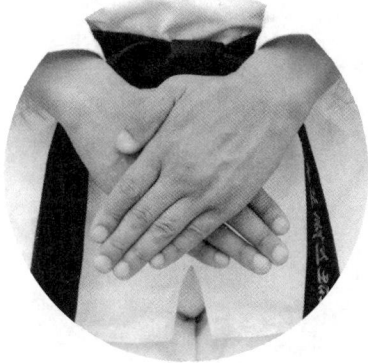

겹손

겹손준비서기

4) 보주먹준비서기

- ●자세 : ㄱ. 두 발은 모아서기로 선다.
  - ㄴ. 모든 몸가짐은 "기본준비서기"때와 같다.
  - ㄷ. 두 손이 밑에서부터 가슴 앞으로 올리며 모으게 된다. 이때 오른손은 주먹을 쥐고 왼손은 엄지를 제외한 네 손가락을 붙여 둥글게 손가락을 말아 오른주먹등부터 감싼다. 왼손엄지도 벌려 오른주먹 엄지쪽을 감싼다.
  - ㄹ. 이렇게 오른주먹을 왼손으로 감싸나 역시 각각 힘을 주어 오른주먹이 왼손 감싼 속으로 드나들 수 있도록 종이한장 사이가 떠 있어야 한다.
  - ㅁ. 두 팔의 팔굽은 굽혀 원을 만들어 오른주먹을 왼손으로 감싸 연결한다.
  - ㅂ. 두 손의 높이는 명치, 목, 이마 등 세 곳에 위치할 수 있다.
- ●사용 : 준비자세에 사용된다.
- ●구령 : "보주먹준비"라 하며 역시 "준비"때 음성을 높여 동령으로 강조한다.

보주먹준비서기

5) 통밀기준비서기

- 자세 : ㄱ. 두발나란히서기로 선다.
  ㄴ. 두 손을 손날 때 손쥐기와 같이 하여 밑에서부터 모아가며 손바닥이 위를 향하게 하면서 가슴 앞까지 끌어 올렸다가 두손을 손바닥이 마주보게 하면서 두 손날을 앞세워 앞으로 민다.
  ㄷ. 두 손을 앞으로 밀 때 손의 모양은 배구공을 마주잡은 것같이 하여야 한다.
  ㄹ. 손목은 엄지쪽으로 제껴 손끝이 하늘을 향하도록 팔굽은 120° 가량 피면서 앞으로 밀어내는 것이다.
- 사용 : 준비서기에 사용된다.
- 구령 : "통밀기준비"라 한다. 역시 "준비"때 큰 소리로 동령이 되도록 한다.

통밀기 준비서기

4. 막 기

막기기술이란 상대방의 공격을 당하지 않는 기술을 말한다. 몸을 피하여 공격을 당하지 않는 법도 있다. 그래서 호신술 중 제일가는 호신술은 36계줄행랑(뛰어도망가는것)이라 하였다. 그러나 부득이 피하지 못하고 서로 맞서 공격을 받아내어 당하지 않는 기술을 배워야 한다. 이러한 기술을 막기라 한다.

전자는 소극적이요, 비겁하나 실력이 있어 상대와 맞서 이길 수 있는 기술을 갖고 있으면서 싸우기 싫어 피하는 것은 마음에 여유가 있는 신사적인 사람이요 또한 군자의 도를 소유한자라 하겠다.

후자는 적극적이고 용기있는 자라하지만 실력없이 상대의 공격을 막으려 드는 자는 미련한 자이다.

그러나 막는 기술을 잘 연마하여 아무리 강하고 빠른 공격이 가해진다 하여도 다 막아 낼 수 있다면 승산은 있으나 그래도 상대의 계속적인 공격에(최선의 공격은 방어가 되며 승리할 수 있다) 밀려 패하기 쉽다. 그러므로 태권도의 방어기술은 그냥 막는 것이 아니라 손날과 팔목은 단련하여 막을 때 상대의 급소를 쳐내어 큰 타격을 주어 상대방의 팔과 다리를 다시는 사용하지 못하도록 하는 것이다.

즉 방어가 공격으로 변화되도록 막기기술도 공격기술에 못지않게 단련하고 수련하여야 한다. 이리하여 선제공격이 아닌 차후제앞으로 일단 막아 제압하고 상대를 용서하므로 참된 군자도의 정신을 가진 완성된 사람이 될 것이다.

이와 같이 태권도는 군자도의 정신을 기르기 위하여 실제로 수련시에 첫 동작은 막기를 한 다음 공격을 하게 구성되어 몸에 익힐 수 있도록 되어 있다. 즉 태권도는 선수(先手)가 없다.

다음은 막기기술에 대한 지식체계도이다.

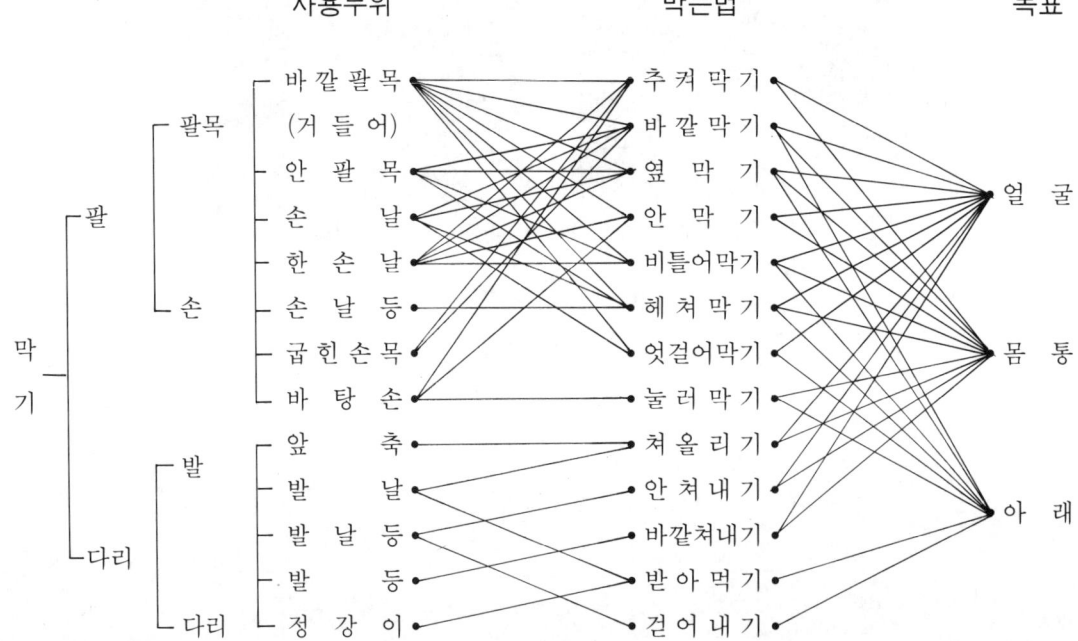

태권도는 오므려서 단단하고, 펴서 날카로운 부분은 공격기술에 많이 사용하고, 단단하고 긴 부분은 주로 막기기술에 많이 사용한다. 막기는 중심이 안정된 자세로 튼튼한 막기 부위로 막아야 큰 효과가 있다.

위의 표에서 다리와 발로 막는 것은 막기부위가 튼튼하여 좋으나 한 다리로 중심을 유지하게 되므로 이동이 불편하고 중심유지도 불안정하여 실수가 있으면 큰 위험이 따른다. 그러므로 언제나 두 팔이 바로 보조할 수 있도록 준비가 되어 있어야 한다. 그리고 보면 두 다리는 중심유지에 사용되고 두 팔은 막기기술에 가장 합당하다. 팔로 막더라도 막기 부위는 팔목이 가장 든든하므로 "팔목막기"에는 한쪽 팔목만 사용하여 막는 것을 원칙으로 하며 안팔목과 바깥팔목이 있는데 주로 바깥팔목으로 막는 것을 기본으로 한다.

그리고 "손날막기"에 손날은 날카로우나 손목관절이 있으므로 막는 힘이 손실되어 불안하다. 그러므로 다른 손이 언제나 보조로 따라다니는 것이 원칙으로 되어 있다.

위와 같은 규정에서 팔목막기는 한쪽 팔목으로 막는 것이 원칙이나 보조로 다른 한팔목이 따라올 때는 거들어 준다하여 "거들어 막기"라고 한다. 또 "손날막기"는 두 손이 함께 행동하는 것이 원칙인데 한쪽 손날로도 자신있게 완전한 막기를 할 수 있을 때는 "한손날 막기"라고 이름이 따로 붙게 된다.

이와 같이 때에 따라 막는 방법만으로는 막는 동작의 용어를 완전하게 표현할 수 없다.
다음과 같은 원칙으로 용어가 구성되며 그 용어가 실제 막는 동작과 같다.

ㄱ. 완성된 제정용어
막는부위＋목표＋방법＝완성된 제정용어
(예) ① 바깥팔목＋얼굴＋추켜막기＝얼굴막기
② 바깥팔목＋얼굴＋바깥막기＝얼굴바깥막기
③ 안팔목＋얼굴＋바깥막기＝안팔목얼굴바깥막기
④ 손날＋몸통＋바깥막기＝손날몸통막기
⑤ 한손날＋몸통＋안막기＝한손날몸통안막기

ㄴ. 설 명
①번은 바깥팔목으로 얼굴을 추켜 막는 방법은 얼굴막기의 대표적인 동작이므로 "얼굴막기"로 정하였다. 물론 다른 방법으로도 얼굴을 막을 수 있다.

②번과 같이 바깥팔목으로 얼굴바깥막기를 할 수 있다. 이를 줄여서 "얼굴바깥막기"라 한다. 이와 같이 바깥막기는 바깥팔목으로 막는 것을 원칙으로 하였기 때문에 바깥팔목은 약하여 "얼굴바깥막기"라 한다.

③물론 안팔목으로도 바깥막기를 할 수 있다. 여기에서 바깥막기는 바깥팔목으로 막는 것이 원칙이므로 안팔목으로 막는 것은 변칙이며 안팔목으로 막는 것은 표시하여야 되므로 "안팔목얼굴바깥막기"라는 이름을 갖게 된다.

④"손날몸통막기" 손날로 막기를 하는 것은 모두 바깥막기만 하게 된다. 손날로 막을 때는 바깥막기를 뺀 "손날몸통막기"라고 한다.

⑤"한손날몸통안막기" 손날을 사용하여 막기를 할 때는 바깥막기만 한다고 하였다. 한손날로는 "바깥막기"는 물론 "안막기"에도 사용된다.

이와 같은 방법으로 용어는 간단한 표현으로 제정되어야 한다. 다음 품의 사진과 "제정용어" 동작의 구성을 참고하기 바란다.

144   5장 태권도의 기본동작

① 얼굴 막기

② 얼굴 바깥막기

③ 안팔목 얼굴바깥막기

④ 손날 몸통막기

⑤ 한손날 몸통 안막기

ㄷ. 막기용어(품명)
① 바깥팔목＋얼굴＋추켜막기＝얼굴막기
② 바깥팔목＋얼굴＋바깥막기＝얼굴바깥막기
③ 안팔목＋얼굴＋바깥막기＝ 안팔목얼굴바깥막기
※ 옆막기는 안팔목으로 막는 것이 원칙이므로 바깥팔목으로 막게된 것은 바깥팔목을 명시하여야 한다.
④ 바깥팔목＋얼굴＋안막기＝얼굴안막기
※ 안막기는 안팔목으로 막으면 불편할 뿐 아니라 막는다 하여도 힘이 약하므로 바깥팔목으로 막는 것이 원칙이다. 고로 바깥팔목을 명시하지 않는다.

② 얼굴 바깥막기

③ 바깥팔목 얼굴 옆막기

④ 얼굴 안막기

⑤ 바깥팔목＋얼굴＋비틀어막기＝얼굴비틀어막기
⑥ 바깥팔목＋얼굴＋헤쳐막기＝얼굴헤쳐막기
⑦ 바깥팔목＋얼굴＋엇걸어막기＝얼굴엇걸어막기
⑧ 바깥팔목＋몸통＋바깥막기＝몸통바깥막기
⑧′바깥팔목＋몸통＋거들어＋바깥막기＝거들어몸통막기
⑨ 바깥팔목＋몸통＋옆막기＝바깥팔목몸통옆막기

⑤ 얼굴 비틀어 막기

⑥ 얼굴 헤쳐막기

⑦ 얼굴 엇걸어막기

⑧ 몸통 바깥막기

⑧′ 거들어몸통막기

⑨ 바깥팔목 몸통 옆막기

⑩ 바깥팔목＋몸통＋안막기＝몸통막기
※ 오른발서기(오른앞서기, 오른앞굽이, 오른범서기등)에서 오른바깥팔목으로 안막기를 하였을때.
⑪ 바깥팔목＋몸통＋안막기＝몸통안막기
※ 오른발서기에서 왼바깥팔목이 안막기를 하였을 때
⑫ 바깥팔목＋몸통＋비틀어막기＝몸통비틀어막기
⑬ 바깥팔목＋몸통＋헤쳐막기＝몸통헤쳐막기
⑭ 바깥팔목＋몸통＋눌러막기＝몸통눌러막기
⑮ 바깥팔목＋아래＋바깥막기＝아래막기

⑩ 몸통막기　　⑪ 몸통 안막기

⑫ 몸통 비틀어막기　　⑬ 몸통 헤쳐막기　　⑮ 아래막기

⑮′ 바깥팔목＋아래＋거들어＋바깥막기＝거들어아래막기
⑯ 바깥팔목＋아래＋옆막기＝아래옆막기
⑰ 바깥팔목＋아래＋비틀어막기＝아래비틀어막기
⑱ 바깥팔목＋아래＋헤쳐막기＝아래헤쳐막기
⑲ 바깥팔목＋아래＋엇걸어막기＝엇걸어아래막기

⑮′ 거들어 아래막기

⑯ 아래 옆막기

⑰ 아래 비틀어막기

⑱ 아래 헤쳐막기

⑲ 엇걸어 아래막기

㉑ 안팔목＋얼굴＋바깥막기＝안팔목얼굴바깥막기
㉑ 안팔목＋얼굴＋옆막기＝얼굴옆막기
㉑´안팔목＋얼굴＋거들어＋옆막기＝거들어얼굴막기
㉒ 안팔목＋얼굴＋비틀어막기＝안팔목얼굴비틀어막기
㉓ 안팔목＋얼굴＋헤쳐막기＝헤쳐산틀막기

㉑ 안팔목 얼굴 바깥막기

㉑ 얼굴 옆막기

㉑´거들어 얼굴막기

㉒ 안팔목 얼굴 비틀어막기

㉓ 헤쳐 산틀막기

㉔ 안팔목＋몸통＋바깥막기＝안팔목몸통바깥막기
㉕ 안팔목＋몸통＋거들어바깥막기＝안팔목거들어몸통막기
㉖ 안팔목＋몸통＋옆막기＝몸통옆막기
※ 옆막기는 안팔목으로 막는 것이 원칙이다. 바깥팔목으로 몸통옆막기를 하면 근육이 당기고 힘과 속도가 감퇴된다.
㉗ 안팔목＋몸통＋비틀어막기＝안팔목비틀어몸통막기
㉘ 안팔목＋몸통＋헤쳐막기＝안팔목몸통헤쳐막기
※ 안팔목으로는 아래를 막을 수가 없다.
㉙ 손날＋몸통＋바깥막기＝손날 몸통막기

㉔ 안팔목 몸통 바깥막기   ㉕ 안팔목 거들어 몸통막기   ㉖ 몸통 옆막기   ㉗ 안팔목 비틀어 몸통막기

㉘ 안팔목 몸통 헤쳐막기   ㉙ 손날 몸통막기   ㉙ 측면

㉚ 손날＋얼굴＋옆막기 ＝ 손날얼굴옆막기
㉛ 손날＋얼굴＋헤쳐막기 ＝ 손날얼굴헤쳐막기
㉜ 손날＋얼굴＋엇걸어막기 ＝ 손날얼굴엇걸어막기
㉝ 손날＋몸통＋바깥막기 ＝ 손날몸통막기
㉞ 손날＋몸통＋옆막기 ＝ 손날몸통옆막기
㉟ 손날＋몸통＋헤쳐막기 ＝ 손날몸통헤쳐막기
㊱ 손날＋아래＋바깥막기 ＝ 손날아래막기
㊲ 손날＋아래＋헤쳐막기 ＝ 손날아래헤쳐막기
㊳ 손날＋아래＋엇걸어막기 ＝ 손날아래엇걸어막기
㊴ 한손날＋얼굴＋추켜막기 ＝ 한손날얼굴막기

㉜ 손날 얼굴 엇걸어막기

㉞ 손날 몸통 옆막기

㉟ 손날 몸통 헤쳐막기

㊱ 손날 아래막기

㊲ 손날 아래 헤쳐막기

㊳ 손날 아래 엇걸어막기

㊵ 한손날＋얼굴＋바깥막기 ＝ 한손날얼굴바깥막기
㊶ 한손날＋얼굴＋옆막기 ＝ 한손날얼굴옆막기
㊷ 한손날＋얼굴＋안막기 ＝ 한손날얼굴안막기
㊸ 한손날＋얼굴＋비틀어막기 ＝ 한손날얼굴비틀어막기
㊹ 한손날＋몸통＋바깥막기 ＝ 한손날바깥막기
㊺ 한손날＋몸통＋옆막기 ＝ 한손날몸통옆막기
㊻ 한손날＋몸통＋안막기 ＝ 한손날몸통막기
㊻' 한손날＋몸통＋안막기 ＝ 한손날몸통안막기
㊼ 한손날＋몸통＋비틀어막기 ＝ 한손날몸통비틀어막기

㊵ 한손날 얼굴 바깥막기　㊶ 한손날 얼굴 옆막기　㊷ 한손날 얼굴 안막기　㊸ 한손날 얼굴 비틀어막기

㊻ 한손날 몸통막기　㊻' 한손날 몸통 안막기

㊽ 한손날＋몸통＋눌러막기＝한손날몸통눌러막기
㊾ 한손날＋아래＋바깥막기＝한손날아래막기
㊿ 한손날＋아래＋옆막기＝한손날아래옆막기
(51) 한손날＋아래＋비틀어막기＝한손날아래비틀어막기
(52) 손날등＋얼굴＋바깥막기＝손날등얼굴막기
(53) 손날등＋얼굴＋헤쳐막기＝손날등얼굴헤쳐막기
(54) 손날등＋몸통＋바깥막기＝손날등몸통막기

㊿ 한손날 아래 옆막기

(51) 한손날 아래 비틀어막기

(52) 손날등 얼굴막기

(53) 손날등 얼굴 헤쳐막기

(54) 손날등 몸통막기

㊺ 손날등＋몸통＋헤쳐막기＝손날등몸통헤쳐막기
㊻ 손날등＋아래＋바깥막기＝손날등아래막기
㊼ 굽힌손목＋얼굴＋추켜막기＝굽힌손목얼굴막기
㊽ 굽힌손목＋몸통＋추켜막기＝굽힌손목몸통막기
㊾ 굽힌손목＋몸통＋바깥막기＝굽힌손목몸통바깥막기
㊿ 굽탕손＋얼얼＋추켜막기＝바탕손얼굴막기
㉛ 바탕손＋얼굴＋안막기＝바탕손얼굴안막기
㉜ 바탕손＋몸통＋추켜막기＝바탕손몸통추켜막기
㉝ 바탕손＋몸통＋안막기＝바탕손몸통막기

㊺ 손날등 몸통 헤쳐막기　㊻ 손날등 아래막기　㊼ 굽힌 손목 얼굴막기　㊽ 굽힌 손목 몸통막기

㉛ 바탕손 얼굴안막기　㉜ 바탕손 몸통 추켜막기　㉝ 바탕손 몸통막기

㉔ 바탕손+몸통+눌러막기=바탕손몸통눌러막기
㉕ 바탕손+아래+눌러막기=바탕손아래막기
㉖ 앞축+얼굴+처올리기=얼굴앞차올려막기

㉔ 바탕손 몸통 눌러막기

㉕ 바탕손 아래막기

㉖ 얼굴 앞차 올려막기

(67) 앞축＋몸통＋처올리기＝몸통앞차올려막기
(68) 발날＋얼굴＋처올리기＝얼굴옆차올려막기
(69) 발날＋몸통＋처올리기＝몸통옆차올려막기
(70) 발날＋아래＋받어막기＝아래받어막기
(71) 발날등＋얼굴＋안쳐내기＝얼굴안쳐내막기

(68) 얼굴 옆차 올려막기

(70) 아래 받어막기

(71) 얼굴안 쳐내막기

㉒ 발날등＋몸통＋안쳐내기＝몸통안쳐내막기
㉓ 발날등＋아래＋걷어내기＝안으로걷어내기
㉔ 발등＋얼굴＋바깥쳐내기＝얼굴바깥쳐내막기
㉕ 발등＋몸통＋바깥쳐내기＝몸통바깥쳐내막기
㉖ 정강이＋아래＋받어막기＝정강이받어막기

㉓ 안으로 걷어내기

㉔ 얼굴 바깥 쳐내막기

㉖ 정강이 받어막기

ㄹ. 특수막기

　이상은 팔목 또는 손날 그리고 발 등 각각 한 부위만을 사용하여 막는 기술을 하였으나 이 외에 "특수품"이라하여 두 가지 부위를 복합적으로 사용한 방법이다. 이는 실질적으로 막기에도 사용되지만 기술의 흐름에서 나타나는 중간의 어떠한 모양의 품을 말한다.

① 끌어올리기
② 큰돌쩌귀
③ 작은돌쩌귀
④ 학다리돌쩌귀
⑤ 산틀막기
⑥ 헤쳐산틀막기

① 끌어 올리기

② 큰 돌쩌귀

③ 작은 돌쩌귀

④ 학다리 돌쩌귀

⑤ 산틀막기

⑦ 손날등산틀막기
⑧ 외산틀막기
⑨ 손날외산틀막기
⑩ 가위막기
⑪ 황소막기
⑫ 손바닥거들어 옆막기
⑬ 거들어 얼굴 옆막기

⑦ 손날등 산틀막기

⑧ 외 산틀막기

⑨ 손날 외산틀막기

⑩ 가위막기

⑪ 황소막기

⑫ 손바닥 거들어 옆막기

⑬ 거들어 얼굴 옆막기

⑭ 금강막기
⑮ 금강몸통막기
⑯ 손날금강막기
⑰ 학다리금강막기
⑱ 표적막기
⑲ 바위밀기
⑳ 태산밀기

⑭ 금강막기

⑯ 손날 금강막기

⑰ 학다리 금강막기

⑱ 표적막기

⑲ 바위밀기

⑳ 태산밀기

㉑ 멍에빼기
㉒ 날개펴기
㉓ 밑으로빼기
㉔ 위로빼기

㉑ 멍에 빼기

㉒ 날개펴기

㉓ 밑으로 빼기

㉔ 위로 빼기

5. 공격기술

공격기술이란 제 2 절의 사용부위에서 설명한 바와 같이 손을 오므려 단단히 하고, 펴서 날카로우며 또 발의 발가락과 발목을 제쳐 단단하고, 펴서 길고 날카로운 부위를 이용하여 상대의 공격목표를 지르기, 치기, 차기, 후리기 등의 기술을 가하여 치명적인 타격으로 상대를 제압하는 것이다. 이는 사용부위에 따라 공격기술이 적용되며 또 공격목표에 따라 사용부위를 정하게 된다. 아울러 똑같은 공격목표일지라도 상대와 서 있는 위치, 각도에 따라 공격기술이 달라진다.

이와 같이 공격기술은 헤아릴 수 없을 정도로 많으나 팔을 사용하는 기술은 1. 지르기 2. 찌르기 3. 치기 4. 찍기 5. 훑기와 다리를 사용하는 기술은 1. 차기 2. 후리기가 있다. 이를 도표로 나누면 다음과 같다.

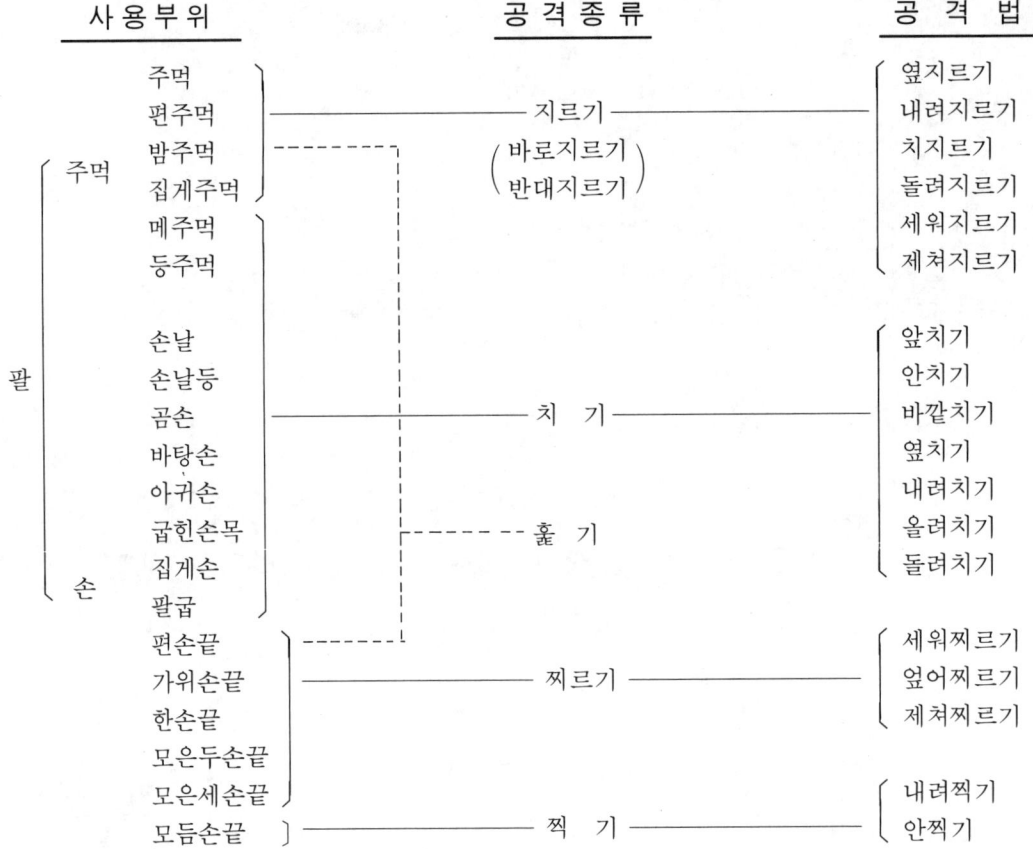

가. 지르기

1) 지르기 요령

① 상대의 목표(얼굴, 몸통, 아래)를 주먹부위로 직각이 되도록 가격하여야 한다.
② 주먹은 허리에서 목표를 향하여 일직선으로 나간다.

③ 정한 목표를 정확하게 맞추어야 한다.
④ 굽혔던 팔굽을 펴면서 뻗는 힘으로 행한다.
⑤ 실질적인 힘은 상체의 회전력을 이용한 원심력으로 팔을 통하여 주먹에 전달시킨다.
⑥ 지르기는 체중이동에 의하여 더욱 큰 힘을 가하게 된다.

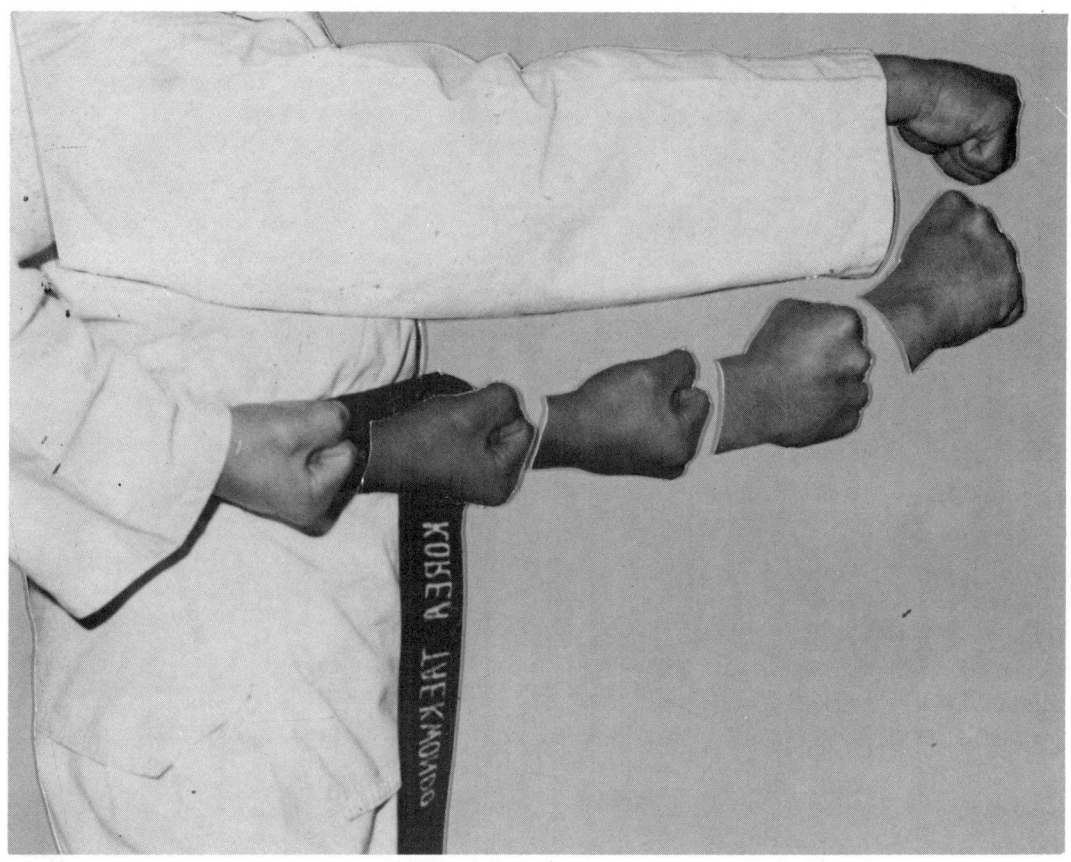

2) 지르기 방법

체중이동에 의하여 아랫도리의 서기와 관련되어 "바로지르기"와 "반대지르기"로 구분한다.
① 바로지르기: 체중의 이동 관계로 서기의 다리가 앞·뒤로 넓혀 딛었을 때(앞굽이·뒷굽이 관계없이) 뒤에 있는 다리쪽의 주먹으로 지르기를 하였을 때이다.
② 반대지르기: 지르기를 하였을 때 서기의 다리에 앞에 있는 다리쪽의 주먹으로 지르기를 하였을 때.

얼굴바로지르기

몸통바로지르기

몸통반대 지르기

3) 지르기 목표에 의한 구분

태권도를 수련할 때와 맞서겨루기를 할 때는 공격 목표 의식을 가져야 한다. 기본이나 품세를 수련할 때는 공간을 대상으로 공격을 행하나 수련자의 마음 속으로는 공간에다 자기와 똑같은 체력조건과 기술을 갖춘 상대가 있다고 가상하여 목표를 가정하고 그 곳을 정확하게 공격한다는 마음을 갖고 행하여야 한다. 그러면 무도의 극치인 영육일치에 이르게 되며 자기의 힘을 조절할 수 있게 된다. 그러므로 지르기 기술에도 목표에 의하여 그 용어가 구별된다.
① 얼굴지르기: 얼굴과 대표적인 목표 "인중"을 지르기할 때이다.
② 몸통지르기: 몸통과 대표적인 목표 "명치"를 지르기 할 때
③ 아래지르기: 아랫도리가 대표적인 목표 "단전"을 지르기 할 때
이상과 같이 지르기 방법과 지르기 목표구분이 구별되는데 이 두 가지가 합쳐서 완성된 지르기의 동작과 품명 즉 용어가 정하여지게 된다.

① 얼굴지르기　② 몸통지르기　③ 아래지르기

① 측면　② 측면　③ 측면

4) 지르기 용어

목표구분＋지르기방법＝품명(완성된 용어)
① 얼굴바로지르기
② 얼굴반대지르기
③ 몸통바로지르기
④ 몸통반대지르기
⑤ 아래바로지르기
⑥ 아래반대지르기

5) 지르기법

이상은 지르기의 정상적인 방법이다.

이 외에도 지르기 요령에 의하여 그 종류가 분류된다.

① 옆지르기 : 나의 몸 옆으로 지른다.

② 내려지르기 : 주먹을 아래로 내려 지른다.

③ 세워지르기 : 이는 주먹을 세워(엄지를 위로 향하게)서 지를 때이다. 상대가 먼 거리와 가까운 거리에 있을 때 사용되며 가까운 거리에서는 팔굽을 구부린 채로 지른다.

④ 돌려지르기 : 주먹이 목표를 향하여 일직선으로 나가지 않고 허리에서 목표를 향하여 돌아간다. 이는 상대가 약간 가까이 있을 때이며 또 상대의 목표가 마주있는 것이 아니라 옆으로 있을 때이다. 또 팔굽은 펴지 못하고 약간 굽히게 된다.

⑤ 치지르기 : 주먹을 허리에서 위로 치지른다. 주로 가까이 있는 상대의 턱을 가격하며 등주먹이 상대를 향하고 팔굽을 약간 굽힌 채로 지르게 된다.

⑥ 제쳐지르기 : 주먹을 제쳐 지른다. 주로 가까이 있는 상대의 몸통을 지르며 질렀을 때 등주먹이 아래를 향하고 팔굽을 구부린다. 만일 얼굴까지 올라가면 치지르기가 되며 또 멀리 있는 상대를 지르기 위하여 팔굽을 모두 뻗으면 힘이 감소되어 "바로지르기"나 "반대지르기"를 하는 것만 못하다.

이상과 같이 지르는 목표, 방법, 종류를 설명하였으나 이 세 가지가 합하여 완전한 품명(용어)이 되는 법을 알아야 한다.

① 옆지르기

② 내려지르기

③ 세워지르기

④ 돌려지르기　　　　⑤ 치지르기　　　　⑥ 제쳐지르기

6) 지르기법 용어

목표＋방법＋지르기 종류＝품명(완성된 용어)
① 얼굴 옆지르기
② 몸통 옆지르기
※ 옆지르기는 앞, 뒤 되는 발이 없다
③ 바로 내려지르기
④ 반대 내려지르기
※ 내려지르기에는 목표가 밑(아래)으로만 정해져 있기 때문에 구태여 아래지르기라고 목표를 표시하지 않아도 된다.
⑤ 얼굴 바로세워지르기
⑥ 얼굴 반대세워지르기
⑦ 몸통 바로세워지르기
⑧ 몸통 반대세워지르기
⑨ 아래 바로세워지르기
⑩ 아래 반대세워지르기
※ 세워지르기에 있어 얼굴과 아래는 팔굽을 쭉 펴도 좋으나 몸통세워지르기 때는 팔굽을 약간 굽히는 것이 좋다.
⑪ 얼굴 바로돌려지르기
⑫ 얼굴 반대돌려지르기
⑬ 몸통 바로돌려지르기
⑭ 몸통 반대돌려지르기
※ 돌려지르기는 목표 아래를 지르면 별 효과가 없으므로 사용하지 않는다.
⑮ 바로치지르기
⑯ 반대치지르기

※치지르기는 내려지르기의 반대로 목표 얼굴(턱)만 지르게 되고 몸통이나 아래는 치지를 수가 없다. 고로 구태여 목표얼굴을 표시할 필요가 없다.
⑰ 바로 제쳐지르기
⑱ 반대 제쳐지르기
※제쳐지르기는 목표아래지르기를 할 수 없다. 다만 몸통지르기에만 사용된다. 만일 제쳐지르기로 주먹이 얼굴까지 올라가면 이는 치지르기가 된다. 그러므로 구태여 목표몸통을 표시하지 않아도 된다.
⑲ 제쳐지르기

이는 두 주먹을 동시에 제쳐서 지르는 것이다. 고로 "바로지르기"나 "반대지르기"의 방법이 없다. 제쳐지르기 할 때의 서기는 주로 뛰어 나가며 뒤꼬아서기나 곁다리서기로 선다. 또 두 주먹이 몸통만 지르는 것이 당연하며 두 주먹 사이는 주먹하나 간격으로 띄운다. 너무 멀리 떨어져서는 안된다.

이상의 모든 지르기는 주먹을 사용한 동작이다. 이와 같이 지르기와 정상적인 사용부위는 주먹으로 하기 때문에 특별히 "주먹"을 강조할 필요가 없다. 고로 지르기로만 표시한다. 용어는 될 수 있는한 간단하게 하면서 동작의 뜻이 충분히 알려져야 한다.

다음은 주먹이 변화된 편주먹, 밤주먹, 집게주먹을 이용하여 지르기를 할 때에 그 사용부위의 명칭을 표시한 것이다.

7) 지르기 종합용어

사용부위+목표+방법+지르기종류=품명
① 편주먹 얼굴바로지르기
② 편주먹 얼굴반대지르기
③ 편주먹 몸통바로지르기
④ 편주먹 몸통반대지르기
⑤ 편주먹 아래바로지르기
⑥ 편주먹 아래반대지르기
⑦ 편주먹 얼굴옆지르기
⑧ 편주먹 몸통옆지르기
⑨ 편주먹 바로내려지르기
⑩ 편주먹 반대내려지르기
⑪ 편주먹 얼굴바로세워지르기
⑫ 편주먹 얼굴반대세워지르기
⑬ 편주먹 몸통바로세워지르기
⑭ 편주먹 몸통반대세워지르기

5. 공격기술   169

① 편주먹 얼굴 바로지르기

② 편주먹 얼굴 반대지르기

⑪ 편주먹 얼굴 바로 세워지르기

⑫ 편주먹 얼굴 반대 세워지르기

위와 같이 편주먹이나 밤주먹, 집게주먹의 사용은 주먹사용 때와 똑 같으므로 생략하기로 한다. 다만 아래 몇 가지를 참고하기 바란다.

밤주먹은 가운데 손가락 둘째 마디가 튀어나와 있으므로 송곳 끝 같이 아래, 위, 옆이 없어 세워지르기는 없다. 또 집게주먹은 목젖 공격에만 사용된다.

8) 특수지르기

위의 주먹, 편주먹, 밤주먹, 집게주먹을 사용하여 지르기를 할 때는 오른쪽 또는 왼쪽 어느 한쪽만 사용하여 지르기를 하게 된다. 특수지르기는 양쪽 팔이 함께 사용되어 복합적인 공격상태가 되었을 때의 폼이다.

① 제쳐지르기: 두 주먹이 함께 상대의 몸통목표를 제쳐지르기를 하였을 때이다.
② 솟음지르기: 두 밤주먹으로 치지르기를 하며 공격은 턱밑 양쪽이다.
③ 표적지르기: 어느 한쪽을 표적으로 정하고 그 곳을 주먹으로 지르는 것이다.
④ ㄷ자지르기: 한 주먹은 얼굴지르기, 다른 한 주먹은 몸통지르기를 동시에 하여 두 팔이 ㄷ자 모양으로 되었을 때를 말한다.
ㄱ, ㄷ자 바로지르기: 얼굴지르는 주먹쪽의 발이 뒤에 있을 때 또는 몸통지르는 주먹쪽의 발이 앞에 있을 때이다.
ㄴ, ㄷ자 반대지르기: 얼굴지르는 주먹쪽의 발이 앞에 있을 때이다.
⑤ 쳇다리지르기: 두 주먹이 몸통높이로 지르는데 두 팔의 모양이 눕혀놓은 ㄷ자 모양이 된다. 즉 오른발이 앞에 있을 때 오른주먹은 몸통 반대지르기가 되며 왼주먹은 몸통바로지르기 모양이 된다. 이 때 두 주먹을 동시에 지르며 몸이 45°측면으로 되어 오른쪽 어깨가 앞으로 나가게 된다. 왼팔굽을 약간 굽히며 왼주먹은 오른팔뚝과 주먹하나 들어갈 정도로 가까이 놓는다.

② 솟음지르기

③ 표적지르기

④ ㄷ자 지르기

⑤ 쳇다리지르기

⑥ 뒤지르기 : 한쪽의 팔굽은 뒤로 치고 다른 한쪽의 주먹을 같은 방향 얼굴목표 뒤로 돌려 지른다.

⑦ 당겨턱지르기 : 왼손으로 상대를 잡아 끌면서 오른주먹으로 치지르기를 한다. 당겨끈 주먹은 자기 오른쪽 어깨 앞에 위치한다.

⑧ 금강앞지르기 : 한쪽 팔은 얼굴막기를 하며 동시에 다른쪽 주먹으로 얼굴지르기를 한다. 얼굴막기 방향과 얼굴지르기 방향이 같다.

⑨ 금강옆지르기 : 한쪽 팔은 얼굴막기를 하고 다른 주먹은 몸통옆지르기를 동시에 한다. 아랫도리는 주춤서기로 얼굴막기 방향과 몸통지르기 방향이 다르다.

⑩ 날개지르기 : 두 주먹을 양 옆으로 뻗어 지르는 품이다. 꼭 십자가와 같으며 주먹을 지를 때는 온몸에 힘을 주어 천천히 밀듯이 한다.

⑥ 뒤지르기　⑦ 당겨 턱지르기　⑧ 금강앞지르기

⑨ 금강옆지르기　⑩ 날개지르기

나. 치기

1) 치기설명

팔을 이용하여 공격을 가할 때 힘은 몸통의 회전력 즉 원심력으로 행한다. 이 때 팔굽을 뻗으며 주먹 이동이 주로 일직선으로 움직여 목표를 가격할 때는 지르기라 하며 팔굽을 굽힌 채로 또는 편 채로 손이나 주먹의 이동이 원을 그리며 움직여 목표를 가격하였을 때는 치기라 한다.

치기의 종류는 여러 가지가 있으나 대략 목표를 향하여 사용부위의 움직이는 방법에 의하여 그 품명(용어)이 이루어진다.

앞의 공격지식 체계도를 참조하기 바란다.

2) 치기용어

사용부위+목표+치기종류=품명(완전한 용어)
① 등주먹 얼굴앞치기=앞치기
등주먹으로 얼굴목표를 향하여 앞으로 치기를 한다.
요령 : 명치 앞에서 허리로 끄는 팔과 치기하는 팔이 십자로 얼키게 하며 치는 팔의 주먹이 안쪽으로 되어 겨드랑이를 빠져 나오며 몸에 스쳐가면서 똑바로 앞을 향하여 친다. 몸은 45°측면으로 한다.

앞에치기는 등주먹으로 치는 것이 제일 강하며 목표도 얼굴을 벗어나 몸통까지 내려가면 힘이 약하여 가격이 불합리하므로 "등주먹 얼굴앞치기"를 약하여 "앞치기"라고 대표적인 이름으로 정한다. 이외의 사용부위가 "손날" "메주먹"일 경우에는 사용부위의 이름을 붙인다. (예) 손날앞치기

또 목표가 몸통일 경우에는 "등주먹 몸통앞치기"라고 한다.
"앞치기"의 변화로 거들어주는 주먹이 있을 때는 "거들어앞치기"라 한다.
② 등주먹+얼굴+바깥치기=얼굴바깥치기
요령 : 바깥막기와 같은 요령이나 등주먹이 상대목표(옆턱)을 치는 것이다.

① 앞치기

치기하는 등주먹의 팔이 앞치기와 달리 허리로 끄는 팔에 팔굽 밖으로 몸 앞으로 원을 그려나가며 친다.
③ 거들어 얼굴바깥치기
④ 몸통 바깥치기
⑤ 등주먹＋얼굴＋옆치기＝옆치기
⑥ 등주먹＋몸통＋옆치기＝몸통옆치기

옆치기라 함은 바깥치기를 지나쳐 공격자의 옆쪽을 목표로 하여 치는 것이다. 치기한 팔이 몸과 옆으로 일직선이 된다. 바깥치기는 공격자의 상체가 45°측면이 되며 어깨에서 팔이 각을 이루게 된다. 공격목표가 정면에 있을 때이다.
⑦ 등주먹＋몸통＋내려치기＝몸통내려치기
이 동작은 공격보다 주로 막기에 사용된다.

② 얼굴 바깥치기

③ 거들어 얼굴 바깥치기

⑤ 얼굴옆치기

⑦ 몸통 내려치기

⑧ 등주먹＋아래＋내려치기＝아래내려치기. 주로 격파에 많이 쓰인다.
⑨ 메주먹 얼굴앞치기
⑩ 메주먹 얼굴안치기
⑪ 메주먹 몸통안치기
⑫ 메주먹 얼굴바깥치기
⑬ 메주먹 몸통바깥치기
⑭ 메주먹 얼굴옆치기
⑮ 메주먹 몸통옆치기
⑯ 메주먹 얼굴내려치기.   머리통을 친다.
⑰ 메주먹 몸통내려치기
⑱ 메주먹 아래내려치기
⑲ 한손날＋얼굴＋앞치기＝손날얼굴앞치기

⑨ 메주먹 얼굴 앞치기

⑩ 메주먹 얼굴 안치기

⑯ 메주먹 얼굴 내려치기

⑲ 손날 얼굴 앞치기

⑳ 한손날＋얼굴＋안치기＝손날얼굴안치기
또는 목표가 목일 경우는 "손날목치기"라 한다.
㉑ 한손날＋얼굴바깥치기＝손날얼굴바깥치기
　위와 같이 "한손날"로 공격을 하였을 때는 방어가 아니므로 "한"자를 빼고 그냥 "손날"로 표시한다. 또 한손날로 안치기를 하였을 때 "제친손날"로 용어를 사용하여서는 안된다. "한손날"로 "안치기"를 할 때는 당연히 손바닥을 제치게 된다. 또 한손날로 바깥치기 할 때는 "엎은손날"이라는 용어를 사용하여서도 안된다.

㉒ 손날 몸통안치기
㉓ 손날몸통 바깥치기
㉔ 손날얼굴 옆치기
㉕ 손날몸통 옆치기
㉖ 손날 내려치기
㉗ 손날등 얼굴안치기
㉘ 손날등 얼굴바깥치기
㉙ 손날등 몸통안치기
㉚ 손날등 몸통바깥치기
㉛ 손날등 얼굴옆치기
㉜ 손날등 몸통옆치기
㉝ 손날등 내려치기
㉞ 곰손 얼굴앞치기

⑳ 손날얼굴안치기

㉑ 손날 얼굴 바깥치기

㉙ 손날등 몸통안치기

㉞ 곰손 얼굴 앞치기

㉟ 곰손 얼굴안치기
㊱ 바탕손 얼굴앞치기＝바탕손턱치기
㊲ **바탕**손 얼굴안치기
㊳ 바탕손 몸통안치기
㊴ 바탕손 얼굴올려치기
㊵ 아귀손 얼굴앞치기＝칼재비

㉟ 곰손 얼굴 안치기

㊱ 바탕손 턱치기

㊳ 바탕손 몸통 안치기

㊵ 칼재비

※ 바탕손턱치기와 칼재비는 지르기와 같이 직선 운동 방법으로 한다. 사용부위가 넓고 길기 때문에 치기라고 한다.
※ 칼재비는 아귀손으로 두곳의 목표를 공격하며 목표에 따라 공격방법이 다르다.
㉠ 목치기 할때 : 식도 부위를 지르기와 같이 팔을 똑바로 뻗어 아귀손으로 공격한다.
㉡ 윗턱치기 할때 : 지르기와 같이 팔을 똑바로 뻗는것은 같으나 아귀손으로 윗턱을 치는 순간 손목을 약간 굽히는 작용을 주어 위에서 아래로 친다. 이것을 낙턱 칼재비라 한다.
㊶ 굽힌 손목얼굴올려치기＝굽힌손목 턱치기
굽힌 손목은 주로 방어에 많이 쓰인다.
㊷ 집게손목치기
이는 아귀손과 같이 주로 목만 공격하게 된다.
㊸ 팔굽 올려치기
㊹ 팔굽 돌려치기
㊺ 팔굽 내려치기
㊻ 팔굽 뒤로치기
㊼ 팔굽 옆치기
㊽ 팔굽 표적치기

㊶ 굽힌 손목 턱치기

㊸ 팔굽 올려치기

㊹ 팔굽 돌려치기

㊺ 팔굽 내려치기

㊻ 팔굽 뒤로치기

㊼ 팔굽 옆 치기

㊽ 팔굽 표적치기

3) 특수치기

① 제비품턱치기 : 왼앞굽일 경우 왼한손날로 얼굴막기를 하고 몸을 비틀어 오른바탕손으로 턱을 친다. 얼굴막기와 턱치기가 동시에 이루어져야 한다.

② 제비품목치기 : 왼앞굽일 경우 왼한손날 얼굴막기를 하고 몸을 비틀어 오른한손날 안치기로 목을 친다.

※ 제비품이라 함은 몸을 비틀어 제비몸과 꼬리사이 잘룩한 것 같이 허리의 잘룩하게 보이도록 하며 두 손을 벌려 날개와 같은 형태를 만들었을 때를 말한다.

③ 당겨턱치기 : 한 손으로 상대를 잡아 끌면서 다른 한 손의 등주먹으로 앞치기(턱)를 한다.

④ 표적치기 : 한손날 옆막기를 하고 그 손날바닥에 주먹으로 치기를 한다.

⑤ 멍에치기 : 주먹을 쥐고 두 팔굽을 양 옆으로 벌려 뻗쳐 각각 옆치기를 한다.

① 제비품 턱치기

② 제비품 목치기

③ 당겨 턱치기

④ 표적치기

⑤ 멍에치기

당겨 턱치기(측면)

다. 찌르기

1) 찌르기 설명

찌르기 기술은 지르기 기술과 모든 것이 다 같으나 사용부위가 주먹이 아니라 손끝이므로 더욱 뾰죽하여 뚫고 들어가 깊숙이 공격을 가하게 되며 또 손가락을 펴기 때문에 손가락 길이만큼 먼 거리를 공격할 수 있는 것이 유리하다. 반면에 많이 단련되지 않았을 때는 손가락 마디가 많으므로 탈골 또는 골절되기가 쉽다.

2) 찌르기 용어

① 편손 끝세워찌르기 : 주로 몸통의 명치를 찌른다.
② 편손 끝 엎어찌르기 : 주로 눈, 목, 명치를 찌른다. 몸통 이하는 찔러도 별효과가 없다.
③ 편손 끝 제쳐찌르기 : 주로 늑골, 명치, 낭심 등을 찌른다.

① 편손끝 세워찌르기

② 편손끝 엎어찌르기

③ 편손끝 제쳐찌르기

④ 가위 손끝 찌르기 : 주로 두 눈을 동시에 찌른다. 손바닥이 땅을 보게 한다.
⑤ 한손끝 찌르기 : 주로 한쪽 눈을 찌른다.
⑥ 모은 두손끝 찌르기 : 주로 눈, 목, 명치를 공격하며 한손끝보다 두손끝이 합하였으므로 강한 힘을 낸다.
⑦ 모은 세손끝 찌르기 : 세손끝이 모였으므로 두손끝 때보다 강한 힘을 낼 수 있다. 사용은 두손끝 때와 같다.
⑧ 모둠 손끝찍기 : 다섯손끝을 한데 모았기 때문에 주먹과 같이 단단한 힘은 있으나 찌르기와 같이 직선운동이 되지 않으므로 내려찍거나 안으로찍는 공격 밖에 되지 않는다.

④ 가위손끝 찌르기

⑤ 한손끝 찌르기

⑥ 모은 두손 끝찌르기

⑦ 모은 세손끝 찌르기

3) 특수찌르기

학다리찌르기

앞으로 깊이 뛰어 들어가며 학다리서기로 서면서 한 손으로 눌러막기를 하고 다른 한 손으로 편손끝 세워찌르기를 한다.

⑧ 모둠 손끝 찍기

학다리 찌르기

라. 차기

1) 차기 설명

다리를 움직여 발을 끌어올려 발의 사용부위로 상대의 목표를 가격하여 제압시키는 것을 차기라 한다. 이 때 무릎을 굽혀 접었다가 펴는 힘으로 또는 편 다리로 무릎을 굽히는 힘으로 차기도 하고 또 편 채로 다리를 돌리거나 몸의 회전력을 이용하여 다리도 따라 돌면서 상대를 가격하는 것이다. 이와 같이 다리와 발의 운동 방법에 따라 차는 기술이 분리되며 사용부위에 따라 타격력도 달라진다. 또 같은 차기라도 상대를 잡거나 추진력의 힘을 가하여 차는 방법에 의하여 또 여러가지 종류로 분리된다. 우선 차기 기술에 대하여 설명하기로 한다.

2) 차기 기본기술

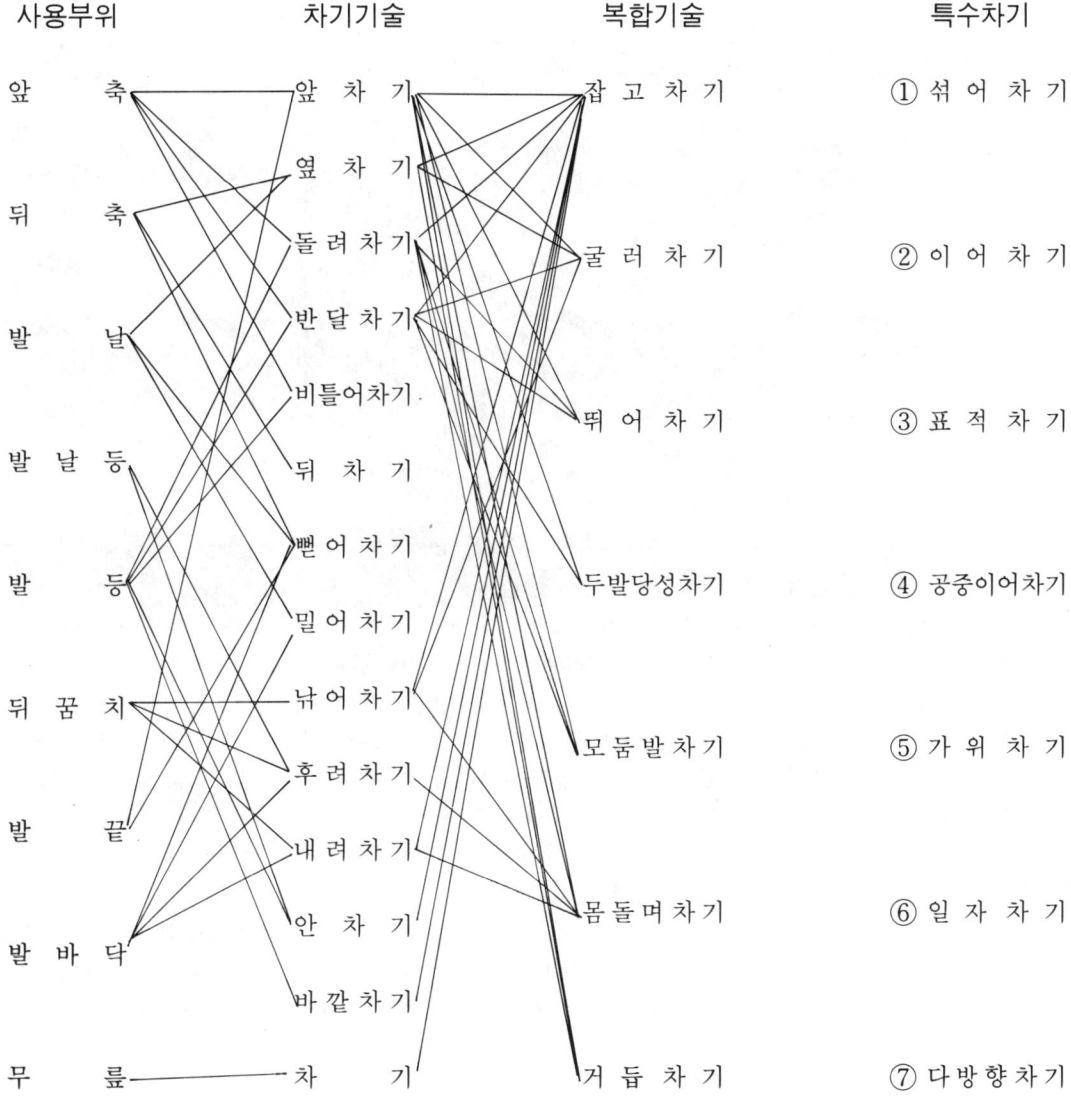

(1) 앞차기

① 차는 다리의 무릎을 접어 끌어 올려 가슴에 가까이 올 때 접었던 무릎을 펴면서 앞으로 내 뻗는다. 이 때 발의 이동궤도는 목표를 향하여 일직선이어야 한다.
② 발가락을 제친 앞축으로 목표를 맞춘다. 목표는 낭심, 단전, 명치, 턱 등이다.
③ 찬 발은 반작용으로 무릎을 접어끌면서 먼저자리에 놓는다. 이 때, 때에 따라 발의 위치는 자기가 이동하고 싶은 쪽으로 옮겨 놓아도 좋다. 그러나 찰 때나 끌어들일 때 중심을 못잡고 비틀거리거나 마음 정한 곳으로 발을 옮겨 놓지 못하면 차기의 만점이 될 수 없다.
④ 딛고 있는 다리는 차기 전이나 찾을 때 무릎을 피면 중심(重心)이 위로 떠서 힘이 약하며 넘어지기 쉽다. 또 후속조치를 취하기가 불리하다.
⑤ 딛고 있는 다리는 차는 도중에 발바닥이 지면에 붙어있으면 고관절과 무릎관절에 힘이 부가되어 차는 속도를 낼 수가 없으며 차는 순간의 힘이 약하다. 심하면 무릎 고관절 등의 탈골이 생길 수도 있다. 그러므로 발목을 약간 펴 뒤축을 땅에서 떨어지게 하고 앞축을 축(軸)으로 발바닥의 회전이 될 수 있도록(뒤축) 도와주었다가 차고 난 다음 다시 원 위치로 돌아오게 한다. 이때 발목을 너무 펴서 역시 중심(重心)이 위로 떠서는 안된다.

※ 앞차기는 앞축을 주로 사용하지만 발끝을 사용할 때도 있다. 발끝으로 찰 때는 약한 급소 낭심이나 명치에 사용할 수 있다. 또 발등을 사용하여 앞차기를 찰 수 있으나 이는 낭심에만 사용되며 "앞 올려차기"라고 한다.

(2) 옆차기

① 차는 다리를 앞차기 때와 같은 요령으로 무릎을 접어 끌어 올리면서 몸을 차는 방향 반대로 틀면서 접었던 무릎을 뻗으며 발 뒤축으로 목표를 가격한다.

② 차는 순간 차는 다리쪽의 반골쪽이 엎어지는듯 틀면서 고개는 제키어 차는 목표를 바라본다. 이 때 몸통은 어깨쪽과 반골 및 다리까지는 나사못 라선과 같이 비틀거리는 현상이 일어난다. 그러므로 차는 순간 총알이 총의 강선을 따라 회전하듯 발의 뒤축이 회전하면서 목표를 강하게 타격하게 되는 것이다. 목표는 상대의 서기에 따라 정면일 경우는 명치 얼굴이 되며 옆으로 서 있을 때는 옆구리나 얼굴 옆 턱이 된다.

③ 찬다리는 반작용에 의하여 끌어들여 원위치나 마음에 정한 곳에 옮겨 놓는다.

④ 딛고 있는 다리는 다리를 끌어올릴 때부터 발목을 충분히 펴 앞축만 딛고 회전을 빨리 할수 있게 도와주며 또 무릎도 펴서 차는 방향에 추진력을 주어 가속도를 붙게 한다. 찬다리를 끌어들일 때는 먼저와 같이 발목과 무릎을 낮춘다.

⑤ 옆차기를 찬 순간 상체가 차는 방향 반대쪽(뒷방향)으로 눕혀져서는 안된다. 상체를 일으켜 Y자 모양이 되어 차는 방향으로 체중을 민다는 마음으로 추진력을 주어야 한다.

※ 옆차기는 뒤축과 발날을 사용하여 공격하며 앞차기와 같이 차는 발의 움직임의 궤도는 출발점부터 목표까지 일직선으로 옮겨져야 된다.

(3) 돌려차기

① 앞의 축이되는 발에 체중을 실리면서 차는 다리의 무릎을 접어 몸을 돌릴때 접었던 무릎을 펴면서 발이 수평으로 돌아 앞축으로 상대의 목표를 가격한다(사용부위는 발등으로도 찰 수 있다).
② 축이 되는 다리는 무릎을 펴며 발목도 펴서 앞축을 축으로 몸의 회전이 잘 되게한다.
③ 찬 다리는 정한 목표에서 멈추어야 한다.
④ 돌려차기는 앞차기, 옆차기와 같이 발의 궤도가 직선으로 이동하는 것이 아니다. 발을 몸 뒤에서 일단 올려 회전 이동을 한다.
⑤ 돌려차기를 많이 수련하면 차는 순간 발이 목표보다 약간 위에서 내려찍는 형태로 이루어져야 한다.
※ 차기 기술의 기본은 앞차기, 옆차기, 돌려차기 등 세가지 기술이 기본이 된다. 다음의 차기 기술은 변화된 차기 기술이다.

3) 차기 변화기술

(1) 반달차기
앞차기와 돌려차기의 중간을 택하여 비스듬히 원을 그리며 앞축 또는 발등으로 차는 기술이다.

(2) 비틀어차기

① 반달차기

② 비틀어차기 측면

비틀어차기 정면

① 왼앞굽이에서 오른발로 찬다고 하면 왼발 축으로 오른발을 앞차기와 같이 무릎을 굽히며 끌어 올릴 때 몸 정면을 지나 왼쪽 바깥으로 나가다가 다시 오른쪽으로 방향을 바꾸어 무릎을 뻗으며 찬다. 사용부위는 앞축, 발등.
② 몸도 왼쪽으로 틀었다가 다시 오른쪽으로 튼다.
③ 축이 되는 왼발은 앞차기 때와 같다. 발 목을 약간 펴고 무릎은 약간 구부린 채로 찬다.

(3) 뒤차기

① 내가 서있는 위치에서 차는 다리를 끌어 올려 뒤쪽으로 뻗어찬다. 사용부위는 뒤축.
② 차기의 끝모양은 옆차기와 흡사하다.
③ 차는 다리는 앞에 있던 발로 찰 수 있으며 뒤에 있는 발을 끌어들였다가 찰 수도 있다. 뒤에 있는 발로 찰 경우 상대가 가까이 있을 때이며 앞의 발로 찰 경우에는 상대가 멀리 있을 때이다.
④ 시선은 차는 방향을 바라보며 축이 되는 다리는 옆차기 때와같이 무릎과 발목을 펴지 않아도 된다.
⑤ 상체는 옆차기 때보다 앞으로 눕혀진다.

(4) 뻗어차기

① 앞차기와 흡사하나 차는 다리의 무릎을 많이 접지 않으며 발을 끌어올려 정면으로 뻗어서 찬다.
② 뻗어차기는 앞차기와 같이 발이 위를 향하게 차는 것이 아니라 앞으로 뻗어서 상대의 전진을 받아찬다. 주로 몸통 이하를 찬다.
③ 사용부위는 발바닥이며 발바닥으로는 몸통을 차게 된다. 또 발목을 더 제키면 뒷축으로 차게 되며 타격을 강하게 줄 수 있다. 또 한 방법은 발목을 안축으로 끌어 발날로 찰 수도 있다.
④ 낭심을 가격할 때는 발 끝을 세워서 뻗어차기를 한다.
⑤ 상체는 앞차기 때보다 약간 뒤로 제켜진다.

(5) 밀어차기

① 차는 요령은 옆차기 또는 뻗어차기와 같으나 다만 속도를 감소시켜 타격을 하지 않고 목표에 대고 밀어내는 방법으로 찬다.
② 이는 상대가 가까이 있을 때 사용된다. 또 공격적이며 타격으로 치명상을 입히지 않고 넘어뜨리거나 멀리 밀어내는 방법이다.
③ 사용부위는 날카롭지 않은 발날이나 발바닥을 사용한다.

(6) 낚어차기

① 옆차기를 차는 순간 상대가 피하여 접근 하였을 때에 목표가 빗나가고 지나쳤을 때 펴졌던 무릎을 접는 힘으로 상대의 뒤통수 또는 잔등을 공격한다.
② 몸 돌려차기를 하였을 때 역시 목표를 지나쳤을 때 무릎을 순간적으로 접어 차는 것이다. 사용부위는 뒤꿈치다.

낚어 차기

(7) 후려차기
① 차기와 같이 목표를 뚫고 들어가듯 가격하고 멈추어 발을 다시 끌어들이는 것이 아니며 차는 발이 목표를 맞추어 지나치는 방법으로 타격하는 것이다.
② 주로 차는 방법이 돌려차기, 몸 돌려차기와 같이 원이동을 하는 차기 방법에 쓰인다.
③ 사용부위는 발등, 발바닥, 발날등, 발날, 뒤꿈치이다.

(8) 내려차기
① 차는 다리를 머리 위까지 끌어올려 무릎을 편 채로 아래로 내려 차는 것을 말한다.
② 상대가 별로 가까이 있지 않을 때는 앞차기 때와 같이 몸 가운데로 무릎을 바싹 접어 끌어 올렸다가 내려차기를 한다. 이 때를 "내려차기"라 한다.
③ 상대가 가까워서 상대를 피하여 다리를 끌어 올릴 때 나의 안쪽으로 끌어올려 내려차기 할 때는 바깥쪽으로 내려차므로 이 때를 "바깥내려차기"라 한다. 만일 밖으로부터 끌어올려 안으로 내려 찰 때는 "안내려차기"라 한다.

④ 사용부위는 뒤꿈치 발바닥을 사용한다.

(8) 내려차기

(9) 안차기

반달차기와 같이 차는 발을 밖으로부터 안쪽으로 원을 그리며 차기를 한다. 사용부위는 발날 등으로 막기기술에 많이 쓰이며 내려차기 전 발을 끌어올릴 때 또는 표적차기를 할 때 사용한다.

(10) 바깥차기

안 차기의 반대로 안에서 바깥으로 차는 기술이다. 비틀어 차기와 흡사하며 발등 부위로 차며 주로 막기기술에 사용된다. 역시 내려차기 전에 발끌어 올릴 때 사용한다.

(11) 치기

무릎치기

치기는 손을 사용할 때도 사용되나 팔굽과 같이 한토막 원을 그려 공격할 때를 치기라 한다. 무릎은 다리에 속하나 역시 방골관절부터 한토막의 막대와 같이 원을 그려 공격을 가하기 때문에 차기라 하지 않고 치기라 한다. "무릎치기"이는 주로 치올려치는 형태이므로 상대의 낭심 또는 손을 이용하여 상대의 얼굴을 내려 끌면서 올려친다. 또 상대의 몸통을 잡아 끌면서 돌려 치기로 몸통을 가격한다.

※ 이상의 차기기술은 한 발을 땅에 딛어 중심유지에 사용하고 다른 한발은 들어 공중에서 상대의 목표를 가격하는 단순공격 법이다. 발기술(차기)이 손기술(지르기)보다 힘으로 보았을 때 3배의 힘으로 비교되나 차는 기술이 중심이 잡혀 정확하고 빠르지 않으면 도리어 3배의 힘도 타격력이 무의미하게 되며 중심이 잡히지 못하거나 정확하지 못하고 상대에게 막힐정도 또는 잡힐 정도로 느리면 문제는 크다. 또 실수하여 상대를 가격하지 못하고 상대가 피하면 힘의 소비는 3배 이상으로 피로를 느낀다. 그러므로 발기술을 많이 단련하며 손기술 못지않게 사용할 수 있어야 될 것이다.

이와같이 단순한 차기 기술을 보완시키기 위하여 몸을 공중에 날려 속도와 추진력을 얻어 차거나 차기의 기술을 복합시키어 차는 다음과 같은 기술이 있다.

4) 차기 복합기술

(1) 잡고차기

상대가 피하지 못하게 팔이나 도복 또는 몸을 잡아 끌면서 차는 기술이다. 이와 같이 상대를 잡아 끌면서 차므로 타격력은 더욱 강하여 상대를 제압시키는 효과가 크다.

① 잡고 앞차기
② 잡고 옆차기
③ 잡고 돌려차기
④ 잡고 반달차기
⑤ 잡고 비틀어차기
⑥ 잡고 낚어차기

⑦ 잡고 무릎올려차기
⑧ 잡고 무릎돌려차기 등이 있다.

① 잡고 앞차기

② 잡고 옆차기

③ 잡고 돌려차기

(2) 굴러차기

서기를 주로 뒷굽이(주춤서기, 범서기, 앞서기)에서 앞에 발을 들었다가 땅을 구르며 추진력을 얻어 앞으로 나아가면서 뒤의 발이 앞으로 따라와 딛는 순간 구른 발로 차기를 하는 기술이다. 이는 첫 동작에 차는 척하여 속인 후 한 박자 늦추어 차는 것이다.

① 굴러 앞차기   ② 굴러 옆차기
③ 굴러 돌려차기   ④ 굴러 반달차기
⑤ 굴러 비틀어차기   ⑥ 굴러 뻗어차기
⑦ 굴러 밀어차기   ⑧ 굴러 낚어차기
⑨ 굴러 내려차기 등이 있다.

5) 뛰어차기 (일단축)

③

②

①

① 몸을 공중에 날리어 한쪽발로 차기를 하는 기술이다.
② 이 차기는 두 발을 모아서기로 섰을 때 차는 방법이 있지만 대략 두 발이 앞 뒤로 넓혀 섰을 때 주로 뒷굽이(주춤서기 낮추어 서기 등은 옆으로, 범서기 앞 주춤)로 서서 두 발을 동시에 땅을 밀고 몸을 공중에 띄울 수 있으며, 앞의 발로만 또는 뒤의 발로만 땅을 밀어 몸을 공중으로 띄워 찰 수 있는 추진력을 가질 수 있다.
③ 몸을 공중에 띄워 찰 때 앞에 있던 발로 차는 것을 "뛰어차기"라 한다.
④ 몸을 공중에 띄우면서 앞쪽으로 돌려 방향을 바꾸어 뒤에 발이 찰 때는 "뛰어 바꾸어차기"라고 한다.
⑤ 몸을 공중에 띄울 때 뒤쪽으로 돌려 뒤에 발로 찰 때는 "뛰어 반몸돌려 차기"라 한다.

뛰어차기 종류

※ 뛰어차기에는 이와 같이 세 방법이 있으나 뛰어서 여러가지 차기 동작을 하는 종류는 다양하다.
① 뛰어 앞차기
② 뛰어 옆차기
③ 뛰어 돌려차기
④ 뛰어 반달차기
⑤ 뛰어 밀어차기
⑥ 뛰어 바꾸어 앞차기
⑦ 뛰어 바꾸어 옆차기
⑧ 뛰어 바꾸어 돌려차기
⑨ 뛰어 바꾸어 반달차기
⑩ 뛰어 바꾸어 밀어차기
⑪ 뛰어 몸돌며 옆차기
⑫ 뛰어 몸돌며 낚어차기
⑬ 뛰어 몸돌며 후려차기
⑭ 뛰어 몸돌며 내려치기 등이 있다.

6) 두발당성차기

① 몸을 공중에 띄우며 두 발로 번갈아 차기를 한다.
② 번갈아 찰 때는 뒤에 있는 발이 먼저 차고 앞의 발이 나중에 찬다.
③ 먼저 차는 뒷발은 비교적 목표를 정확하게 차는 것이 아니라 상대를 속이거나 또는 낮게 차고 나중 차는 발은 높이 차거나 목표를 정확하게 가격하여야 한다.

※ 두발당성은 뛰어 나가며 멀리 있는 상대의 목표를 차는 방법과 높이 뛰어 올라가며 높은 목표를 차는 방법이 있다.
또 두발당성 차기도 여러가지 기술로 찰 수 있다.

두발당성차기 종류

① 두발 당성 앞차기
② 두발 당성 옆차기
③ 두발 당성 돌려차기
④ 두발 당성 반달차기
⑤ 두발 당성 밀어 옆차기 등이 있다.

7) 모둠발차기

① 뛰어 몸을 공중에 날리어 두 발을 모아 한 목표를 동시에 가격하는 차기 기술이다.
② 두 발을 땅에서 밀고 몸을 띄울 때 두 발이 가까웁게 모아 땅을 민다. 이 모둠발차기도 차는 기술에 따라 여러가지 기술이 생긴다.

모둠발차기 종류
① 모둠발 앞차기
② 모둠발 옆차기
③ 모둠발 돌려차기
④ 모둠발 반달차기
⑤ 모둠발 밀어 옆차기
⑥ 모둠발 밀어 앞차기 등이 있다.

모둠발 앞차기

8) 가위차기

모둠발차기와 같이 몸이 공중에 떠서 두 발로 목표를 동시에 차되 두 발을 모으지 않고 넓혀 두 목표를 동시에 공격하는 기술이다.
① 가위 앞차기
② 가위 옆차기
③ 가위 돌려차기
④ 가위 밀어앞차기
⑤ 가위 밀어옆차기 등이 있다.

9) 몸돌려차기

서기를 왼 앞서기로 섰을 때 몸돌려차기를 설명하면

① 시선은 왼발 앞쪽을 향하고 있게 된다. 몸을 시계가는 방향으로 돌리는 순간 시선은 360° 회전되어 향하며 몸을 180°돌아 서게 된다.

② 몸이 돌 때 오른쪽 발도 뒷쪽으로 돌아 먼저의 방향을 차고 앞으로 내딛어 오른 앞서기로 설 때를 "반몸돌려차기"라 한다.

③ 몸돌려차기를 차되 몸이 도는 힘을 이용하여 몸과 찬다리를 360°완전 회전하여 발을 제자리에 내려 딛을 때를 "몸돌려차기"라 한다.

④ 오른앞서기에서 차기 위하여 몸을 돌릴 때 왼발을 앞으로 한걸음 내딛고 왼발을 축으로 시계도는 방향으로 계속 돌리며 오른발로 차기를 한다. 이 때의 차기를 "온몸돌려차기"라고 한다.

몸돌려차기 종류

① 반몸 돌려 차기
② 반몸 돌려 후려차기
③ 반몸 돌려 낚어차기
④ 반몸 돌려 내려차기
⑤ 몸돌며 옆차기
⑥ 몸돌려 후려차기
⑦ 몸돌려 낚어차기
⑧ 몸돌려 내려차기
⑨ 온몸 돌며 옆차기
⑩ 온몸 돌며 후려차기
⑪ 온몸 돌며 낚어차기
⑫ 온몸 돌며 내려차기 등이 있다.

※ 뛰어 몸돌려차기는 뛰어차기에서 설명을 한 것으로 안다. 이 몸돌려차기를 잘 이해하지 못하고 "뒷차기"라고 하며 또 360°돌며차기 라고 하는가 하면 "뒤돌아차기"로 잘못 이해하여 " 돌려차기"는 앞으로 돌리는 것이므로 "앞돌려차기"라고 마음대로 이름을 만들어 사용하는 사람도 많이 있다.

10) 거듭차기

① 한 다리로서 두번 이상 똑같은 차기기술을 행하는 것이다.

② 보통목표는 첫번째로 아래차기를 하고 두번째 차기는 몸통이나 얼굴차기를 한다. 그러나 똑같은 목표를 연속으로 차기도 한다.

③ 대략 첫번째차기는 모양만 내거나하여 상대를 속이는데 목적을 두고 두번째차기를 완전하게 하여 상대를 제압한다. 이 거듭차기도 차기의 기본인 세 종류로 나눌 수 있다.

ㄱ. 거듭 앞차기   ㄴ. 거듭 옆차기   ㄷ. 거듭 돌려차기 등이다.

11) 섞어차기

① 한 발로 두 가지 이상의 차기 기술을 차는 것이다.

② 보통 첫번째차기를 하고 두번째 찰 때 발이 쳐졌다. 차게 되는데 땅에 대지 않고 방향과 차기기술을 바꾸어 차야한다. 숙달치 못한 사람은 약간 땅에 딛었다가 두번째 차기기술을 행하기도 한다.

③ 상대에게 더 접근하기 위하여 첫번째 차고 두번째 찰 때 축이되는 딛은 발을 미끄럼으로 하여 깊이 들어가며 찬다. 또 한 방법은 두번째 찰 때 땅을 약간 딛으면서 추진력을 얻어 깊이 들어가며 차기를 한다. 섞어차기의 예를들면

198 5장 태권도의 기본동작

온몸 돌려 후려차기

ㄱ. 앞차고 돌려차기　　　　　　　　　　ㄴ. 앞차고 옆차기
ㄷ. 비틀어 차기하고 돌려차기 등이다.

12) 이어차기
이는 똑같은 차기기술을 왼발, 오른발을 번갈아 가면서 차기를 하는 것을 말한다.

13) 이어 섞어차기
이는 이어차기와 같이 왼발, 오른발 번갈아 가면서 차기를 하되 왼발차기와 오른발차기를 서로 다른 차기 기술로 한다.

14) 뛰어 이어차기
뛰어 몸을 공중에 날려 한가지 종류의 차기기술을 발을 번갈아 가며 차기기술을 행하는 것이다.

15) 뛰어 넘어차기
장해물을 뛰어넘으면서 차기를 하는 것이다. 장해물을 넘고 차는 기술은 여러가지가 있다. 이 뛰어넘어 차기는 높게 넘으며 목표를 짧게 차는법과 높이 뛰어넘지는 않아도 멀리 있는 목표를 차는 기술이 있다.

16) 일자차기
몸을 공중으로 날리면서 좌우의 적(목표)를 향하여 다리를 일자가 되게 벌려 차는 것이다. 대략 옆차기와 비틀어차기를 동시에 하는 것이다. 일명 가위차기라고도 하나 이는 잘못이다. 이 일자 차기는 다음 두 가지 종류가 있다.

① 수평일자차기 : 이는 차는 두 목표가 양옆으로 수평일 때 일자 차기를 하는 것이다. 즉 찼을 때 두 다리가 수평으로 일자가 된다.

② 빗겨일자차기 : 두 목표가 높이의 차이가 있어 일자로 차되 한 발은 높고 다른 한 발은 낮게 찬다. 즉 두 발이 비스듬히 되어 일자차기를 하게 되는 모양이다.

17) 다방향차기
몸을 공중에 뛰워 세개 이상의 목표를 공격함을 말한다. 이는 주로 발을 사용하며 공격시 손기술 "삼분의 일" 또는 "사분의 일"을 사용하게 된다. 발기술의 수가 많으므로 "다방향차기"라 한다.

18) 특수차기

(1) 외산틀 옆차기
팔을 외산틀막기를 하면서 옆차기를 한 것이다. 즉 뒤쪽에서 얼굴지르기공격을 바깥막기로 막고 옆차기를 하는데 이때는 옆차기 하는 쪽으로 다른 한 주먹을 지르기를 한다.

(2) 표적차기
손바닥을 표적으로 정하여 발날등으로 "안차기"를 하는 것을 말한다.

※ 이상으로 태권도의 기술을 설명하였다. 그러나 태권도의 기술에 기본이 되는 기본 기술은 (서기, 막기, 지르기, 치기, 찌르기, 차기) 여섯 가지이며 위에서 살펴본 바와 같이 기본 기술의 변화 기술과 기술의 복합으로 이루어 지는 기술을 개발하면 무궁무진 하다.

6. 기본동작

　기본동작은 수많은 기본 기술이 있는데 그 본이 되는 동작을 선정하면 다음과 같이 13가지 동작으로 구성분류할 수 있다.

〈기본동작〉
① 기본준비서기 : 구령은 "준비"라 한다.
② 주춤서몸통지르기
③ 아래막기
④ 몸통반대지르기
⑤ 앞차기
⑥ 손날바깥치기
⑦ 몸통막기
⑧ 옆차기
⑨ 손날막기
⑩ 얼굴막기
⑪ 손날목치기
⑫ 돌려차기
⑬ 몸통바로지르기

　이상은 기본동작의 대표적인 동작으로 삼아 수련자는 언제나 정확한 자세를 갖고 연습에 임하도록 하여야 할 것이다. 또 하나는 유단자가 되기 전까지는 이 기본동작을 할 때 동작을 변화시켜 기본에 벗어나는 지도자가 많으나 이 또한 삼가하여 수련자가 몸에 틀이 잡히도록 유단자가 되기 전까지는 기본 본연에 동작을 지도하여 주어야 훌륭한 지도자라 말할 수 있다. 또 기본동작을 지도할 때 위의 13종을 무급자(처음 입관자)에게 모두 가리키면 몸이 잘 말을 듣지않고 동작이 잘 되지 않으며 권태증을 일으켜 그만 초창기부터 취미를 잃어 도장에 나오지 않게 될 것으로 생각된다. 기본동작을 3단계로 나누어 "1단계 ①번～⑤번까지" "2단계 ⑥번～⑨번까지" "3단계 ⑩～⑬번까지 단계적으로 지도하는 것이 효과적이라고 본다.

① 동작의 변화를 갖지 말아야 하며,
② 완전히 몸을 익히며,
③ 오랜 시일을 두고 몸에 익혀야 한다.
④ 그자리에서 이동(전·후·좌·우)하면서 수련할 수 있다.

(1) 기본준비서기

①

②

③

(2) 주춤세몸통지르기

①

②

(3) 아래막기

①

②

(4) 몸통반대지르기

③

(5) 앞차기

① ② ③ ④

(6) 손날바깥치기

(7) 몸통막기

①

②

③

(8) 옆차기

①

②

③

④

(9) 손날막기

①

②

③

④

(10) 얼굴막기

①

②

③

④

⑤

(11) 손날목치기

①

②

③

④

6. 기본동작   209

(12) 돌려차기

① ② ③ ④ ⑤

(13) 몸통바로지르기

6장 품 새

1. 태극의 품새설명

가. 태극

1) 형의 (型義)

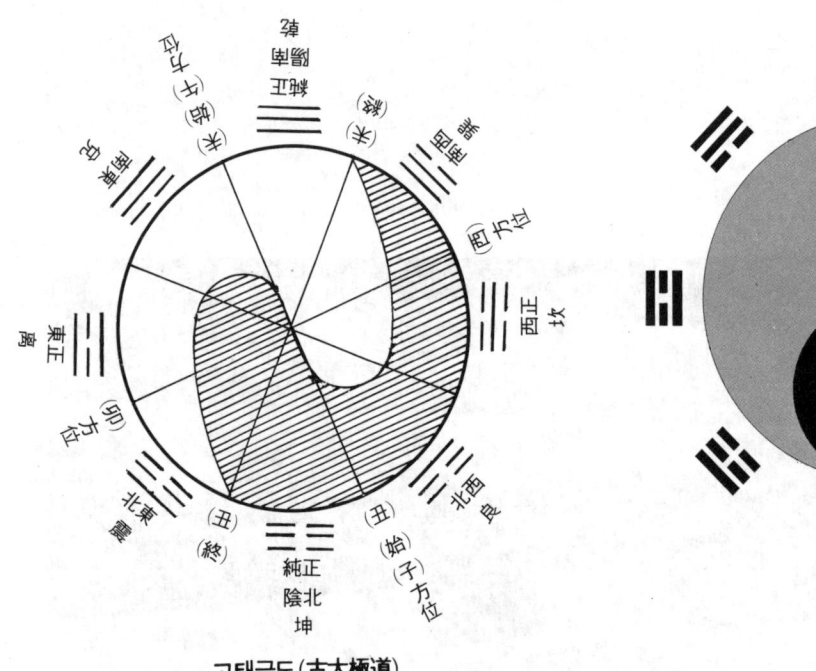

고태극도 (古太極道) 현태극도

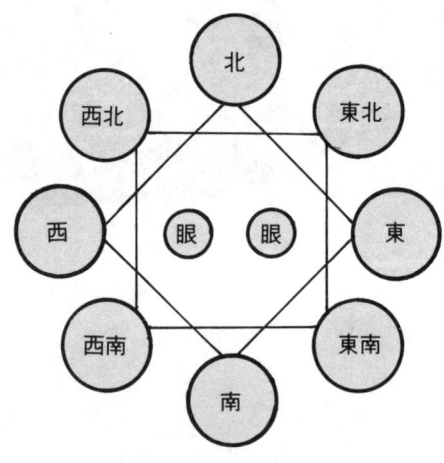

(팔괘의 방향법도)

태극은 우주생성의 원리와 사람의 생활규범을 그린 것이다. 태극은 그 자체가 무극과 양의와 함께 한다. 태극 점을 싸고 있는 원이 무극이며 붉은 빛과 푸른 빛이 돌아가는 것이 양의이다.

태극은 빛이며 우주세계와 인생의 통일된 중심체이고 무극은 힘이며 생명의 원천이다. 양의는 우주와 인생의 발전되는 움직임을 나타내며 음과 양, 강과 유, 물질과 반물질 등 대칭되는 두 원리가 싸워 하나로 향함을 나타낸다.

팔괘는 태극과 더불어 질서정연하게 운행되고 괘의 ━는 양이고 ━ ━은 음을 뜻하며 우주현상의 근본원리와 조화를 생성 발전시켜 나아간다. 태극과 무극 그리고 양의는 한민족의 경전 삼일신고(三一神誥)에서 이르듯 셋이면서 하나이기도 하다.

2) 유래

신시본기(神市本紀)에 의하면 B.C 35세기경 동이(東夷)족의 고대국가인 환웅조 제5대 태우의(太虞儀) 천황의 열두명 아들중 막내인 태호 복희씨가 삼신의 성령을 받고 만리를 환하게 통찰하시게 되었으며 한얼님께 제사 지내고 하늘 가람에서 팔괘를 받으셨다. 복희씨의 직업이 환웅조의 우사(雨師)였기 때문에 천하(天河)에서 하루에 열두번 변하는 신룡(神龍)을 보고 계시받아 우주가 화생 변화라는 암호문인 하도를 그리신 것이다. 이렇게 창조된 태극과 팔괘는 동이족인 문왕━주공━공자━김일부 등의 뛰어난 성인의 노력으로 발전되어 김일부선생에 이르러 완성되었다.

3) 품새

태극 품새는 태극의 깊은 사상과 뜻을 담아 태권도 입문 초기의 유급자 대상으로 제정되었으며 품새선과 서기가 변화되지 않는 태권도 기본사상을 배경으로 하였다. 태극의 일원사상을 골간으로 하되 조화와 근본이치의 형상인 팔괘를 일괘씩 품새에 배정하여 태권도 정신사상과 기술의 깊이와 넓이를 경건하게 받아들이게 했다. 준비서기는 기본준비서기로 힘의 원천인 하단전을 중심으로 주먹을 좌우로 대기 시켜 힘이 뻗어나갈 태세를 갖춘다.

2. 품새 개론

가. 품새의 유래

태권도의 품새는 개체적인 단순한 공격과 방어 수단으로서의 원시적 무술이 인간의 인지가 발달되고 사회가 조직화됨으로써 싸우는 양상이 집단적 공동 대처현상으로 바뀜에 따라 형성되었다.

공동체 구성원을 대상으로한 기술의 수련과 전수의 편리를 위해 무질서하고 복잡다양한 기술은 필연적으로 정리되고 통일되어 갔다. 이런 원시형태의 품새는 실전경험을 통한 기술의 발전과 전통사상 및 의학적인 요소가 첨가되어 점차적인 체계화과정을 거쳐 초기의 품새 형태가 완성되었다.

기마민족이 역사무대의 주역으로 등장한 상고시대의 품새 수련계층은 지배계급이었으며 문헌과 유적에 나타난 최초의 품새 형태는 기원 1세기경으로 그것은 한민족의 강성한 고대국가인 고구려에서였다.

나. 품새의 정의

품새의 품 하나하나는 반만년의 유구한 역사를 통해 정통사상의 정수와 실전경험을 바탕으로 이루어진 과학적인 기술의 결정체이다. 기술적인 측면에서 보면 품새가 곧 태권도이며 기본동작은 품새를 위한 예비동작에 불과하고, 겨루기는 품새의 실전응용에 지나지 않으며 태권도 정신도 문자로 표현되는 상징적이고 추상적인 정신철학 속에 있지 않고 품새에 의한 행동 속에서 찾아진다.

따라서 태권도에 있어서의 품새란? ―태권도 정신과 기술의 정수를 모아 심신수양과 공방원리를 직접 또는 간접으로 나타낸 행동양식이다.

다. 품새의 의의

품새란 공격과 방어의 기술을 규정된 형식(틀, 型)에 맞추어 지도자 없이 수련할 수 있도록 이어 놓은 동작이다.

따라서 품새는 공격과 방어의 기본동작을 연결·수련함으로써 겨루기 기술향상과 동작응용능력 배양 그리고 기본동작에서는 익힐 수 없는 특수기술의 연마(숙달)을 할 수 있는 장점을 지니고 있다.

품새는 품새선에 따라 수련하는데, 품새선이란 품새를 할 때 발의 위치와 그 이동방향을 선(線)으로 표시한 것을 말한다.

라. 품새 수련상 유의점

품새는 공격과 방어의 동작을 이어놓은 것이기 때문에 동작의 변화가 많고 기술의 연결이 다양하며, 몸의 이동 시선 호흡 등에 유의하여야 한다. 이를 단계별로 요약하면 다음과 같다.
가. 품새의 의의와 구성원리를 터득한다.
나. 품새선과 동작 및 방향에 대해 숙지한다.
다. 품새 수련시에는 다음 사항에 유의한다.
　㉠ 시선
　㉡ 몸의 중심이동
　㉢ 속도의 완급
　㉣ 힘의 강약
　㉤ 호흡

마. 품새의 연성

품새의 연성은 하나의 품새를 수련하여 완전하게 성취하는 것이다. 연성에는 다섯 단계가 있고 연성과정의 차례는 지켜져야 한다.
　1) 모양
품새 수련의 첫 과정은 모양을 배우는데 있다. 기압 시선 구성 각도가 중점사항이며 동작의 정확성이 목표이다.
　2) 뜻
모양을 알고 난 다음의 과정으로 중점사항은 중심 강약 완급 숨쉬기 품새선이다. 동작의 뜻, 품과 품이 연결된 법의 뜻, 전체 품새의 뜻을 배운다.

3) 실용
뜻으로 풀은 동작과 법을 실전사용이 가능하게 수련하여 직접적으로 실전에 적용한다.
4) 자기류
실전에 쓰여진 기술의 효과 정도를 자기의 체격과 속도, 힘, 근력, 순발력, 태권도수련중점 등으로 평가하고 기술을 변화시켜 가장 뛰어난 효과가 있는 기술을 알아내어 자기화시키는 과정이다.
5) 완성
자기류에서 발전하여 태권도의 참 정신을 알고 태권도 기법 자체를 완전 소화하여 종합적으로 완성하는 태권도의 최고 경지이다.

바. 품새의 유형

품새의 전수나 수련에 의한 유형은 기법 구성 중점에 의해 구분되나 서로 상관관계를 유지하고, 각 유형은 다시 3가지로 세분화 된다.
1) 기법
기법은 품새 전체의 기술형태를 뜻한다. 태권도의 본질이 무예이므로 실전에 응용이 가능한 기법에 의한 유형의 분류가 가장 중요하다.
① 다양한 기법의 품새
치고 막는 기술 자체가 실전에 응용할 수 있는 기술보다 더 많이 포함된 형태이며 수련을 통해 실전기술을 간추려 단순화시켜야 하는 품새이다.
② 실전기법의 품새
실전 체험기술만으로 이루어지며 치기 위주의 품새와 막기 위주의 품새, 그리고 치기와 막기의 법이 균등한 품새로 구분된다. 기술이 직접적으로 표현되어 품새 연성의 제2단계인 뜻의 풀이는 필요없다.
③ 단순한 기법의 품새
초급과정과 고급과정의 양극으로 구분된다. 고급과정에서는 숨쉬기를 통해 인체 내부의 힘을 기르는 내공의 수련방법이 포함되어 있고 기술이 간접적으로 표현되어 수많은 변화는 수련을 통해 체득해야 한다.
2) 구성
품새의 동작구성은 수많은 형태가 있으나 품과 법, 손기술과 발기술, 서기와 진행방향의 비율 등으로 크게 나누어진다. 품새의 동작은 신체의 고른 발달을 위해 특별한 경우를 제외하고 앞뒤와 왼쪽과 오른 쪽이 같은 동작으로 대칭을 이루고 있다. 따라서 방향에 따른 구성비율은 동일하고 서기도 기술에 비례하므로 태권도의 특징과 구별이 뚜렷한 발기술과 손기술의 구성비율로 분류된다.
① 손기술 위주의 품새
② 발기술 위주의 품새
③ 손기술과 발기술이 균등한 품새
3) 중점
태권도 수련상의 중점인 힘의 강약과 동작의 완급에 대한 편중(치우침)정도에 따라 품새의 유형이 구분된다. 힘의 셈과 동작의 느림, 힘의 여림과 동작의 빠름은 비슷한 유형이다.
① 강하고 느린 품새
② 약하고 빠른 품새

③ 강약과 완급이 균등한 품새
그러나 고급과정에서는 수련이 극진에 달할 경우 위의 분류가 절대적인 것은 아니다.

사. 품새의 구분

품새는 태극 1장부터 8장까지의 유급자품새와 고려부터 일여까지 유단자 품새가 있다.

품새는 기본이 되는 동작과 품으로 구성되었으며 각 품새의 뜻에 맞는 테두리 안에 짜임새 있게 짜여져 있다. 이 테두리를 품새선이라 한다. 이 품새선은 모두가 글씨로 표현되어 있다.

아. 품새선의 종류

ㄱ. 태극품새 : 동양역학에서 말하는 팔괘로 구성되어 있으며 대략 임금왕자 "王"로 표시한다.
ㄴ. 고려품새 : 선비사 "士"
ㄷ. 금강품새 : 뫼산 "山"
ㄹ. 태백품새 : 지울공 "工"
ㅁ. 평원품새 : 한일 "一"
ㅂ. 십진품새 : 열십 "十"
ㅅ. 지태품새 : 한글의 ㅗ모음 "ㅗ"
ㅇ. 천권품새 : 한글의 ㅜ모음 "ㅜ"
ㅈ. 한수품새 : 물수 "水"
ㅊ. 일여품새 : 불교 만 "卍" 등이 있다.

이상과 같이 모두 글씨로 표현이 되여 있다.

자. 품새선 방향 기호

대략 행하는 자의 시작점은 글씨의 아랫부분 가운데가 된다. 그리고 기호는 시작점을 행하는 본인이 서 있는 곳이므로 "나"로 표시하고 "나"의 위치에 대해 전방을 "가"로 표시한다. 또 왼쪽 방향을 "다" 오른쪽을 "라"로 표시했다.

중심부에서 시작하는 경우는 "十" "水" "卍" "一" 등이다. 이때 나의 위치에서 뒷방향은 "마"로 표시했다.

다음은 이 교본에서 사용되는 품새선과 방향표시이다.

```
          다₃—가—라₃                    다₃—가—라₃
태극 1장   다₂———라₂           태극 2장  다₂———라₂
          다₁   나  라₁                  다₁   나  라₁

             가                             가
          다₃—  —라₃                    다₃—  —라₃
태극 3장   다₂— —라₂           태극 4장  다₂— —라₂
          다₁———라₁                    다₁———라₁
              나                             나
```

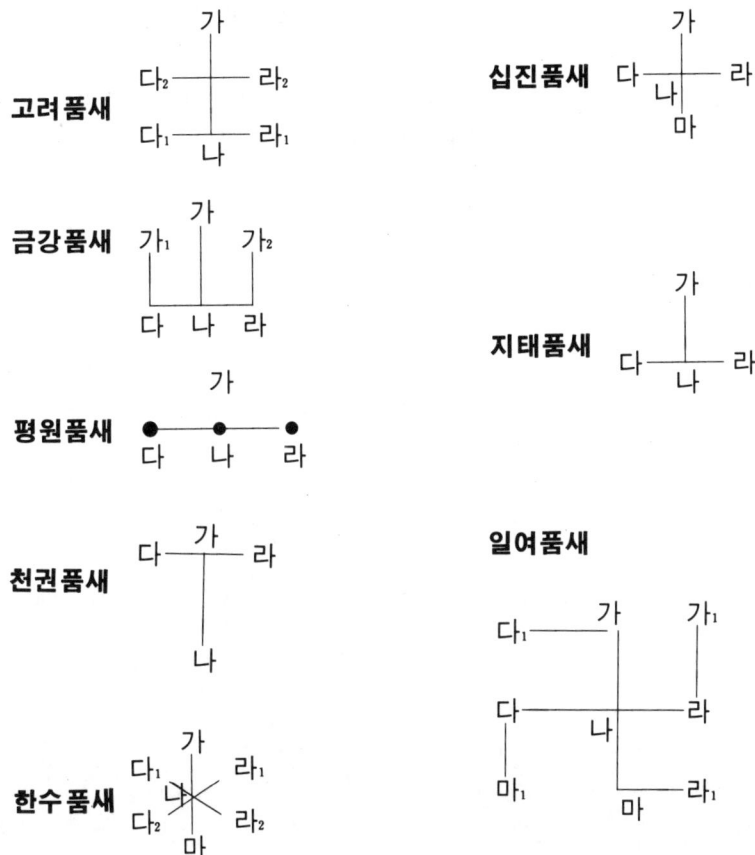

위와 같다.

차. 교본에 사진배치의 방향은 정반대로

교본에 사진배치의 방향은 정반대로 표현되어 있는데 이 교본에서는 품새를 행하는 사람을 위하여 품새선의 방향이 되어 있으므로 교본을 보는 입장에서는 아래와 위 오른쪽과 왼쪽이 서로 바뀌여 표현된 것이다.

예를들면 (금강품새)

이는 내가 "나"의 위치에 서서 실지로 품새를 할 때의 방향표시이다.

이는 수련자가 행하는 것을 위주로 방향 표시가 된 것이며 지도자는 그것을 바라보고 있을 때이다.

　이와같이 교본의 사진은 지도자가 행하는 것이 아니고 상대자, 즉 수련자(시범자)가 행하는 것을 바라보며 배우기 때문에 방향이 반대로 바뀌게 되는 것이다.

태극 1 장

　태극1장은 팔괘의 건(乾)을 의미하며 건은 하늘과 양(陽)을 뜻한다. 건이 만물의 근원되는 시초를 나타낸 것과 같이 태권도에 있어서도 맨 처음의 품새이다. 특징은 서기에서는 가장 쉬운 걷기위주이며 동작은 기초적인 아래막기, 몸통막기, 몸통지르기, 앞차기로 구성되어 있다. 태권도 8급의 품새이다.

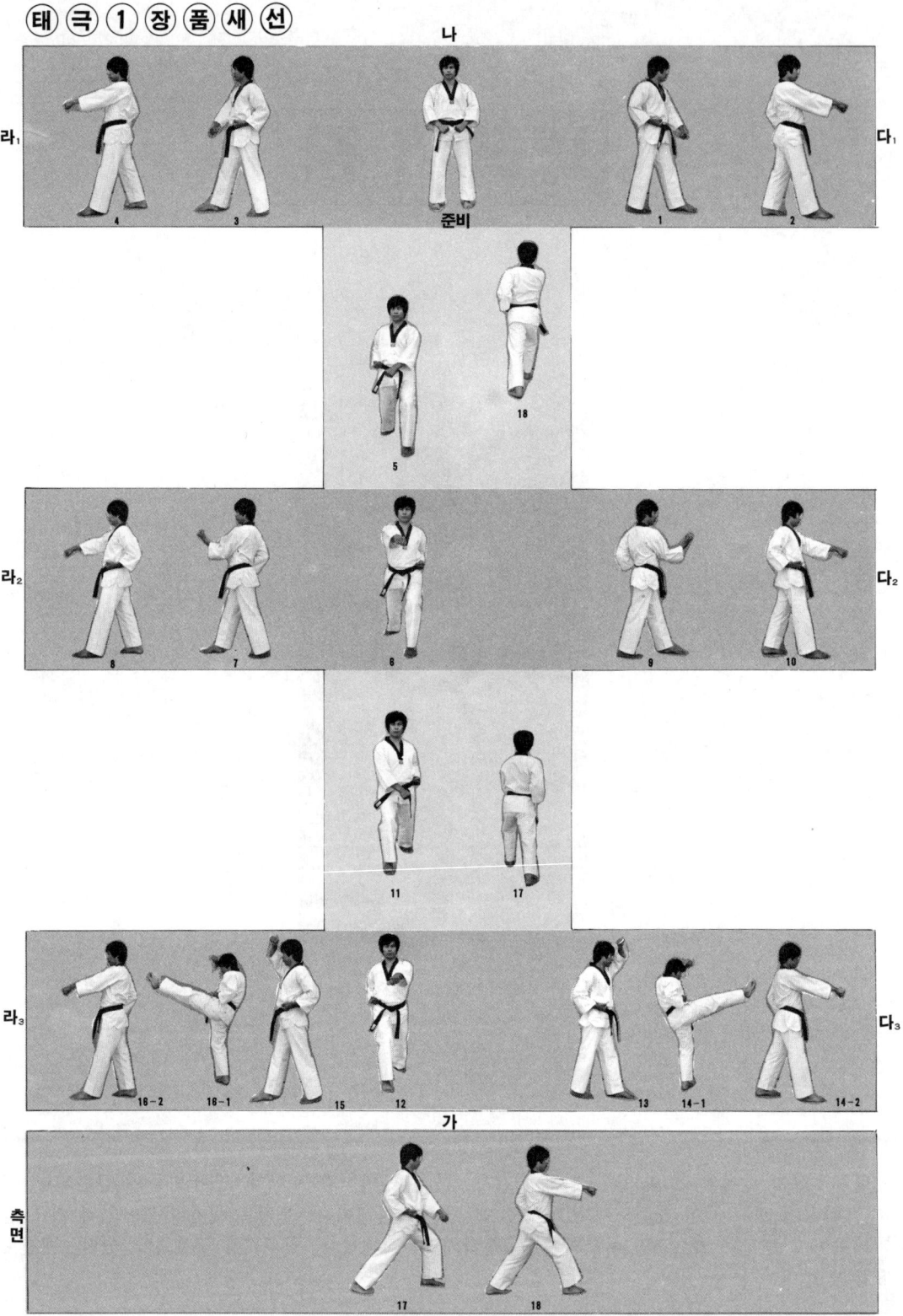

태극1장 품새설명 요약

순서	시선	위치	서 기	동 작	품 명
준비	가	나	나란히서기		기본준비서기
1	다$_1$	다$_1$	왼앞서기	내딛어	아래막기
2	다$_1$	다$_1$	오른앞서기	내딛어	몸통반대지르기
3	라$_1$	라$_1$	오른앞서기	뒤로돌아	아래막기
4	라$_1$	라$_1$	왼앞서기	내딛어	몸통반대지르기
5	가	가	왼앞굽이	돌아	아래막기
6	가	가	왼앞굽이	서기, 그대로	몸통바로지르기
7	라$_2$	라$_2$	오른앞서기	옮겨딛어	몸통안막기
8	라$_2$	라$_2$	왼앞서기	내딛어	몸통바로지르기
9	다$_2$	다$_2$	왼앞서기	뒤로돌아	몸통안막기
10	다$_2$	다$_2$	오른앞서기	내딛어	몸통바로지르기
11	가	가	오른앞굽이	돌아	아래막기
12	가	가	오른앞굽이	서기, 그대로	몸통바로지르기
13	다$_3$	다$_3$	왼앞서기	옮겨딛어	얼굴막기
14	다$_3$	다$_3$	오른앞서기	오른발 앞차고 내딛어	몸통반대지르기
15	라$_3$	라$_3$	오른앞서기	뒤로돌아	얼굴막기
16	라$_3$	라$_3$	왼앞서기	왼발앞차고 내딛어	몸통반대지르기
17	나	나	왼앞굽이	옮겨딛어	아래막기
18	나	나	오른앞굽이	내딛어	몸통반대지르기 —기합—
그만	가	나	나란히서기	왼발끌어 왼쪽으로 돌아	기본준비서기

#

준비 : "나"의 위치에서 "가"방향을
　　　바라보며
　　　기본 준비 서기

1. "다₁"방향 왼발 내딛어
　　왼 앞서기
　　아래막기

4. "라₁"방향 왼발 내딛어
　　왼 앞서기
　　몸통 반대지르기

2. "다₁"방향 오른발 내딛어
　　오른 앞서기
　　몸통 반대지르기

3. "라₁" 방향 오른발 옮겨 뒤로 돌아
　　오른 앞서기
　　아래막기

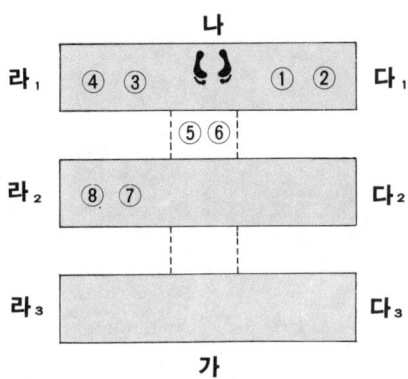

5. "**가**"방향 왼발 옮겨딛어
   왼 앞굽이
   아래막기

8. "**라₂**"방향 왼발 내딛어
   왼 앞서기
   몸통 바로지르기

7. "**라₂**"방향 오른발 옮겨딛고
   오른 앞서기
   몸통 안막기

6. "**가**"방향 두발 제자리 그대로
   왼 앞굽이(서기 그대로)
   몸통 바로지르기

224 6장 태권도 품새

9. "**다₂**"방향 왼발 옮겨 뒤로 돌아
    왼 앞서기
    몸통 안막기

10. "**다₂**"방향 오른발 내딛어
    오른 앞서기
    몸통 바로지르기

11. "**가**"방향 오른발 옮겨 돌아
    오른 앞굽이
    아래막기

12. "**가**"방향 두발 제자리 그대로
    오른 앞굽이(서기 그대로)
    몸통 바로지르기

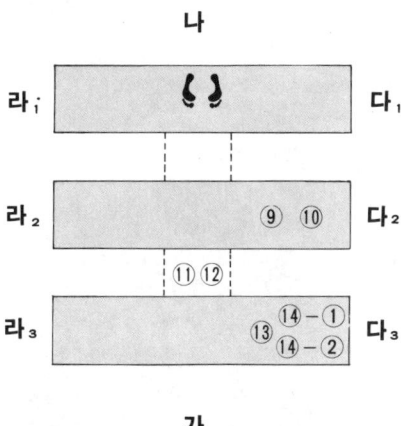

13. "다₃"방향 왼발 옮겨 딛고
    왼 앞서기
    얼굴막기

14. "다₃"방향 오른발 앞차기 하고
    내딛어
    오른 앞서기
    몸통 반대지르기

차기를 하고 이어서 지르기를 할 때는 별다른 지시가 없는한 찬 다리 쪽의 주먹으로 지르기를 한다.

16. "라₃"방향 왼발 앞차기 차고
내딛어
왼 앞서기
몸통 반대지르기

15. "라₃" 방향 오른발 옮겨 뒤로 돌아
오른 앞서기
얼굴막기

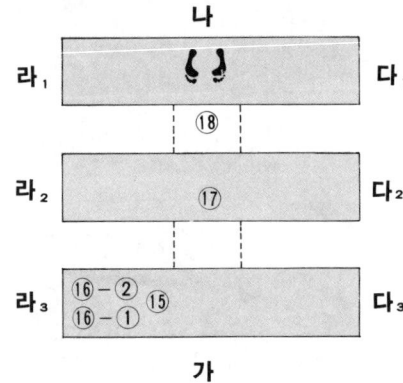

태극 1 장

18. **"나"** 방향 오른발 내딛어
    오른 앞굽이
    몸통 반대지르기   -기합-

그만. 오른발 제자리 **"나"**의 위치에서 왼발을 끌어 왼쪽으로(시계반대 방향) 몸을 돌려 **"가"** 방향을 바라보며
기본준비서기

17. **"나"** 방향 왼발 옮겨 앞으로 돌아
    왼 앞굽이
    아래막기

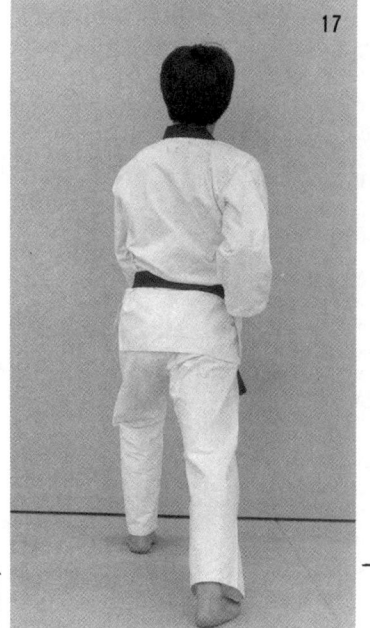

1 동작 응용
상대가 나를 향하여 앞차기를 할때 나는 아래막기로 막는다.

2 동작 응용
바로 따라들어가며 역습으로 몸통 반대지르기로 공격한다.

태극1장
응용

5 동작 응용
상대가 앞차기를 찰때 아래막기로 막는다.

6 동작 응용
상대가 피하거나 역습하기 전에 바르게 몸통 바로지르기로 역습한다.

7 동작 응용
상대가 몸통지르기로 질러오는 것을 몸통 안막기로 막는다.

8 동작 응용
상대가 몸통 지르기 한 것이 막히므로 주춤하여 물러날때 따라들어가며 몸통 바로지르기로 역습한다.

13 동작 응용
상대가 얼굴지르기로 질러오는 것을 얼굴막기로 막는다.

14-2 동작 응용
몸통 반대지르기로 역습한다.

14-1 동작 응용
상대에게 역습으로 앞차기를 차고 따라들어가며

태극 2 장

　태극 2장은 팔괘의 태(兌)를 의미하며 태는 속으로 단단하고 겉으로는 부드럽다는 뜻이다. 태극 1장을 수련하여 품새에 대한 알찬 마음이 생겨 기초적인 막기와 차기를 할 수 있는 품새다. 새로운 동작은 얼굴 막기이며 앞차기 동작을 많이 넣어 몸에 익히게 하였다. 태권도 7급이 수련하는 품새이다.

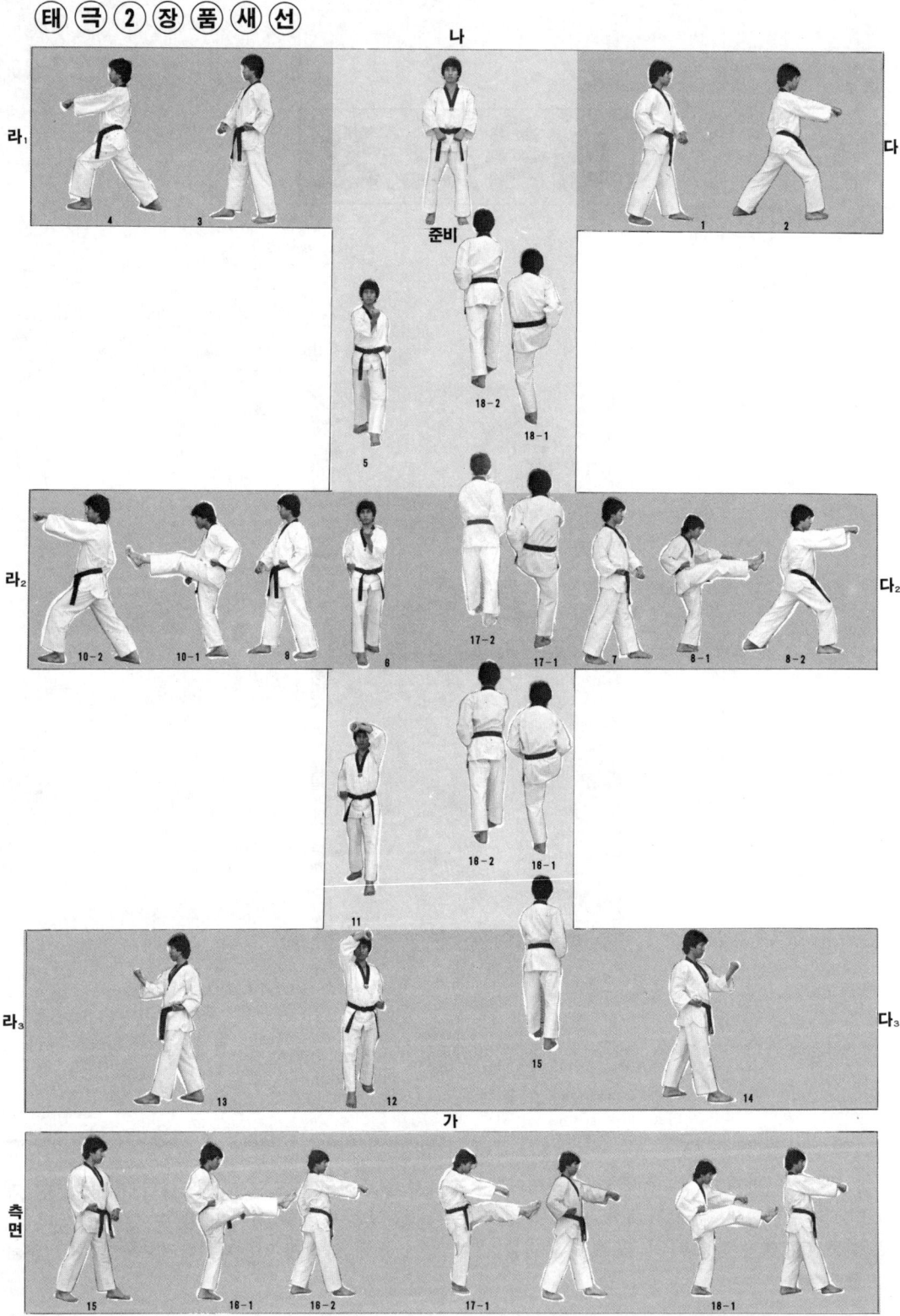

태극2장 품새설명 요약

순서	시선	위치	서 기	동 작	품 명
준비	가	나	나란히서기		기본준비서기
1	다₁	다₁	왼앞서기	내딛어	아래막기
2	다₁	다₁	오른앞굽이	내딛어	몸통반대지르기
3	라₁	라₁	오른앞서기	뒤돌아	아래막기
4	라₁	라₁	왼앞굽이	내딛어	몸통반대지르기
5	가	가	왼앞서기	돌아	몸통안막기
6	가	가	오른앞서기	내딛어	몸통안막기
7	다₂	다₂	왼앞서기	옮겨 딛어	아래막기
8	다₂	다₂	오른앞굽이	오른발 앞차고 내딛어	얼굴반대지르기
9	라₂	라₂	오른앞서기	뒤로 돌아	아래막기
10	라₂	라₂	왼앞굽이	왼발 앞차고 내딛어	얼굴반대지르기
11	가	가	왼앞서기	돌아	얼굴막기
12	가	가	오른앞서기	내딛어	얼굴막기
13	라₃	라₃	왼앞서기	돌아	몸통안막기
14	다₃	다₃	오른앞서기	두 다리 그자리 방향바꿔	몸통안막기
15	나	나	왼 앞서기	옮겨 딛어	아래막기
16	나	나	오른앞서기	오른발 앞차고 내딛어	몸통반대지르기
17	나	나	왼앞서기	왼발 앞차고 내딛어	몸통반대지르기
18	나	나	오른앞서기	오른발 앞차고 내딛어	몸통반대지르기 —기합—
그만	가	나	나란히서기	왼발 끌어 왼쪽으로 돌아	기본준비서기

준비 : "**나**" 위치에서 "**가**"를 바라보며
기본준비서기

1. "**다₁**" 방향 왼발 내딛어
   왼 앞서기
   아래막기

2. "**다₁**" 방향 오른발 내딛어
   오른 앞굽이
   몸통 반대지르기

4. "**라₁**" 방향 왼발 내딛어
   왼 앞굽이
   몸통 반대지르기

3. "**라₁**" 방향 오른발 옮겨 뒤로 돌아
   오른 앞서기
   아래막기

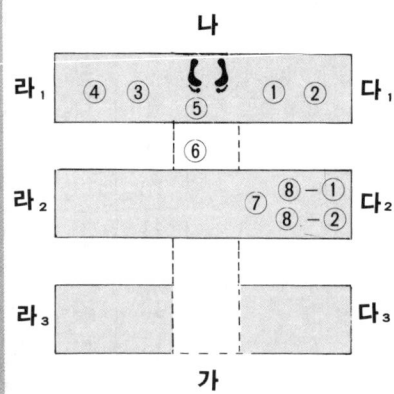

5. "**가**" 방향 왼발 옮겨 돌아
   왼 앞서기
   몸통 안막기

6. "**가**" 방향 오른발 내딛어
   오른 앞서기
   몸통안막기

7. "**다₂**" 방향 왼발 옮겨 딛고
   왼 앞서기
   아래막기

8. "**다₂**" 방향 오른발 앞차기 차고
   내딛어
   오른 앞굽이
   얼굴 반대지르기

236   6장 태권도 품새

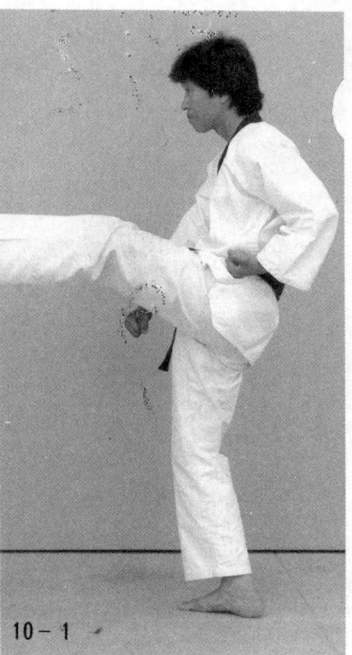

10. "**라₂**"방향 왼발 앞차기 차고
    내딛어
    왼 앞굽이
    얼굴 반대지르기

9. "**라₂**"방향 오른발 옮겨 뒤로 돌아
    오른 앞서기
    아래막기

11. "**가**"방향 왼발 옮겨 돌아
    왼 앞서기
    얼굴막기

12. "**가**"방향 오른발 내딛어
    오른 앞서기
    얼굴막기

태극 2장 237

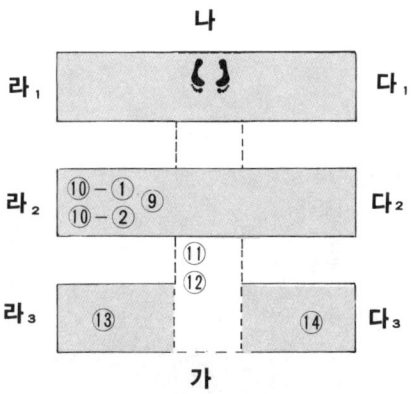

13. "라₃"방향 왼발 옮겨 돌아
    왼 앞서기
    몸통안막기
14. "다₃"방향 오른발 약간
    옮겨
    방향을 바꾸어
    오른 앞서기
    몸통 안막기

238 6장 태권도 품새

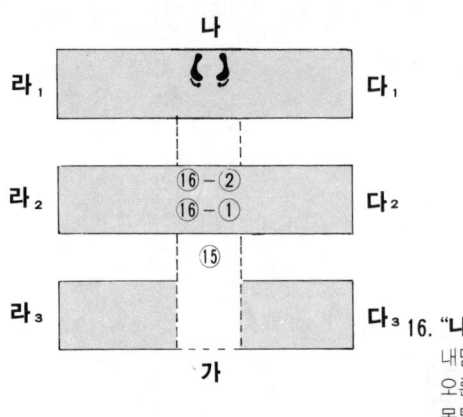

16. "**나**"방향 오른발 앞차기 차고
    내딛어
    오른 앞서기
    몸통 반대 지르기

15. "**나**"방향 왼발 내딛어
    왼 앞서기
    아래막기

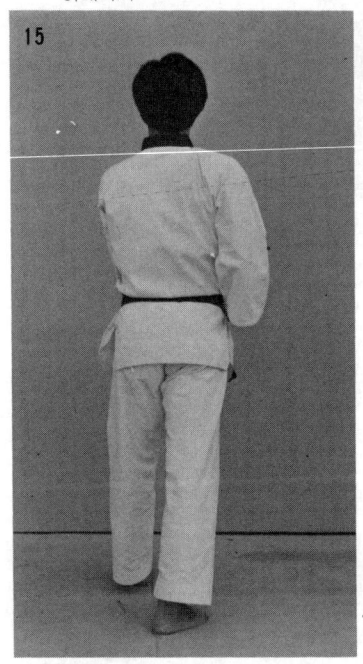

태극 2 장   239

17. "**나**"방향 왼발 앞차기 차고
    내딛어
    왼 앞서기
    몸통 반대 지르기

18. "**나**"방향 오른발 앞차기 차고
    내딛어
    오른 앞서기
    몸통 반대지르기 —기합—

그만

그만. 오른발 제자리 "**나**"의 위치에서
몸 왼쪽으로 돌려 왼발 끌어 "**가**"
방향을 바라보며
기본 준비서기.

태극2장 응용

13 동작 응용

양쪽의 상대가 몸통지르기를 질러올 때 왼쪽 상대를 몸통 안막기로 막고 계속하여 오른쪽 상대를 몸통 안막기로 막는다.

※ 13동작에서 오른팔목으로 몸통 안막기를 하고 이어서 변화를 주어 등주먹으로 상대의 얼굴 앞치기로도 공격할 수 있다. 이는 많은 숙달이 되어 동작이 빨라질 때 또는 상대와 실력 차이가 많을 때 성공할 수 있다.

태극 3 장

　태극 3장은 팔괘의 이(離)를 의미하며 이는 불을 나타내고 뜨겁고 밝음을 지닌다. 태권도 품새 수련을 통한 불같은 정의심과 수련의욕이 생겨나 파란띠로 승급할 수 있는 과정이다.
　새로운 동작은 손날목치기, 손날막기이고 새로운 서기는 뒷굽이이며 기술은 연속막고 치기와 차고 연속지르기가 특성이다. 빠른 속도로 상대로 부터의 치기를 막고 되치는 기술의 힘을 중요시 한다. 태권도 6급이라야 수련할 수 있다.

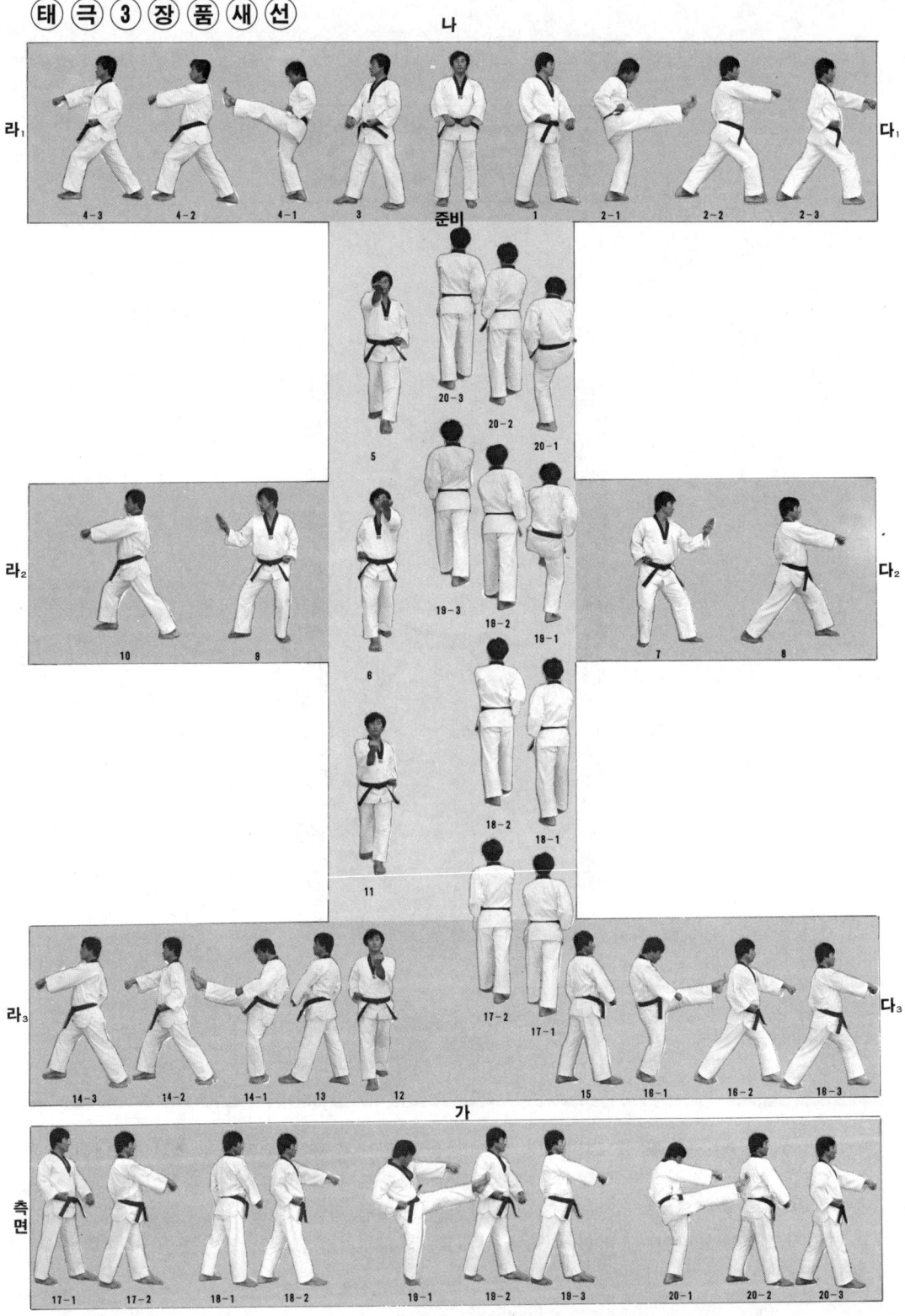

태극3장 품새설명 요약

순서	시선	위치	서 기	동 작	품 명
준비	가	나	나란히서기		기본준비서기
1	다$_1$	다$_1$	왼앞서기	내딛어	아래막기
2	다$_1$	다$_1$	오른앞굽이	오른발 앞차고 내딛어	몸통두번지르기
3	라$_1$	라$_1$	오른앞서기	뒤로 돌아	아래 막기
4	라$_1$	라$_1$	왼앞굽이	왼발 앞차고 내딛어	몸통두번지르기
5	가	가	왼앞서기	돌아	제비품한손날목치기
6	가	가	오른앞서기	내딛어	제비품한손날목치기
7	다$_2$	다$_2$	오른뒷굽이	왼발 옮겨딛어	한손날몸통옆막기
8	다$_2$	다$_2$	왼앞굽이	왼발 약간 밀고 나가	몸통바로지르기
9	라$_2$	라$_2$	왼뒷굽이	오른발 약간 끌어들여	한손날몸통옆막기
10	라$_2$	라$_2$	오른앞굽이	오른발 약간 밀고 나가	몸통바로지르기
11	가	가	왼앞서기	옮겨딛어	몸통안막기
12	가	가	오른앞서기	내딛어	몸통안막기
13	라$_3$	라$_3$	왼앞서기	돌아	아래막기
14	라$_3$	라$_3$	오른앞굽이	오른발 앞차고 내딛어	몸통두번지르기
15	다$_3$	다$_3$	오른앞서기	뒤로 돌아	아래막기
16	다$_3$	다$_3$	왼앞굽이	왼발 앞차고 내딛어	몸통두번지르기
17	나	나	왼앞서기	돌아 아래막기	몸통바로지르기
18	나	나	오른앞서기	내딛어 아래막기	몸통바로지르기
19	나	나	왼앞서기	왼발 앞차고 내딛어 아래막기	몸통바로지르기
20	나	나	오른앞서기	오른발 앞차고 내딛어 아래막기	몸통바로지르기 —기합—
그만	가	나	나란히서기	왼발 왼쪽으로 돌아	기본준비서기

태극 3 장

준비

준비 : "**나**"의 위치에서 "**가**"를
바라보며
기본 준비서기

1

1. "**다₁**" 방향 왼발 내딛어
   왼 앞서기
   아래막기

2-1

2. "**다₁**"방향 오른발 앞차기 차고
   내딛어
   오른 앞굽이
   몸통 두 번 지르기

※ 차기를 하고 두 번 지르기 할 때도
  차는 다리쪽의 주먹을 먼저 지른다.

4. "**라**," 방향 왼발 앞차기 차고
   내딛어
   왼 앞굽이
   몸통 두 번 지르기

3. "**라**," 방향 오른발 옮겨 뒤로 돌아
   오른 앞서기
   아래막기

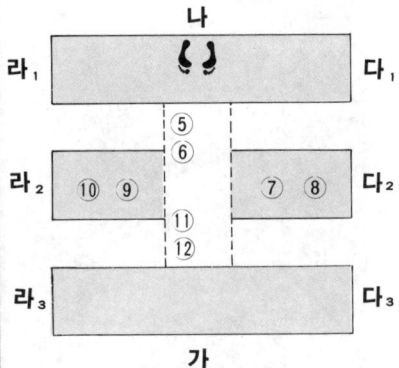

5. "**가**" 방향 왼발 옮겨 딛고
   왼 앞서기
   한손날 제비품 목치기

6. "**가**" 방향 오른발 내딛어
   오른 앞서기
   한손날 제비품 목치기

7. "**다₂**" 방향 왼발 옮겨
   오른 뒷굽이
   한손날 몸통 옆막기

8. "**다₂**" 방향 오른발 제자리 왼발 반걸음 밀고나가
   왼 앞굽이
   몸통 바로 지르기

10. "라₂" 방향 왼발 제자리 오른발 반 걸음 밀고나가 오른 앞굽이 몸통 바로 지르기

9. "라₂" 방향 왼발 제자리 방향 바꿔 왼 뒷굽이 한손날 몸통 옆막기

11. "가" 방향 왼발 옮겨 딛고 왼 앞서기 몸통 안막기

12. "가" 방향 오른발 내딛어 오른 앞서기 몸통 안막기

250   6장 태권도 품새

15. "**다₃**" 방향 오른발 옮겨 뒤로 돌아
    오른 앞서기
    아래 막기

16. "**다₃**" 방향 왼발 앞차기 차고
    내딛어
    왼 앞굽이
    몸통 두 번 지르기

14. "**라₃**"방향 오른발 앞차기 차고
 내딛어
 오른 앞굽이
 몸통 두 번 지르기

13. "**라₃**"방향 왼발 옮겨 돌아
 왼 앞서기
 아래 막기

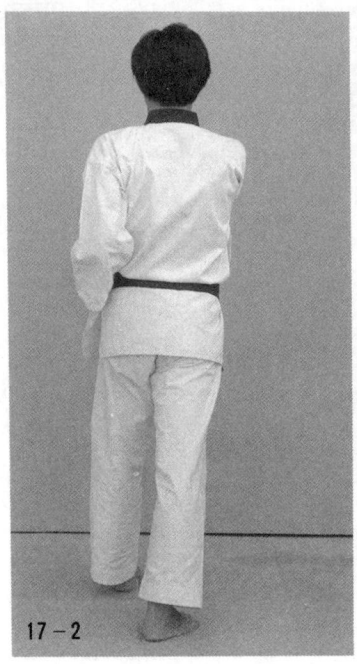 

17. **"나"** 방향 왼발 옮겨 돌아
   왼 앞서기
   아래막기 하고 계속하여
   몸통 바로지르기

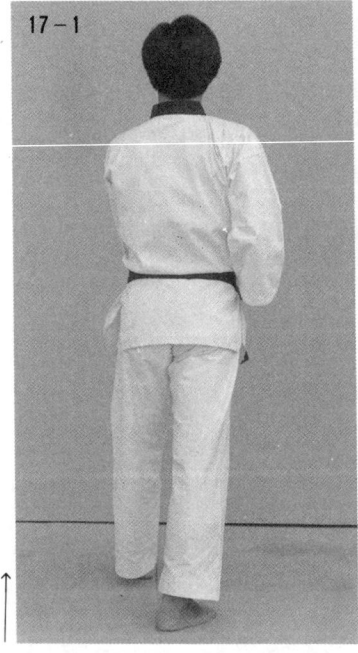 

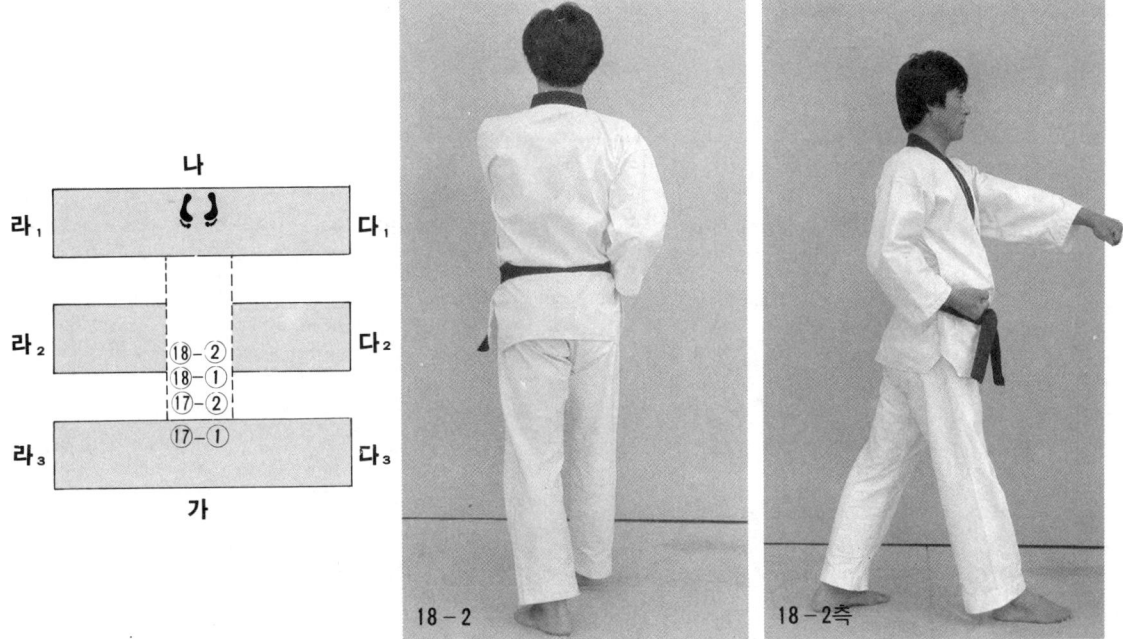

18. "**나**"방향 오른발 내딛어
    오른 앞서기
    아래막기 하고
    몸통 바로 지르기

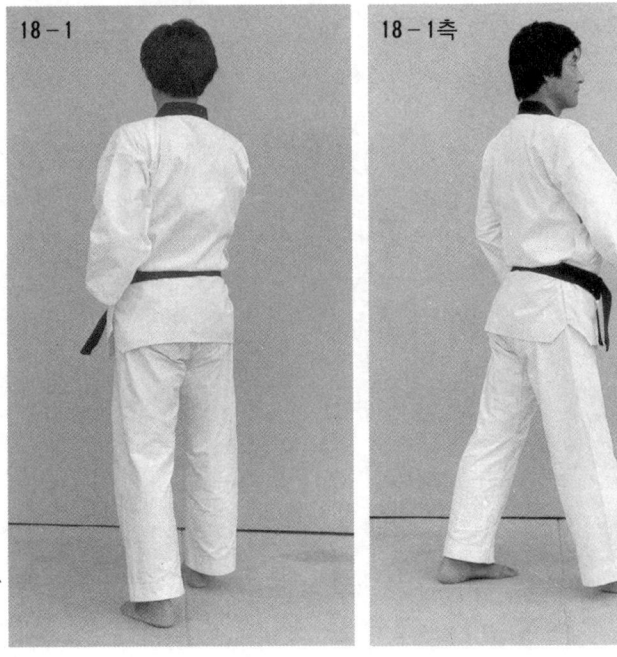

19. "**나**"방향 왼발 앞차기 차고
    내딛어
    왼 앞서기 아래막기 하고
    몸통 바로 지르기

20. "나"방향 오른발 앞차기 차고
  내딛어
  오른 앞서기 아래막기 하고
  몸통 바로지르기 -기합-

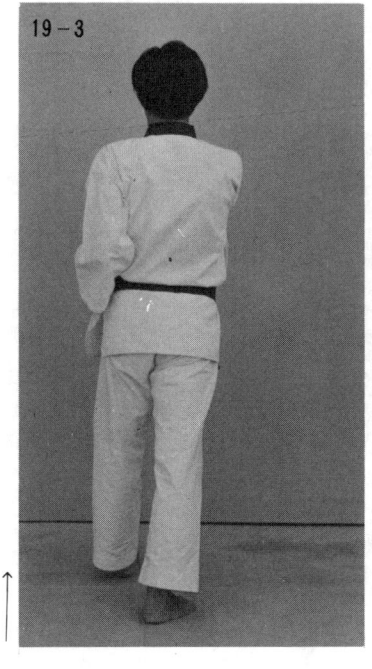 

20-3

20-3측

그만. 오른발 제자리 **"나"**의 위치에서 몸 왼쪽으로 돌려 왼발 끌어 **"가"**방향을 바라보며 기본 준비 서기

그만

20-2

20-2측

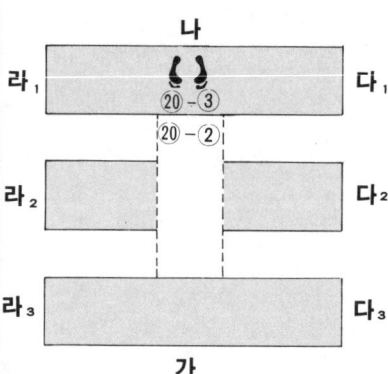

1 동작 응용
상대의 앞차기 차오는 것을 아래막기로 막으며

2-1 동작 응용
바로 앞차기로 차고

태극3장
응용

2-2 동작 응용
이어서 몸통 두 번 지르기를 한다.

2-3 동작응용

7 동작 응용
상대의 몸통지르기를 한손날 옆막기로 막고

8 동작 응용
이어서 몸통 바로지르기로 역습한다.
※ 막고 지르기를 빠르게 변화시켜야 한다.

18-2 동작 응용
아래막기로 막고 이어서 바로지르기로 역습한다.

※ 상대도 이제는 나의 기법을 읽어 역습이 빠르므로 나도 한수 위 기법을 사용하여 역습을 하여야 한다.
또 수련에 있어 기술의 변화 속도가 빨라야 함을 명심하여야 할 것이다.

18-1 동작 응용
상대를 앞차기로 찼을 때 상대가 아래막기를 하고 앞차기로 역습하여 오는 것을

태극 4장

　　태극 4장은 팔괘의 진(震)을 의미하며 진은 우뢰를 나타내고 큰힘과 위엄있는 뜻을 지니고 있다. 파란띠위 품새답게 차원 높은 기술과 동작이 많다. 새로운 동작은 손날몸통막기 편손끝찌르기, 제비품목치기, 옆차기, 몸통바깥막기, 등주먹얼굴앞에치기이고 특수한 미끄럼발이 있다. 겨루기에 대비한 각종 동작과 뒷굽이 서기가 많다는 것이 특징이다. 태권도 5급의 과정이다.

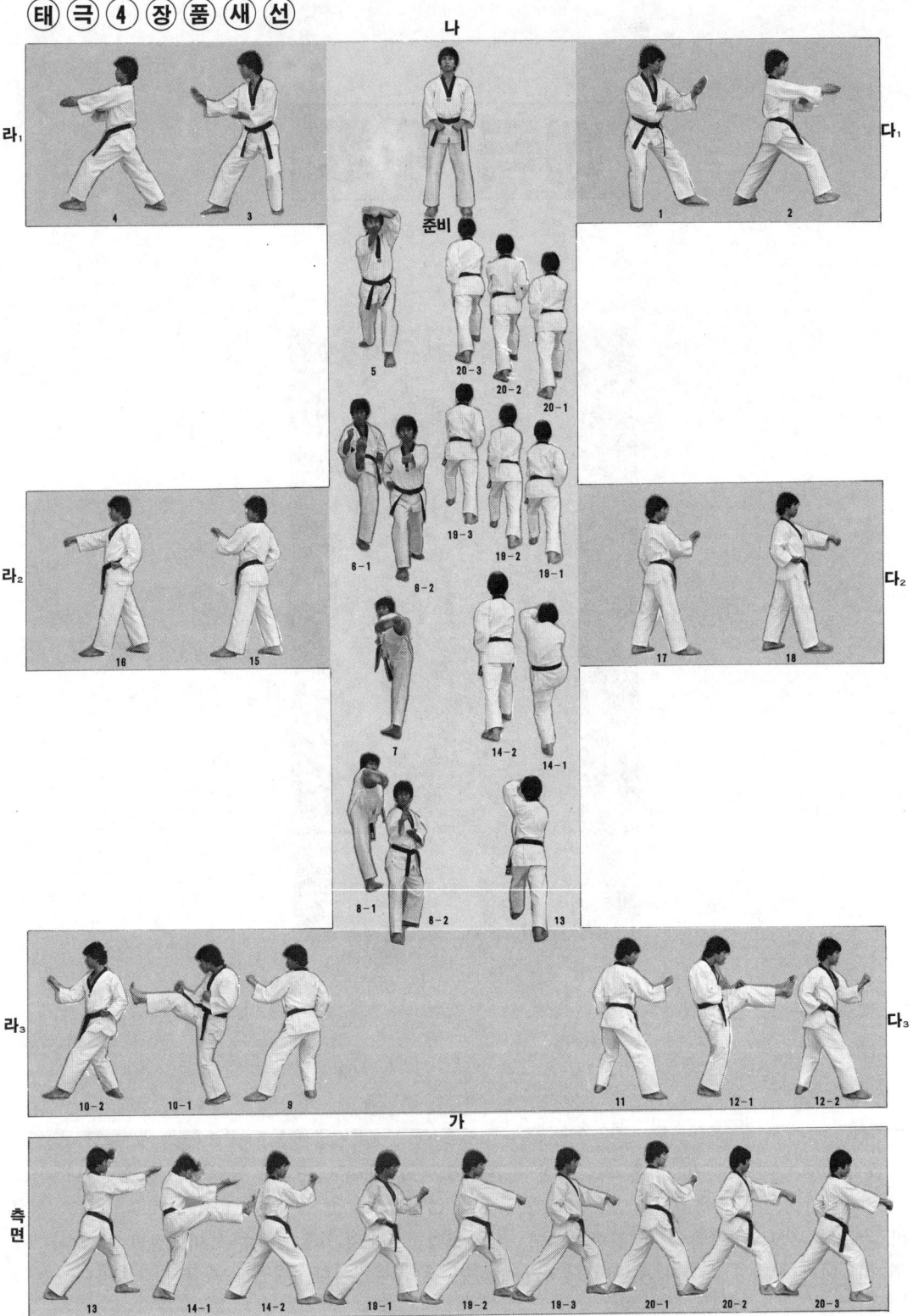

태극 4 장 품새설명 요약

순서	시선	위치	서 기	동 작	품 명
준비	가	나	나란히서기		기본준비서기
1	다₁	다₁	오른뒷굽이	내딛어	손날몸통막기
2	다₁	다₁	오른앞굽이	내딛어	편손끝세워찌르기
3	라₁	라₁	왼뒷굽이	뒤로 돌아	손날몸통막기
4	라₁	라₁	왼앞굽이	내딛어	편손끝세워찌르기
5	가	가	왼앞굽이	돌아	제비품목치기
6	가	가	오른앞굽이	오른발 앞차고 내딛어	몸통바로지르기
7	가	가		왼발옆차기하고	
8	가	가	왼뒷굽이	오른발 옆차고 내딛어	손날몸통막기
9	라₃	라₃	오른뒷굽이	돌아	몸통바깥막기
10	라₃	라₃	오른뒷굽이	오른발 앞차고 제자리 물려딛어	몸통안막기
11	다₃	다₃	왼뒷굽이	두다리 제자리 방향 바꾸어	몸통바깥막기
12	다₃	다₃	왼뒷굽이	왼발 앞차고 제자리 물려 딛어	몸통안막기
13	나	나	왼앞굽이	옮겨딛어	제비품목치기
14	나	나	오른앞굽이	오른발 앞차고 내딛어	등주먹얼굴앞치기
15	라₂	라₂	왼앞서기	옮겨딛어	몸통막기
16	라₂	라₂	왼앞서기	두다리 제자리 서기 그대로	몸통바로지르기
17	다₂	다₂	오른앞서기	두다리 제자리 방향 바꾸어	몸통막기
18	다₂	다₂	오른앞서기	두다리 제자리 서기 그대로	몸통바로지르기
19	나	나	왼앞굽이	옮겨딛어(몸통막기)	몸통두번지르기
20	나	나	오른앞굽이	내딛어(몸통막기)	몸통두번지르기-기합-
그만	가	나	나란히서기	왼발끌어 왼쪽으로 돌아	기본준비서기

태극 4 장

준비 : "**나**"의 위치에서 "**가**"방향을
바라보며
기본 준비 서기

1. "**다**₁"방향 왼발 내딛어
오른 뒷굽이
손날 몸통막기

2. "**다**₁"방향 오른발 내딛으며
눌러막기를 하고
오른 앞굽이
편손끝 세워찌르기

3. "**라**₁" 방향 오른발 옮겨 뒤로 돌아
왼 뒷굽이
손날 몸통막기

4. "**라**₁"방향 왼발 내딛으며
눌러막기를 하고
왼 앞굽이
편손끝 세워찌르기

5. "가" 방향 왼발 옮겨 돌아
　왼 앞굽이
　제비품 목치기

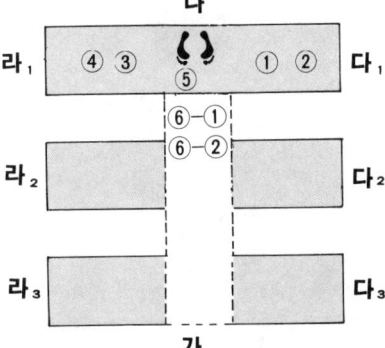

6. "가" 방향 오른발 앞차기 하고
　내딛어
　오른 앞굽이
　몸통 바로지르기

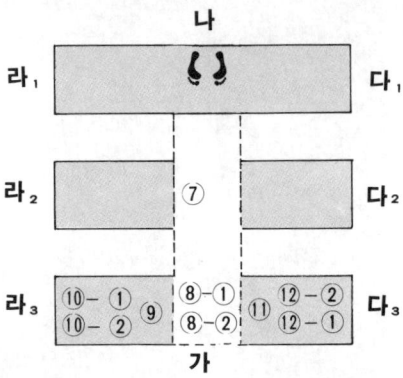

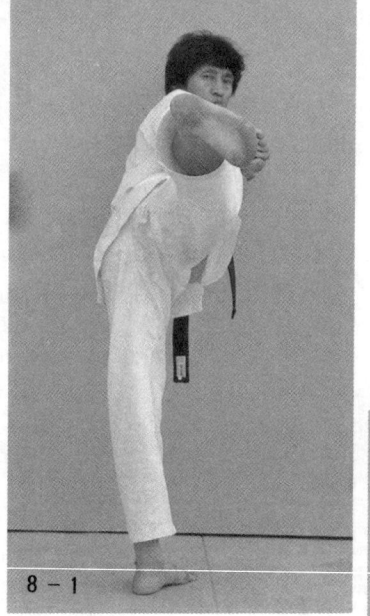

8. 오른발 옆차기를 차고
   내딛어
   (왼발, 오른발 이어 옆차기)
   왼 뒷굽이
   손날 몸통 막기

10. "라₃" 방향 오른발 앞차기 차고
    제자리 물려 딛어
    오른 뒷굽이
    몸통 안막기

9. "라₃" 방향 왼발 옮겨 돌아
   오른 뒷굽이
   몸통 바깥막기

11. "다₃" 방향 두발 제자리 방향 바꿔
    왼 뒷굽이
    몸통 바깥막기

12. "다₃" 방향 왼발 앞차기 차고
    제자리 물려 딛어

왼 뒷굽이
몸통 안막기

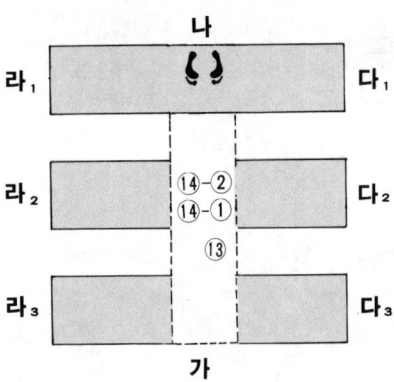

14. "나" 방향 오른발 앞차기 차고
    내딛어
    오른 앞굽이
    등주먹앞치기

13. "나" 방향 왼발 옮겨 딛어
    왼 앞굽이
    제비품 목치기

태극 4장 267

16. "라₂" 방향 두발 제자리
    왼 앞서기 (서기 그대로)
    몸통 바로지르기

15. "라₂" 방향 왼발 옮겨 딛고
    왼 앞서기
    몸통막기

17. "다₂" 방향 두발 제자리 방향 바꿔
    오른 앞서기
    몸통막기

18. "다₂" 방향 두발 제자리
    오른 앞서기 (서기 그대로)
    몸통 바로지르기

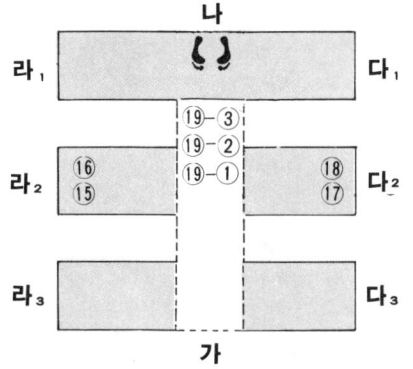

19. "**나**"방향 왼발 옮겨 딛어
왼 앞굽이
몸통막기하고 이어서
몸통 두 번 지르기

270 6장 태권도 품새

20. "**나**"방향 오른발 옮겨 딛어
 오른 앞굽이
 몸통막기하고 이어서
 몸통 두 번 지르기 -기합-

그만. 오른발 제자리 "**나**"의 위치에서
몸 왼쪽으로 돌며 "**가**"방향을
바라보며
기본 준비 서기

그만

20 - 3 측면

20 - 2 측면

20 - 1 측면

1 동작 응용
상대가 몸통 반대지르기로 지를때 손날 몸통막기로 막는다.

2 - 1 동작 응용
상대가 이어서 몸통 바로지르기로 지를때

태극4장 응용

2 - 2 동작 응용
눌러막기로 막으며 잡아 끌어 편손끝 세워찌르기로 찌른다.

7 동작 응용
상대가 물러나는 것을 따라 들어가며
왼발 옆차기로 차고

8 - 1 동작 응용
또 이어 오른발 옆차기로 또 찬다.

8 - 2 동작 응용
상대가 공격하여 들어오면 손날 몸통막기로 막는다.

9 동작 응용
상대의 몸통 지르기를 몸통바깥 막기로 막고 앞차기로 역습한다.

10-1 동작 응용
그러나 상대가 앞차기를 아래막기로 막고

10-2 동작 응용
몸통 지르기로 역습하는 것을 몸통 안막기로 막는다.

13 동작 응용
상대가 얼굴 지르기로 지르는 것을 제비품목치기로
역습하고

14-1 동작 응용

14-2 동작 응용
이어 얼굴 막은 손으로 상대의 팔목을 잡아끌면서
오른발 앞차기로 차고

14-3 동작 응용
오른발 앞으로 내딛고 오른 등주먹 얼굴
앞치기로 공격한다.

15 동작 응용
두 상대가 좌우에서 거리를 두고
몸통 지르기로 번갈아 공격할 때
왼쪽의 공격을 몸통 막기로 막고
이어서 몸통 바로지르기로 역습한다.

16 동작 응용

17 동작 응용
이어서 오른쪽의 공격을
몸통 막기로 막고
몸통 바로지르기로 역습한다.

18 동작 응용

태극 5 장

　태극 5장은 팔괘의 손(巽)을 의미하며 손은 바람을 나타내고 바람의 강약에 따라 위세와 고요의 뜻을 지닌다. 힘의 강약을 조절할 수 있는 수련단계라 할 수 있겠다.
　새로운 동작은 메주먹내려치기, 팔굽돌려치기, 옆차며옆지르기, 팔굽표적치기가 있고, 서기는 꼬아서기와 왼서기, 오른서기가 나온다. 특징으로는 차기 뒤에 아래막고 몸통막기가 막기만 연속되는 동작과 뛰어 구르면서 치는 동작이 특수하고 표적치기 시에는 표적이 움직이지 않게 주의해야 한다. 태권도 4급의 과정이다.

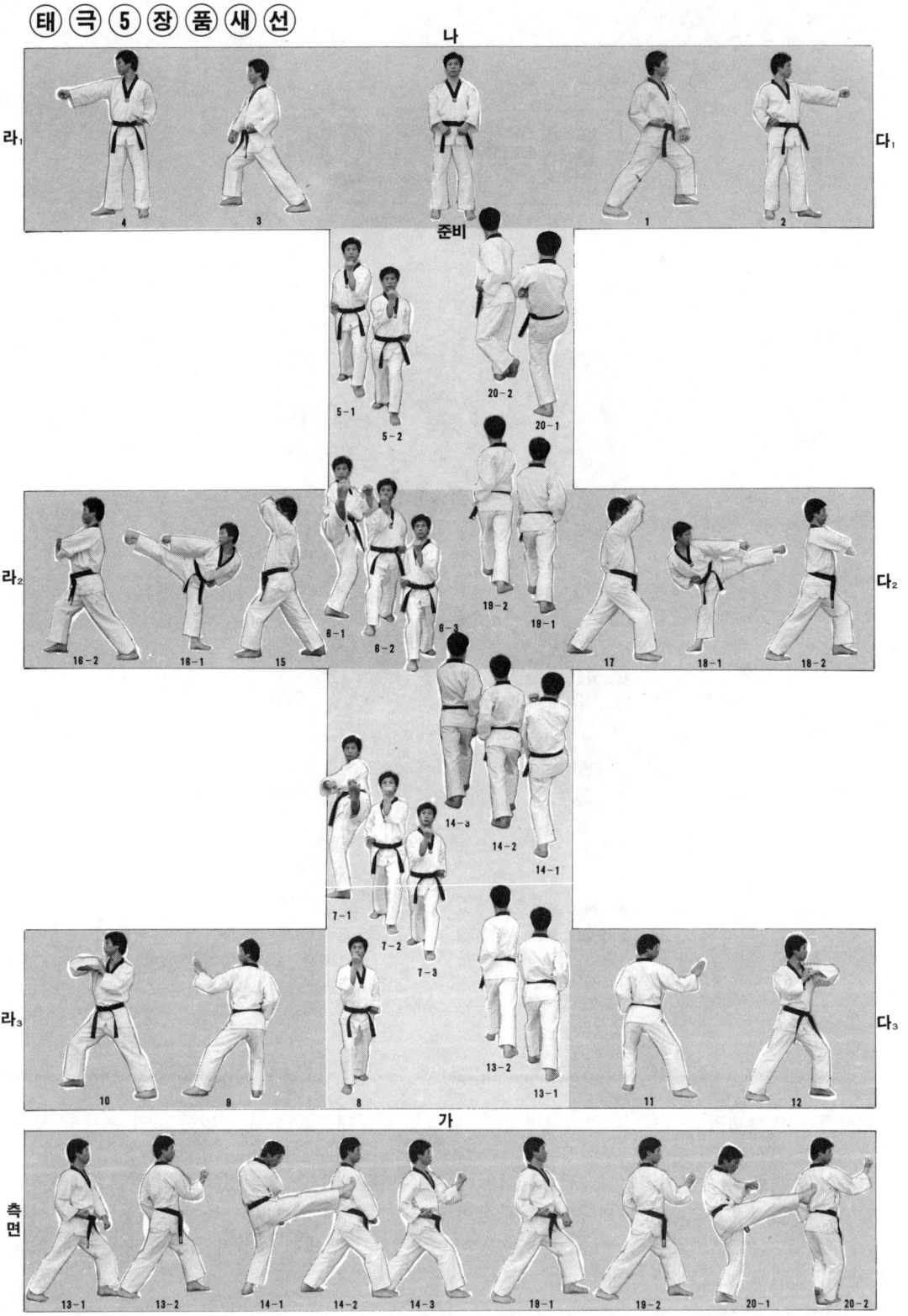

태극 5장 품새설명 요약

순서	시선	위치	서 기	동 작	품 명
준비	가	나	나란히서기		기본준비서기
1	다₁	다₁	왼앞굽이	내딛어	아래막기
2	다₁	다₁	왼서기	끌어들여	메주먹 내려치기
3	라₁	라₁	오른앞굽이	방향바꾸어 내딛어	아래막기
4	라₁	라₁	오른서기	끌어들여	메주먹 내려치기
5	가	가	왼앞굽이	내딛어 몸통막기	몸통안막기
6	가	가	오른앞굽이	오른발 앞차고 내딛어 등주먹 앞치기	몸통안막기
7	가	가	왼앞굽이	왼발 앞차고 내딛어 등주먹 앞치기	몸통안막기
8	가	가	오른앞굽이	내딛어	등주먹앞치기
9	라₃	라₃	오른뒷굽이	돌아	한손날옆막기
10	라₃	라₃	오른앞굽이	내딛어	팔굽돌려치기
11	다₃	다₃	왼뒷굽이	뒤로 돌아	한손날옆막기
12	다₃	다₃	왼앞굽이	내딛어	팔굽돌려치기
13	나	나	왼앞굽이	돌아 아래막기	몸통안막기
14	나	나	오른앞굽이	오른발 앞차고 내딛어 아래막기	몸통안막기
15	라₂	라₂	왼앞굽이	옮겨딛어	얼굴막기
16	라₂	라₂	오른 앞굽이	오른발 옆차고 내딛어	팔굽표적치기
17	다₂	다₂	오른앞굽이	뒤로 돌아	얼굴막기
18	다₂	다₂	왼 앞굽이	왼발 옆차고 내딛어	팔굽표적치기
19	나	나	왼앞굽이	돌아 아래막기	몸통안막기
20	나	나	뒤꼬아서기	오른발 앞차고 내딛어	등주먹앞치기─기합
그만	가	나	나란히서기	왼발끌어 왼쪽으로 돌아	기본준비서기

태극 5장

준비 : "**나**"의 위치에서 "**가**" 방향을 바라보며
기본준비서기

1. "**다₁**" 방향 왼발 옮겨 딛어
   왼 앞굽이
   아래막기

2. "**다₁**" 방향 왼발 한걸음 끌어 들여
   왼 서기
   메주먹 내려치기

3. "**라₁**" 방향 오른발 내딛어 방향
   바꿔
   오른 앞굽이
   아래막기

4. "**라₁**" 방향 오른발 한걸음 끌어들여
   오른 서기
   메주먹 내려치기

5. "**가**"방향 왼발 내딛어
　왼 앞굽이
　몸통막기 이어서
　몸통 안막기

6. **"가"** 방향 오른발 앞차기 차고
   내딛어
   오른 앞굽이
   등주먹 앞치기 이어서
   몸통 안막기

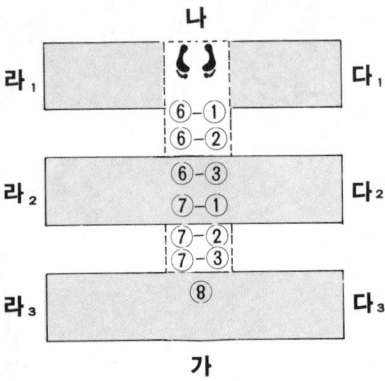

7. "**가**"방향 왼발 앞차기 차고
　　내딛어
　　왼 앞굽이
　　등주먹 앞치기 이어서
　　몸통 안막기

8. "**가**" 방향 오른발 내딛어
　　오른 앞굽이
　　등주먹 앞치기

10. "**라₃**" 방향 오른발 내딛어
    오른 앞굽이
    팔굽돌려치기
    ※ 이 때 가슴 앞에서 오른 주먹을 왼 손 바닥으로 가볍게 감싼다. 팔굽은 어깨높이와 같게 한다.

9. "**라₃**" 방향 왼발 옮겨 돌아
    오른 뒷굽이
    한손날 옆막기

11. "**다₃**" 방향 오른발 옮겨 뒤로 돌아
    왼 뒷굽이
    한손날 옆막기

12. "**다₃**" 방향 왼발 내딛어
    왼 앞굽이
    팔굽 돌려치기

13. "**나**"방향 왼발 옮겨 돌아
    왼 앞굽이
    아래막기 이어서 몸통 안막기

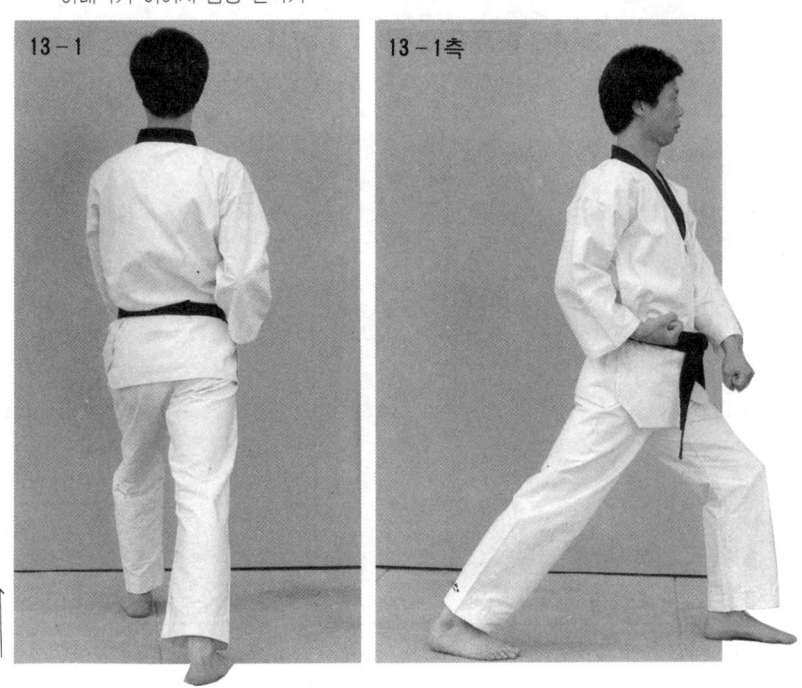

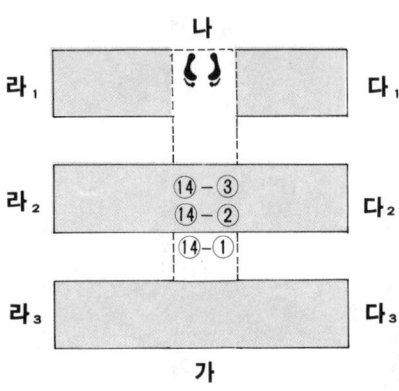

14. "**나**"방향 오른발 앞차기 차고
   내딛어
   오른 앞굽이
   아래막기 이어서 몸통 안막기

태극 5장 287

16. "**라₂**"방향 오른발 옆차기 차고
    내딛어
    오른 앞굽이
    팔굽 표적치기

15. "**라₂**" 방향 왼발 옮겨 딛어
    왼 앞굽이
    얼굴막기

17. "**다**" 방향 오른발 옮겨 뒤로 돌아
    오른 앞굽이
    얼굴막기

18. "**다₂**"방향 왼발 옆차기 차고
    내딛어
    왼 앞굽이
    팔굽 표적 치기

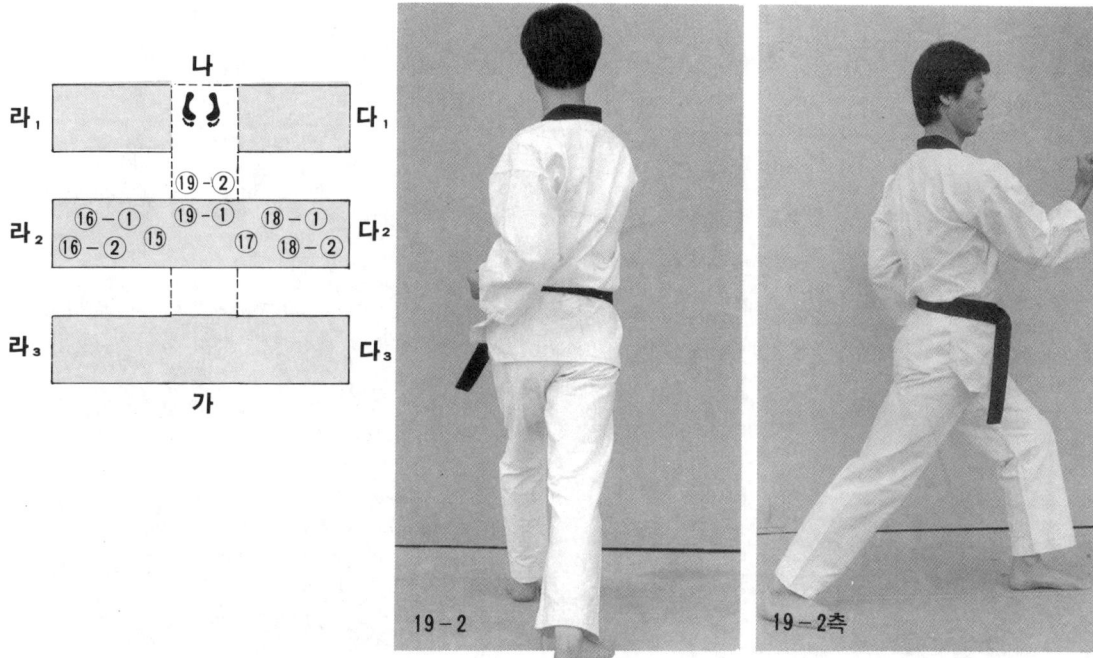

19. "**나**" 방향 왼발 옮겨 돌아
 왼 앞굽이
 아래막기 이어서 몸통 안막기

그만. "**나**"의 위치에서 몸을 왼쪽으로
돌려 "**가**" 방향을 바라보며
기본준비서기

20. "**나**" 방향 오른발 앞차기 차고
　　한걸음 뛰어 나가 내려짓찌며
　　뒤 꼬아서기
　　등주먹 앞치기　　－기합－

1 동작 응용
아래막기 한 손목을 잡혔을 때 빼기로 뺀다.

태극5장 응용

2 - 1 동작 응용

2 - 2 동작 응용
상대가 끌려와서 가까우면 머리통을
메주먹으로 내려치기로 친다.
만일 약간 멀면 어깨를 내려치고 더 멀면
팔굽 관절을 내려쳐 꺾거나 손목을 친다.

5 - 1 동작 응용
몸통 막고 몸통 안막기는 상대가 두 번 지르기 할 때
번갈아가며 몸통을 막는다.

5 - 2 동작 응용

6 - 1 동작 응용
상대를 앞차기로 공격하였으나 피하여
물러나는 것을 다가서면서

6 - 2 동작 응용
등주먹 앞치기를 한다.

9 동작 응용
상대가 몸통 지르기로 지르는 것을 한손날
옆막기로 막는다.

10 동작 응용
이어서 상대에게 접근하여 팔굽 돌려치기로
역습한다.

15 동작 응용
상대의 얼굴 지르기를 얼굴막기로 막는다.

16- 2 동작 응용
상대의 머리를 끌어당기면서 팔굽치기를 한다.

16- 1 동작 응용
상대를 옆차기로 찬다. 이때 주먹도 같이 지른다.

태극 6 장

   태극 6장은 팔괘의 감(坎)을 의미하며 감은 물을 나타내고 끊임없는 흐름과 유연함을 뜻한다. 만물의 생명원인 물의 특성처럼 기술의 연결이 물흐르듯 해야 한다.
   새로운 동작은 한손날얼굴 바깥막기, 돌려차기, 얼굴바깥막기, 바탕손몸통막기가 있고 품새의 중간에 편히서기가 나온다. 수련상의 유의점은 돌려차고 난 다음 찬발을 정확히 앞으로 내딛기와 바탕손몸통막기를 할 때는 막는 부위가 다르므로 팔목으로 막을 때보다 손바닥 길이만큼 낮추어야 한다. 태권도 3급의 과정이다.

태극 6장 품새설명 요약

순서	시선	위치	서기	동작	품명
준비	가	나	나란히서기		기본준비서기
1	다₁	다₁	왼앞굽이	내딛어	아래막기
2	다₁	다₁	오른뒷굽이	오른발 앞차고 물려딛어	몸통바깥막기
3	라₁	라₁	오른앞굽이	방향바꾸어 오른발 약간 내딛어	아래막기
4	라₁	라₁	왼뒷굽이	왼발 앞차고 물려딛어	몸통바깥막기
5	가	가	왼앞굽이	돌아	한손날비틀어막기
6	다₂	다₂	왼앞굽이	오른발 돌려차고 내딛고 이어 왼발 내딛어 얼굴바깥막기	몸통바로지르기
7	다₂	다₂	오른앞굽이	오른발 앞차기 내딛어	몸통바로지르기
8	라₂	라₂	오른앞굽이	뒤로 돌아 얼굴바깥막기	몸통바로지르기
9	라₂	라₂	왼앞굽이	왼발 앞차고 내딛어	몸통바로지르기
10	가	가	나란히서기	왼발 옮겨딛어	아래헤쳐막기
11	가	가	오른앞굽이	내딛어	한손날비틀어막기
12	다₃	다₃	오른앞굽이	왼발돌려차고 —기합— 내딛어이어 오른발 "다₃" 선상에 옮겨딛어 돌아	아래막기
13	다₃	다₃	왼뒷굽이	왼발 앞차기 차고 물려딛어	몸통바깥막기
14	라₃	라₃	왼 앞굽이	방향바꾸어 왼발 약간 내딛어	아래막기
15	라₃	라₃	오른뒷굽이	오른발 앞차고 물려딛어	몸통바깥막기
16	가	나	오른뒷굽이	오른발 옮겨딛어	손날몸통막기
17	가	나	왼뒷굽이	왼발 물려딛어	손날몸통막기
18	가	나	왼앞굽이	오른발 물려딛어 바탕손몸통막기	몸통바로지르기
19	가	나	오른앞굽이	왼발 물려딛어 바탕손몸통막기	몸통바로지르기
그만	가	나	나란히서기	오른발 끌어들여	기본준비서기

태극 6 장

준비 : "**나**"의 위치에서 "**가**" 방향을
　　　　바라보며
　　　　기본준비서기

1. "**다₁**" 방향 왼발 내딛어
　　왼 앞굽이
　　아래막기
　→

2. "**다₁**" 방향 오른발 앞차기 차고
　　물려 딛어
　　오른 뒷굽이
　　몸통 바깥막기

4. "**라₁**" 방향 왼발 앞차기 차고
   물려 딛어
   왼 뒷굽이
   몸통 바깥막기

3. "**라₁**" 방향 오른발 반걸음 내딛어
   방향 바꾸어
   오른 앞굽이
   아래막기

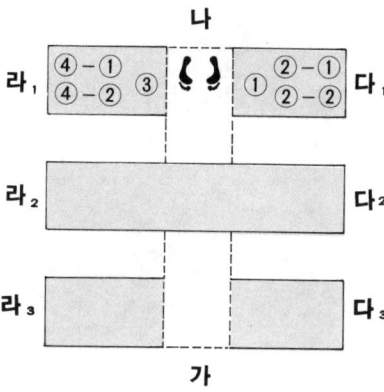

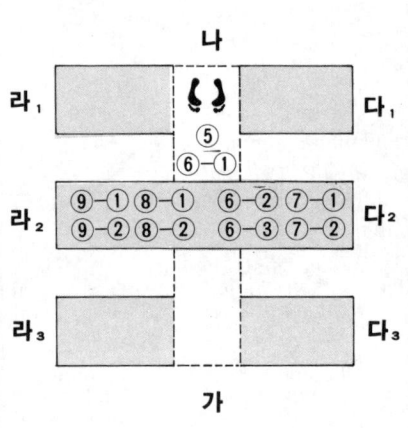

5. "**가**" 방향 왼발 옮겨 딛어
   왼 앞굽이
   오른 한손날 비틀어 막기

6. "**가**"방향 오른발 얼굴 돌려차기 차고
   "**가**"방향 한걸음 반 내딛고 이어서
   "**다₂**"방향으로 왼발 옮겨 딛고
   왼 앞굽이
   얼굴 바깥막기 이어서 몸통 바로지르기

8. "라₂"방향 오른발 옮겨 뒤로 돌아
   오른 앞굽이
   얼굴 바깥막기 이어서
   몸통 바로 지르기

9. "라₂"방향 왼발 앞차기 차고 내딛어
   왼 앞굽이
   몸통 바로지르기

7. "다₂"방향 오른발 앞차기 차고 내딛어
   오른 앞굽이
   몸통 바로 지르기

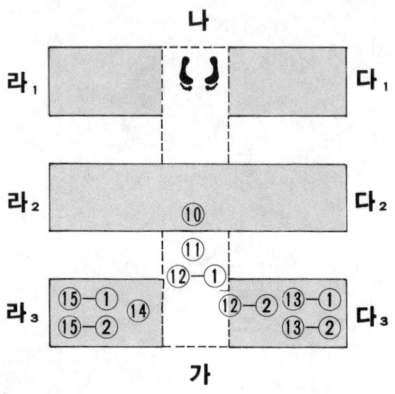

10. "**가**"방향 바라보며 오른발
    제자리 왼발 끌어옮겨
    "**다₂**"선상에 딛고
    나란히 서기
    아래 헤쳐 막기
    ※ 동작은 천천히 호흡조절을 하면서
       시선은 수평으로 온 주위를 관찰하
       면서 위엄있는 태도로 행한다.

11. "**가**"방향 오른발 내딛어
    오른 앞굽이
    왼 한손날 비틀어막기

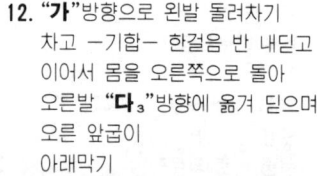

12. "**가**"방향으로 왼발 돌려차기
    차고 —기합— 한걸음 반 내딛고
    이어서 몸을 오른쪽으로 돌아
    오른발 "**다₃**"방향에 옮겨 딛으며
    오른 앞굽이
    아래막기

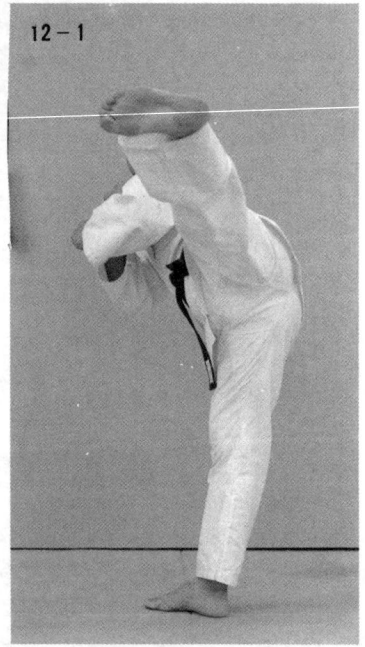

13. "**다₃**"방향 왼발 앞차기 차고
 물려 딛어
 왼 뒷굽이
 몸통 바깥막기

15. "**라₃**" 방향 오른발 앞차기 차고
 물려 딛어
 오른 뒷굽이
 몸통 바깥막기

14. "**라₃**" 방향 왼발 반 걸음 내딛어
 방향 바꾸어
 왼 앞굽이
 아래막기

17. "**나**"방향으로 왼발 물러딛고
 (시선 "**가**"방향)
 왼 뒷굽이
 손날 몸통막기

16. "**나**" 방향으로 오른발 옮겨 딛고
 (시선 "**가**" 방향)
 오른 뒷굽이
 손날 몸통막기

18. "**나**"방향으로 오른발 물러딛고
 (시선 "**가**"방향)
 왼 앞굽이
 왼 바탕손 몸통 막기 이어서
 몸통 바로 지르기

19. "**나**"방향으로 왼발 물러딛고
 (시선 "**가**"방향)
 오른 앞굽이
 오른 바탕손 몸통막기 이어서
 몸통 바로지르기

그만 . "**나**"의 위치에 왼발 그대로
 오른발만 끌어들여
 "**가**"를 바라본 채로
 기본준비서기

1 동작 응용
상대가 앞차기 차오는 것을 아래막기로 막자마자

2-2 동작 응용
그러나 상대가 앞차기를 막으면서 몸통 지르기를 하면 물러나며 몸통 바깥막기를 한다.

태극6장 응용

2-1 동작 응용
역습으로 앞차기로 받아 찬다.

5 동작 응용
상대가 얼굴공격하여 오는 것을 비틀어 막기로 막고
상대의 팔을 잡는다.

6 - 1 동작 응용
상대를 잡자마자 돌려차기로 역습한다.
비틀어 막기는 불편하지만 다음 역습할 때는
편한 방어법이다.

6 - 2 동작 응용
상대가 얼굴 공격하여 오는 것을
얼굴 바깥막기를 하고 막은 손으로 상대의 팔을
잡아 끌면서

6 - 3 동작 응용
역습으로 몸통 바로지르기를 한다.

308   6장 태권도 품새

19-1 동작 응용
상대가 몸통 반대지르기로 공격하는 것을 물러나며
바탕손 몸통막기로 막는다.

19-2 동작 응용
이어서 몸통 바로지르기로 역습한다.

태극 7 장

 태극7장은 팔괘의 간(艮)을 의미하며 산을 나타내고 육중함과 굳건하다는 뜻을 지닌다. 태권도의 빨간띠가 되면 흔들리지 않는 수련의식과 기술습득으로 인한 힘의 무게를 지닐 수 있다. 새로운 동작이 많이 나오는 품새이므로 많은 노력이 필요하다.
 새로운 동작은 손날아래막기, 바탕손거들어막기, 보주먹 가위막기, 무릎치기, 몸통헤쳐막기, 제친두주먹몸통지르기, 엇걸어아래막기, 표적치기, 옆지르기가 있고 서기에서는 범서기와 주춤서기가 나온다. 동작이 다양하므로 연결성에 중점을 두어 수련해야 한다. 태권도 2급의 과정이다.

태극7장 품새설명 요약

순서	시선	위치	서 기	동 작	품 명
준비	가	나	나란히서기		기본준비서기
1	다₁	다₁	왼범서기	왼발내딛고	바탕손몸통안막기
2	다₁	다₁	왼범서기	오른발 앞차고 제자리 물려딛어	몸통막기
3	라₁	라₁	오른범서기	두다리 제자리 방향 바꾸어	바탕손몸통안막기
4	라₁	라₁	오른범서기	왼발 앞차고 제자리 물려딛어	몸통막기
5	가	가	오른뒷굽이	돌아	손날아래막기
6	가	가	왼뒷굽이	내딛어	손날아래막기
7	다₂	다₂	왼범서기	옮겨딛어	바탕손거들어몸통 안막기
8	다₂	다₂	왼범서기	두다리 제자리 서기 그대로	등주먹 얼굴 앞치기
9	라₂	라₂	오른범서기	방향바꾸어	바탕손거들어몸통안막기
10	라₂	라₂	오른범서기	두다리 제자리 서기 그대로	등주먹얼굴앞치기
11	가	가	모아서기	왼발끌어 모듬발로	보 주먹
12	가	가	왼앞굽이	내딛어 반대가위막기하고	가위막기
13	가	가	오른앞굽이	내딛어 반대가위막기하고	가위막기
14	라₃	라₃	왼앞굽이	돌아	몸통헤쳐막기
15	라₃	라₃	뒤꼬아서기	무릎치기하고 오른발 뛰어나가	제쳐지르기
16	라₂	라₃	오른앞굽이	왼발 물려딛어	엇걸어아래막기
17	다₃	다₃	오른앞굽이	뒤로 돌아	몸통헤쳐막기
18	다₃	다₃	뒤꼬아서기	무릎치기하고 왼발뛰어 나가	제쳐지르기
19	다₃	다₃	왼앞굽이	오른발 물려딛어	엇걸어아래막기
20	나	나	왼앞서기	돌아	등주먹바깥치기
21	나	나	주춤서기	오른발 표적차기 내딛어	팔굽표적치기
22	나	나	오른앞서기	몸일으키며 왼발을 약간 끌어	등주먹바깥치기
23	나	나	주춤서기	왼발 표적차기하고 내딛어	팔굽표적치기
24	나	나	주춤서기	두다리 제자리	한손날옆막기
25	나	나	주춤서기	오른발 내딛어	몸통옆지르기—기합—
그만	가	나	나란히서기	왼발끌어 왼쪽으로 돌아	기본준비서기

#

준비 : "나"의 위치에서 "가"를
　　　　바라 보며
　　　　기본준비서기

1. "다₁" 방향
　　왼 범서기
　　바탕손 몸통 안막기

2. "다₁" 방향 오른발　앞차기　차고
　　제자리 물러딛고
　　왼 범서기
　　몸통 막기

4. "**라₁**" 방향 왼발 앞차기 차고
　제자리 물러딛고
　오른 범서기
　몸통 막기

3. "**라₁**" 방향으로 방향 바꾸어
　오른 범서기
　바탕손 몸통 안막기

5. "**가**" 방향 왼발 내딛어
　오른 뒷굽이
　손날 아래막기

6. "**가**" 방향 오른발 내딛어
　왼 뒷굽이
　손날 아래막기

7. "다₂" 방향 왼발 옮겨딛어
   왼 범서기
   바탕손 거들어 몸통 안막기

8. "다₂" 방향 그대로 윗몸을 왼쪽으로 돌렸다 이어서 오른쪽으로 트는 반작용의 탄력으로

10. "라₂" 방향 그대로 몸을 오른쪽으로 돌렸다 이어서 왼쪽으로 트는 반작용의 탄력으로

왼 범서기(그대로)
등주먹 얼굴앞치기(거든 주먹 그대로)

9. "라₂" 방향으로 방향 바꾸어
   (두발의 위치는 제자리)
   오른 범서기
   바탕손 거들어 몸통 안막기

오른 범서기(그대로)
등주먹 앞치기(거든 주먹 그대로)

태극 7장   315

11. "**가**"방향 바라보며 왼발을 끌어 모듬발로 보주먹(목높이) 오른발 서서히 제자리 모아서기

12. "**가**" 방향 왼발 앞으로 내딛어 왼 앞굽이 가위막기(반복)

※ 첫번째는 반대 가위막기(왼 앞굽일 경우 왼팔목 몸통 바깥막기, 오른팔목 아래막기를 하였을 때)하고 이어서 바로 가위막기(왼 앞굽일 때 왼팔목 아래막기 오른 팔목 몸통 바깥막기)를 한다.

13. "**가**" 방향 오른발 내딛어 오른 앞굽이 가위막기(반복)

16. "**라₃**"방향 왼발 뒤로 물러딛고
 오른 앞굽이
 엇걸어 아래막기(오른 앞굽일 경우
 오른 팔목 아래막기 하고 왼 팔목을
 거들어 위에다 놓으며 눌러서 힘을
 보태 준다)

15. "**라₃**" 두 손을 펴고 팔을 뻗어
 상대의 머리를 잡아 아래로 끌어
 당기면서 오른발 무릎치기를 하고
 이어서 뛰어나가며
 왼발 뒤 꼬아서기
 두 주먹 제쳐지르기

17. "**다₃**" 방향 오른발 옮겨 뒤로 돌아
 오른 앞굽이
 몸통 헤쳐막기

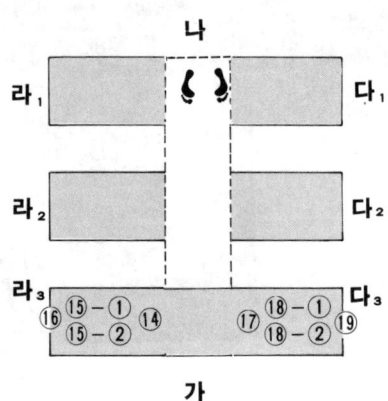

14. "라₃" 방향 왼발 옮겨 돌아
    왼 앞굽이
    몸통 헤쳐막기

18. "다₃" 방향 왼발 무릎치기하고
    이어서 앞으로 뛰어나가
    오른발 뒤 꼬아서기
    두 주먹 제쳐지르기

19. "다₃" 방향 오른발 뒤로 물러딛고
    왼 앞굽이
    엇걸어 아래막기

318 6장 태권도 품새

21. "**나**" 방향 오른발 들어
    표적차기 차고 내딛어
    주춤서기
    오른팔굽 표적치기

20. "**나**" 방향 왼발 옮겨 돌아
    왼앞서기
    등 주먹 바깥치기

태극 7 장 319

23. "나"방향 왼발 들어 표적차기
    차고 내딛어
    주춤서기
    왼팔굽 표적치기

22. "나" 방향 오른발 제자리
    왼발 약간 끌어
    오른 앞서기
    등주먹 얼굴 바깥치기

25. "**나**" 방향 왼손으로 상대를 잡아
　　끌면서 오른발 내딛어
　　주춤서기
　　몸통 옆지르기　　　－기합－
24. "**나**" 방향
　　주춤서기(서기 그대로)
　　왼 한손날 옆막기

그만. "**나**"의 위치에 오른발 제자리
　　몸 왼쪽으로 돌려 왼발을 끌면서
　　"**가**"를 바라보며
　　기본준비서기

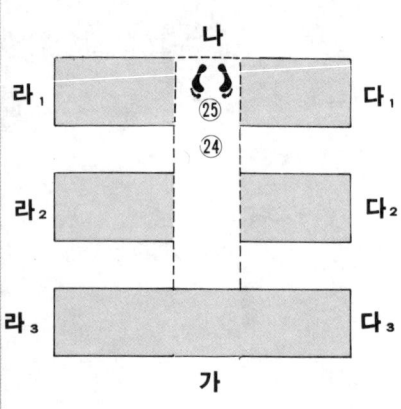

1 동작 응용
상대가 몸통 지르기로 지르는 것을 범서기로 바탕손 몸통막기로 막는다.

태극7장 응용

2-1 동작 응용
이어 앞차기로 받아 찬다.

2-2 동작 응용
그러나 앞차기가 상대방에게 막히고 역습으로 몸통 바로지르기로 지르는 것을 물러나며 범서기로 몸통막기를 한다.

7 동작 응용
상대가 몸통 반대지르기로 지르는 것을
바탕손 거들어 막기로 막는다.

8 동작 응용
이어 바로 허리를 틀며 그 반작용으로
등주먹 얼굴 앞치기를 한다.

12-1 동작 응용
상대가 몸통 바로지르기로 지르고 앞차기를 바로 찰 때
가위막기로 아래막기와 몸통막기를 동시에 한다.

12-2 동작 응용
상대가 계속하여 주먹을 바꾸어 지를 때 바로 가위막기로 막
으며 오른발로 역습할 수 있는 기회가 생긴다.

14 동작 응용
상대가 나의 멱살을 두 손으로 잡은 팔을
뿌리친다.

15-1 동작 응용
이어 헤쳐막은 팔을 빼며 주먹의 손가락을 펴서
상대의 머리 뒤통수를 잡는다.

15-2 동작 응용
머리 뒤통수를 잡은 팔을 아래로
잡아끌면서 무릎을 올려치기로 상대의
얼굴을 공격한다.
※ 무릎치기할 때 구부리는 무릎에 많은
힘을 넣으면 속도가 떨어져 얼굴치기에
실패하는 수가 생긴다. 고로 많은 힘을
넣지 말것이며 무릎치기로 얼굴을 치는
순간 반동으로 무릎이 펴지면서 상대의
낭심을 발등으로 차게 되면 일석이조
(一石二鳥)의 효과를 거둘 수 있다.
(사진 15-3 참조)

15-4 동작 응용
무릎치기에 실패했을 경우나 성공을
하였다 하더라도 다시한번 완전한 공격을
위하여 가까이 들어가며 제쳐지르기로
공격한다.
※ 헤쳐막기를 한 다음 얼굴치기를 하지
않고 바로 다가서며 제쳐지르기로
공격을 할 수 있다.

15-3 동작 응용
무릎치기하고 바로 낭실을 공격할 수도 있다.

16 동작 응용
제쳐지르기와 같이 상대와 가까이 있을 때 상대가
앞차기로 공격하는 것을 물러나며 아래막기로
막으려면 힘이 딸리므로 엇걸어 아래막기로 막는다.

21 - 1 동작 응용
상대를 발바닥으로 공격한다.

21 - 2 동작 응용
이어 상대를 잡아끌면서 팔굽으로 친다.

24 동작 응용
상대의 몸통 반대지르기를 한손날로 막는다.

25 동작 응용
한손날로 막은 팔을 잡아끌면서 옆지르기로 지른다.

태극 8장

　태극 8장은 곤(坤)을 의미하며 곤은 음(陰)과 땅을 나타내고 뿌리와 안정 그리고 시작과 끝의 뜻을 지닌다. 유급자의 마지막 품새로서 연성이 끝나면 1장에서 8장까지 총연습 기간을 거쳐 국기원 승단(품)심사에 나갈 수 있는 자격이 부여된다.
　새로운 동작은 두발당상 바깥팔목몸통거들어바깥막기, 외산틀막기, 턱지르기, 거들어아래막기, 뛰어차기, 팔굽돌려치기가 있다. 수련시 유의할 것은 발차고 뒤로 두 걸음 물러나는 보법동작의 정확성과 두발당상과 뛰어차기의 동작의 차이점 및 습득요령이다. 태권도 1급의 과정이다.

태극 8 장 품새설명 요약

순서	시선	위치	서 기	동 작	품 명
준비	가	나	나란히서기		기본준비서기
1	가	가	오른뒷굽이	왼발 내딛어	거들어 바깥막기
2	가	가	왼앞굽이	그자리에서	몸통바로지르기
3	가	가	왼앞굽이	두발 당성앞차기차고 —기합— 내딛고 몸통막기	몸통두번지르기
4	가	가	오른앞굽이	오른발 내딛어	몸통 반대지르기
5	라₃	라₃	오른앞굽이	돌아 왼발 옮겨딛고	외산틀막기
6	라₃	라₃	왼앞굽이	두다리제자리 중심만 바꿈	당겨턱지르기
7	다₃	다₃	왼앞굽이	왼발 앞꼬아서기서자 다시 오른발 내딛어	외산틀막기
8	다₃	다₃	오른앞굽이	두다리 제자리 중심만 바꿈	당겨턱지르기
9	가	나	오른뒷굽이	오른발 옮겨딛어	손날몸통막기
10	가	나	왼앞굽이	두다리 제자리	몸통바로지르기
11	가	나	오른범서기	오른발 앞차고 제자리 물러딛고 이어 왼발 한걸음 물려딛어	바탕손몸통막기
12	다₂	다₂	왼범서기	왼발 옮겨 딛어	손날몸통막기
13	다₂	다₂	왼앞굽이	왼발 앞차고 내딛어	몸통바로지르기
14	다₂	다₂	왼범서기	왼발끌어	바탕손몸통막기
15	다₂	라₂	오른범서기	방향바꾸어	손날몸통막기

16	라₂	라₂	오른앞굽이	오른발 앞차고 내딛어	몸통바로지르기
17	라₂	라₂	오른범서기	오른발 끌어	바탕손몸통막기
18	나	나	왼뒷굽이	돌아	거들어 아래막기
19	나	나	오른앞굽이	왼발 앞차기차고 이어 오른발 뛰어 앞차기차고 ─기합─ 내딛어	몸통막기하고 몸통 두번 지르기
20	다₁	다₁	오른뒷굽이	돌아	한손날몸통옆막기
21	다₁	다₁	왼앞굽이	오른발 제자리 왼발 밀어딛어	오른팔굽돌려치기
22	다₁	다₁	왼앞굽이	두다리 제자리 서기 그대로	등주먹앞치기
23	다₁	다₁	왼앞굽이	두다리 제자리 서기 그대로	몸통반대지르기
24	라₁	라₁	왼뒷굽이	방향 바꾸어	한손날몸통옆막기
25	라₁	라₁	오른앞굽이	왼발 제자리 오른발 밀어딛어	왼팔굽돌려치기
26	라₁	라₁	오른앞굽이	두다리 제자리 서기 그대로	등주먹앞치기
27	라₁	라₁	오른앞굽이	두다리 제자리 서기 그대로	몸통반대지르기
그만	가	나	나란히서기	왼발끌어	기본준비서기

#

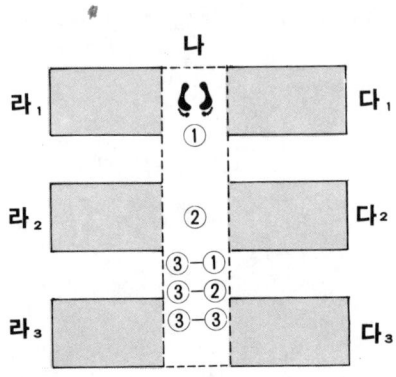

준비 : "**나**"의 위치에서 "**가**"방향을
바라보며
기본준비서기

1. "**가**"방향 왼발 내딛어
   오른 뒷굽이
   거들어 바깥막기(겨눔세)

2. "**가**" 방향이 왼발 약간 밀어딛어
   왼 앞굽이
   몸통 바로지르기

3. "가"방향 왼발 두발 당성 앞차기
  (오른발 먼저 앞차며 몸을 띄워 왼발
  이어서 높이 찬다) 차고 두 걸음
  앞으로 내려 딛어 왼발 차는 순간 —기합—
  왼 앞굽이
  몸통막기 이어 몸통 두 번 지르기 한다.

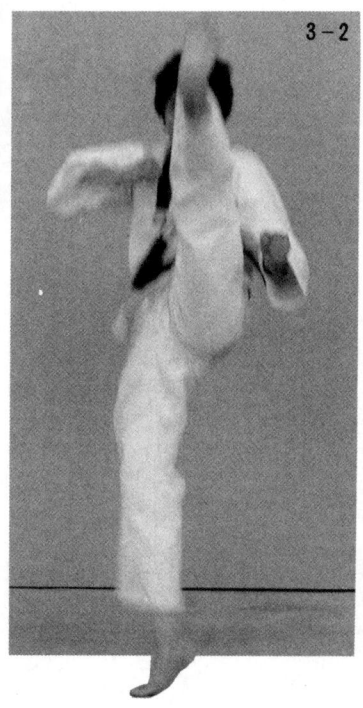

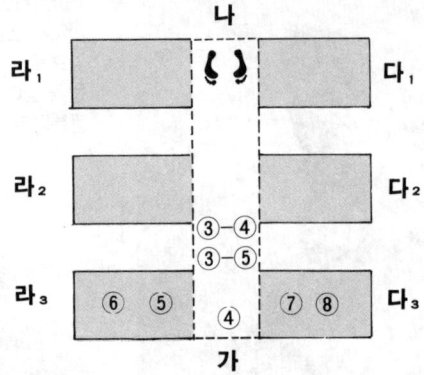

4. "가" 방향 오른발 내딛어
   오른 앞굽이
   몸통 반대지르기

6. "라₃" 방향 두다리 제자리에서
서서히 왼편으로 몸을 돌리며
왼 앞굽이
당겨 턱지르기
※ 서서히 온몸에 힘을 주어서 한다.

5. "라₃" 방향 왼발 옮겨 돌아
오른 앞굽이
외산틀 막기 (-시선 "라₃" 방향-)

8. "다₃" 방향 두발 제자리 앞굽이
자세바꾸면서
오른 앞굽이
당겨 턱지르기

7. "다₃" 방향 왼발 옮겨 앞 꼬아서기
로 나가며 계속 오는발 옮겨 딛고
왼 앞굽이
외산틀 막기
※ 모든 동작을 빠르게 한다.

11. **"가"** 방향 오른발 앞차기
 차고 제자리 물러딛고
 이어서 왼발 한걸음 길게
 뒤로 물려 딛으며 오른발
 을 끌어 당겨
 오른 범서기
 바탕손 몸통막기

10. **"가"** 방향 왼발 약간 밀어
 딛고
 왼 앞굽이
 몸통 바로지르기

9. **"가"** 방향 향하여 오른발
 "나" 방향으로 옮겨 딛고
 오른 뒷굽이
 손날몸통막기

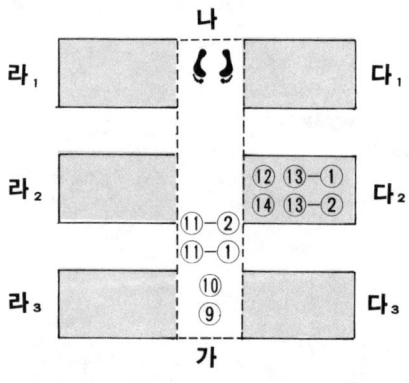

12. "**다₂**" 방향 왼발 옮겨 딛어
    왼 범서기
    손날 몸통막기

13. "**다₂**" 방향 왼발 앞차기 차고
    내딛어
    왼 앞굽이
    몸통 바로지르기

14. "**다₂**" 방향 왼발을 다시 끌어 당겨
    왼 범서기
    바탕손 몸통막기

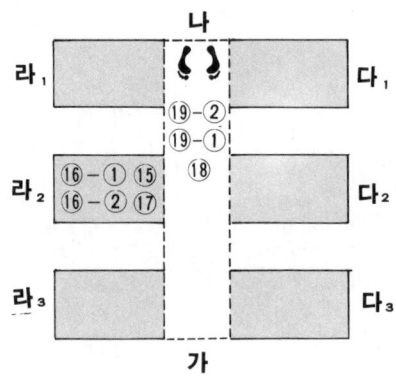

15. "**라₂**" 방향 방향바꾸어
 오른 범서기
 손날 몸통막기

16. "**라₂**" 방향 오른발 앞차기 차고
 내딛어
 오른 앞굽이
 몸통 바로지르기

17. "**라₂**" 방향 오른발 다시 끌어당겨
 오른 범서기
 바탕손 몸통막기

18. "나" 방향 오른발 옮겨 돌아
    왼 뒷굽이
    거들어 아래막기

19. "나" 방향 왼발 앞차기 차고
    땅에 딛기 전 오른발로 뛰어 앞차기
    차고 내딛어 오른발 앞차는 순간(기합)
    오른 앞굽이
    몸통막기 이어서
    몸통 두 번 지르기

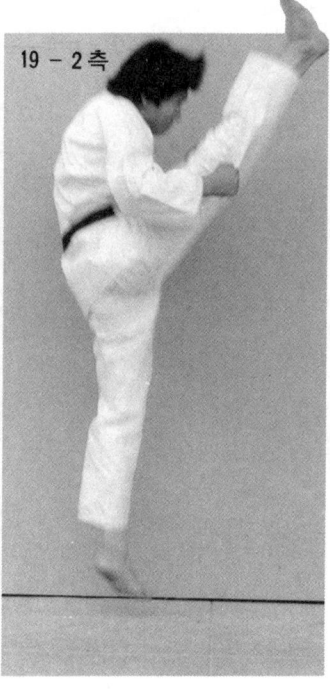

338   6장   태권도 품새

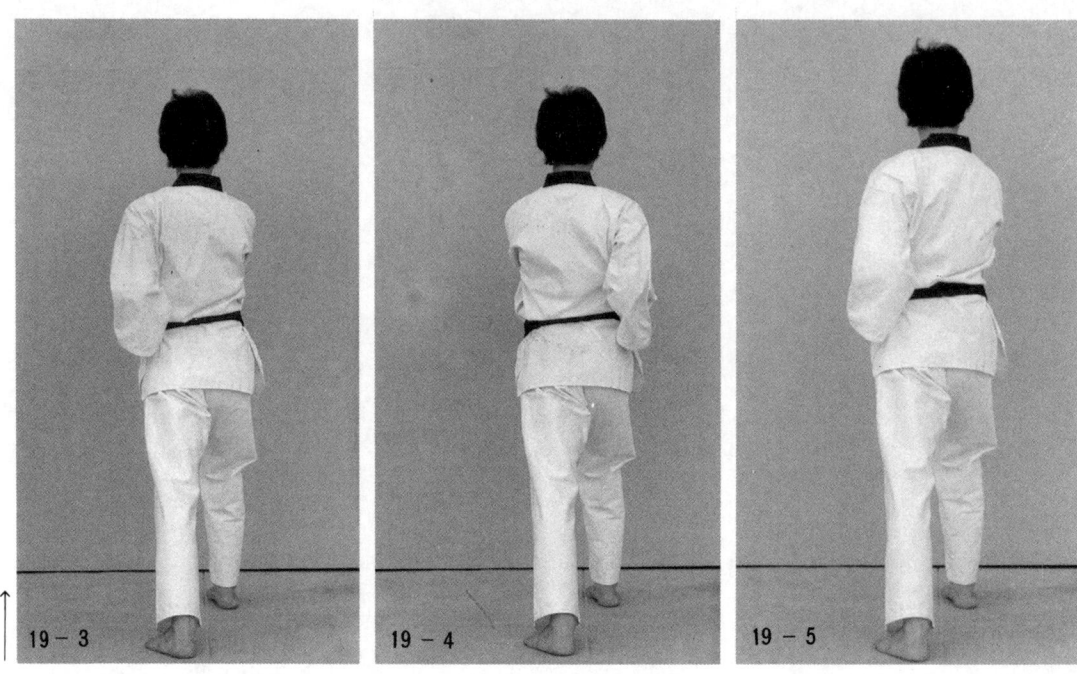

19-3   19-4   19-5

19-3측   19-4측   19-5측

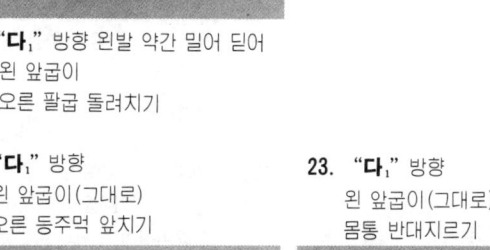

20. "**다₁**" 방향 왼발 옮겨 돌아
    오른 뒷굽이
    한손날 몸통 옆막기

21. "**다₁**" 방향 왼발 약간 밀어 딛어
    왼 앞굽이
    오른 팔굽 돌려치기

22. "**다₁**" 방향
    왼 앞굽이(그대로)
    오른 등주먹 앞치기

23. "**다₁**" 방향
    왼 앞굽이(그대로)
    몸통 반대지르기

26. "라₁" 방향
   오른 앞굽이(그대로)
   왼 등주먹 앞치기

25. "라₁" 방향 오른발 약간 밀고 나가
   오른 앞굽이
   왼팔굽 돌려치기

24. "라₁" 방향으로 방향 바꾸며
   오른발 약간 끌어
   왼 뒷굽이
   한손날 몸통 옆막기

27. "라₁" 방향
   오른 앞굽이(그대로)
   몸통 반대지르기

그만 . "나"의 위치에 오른발 제자리
   왼발 끌어 "가"를 바라보며
   기본준비서기

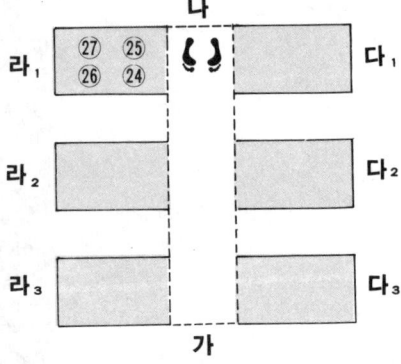

태극8장
응용

7-2 동작 응용
좌우에서
두사람이 앞차기와 얼굴지르기로
공격할 때 외산틀막기로 막아낸다.

8 동작 응용
한사람은 포기하고 한사람만 잡아끌면서 당겨
턱지르기로 치지르기 한다.

12 동작 응용
상대의 몸통 지르기를 왼 범서기 손날 막기로 막아낸다.

13-1 동작 응용
범서기가 불안함을 알고 상대가 재차 공격하려할 때 왼발 앞차기로 바로 응수하여 공격한다. (범서기의 잇점이 여기에 있다. 중심의 뒤의 오른발에 모두 실려있으므로 왼발을 자유자재로 손과 같이 사용할 수 있다.)

13-2 동작 응용
왼발의 앞차기가 짧으므로 상대에게 미치지 못하므로 앞으로 내딛으며 바로 지르기로 공격을 하였으나 상대는 물러나며 막는다.

14 동작 응용
상대가 막고난 다음 바로 역습으로 공격하는 것을 왼발을 끌어들이면서 왼 범서기로 바탕손 몸통막기로 막는다.

24 동작 응용
상대의 몸통 반대지르기의 공격을 한손날로 막는다.

25 동작 응용
계속하여 상대의 손을 잡아끌면서 팔굽 돌려치기로 옆턱을 친다.

26 동작 응용
계속하여 등주먹으로 상대의 인중을 앞치기로 친다.

27 동작 응용
마지막으로 몸통 반대지르기로 완결을 한다. 이 세가자 동작은 연속으로 빠르게 해야 한다.

고 려

　고려품새는 선배를 의미하며 선배는 강력한 상무정신과 곧은 선비정신을 나타내고 고구려―발해―고려로 이어지는 선배(선비)의 얼을 바탕으로 품새로 엮어졌다.
　새로운 동작은 거듭차기, 옆은손날바깥치기, 손날아래막기, 칼재비 무릎눌러꺾기, 몸통헤쳐막기, 주먹표적지르기, 편손끝제쳐찌르기, 바탕손눌러막기, 팔굽옆차기, 메주먹아래표적치기 등으로 태극품새와는 달리 유단자 품새다운 기술이 많이 나온다. 준비서기는 통밀기이며 손의 위치가 상단전과 중단전 사이로 신(神)과 정(精)이 합쳐지는 지점이므로 정신통일을 중요하게 생각하는 서기이다. 품새선은 士자로 고려품새의 의미인 선배(선비)의 표상이다.

고려 품새설명 요약

순서	시선	위치	서 기	동 작	품 명
준비	가	나	나란히서기		통밀기준비서기
1	다₁	다₁	오른뒷굽이	내딛어	손날몸통막기
2	다₁	다₁	오른앞굽이	오른발 거듭옆차기차고 내딛어	손날바깥치기
3	다₁	다₁	오른앞굽이	두다리 제자리 서기 그대로	몸통바로지르기
4	다₁	다₁	왼뒷굽이	왼발 제자리 오른발 약간 끌어	몸통막기
5	라₁	라₁	왼뒷굽이	오른발 옮겨 뒤로 돌아	손날몸통막기
6	라₁	라₁	왼앞굽이	왼발 거듭옆차기차고 내딛어	손날바깥치기
7	라₁	라₁	왼앞굽이	두다리 제자리 서기 그대로	몸통바로지르기
8	라₁	라₁	오른뒷굽이	오른발 제자리 왼발 약간 끌어	몸통막기
9	가	가	왼앞굽이	돌아 왼한손날 아래막기	칼재비
10	가	가	오른앞굽이	오른발 앞차고 내딛어 오른한손날 아래막기	칼재비
11	가	가	왼앞굽이	왼발 앞차고 내딛어 왼한손날 아래막기	칼재비 —기합—
12	가	가	오른앞굽이	오른발 앞차고 내딛어	무릎꺾기
13	나	나	오른앞굽이	왼발 내딛고 오른쪽으로 돌아	안팔목몸통헤쳐막기
14	나	나	왼앞굽이	왼발 앞차기 차고 내딛어	무릎꺾기
15	나	나	왼앞서기	왼발 약간 끌어	안팔목몸통헤쳐막기
16	다₂	라₂	주춤서기	왼발축 몸오른쪽으로 돌려딛어	왼한손날몸통옆막기
17	다₂	라₂	주춤서기	서기그대로	오른주먹표적지르기
18	라₂	다₂	오른앞굽이	오른발 앞꼬아서기로 옮겨딛고왼발옆차기차고 "다₂"에 내려딛고 "라₂" 방향 바꾸어 서며	편손끝아래제쳐찌르기

19	라₂	다₂	오른앞서기	왼발 제자리 오른발 약간 끌어 당겨	아래막기
20	라₂	라₂	주춤서기	왼발 한걸음 내딛고 바탕손 눌러막기 이어 오른발 내딛고	오른팔굽옆치기
21	라₂	라₂	주춤서기	두다리 제자리주춤서기 그대로	오른한손날몸통옆막기
22	라₂	라₂	주춤서기	서기 그대로	왼주먹표적지르기
23	다₂	라₂	왼앞굽이	왼발앞 꼬아서기로 옮겨 딛고 오른발 옆차기차고 "라₂"에 내려딛고 "다₂" 방향 바꾸어 서며	편손끝아래제쳐찌르기
24	다₂	라₂	왼앞서기	오른발 제자리 왼발 약간 끌어	아래막기
25	다₂	라₂	주춤서기	오른발한걸음내딛고 오른 바탕손 눌러막기 이어 왼발 내딛고	왼팔굽옆치기
26	가	가	모아서기	왼발 제자리 오른발 모듬발로	왼메주먹아래표적치기
27	나	나	왼앞굽이	오른발 제자리 왼쪽으로 돌아 한손날바깥치기 이어	한손날아래막기
28	나	나	오른앞굽이	오른발 내딛어 오른손날 목치기	한손날아래막기
29	나	나	왼앞굽이	왼발 내딛어 왼손날목 치기	한손날아래막기
30 그만	나 가	나 나	오른앞굽이 나란히서기	오른발 내딛어 왼발끌어 몸왼쪽으로 돌려	칼재비 —기합— 통밀기준비서기

준비 : "나"의 위치에서 "가"를
바라보며
통밀기 준비서기

1. "다₁" 방향 왼발 내딛어
오른 뒷굽이
손날 몸통막기

2. "다₁" 방향 오른발 거듭 옆차기
(오른발 한 발로 아래 옆차기를 차고
이어서 몸통 옆차기)를 차고 내려딛어
오른 앞굽이
손날 바깥치기

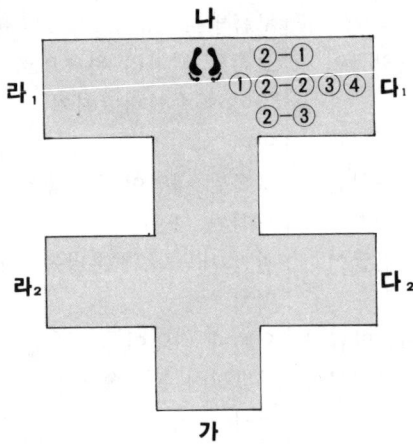

고려 349

3. "다₁" 방향 오른손 허리로 잡아
   끌면서
   오른 앞굽이 (그대로)
   몸통 바로지르기

4. "다₁" 방향 오른발 뒤로 약간
   끌어
   왼 뒷굽이
   몸통막기

6-3

6-2

8. "**라₁**" 방향 왼발 뒤로 약간 끌어
　　오른 뒷굽이
　　몸통막기

7. "**라₁**"방향 왼손 허리로 잡아
　　끌면서
　　왼 앞굽이(그대로)
　　몸통 바로지르기

고려 351

5. "**라**₁" 방향 오른발 옮겨 뒤로 돌아
    왼 뒷굽이
    손날 몸통막기

6. "**라**₁" 방향 왼발 거듭옆차기 차고 내려딛어
    왼 앞굽이
    손날 바깥치기

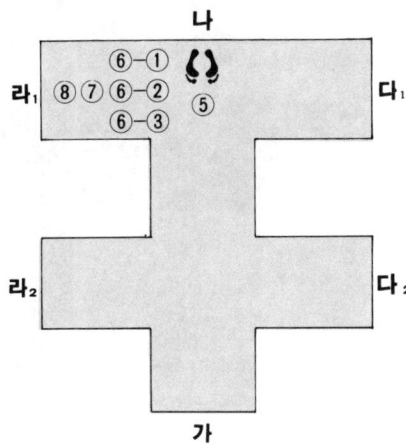

9. **"가"** 방향 왼발 옮겨 돌아
왼앞굽이
왼 한손날 아래막기 하고 이어서 오른 아귀손 칼재비
※ 칼재비는 상대의 목젖을 친다. 아래턱을 쳐서 턱을 뺄때는 낙턱이라 한다.

10. **"가"** 방향 오른발 앞차기 차고 내딛어
오른 앞굽이
오른 한손날 아래막기 하고 이어서
왼 아귀손 칼재비

고려 353

11. "**가**" 방향 왼발 앞차기 차고 내딛어
 왼 앞굽이
 왼 한손날 아래막기 하고 이어서 오른 아귀손 칼재비 —기합—

12. "**가**"방향 오른발 앞차기 차고 내딛어
 오른 앞굽이
 무릎꺾기(오른손으로는 상대의 발 뒤꿈치를 겸한 발목을 잡고 걷어올리며 왼 아귀손으로 무릎대접뼈 바로 밑을 친다)

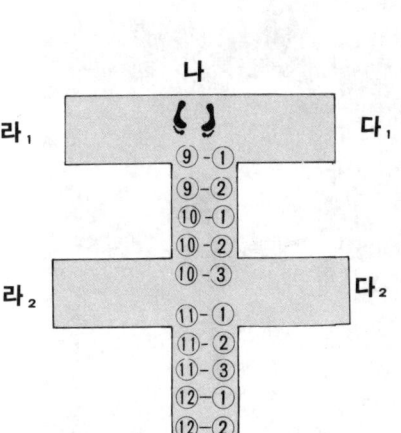

354 6장 태권도 품새

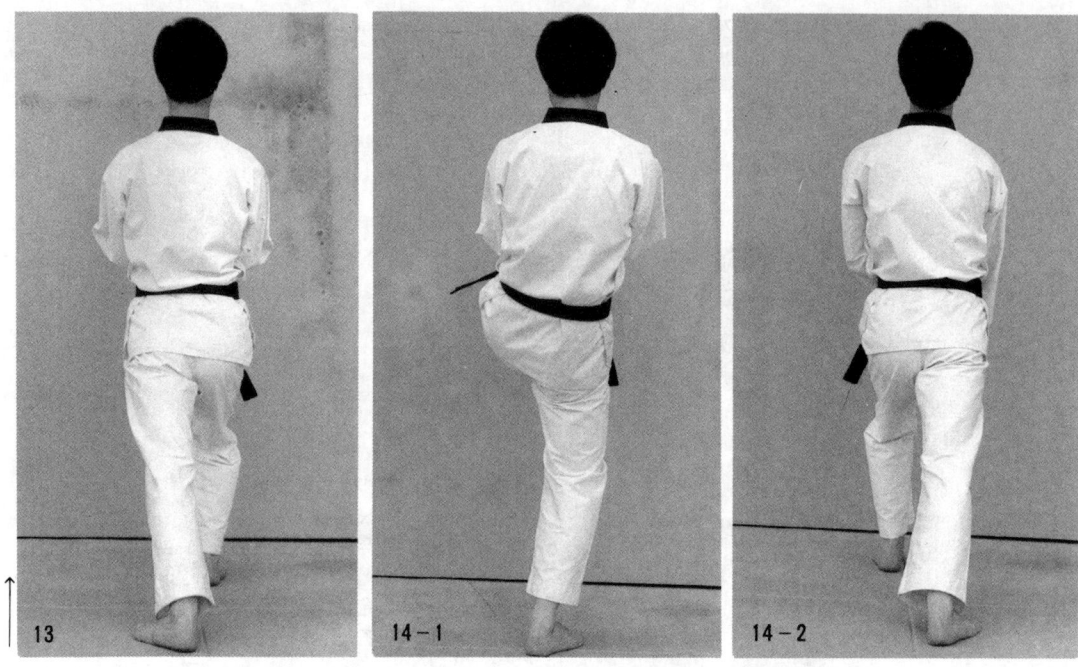

15. "**나**" 방향 왼발 뒤로 약간 끌어
    왼 앞서기
    안팔목 몸통 헤쳐막기

16. 왼발 축으로 몸을 오른쪽으로 돌려
    오른 발을 "**라**" 방향에 딛어
    주춤서기 (몸의 정면은 "**가**" 방향)
    왼 한손날 몸통 옆막기 (시선은 "**다₂**" 방향)

17. 두 발 제자리 상반신만 왼쪽
    ("**다₂**" 방향)으로 틀어
    주춤서기 (그대로)
    오른주먹 표적지르기

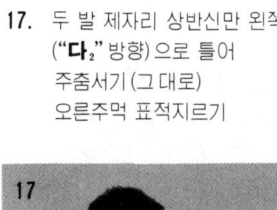

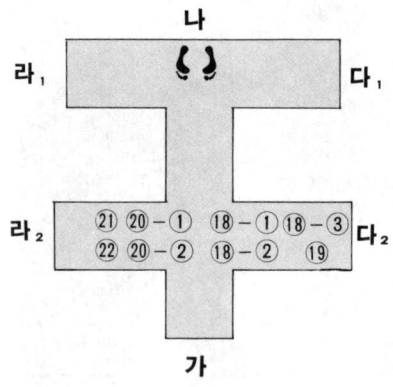

22. "라₂" 방향 두 발 제자리
    주춤서기(그대로)
    왼주먹 표적지르기

21. "라₂" 방향 두다리 제자리
    주춤서기(그대로)
    오른한손날 몸통 옆막기

고려 357

18. "다." 방향, 오른발을 옮겨 앞 꼬아 서 옮기기를 하면서 두손을 잡아 끌면 서 왼발 옆차기 차고 내려딛으며 방 향바꾸어
오른 앞굽이 ("라₂" 방향)
왼 편손끝 아래제쳐찌르기
※ 이 때 오른손은 상대를 잡아 끄는 마음으로 왼쪽 어깨 위에 놓는다.

19. 왼발 제자리 오른발 약간 끌어당겨
오른 앞서기
아래막기

20. "라₂" 방향 왼발 한 걸음 내딛으며 왼 바탕손 눌러막기를 하며
이어서 오른발을
또 내딛어
주춤서기
오른팔굽 옆치기
※ 왼발 이동과 오른발 이동은 걸어가 듯 한다.
※ 오른 팔굽 옆치기할 때는 왼손으로 오른주먹을 싸서밀어 옆치기에 힘 을 보태준다.

23-3   23-2   23-1

23. "**라₂**"방향 왼발 옮겨 앞 꼬아서기로
    몸 옮기며 이어서
    오른발 몸통 옆차기 차고 내려딛어
    "**다₂**"방향으로 방향 바꾸어
    왼 앞굽이
    오른편손끝 아래제쳐찌르기

24. 오른발 제자리 왼발 약간 끌어
    ("**다₂**" 방향)
    왼 앞서기
    아래막기

25. "**다₂**" 방향 오른발 한걸음 내딛어
    오른 바탕손 눌러막기 하고 이어
    왼발 한걸음 내딛어
    주춤서기
    왼팔굽 옆치기

24   25-1

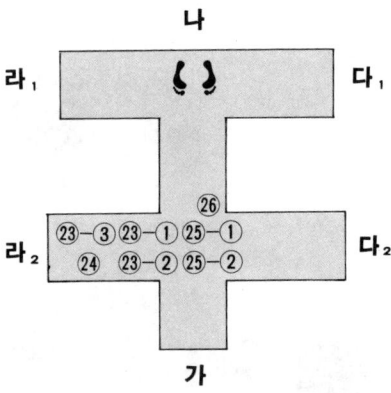

26. "**가**" 방향을 바라보며 왼발 제자리 모듬 발로 오른발 끌어들여 모아서기
    왼 메주먹 아래 표적치기
    ※ 오른발을 왼발에 모을 때 두손도 같이 움직여 얼굴앞으로 올려 머리 위부터 양쪽으로 갈라서 원을 그리면서 내려(이때 약간 느리게) 아래 표적치기를 한다.

360 6장 태권도 품새

28. "나" 방향 오른발 내딛어
 오른 앞굽이
 오른 한손날 목치기
 하고 이어서
 오른 한손날 아래막기

27. "가"에서 몸을 왼쪽으로
 돌려 왼한손날 바깥치기
 (목표 목덜미)
 "나" 방향을 바라보며
 왼발 내딛어 왼 앞굽이
 하고 이어서
 왼한손날 아래막기

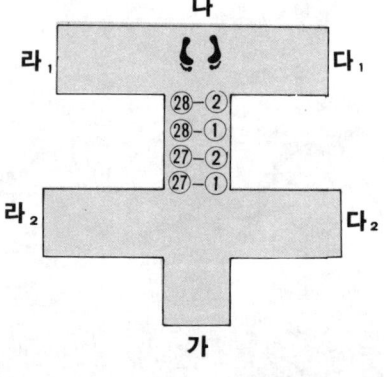

고려 361

28-1측

28-2측

27-1측

27-2측

30. "**나**"방향 오른발 내딛어
 오른 앞굽이
 오른 칼재비 -기합-

그만. "**나**"의 위치에서 오른발 제자리 몸을 왼쪽으로 돌려 왼발을 끌어
"**가**"방향을 바라보며 통밀기 준비서기

29. "**나**"방향 왼발 내딛어
 왼 앞굽이
 왼 한손날 목치기 하고
 이어서 왼 한손날 아래막기

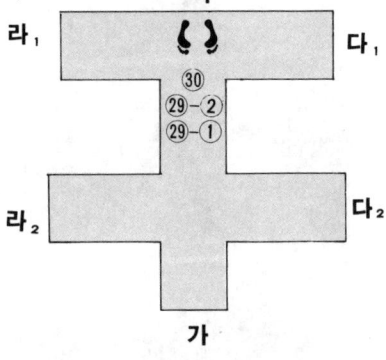

고려 363

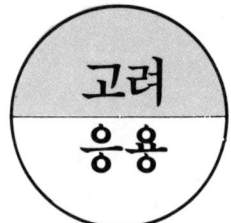

1 동작 응용
상대의 몸통 지르기를 손날로 막는다.

2-2 동작 응용

2-1 동작 응용
상대에게 거듭 옆차기를 한다.
※ 실지로 상대의 무릎을 차 타격을 주어 주춤하는 사이 재차 높이어 옆차기로 상대를 제압시키는 방법이다. 첫번째의 아래 옆차기는 형식적으로 차 상대가 아래를 막거나 관심을 갖도록 유도하여 두번째의 옆차기로 실질적인 차기를 한다.

2 - 3 동작 응용
만일 이 거듭 옆차기가 상대에게 적용되지 않고 피하며 물러날 때 깊이 쫓아들어가며 손날 바깥치기를 한다.
※ 상대를 손날로 치는데도 목적이 있지만 실패할 경우는 손이나 소매라도 잡아끌어 상대를 나와 가깝게 하기 위한 수단이다.

3 동작 응용
상대를 잡아끌면서 최후수단으로 바로지르기를 한다.

4 동작 응용
그래도 상대가 맞아가며 주먹으로 역습하여 공격하는 것을 물러나거나 피하며 몸통막기로 막는다.

9 - 1 동작 응용
상대가 앞차기로 차오는 것을 한손날 아래막기로 막는다.

9 - 2 동작 응용
이어서 상대의 막힌발이 땅에 딛기 전에 칼재비로 목을 친다.
※ 칼이란 옛날 죄인에게 널판으로 만든 큰 자물쇠이다. (지금의 수갑) 즉 상대가 물러나지도 못하고 피하지도 못하게 아귀손으로 목을 쳐서 조이려 잠근다는 뜻이다. 칼재비는 공격을 당하여도 치명적인 상처는 입지 않는다.
※ 칼재비는 아귀손으로 상대의 목을 쳐서 조이리는 방법도 있지만 낙턱이라 하여 아귀손으로 칠 때 손목작용을 하여 턱을 위에서 밑으로 내려치는 방법, 쳐서 아래턱이 빠지도록 하는 방법도 있다.

14 - 2 동작 응용
상대의 앞차기 차오는 것을 피하며 한손으로 거들어 올려 상대의 발 뒤꿈치와 발목을 겸하여 잡음과 동시에 이어 다른 아귀손으로 상대의 잡힌 다리 무릎대접뼈 밑쪽을 친다. (팅김질을 한다.)
※ 위와 같이 무릎대접뼈를 도와주고 있는 근(筋)이 늘어나므로 탈골현상이 되어 바로 딛고 서기가 불편하다.
또 바탕손으로 상대의 무릎 바깥쪽이나 안쪽을 쳐서 무릎꺾기를 한다.

23 - 1 동작 응용
옆차기를 할 때 상대와 거리가 멀므로 상대를 잡으며 접근하기 위하여 앞 꼬아서기로 몸 옮기기를 한다.

23 - 2 동작 응용
상대를 떼어 놓고 옆차기를 하면 약하기 때문에 잡아끌면서 힘있게 찬다.

금 강

    금강이란 더할 수없이 강함과 무거움을 의미하며 강함과 무거움은 한반도의 정기가 모인 영산인 금강산과 부처의 호법으로 음양의 두 신장(神將)이며 무술이 가장 세다는 금강역사 가운데 더욱 강맹하고 파괴되지 않으며, 남성을 상징하는 금강을 나타내고 이 두 가지 요소가 한데 어울려 품새가 되었다.

    새로운 동작은 바탕손턱치기, 한손날몸통안막기, 금강막기, 산틀막기, 큰돌쩌귀 등이고 서기로는 학다리서기가 있다. 품새선은 山자로 되어 있으며 뜻은 웅장함과 안정성이므로 품새의 수련시 동작은 힘있고 강하게 중심을 안정시켜 천천히 행하여 힘을 길러야 하며 유단자의 위용이 나타나야 한다.

금강 품새설명 요약

순서	시선	위치	서 기	동 작	품 명
준비	가	나	나란히서기		기본준비서기
1	가	가	왼앞굽이	내딛어	안팔목몸통헤쳐막기
2	가	가	오른앞굽이	내딛어	오른바탕손턱치기
3	가	가	왼앞굽이	내딛어	왼바탕손턱치기
4	가	가	오른앞굽이	내딛어	오른바탕손턱치기
5	가	나	오른뒷굽이	물려딛어	왼한손날몸통막기
6	가	나	왼뒷굽이	물려딛어	오른한손날몸통막기
7	가	나	오른뒷굽이	물려딛어	왼한손날몸통막기
8	다	나	오른학다리	왼발 끌어올려	금강막기
9	다	다	주춤서기	왼발 내려딛어	큰돌쩌귀
10	가₁	다	주춤서기	몸왼쪽으로 돌며 오른발 옮겨 딛고 이어 왼발 옮겨딛어 (360°회전)	큰돌쩌귀
11	가₁	가₁	주춤서기	오른발 들어 내려 짓쩌	산틀막기—기합—
12	라	가₁	주춤서기	몸오른쪽으로 돌아 왼발 옮겨 딛어 (180°회전)	안팔목몸통헤쳐막기
13	라	가₁	나란히서기	왼발 약간 끌어 몸을 일으키며	아래헤쳐막기
14	다	다	주춤서기	몸오른쪽으로 돌아 왼발 들어 내려짓쩌(180°회전)	산틀막기
15	라	다	왼학다리서기	몸오른쪽으로 돌아 오른발 끌어	금강막기
16	라	나	주춤서기	오른발 내려딛어	큰돌쩌귀

17	라	나	주춤서기	몸오른쪽으로 돌려 왼발 옮겨딛고 이어 오른발 옮겨딛어 (360°회전)	큰돌쩌귀
18	라	나	왼학다리서기	오른발 끌어올려	금강막기
19	라	라	주춤서기	오른발 내려딛어	큰돌쩌귀
20	가₂	라	주춤서기	몸오른쪽으로 돌아 왼발 옮겨딛고 이어 오른발 옮겨딛어 (360°회전)	큰돌쩌귀
21	가₂	가₂	주춤서기	왼발들어 내려 짓쩌	산틀막기—기합—
22	다	가₂	주춤서기	몸왼쪽으로 돌아 오른발 옮겨 딛어 (180°회전)	안팔목몸통헤쳐막기
23	다	가₂	나란히서기	오른발 약간 끌어 몸 일으켜	아래헤쳐막기
24	라	라	주춤서기	몸왼쪽으로 돌아 오른발 들어 내려짓쩌 (180°회전)	산틀막기
25	나	라	오른학다리서기	몸왼쪽으로 돌려 왼발 끌어 올려	금강막기
26	나	나	주춤서기	왼발 내려딛어	큰돌쩌귀
27	가	나	주춤서기	몸왼쪽으로 돌아 오른발 옮겨 딛고 이어 왼발 옮겨딛어 (360°회전)	큰돌쩌귀
그만	가	나	나란히서기	왼발 끌어들여	기본준비서기

#

준비: "**나**"의 위치 에서 "**가**"방향 바라보며 기본 준비서기

1. "**가**"방향 왼발 내딛어 왼 앞굽이 안팔목 몸통 헤쳐 막기

2. "**가**" 방향 오른발 내딛어 오른 앞굽이 오른바탕손 턱치기

3. "**가**"방향 왼발 내딛어 왼 앞굽이 왼 바탕손 턱치기

4. "**가**"방향 오른발 내딛어 오른 앞굽이 오른 바탕손 턱치기

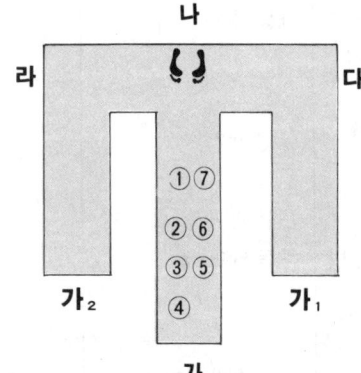

6. "**가**" 방향 왼발 뒤로 물려 딛어
 왼 뒷굽이
 한손날 몸통막기

7. "**가**" 방향 오른발 뒤로 물려 딛어
 오른 뒷굽이
 한손날 몸통막기

5. "**가**" 방향 오른발 뒤로 물려딛어
 오른 뒷굽이
 한손날 몸통막기

374 6장 태권도 품새

8. "**다**"방향 오른발 "**나**"의 위치 제자리 왼발을 끌어 무릎을 구부리며 오른 학다리 서기
   금강 막기
   ※ 이 동작은 등척성운동으로 온몸에 힘을 주어 천천히 행한다.(약10초)

9. "**다**" 방향 왼발 내려딛어 주춤서기
   큰돌쩌귀

10. "**다**"방향 몸을 왼쪽으로 돌려 오른발로 "**다**"선상에 옮겨 딛고 이어서 왼발을 또 "**다**"선상에 옮겨딛어(몸이 옮겨지며 360°회전) 주춤서기
    큰 돌쩌귀—시선 "**가**₁"방향—
    ※ 몸이 돌면서 옮길 때는 주춤서 높이에 변동이 없게하며 오른발, 왼발 옮겨딛는 넓이도 주춤서기 넓이에 변동이 없어야 된다.

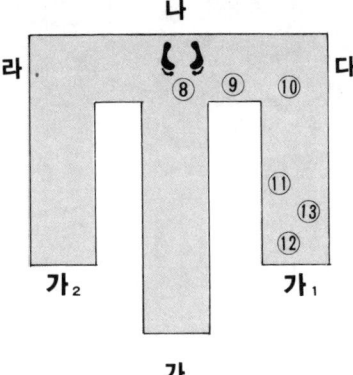

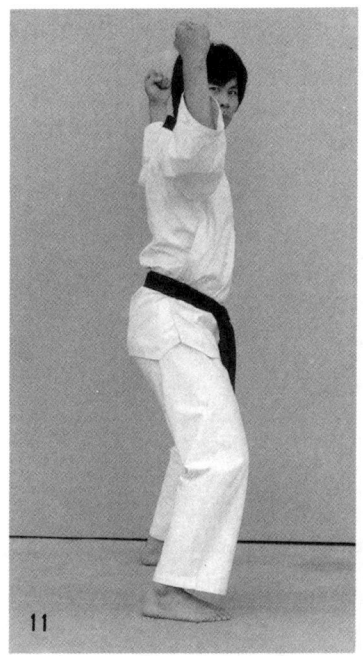

11. "**가₁**"방향 왼발축 오른발 들어
    "**가₁**"선상에 내려 짓쪄
    주춤서기
    산틀막기 —기합—
    　　—시선 "**가**"방향—

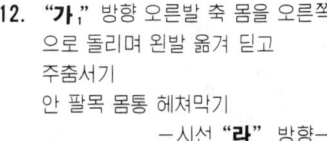

12. "**가₁**" 방향 오른발 축 몸을 오른쪽
    으로 돌리며 왼발 옮겨 딛고
    주춤서기
    안 팔목 몸통 헤쳐막기
    　　—시선 "**라**" 방향—

13. "**가₁**" 방향 오른발 제자리 왼발을
    한발길이 끌어 몸을 일으키며
    나란히 서기
    아래 헤쳐막기(천천히 약 5초)
    　　—시선 "**라**" 방향—

20. "**라**"방향 몸 오른쪽으로 돌며
    왼발, 오른발 이어 옮겨 딛으며
    (360° 회전)
    주춤서기
    큰돌쩌귀 —시선 "**가₂**"방향—

19. "**라**" 방향 오른발 내딛어
    주춤서기
    큰돌쩌귀

18. "**나**"의 위치에서 왼발 제자리
    오른발 끌어 올리며
    왼 학다리서기
    금강막기 —시선 "**라**" 방향—

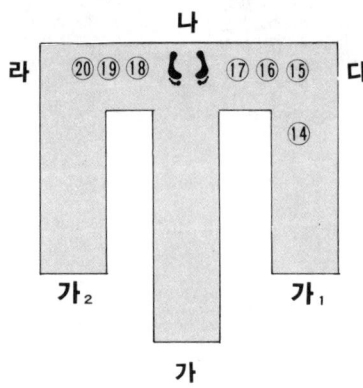

17. "**나**"방향 몸 오른쪽으로 돌려 왼발 옮겨딛고 이어 오른발 옮겨딛어 360°돌아 몸 "**나**"의 위치에 옮겨
   주춤서기
   큰 돌쩌귀 —시선 "**라**"방향—

16. "**나**" 방향 오른발 내려딛어
   주춤서기
   큰돌쩌귀 —시선 "**라**" 방향—

15. "**다**"의 위치에서 왼발 축 몸은 오른쪽으로 돌려 오른발 끌어 올리며 왼 학다리서기
   금강막기
   —시선 "**라**" 방향 서서히 힘주어 행한다—

14. "**다**" 방향 오른발 축으로 몸 오른쪽으로 돌려 왼발들어 "**다**"위치에 내려 짓쩌
   주춤서기
   산틀막기   —시선 "**다**" 방향—

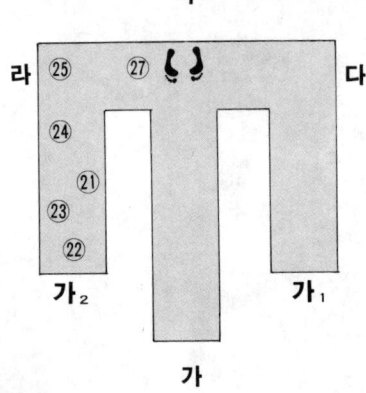

21. **"가₂"** 방향 오른발 축 왼발 들어
 내려짓찌며
 주춤서기
 산틀막기 —기합—
  —시선 **"가₂"** 방향—

22. **"가₂"** 방향 몸 왼쪽으로 돌려 왼발
 축 오른발 **"가₂"** 선상에 옮겨딛어
 주춤서기
 안팔목 몸통 헤쳐막기
  —시선 **"다"** 방향—

23. **"가₂"** 방향 왼발 제자리 오른발
 한발길이로 끌어
 나란히 서기
 아래 헤쳐막기 —시선 **"다"** 방향—

25. "라"의 위치에서 오른발 축 몸 왼쪽으로 돌려 왼발 끌어 올리며 오른 학다리서기
금강막기 —시선 "나" 방향—

26. "나" 방향 왼발 내려딛어 주춤서기
큰돌쩌귀 —시선 "나" 방향—

27. "나"방향 몸을 왼쪽으로 돌려 오른발 왼발 이어 옮겨딛어 (360°회전) "나"의 위치에서 주춤서기
큰 돌쩌귀 —시선 "가"방향—

24. "라" 방향 왼발 축으로 몸 왼쪽으로 돌며 오른발 들어 "라" 위치에 내려짓쩌
주춤서기
산틀막기 —시선 "라" 방향—

그만. "나"의 위치에서 오른발 제자리 왼발 끌어 "가" 방향 바라보며 기본준비서기

그만

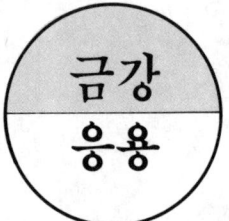

1 동작 응용
상대가 두손으로 나의 멱살을 잡으면
안팔목으로 헤쳐낸다.

2 동작 응용
헤쳐내었으나 완전히 풀리지가 않았을 때는 바로
바탕손으로 상대의 턱을 친다.
※ 두 동작이 빠르게 연결되어야 된다.

8 동작 응용
정면에서 얼굴 지르기와 측면에서 아래 앞차기로 동시에 공격하여 오는 것을 학다리 금강막기로 동시에 막는다.

11 동작 응용
오른팔목 바깥쪽으로 내막고 왼팔목 안쪽으로 산틀막기로 양쪽에서의 공격을 동시에 막는다.

태 백

　태백은 한민족의 고대국가인 단군조선이 개국한 아사달(아씨땅)의 성산인 붉메(밝산)를 의미하며 밝은산은 얼과 전통의 근원 신성함을 그리고 홍익인간의 사상을 나타낸다. 태백은 수없이 다른 위치와 말로 나타나있지만　그 가운데 대표적인 것이 민족의 태반(胎盤)이고 상징인 백두산이며 단군의 높은 이상을 바탕으로 품새가 생겨났다.
　새로운 동작은 손날아래헤쳐막기, 손날엎어잡기, 잡힌손목빼기, 금강몸통막기, 등주먹얼굴바깥치기, 돌쩌귀 등이다. 품새선은 工자로 열린 하늘과 땅 사이를 사람이 올바로 이어주는 개천과 개국을 뜻하며 품새의 동작은 몸통의 막기와 치기로 주로 구성되어 하늘과 땅사이에 바로선 사람을 나타냈다.

태백 품새설명 요약

순서	시선	위치	서 기	동 작	품 명
준비	가	나	나란히서기		기본준비서기
1	다₁	다₁	왼범서기	왼발 내딛어	손날아래헤쳐막기
2	다₁	다₁	오른앞굽이	오른발 앞차기차고내딛어	몸통 두번지르기
3	라₁	라₁	오른범서기	뒤로 돌아 오른발내딛어	손날아래헤쳐막기
4	라₁	라₁	왼앞굽이	왼발 앞차기차고 내딛어	몸통두번지르기
5	가	가	왼앞굽이	돌아 왼발 옮겨딛어	제비품목치기
6	가	가	오른앞굽이	오른손목 제켜내며 오른발 내딛어	몸통바로지르기
7	가	가	왼앞굽이	왼손목 제켜내며, 왼발 내딛어	몸통바로지르기
8	가	가	오른앞굽이	오른손목 제켜내며 오른발 내딛어	몸통바로지르기 —기합—
9	라₂	라₂	오른뒷굽이	돌아 왼발 옮겨 딛고	금강몸통막기
10	라₂	라₂	오른뒷굽이	두다리 제자리 서기 그대로	당겨턱지르기
11	라₂	라₂	오른뒷굽이	두다리 제자리 서기 그대로	옆지르기
12	라₂	라₂	오른학다리서기	왼발 끌어 올려	작은돌쩌귀
13	라₂	라₂	왼앞굽이	왼발 옆차기차고 내딛어	팔굽표적치기
14	다₂	다₂	왼뒷굽이	왼발 끌어 모듬발 이어 오른발 내딛어	금강몸통막기

15	다₂	다₂	왼뒷굽이	두다리 제자리 서기 그대로	당겨턱지르기
16	다₂	다₂	왼뒷굽이	두다리 제자리 서기 그대로	옆지르기
17	다₂	가	왼학다리서기	오른발 끌어올려	작은돌쩌귀
18	다₂	다₂	오른앞굽이	오른발 옆차기차고 내딛어	팔굽표적치기
19	나	가	오른뒷굽이	오른발 끌어모듬발이어 왼발 내딛어	손날 몸통막기
20	나	나	오른앞굽이	왼손 눌러막기하며 오른발 내딛어	편손끝세워찌르기
21	나	나	오른뒷굽이	몸왼쪽으로 돌아 밑으로 빼기 하고 왼발 내딛어	등주먹바깥치기
22	나	나	오른앞굽이	오른발 내딛어	몸통반대지르기
23	다₁	다₁	왼앞굽이	돌아 왼발 옮겨 딛어	가위막기 —기합—
24	다₁	다₁	오른앞굽이	오른발 앞차기차고 내딛어	몸통두번지르기
25	라₁	라₁	오른앞굽이	뒤로 돌아 오른발 옮겨 딛어	가위막기
26 그만	라₁ 가	라₁ 나	왼앞굽이 나란히서기	왼발 앞차기차고 내딛어 왼발 끌어들여	몸통두번지르기 기본준비서기

준비 : "나"의 위치에서 "가"를 바라보며 기본준비서기

1. "다₁"방향 몸돌려 왼 범서기 손날 아래 헤쳐막기

2. "다₁"방향 오른발 앞차기 차고 내딛어 오른 앞굽이 몸통 두 번 지르기

4. "**라₁**" 방향 왼발 앞차기 차고 내딛어
   왼 앞굽이
   몸통 두 번 지르기

3. "**라₁**" 방향 오른발 옮겨 뒤로돌아
   오른 범서기
   손날 아래 헤쳐막기

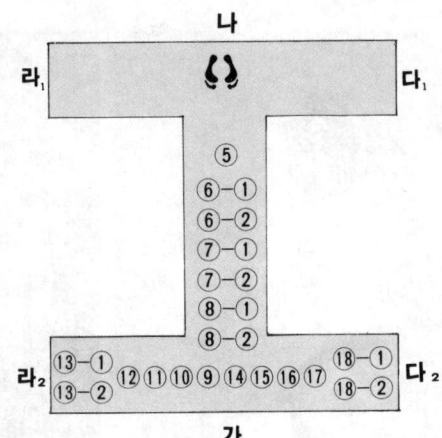

5. "가" 방향 왼발 옮겨 돌아
   왼 앞굽이
   제비품 목치기

6. "가" 방향 오른손목을 안으로
   제쳐틀면서 상대의 손목을
   잡아끌며, 오른발 내딛어
   오른 앞굽이
   몸통 바로지르기

7. "**가**"방향 왼손목 안으로
   제쳐틀면서 잡아끌면서
   왼발 내딛어
   왼 앞굽이
   몸통 바로지르기

8. "**가**"방향 오른손목 안으로
   제쳐틀어 잡아끌며
   오른발 내딛어
   오른 앞굽이
   몸통 바로지르기 —기합—

14. "**다₂**"방향 바라보며 두주먹은 왼 허리에 작은 돌쩌귀로 하면서 왼발 끌어 모듬발로 모아서기 서자마자 이어서 오른발 내딛어 왼 뒷굽이 금강 몸통막기

13. "**라₂**"방향 왼주먹 옆지르고 왼발로 옆차기 차고 내려딛어 왼 앞굽이 팔굽 표적치기

15. "**다₂**" 방향 두 발 제자리 왼 뒷굽이(그대로) 당겨 턱지르기

12. "**라₂**"방향 왼발 끌어올려 오른 학다리 서기 작은 돌쩌귀

16. "**다₂**" 방향 두 발 제자리 왼 뒷굽이(그대로) 옆지르기

태백 391

9. "라₂" 방향 왼발 옮겨 돌아
   오른 뒷굽이
   금강 몸통막기

10. "라₂" 방향 두 발 제자리
    오른 뒷굽이(그대로)
    당겨 턱지르기

11. "라₂" 방향 두 발 제자리
    오른 뒷굽이(그대로)
    옆지르기

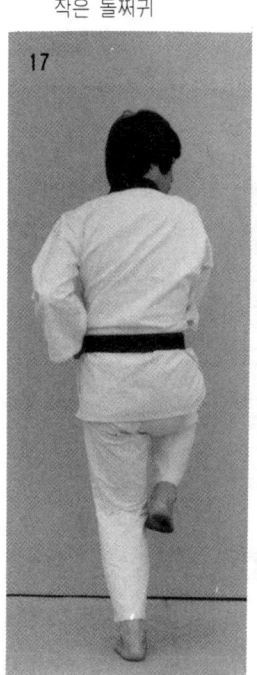

17. "다₂" 방향 오른발
    끌어올려
    왼 학다리서기
    작은 돌쩌귀

18. "다₂" 방향 오른주먹 옆지르고 오른발
    옆차기 차고 내려딛어
    오른 앞굽이
    팔굽 표적치기

20. "**나**"방향 오른발
 내딛으며 왼손 눌러막기
 하며 잡아끌어
 오른 앞굽이
 편손끝 세워찌르기

19. "**나**"를 바라보며 두주먹을
 허리에 작은 돌쩌귀로 끌면서
 "**가**"의 위치에서 왼발
 제자리 오른발 끌어 모듬발로
 모아서기 서자마자 이어서
 "**나**" 방향으로 왼발 내딛으며
 오른 뒷굽이
 손날몸통막기

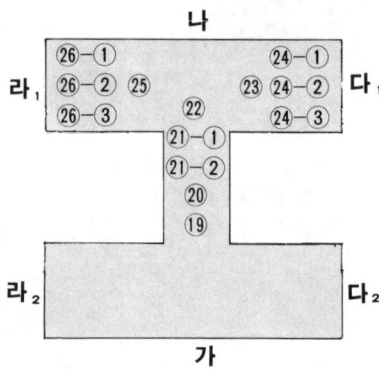

22. "나"방향 오른발 내딛어
오른 앞굽이
몸통 반대지르기
―기합―

21. "나"방향 오른손 밑으로
빼기
몸 왼쪽으로 돌려 왼발
"나"선상에 옮겨 딛으며
오른 뒷굽이
등주먹 바깥치기
※ 등주먹 바깥치기는 팔굽
을 약간 굽히고 가슴을 펴
등주먹이 뒤로 많이 가게
한다.

  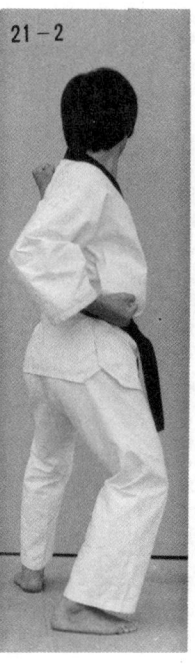 

23. "다₁" 방향 왼발 옮겨돌아
    왼 앞굽이
    가위막기

그만 . "나"의 위치에 오른발 제자리
    "가"를 바라보며 왼발 끌어
    기본준비서기

24. "다₁" 방향 오른발 앞차기 차고
    내딛어
    오른 앞굽이
    두번 지르기

26. "라₁" 방향 왼발 앞차기 차고 내딛어
    왼 앞굽이
    몸통 두번 지르기

25. "라₁" 방향 오른발 옮겨 뒤로 돌아
    오른 앞굽이
    가위막기

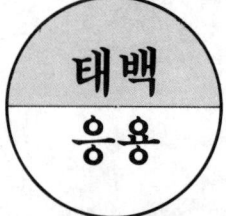

태백
응용

7 - 1 동작 응용
상대의 지르기와 나의 지르기가 서로 맞섰을 때
상대의 팔 목을 잡기 위하여 팔굽을 약간 구부리며
주먹을 펴서 손바닥을 상대 팔목에 붙인다.

7 - 2 동작 응용
상대의 팔을 휘어감어 제치는 식으로 손바닥을
안쪽으로 제치어 돌린다.

7 - 3 동작 응용

7 - 4 동작 응용
이어 바로 상대의 팔목을 잡아끌면서

7 - 5 동작 응용
따라 나가며 몸통 바로지르기

14 동작 응용
상대의 몸통지르기 공격을 금강 몸통막기로 막는다.

15 동작 응용
몸통 막은 팔로 상대를 잡아끌면서 당겨 턱치지르기 하고

16 동작 응용
당겨 턱치지르기한 손으로 잡아끌면서 옆지르기를 한다.

18-1 동작 응용
상대에게 몸통 옆차기를 차면 상체가 앞으로 기울어지는 것을 예상하여 주먹도 같이 질러 상대의 얼굴을 공격한다.
※ 일석이조의 이득을 보는 격이다.

18-2 동작 응용
이어서 왼손으로 상대의 머리를 잡고 오른 팔꿈치로 얼굴을 공격한다.

20 찌르기를 하였으나 상대가 팔목을 잡아올 때 밑으로 빼기로 뺀다.

21 - 2 몸을 빨리 돌려 등주먹으로 공격한다.

21 - 1 빼기를 하고 그대로 있으면 상대에게 계속 공격을 당하므로

평원

　평원은 아득한 사방으로 넓게 펼쳐진 큰 땅을 의미하며 큰 땅은 생물의 모체로의 생명의 보존과 만물의 영장인 사람으로 인한 삶의 터전을 나타내고 본디(本)와 쓰임(用)에 따른 평화와 투쟁을 바탕으로 품새가 이루어졌다.
　새로운 동작은 팔굽올려치기, 거들어 얼굴옆막기, 당겨턱지르기, 멍에치기, 헤쳐산틀막기 등이다. 준비서기 모아서기왼겹손은 땅이 삶의 시작과 근본인 것같이 인체의 힘의 근원인 하단전의 기운을 모으고 얻어서 행동하기 위한 서기이다. 품새선—은 평원의 본디와 바뀜을 뜻한다.

평원 품새설명 요약

순서	시선	위치	서 기	동 작	품 명
준비	가	나	모아서기		겹손준비서기
1	가	다	나란히서기	왼발 내딛어	손날아래헤쳐막기
2	가	다	나란히서기	두발 제자리 서기그대로	통밀기
3	라	라	왼뒷굽이	오른발 내딛어	한손날아래막기
4	다	라	오른뒷굽이	두발 제자리 서기그대로 방향바꾸어	한손날몸통바깥막기
5	다	다	왼앞굽이	왼발 약간 밀어딛어	오른팔굽올려치기
6	다	다	왼뒷굽이	오른발 앞차기차고 내딛고 이어 왼발몸돌며 옆차기차고 "다"에 내려딛어	손날몸통막기
7	라	라	왼뒷굽이	두발 제자리 서기그대로	손날아래막기
8	라	라	주춤서기	두발 제자리	거들어얼굴막기
9	가	나	주춤서기	오른발 들어 짓쩌굴러	오른등주먹당겨턱치기이어왼등주먹당겨턱치기 —기합—
10	라	나	왼앞꼬아서기	왼발 옮겨딛어	멍에치기
11	라	라	주춤서기	오른발 옮겨딛어	헤쳐산틀막기
12	라	나	왼학다리서기	오른발 끌어 올려	금강막기
13	라	라	오른앞굽이	오른발 옆차기차고 내딛어	왼팔굽올려치기
14	라	라	오른뒷굽이	왼발 앞차기차고 내딛고 이어 오른발몸돌며 옆차기차고 "라"에 내려딛어	손날몸통막기
15	다	나	오른뒷굽이	두발 제자리 서기그대로	손날아래막기
16	다	나	주춤서기	두발 제자리	거들어 얼굴막기
17	가	나	주춤서기	왼발들어 짓쩌굴러	왼등주먹당겨턱치기이어오른등주먹당겨턱치기 —기합—
18	다	나	오른앞꼬아서기	오른발 옮겨딛어	멍에치기
19	다	나	주춤서기	왼발 옮겨딛어	헤쳐산틀막기
20	다	나	오른학다리서기	왼발 끌어올려	금강막기
21	다	나	왼앞굽이	왼발 옆차기차고 내려딛어	오른팔굽표적치기
그만	가	나	모아서기	왼발 끌어들여	겹손준비서기

##

준비 : "나"의 위치에서 "가" 방향 바라보며 모아서기
　　　겹손 준비서기

3. "라" 방향 오른발 내딛어
　　왼 뒷굽이
　　한손날 아래막기

1. "가" 방향 왼발 한발길이로 넓혀 나란히 서기
　　손날아래헤쳐막기
　　※ 숨을 서서히 내쉰다.

4. "다" 방향으로 방향바꾸며
　　오른 뒷굽이
　　한손날 몸통 바깥막기

2. "가" 방향 두 발 제자리 두 손 가슴 앞으로 모으면서 손바닥을 마주보게 하며 나란히 서기
　　(서기 그대로) 통밀기

5. "다" 방향 왼발 약간 밀고 나가며
　　왼 앞굽이
　　오른 팔굽 올려치기

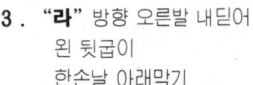

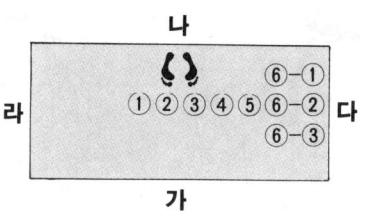

6. **"다"**방향 오른발 앞차기 차고
 내려딛고 이어서 왼발 몸돌며
 옆차기 차고 **"다"**위치에 내려딛어
 왼 뒷굽이
 손날 몸통막기 —시선 **"라"**방향—
 몸의 정면은—**"가"**방향—

9. "**나**"선상에서 오른발 들어 짓쩌
  구르며 주춤서기
  오른 등주먹 당겨 턱치기 —기합—
  (시선 "**가**"방향 바꾸며 "**가**"방향으로
  당겨 턱치기를 한다) 이어서
  주춤서기(변동없음)
  왼 등주먹 당겨 턱치기

※ 오른 등주먹 당겨 턱치기는 왼팔을
  앞으로 펴서 상대를 잡아끌면서 오
  른 등주먹 앞치기로 턱을 친다.

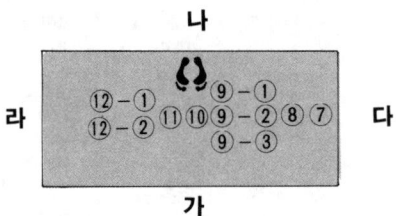

7. "**라**" 방향 두 발 제자리
   왼 뒷굽이(그대로)
   손날 아래막기

8. "**라**" 방향 두 발 제자리
   주춤서기(서기 변함)
   거들어 얼굴옆막기 —시선 "**라**" 방향
   그대로—

12. "**라**" 방향 왼발 제자리 오른발
    끌어올려
    왼 학다리서기
    금강막기하고
    왼 허리에 작은 돌쩌귀

11. "**라**" 방향 왼발 제자리 오른발
    옮겨딛어
    주춤서기
    헤쳐 산틀막기—시선 "**라**" 방향—

10. "**라**" 방향 오른발 제자리 왼발을
    옮겨
    앞 꼬아서기
    멍에치기

15. "**나**" 방향 두 발 제자리
    오른 뒷굽이
    손날 아래막기

16. "**나**"방향 두 발 제자리
    주춤서기(서기 변함)
    거들어 얼굴 옆막기
    —시선 "**다**"방향—

17. "**나**" 선상에서 왼발 들었다
    짓쩌 구르며
    주춤서기
    왼 등주먹 당겨 턱치기 —기합—
    (시선 "**가**" 방향으로 바꾸며
     "**가**" 방향으로 당겨 턱치기를 한다.)

14-1

13-2

13-1

14. "라" 방향 왼발 앞차기 차고 내려딛고 이어서 오른발 몸 돌며 옆차기 차고 "라"의 위치에 내려딛어
  오른 뒷굽이
  손날 몸통막기
      —시선 "다" 방향—

이어서
주춤서기(서기 변동없음)
오른 등주먹 당겨 턱치기

13. "라" 방향 오른발 옆차기 차고
  내려딛어
  오른 앞굽이
  왼 팔굽 올려치기

17-2

17-3

18. "**나**" 방향 오른발 옮겨
앞 꼬아서기
멍에치기 —시선 "**다**" 방향—

19. "**나**" 방향 왼발 내딛어
주춤서기
헤쳐 산틀막기

20. "**나**" 방향 오른발 제자리 왼발
끌어올려
오른 학다리
금강 막기 하고
오른허리에 작은 돌쩌귀

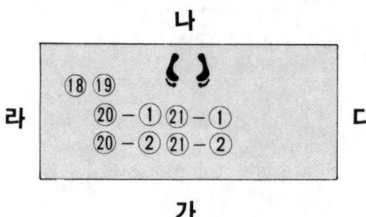

21. "**나**"방향 왼주먹 옆지르며 왼발
    옆차기 차고 내려딛어
    왼 앞굽이
    팔굽 표적치기

그만 . "**나**"의 위치에서 오른발 제자리
"**가**"방향을 바라보며 왼발
모듬발로 모아서기
겹손 준비서기

412 6장 태권도 품새

평원
응용

4 동작 응용
상대의 몸통 지르기를 한손날 바깥막기로 막으며 잡는다.

5 동작 응용
상대의 팔을 잡아끌면서 팔굽 올려치기로 턱을 올려친다.

9 – 1 동작 응용
이때 정면에서 공격해 들어오는 것을
거들어준 팔로 막아내며 잡아끌면서

8 동작 응용
두 명의 상대가 약간의 시간차로 측면에서 먼저
공격하는 것을 거들어 막기로 막아낸다.

9 – 2 동작 응용
정면의 상대는 당겨 턱치기로 가격하고 측면의 상대는
발등을 내려 짓찐다.

10 동작 응용
두 상대가 가까이에서 잡아끌거나 괴롭힐 때 멍에치기로 공격하고

11 동작 응용
이어서 등주먹으로 동시에 공격한다.

십 진

　십진은 십장사상에서의 십장생을 의미하며 십장생은 해, 달, 산, 물, 돌, 소나무, 불로초, 거북, 사슴, 학을 일컫는 것으로 이러한 두개의 천체와 세개의 자연, 두개의 식물과 세개의 동물은 사람의 믿음과 바램과 사랑을 나타내므로 이를 상징하고 변화하는 품새가 십진이다.
　새로운 동작은 십장생의 수에 따른 열가지로 황소막기, 손바닥거들어 막기, 엎은손날찌르기, 손날아래막기, 바위밀기, 손날등몸통헤쳐막기, 걷어올리기, 쳇다리지르기, 손날엇걸어아래막기, 손날등몸통막기이다. 품새선은 十로 십장생의 사상근본과 십진법에 의한 무한대의 숫자 형성 그리고 무궁한 발전을 뜻한다.

십 진 품 새 선

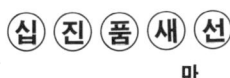

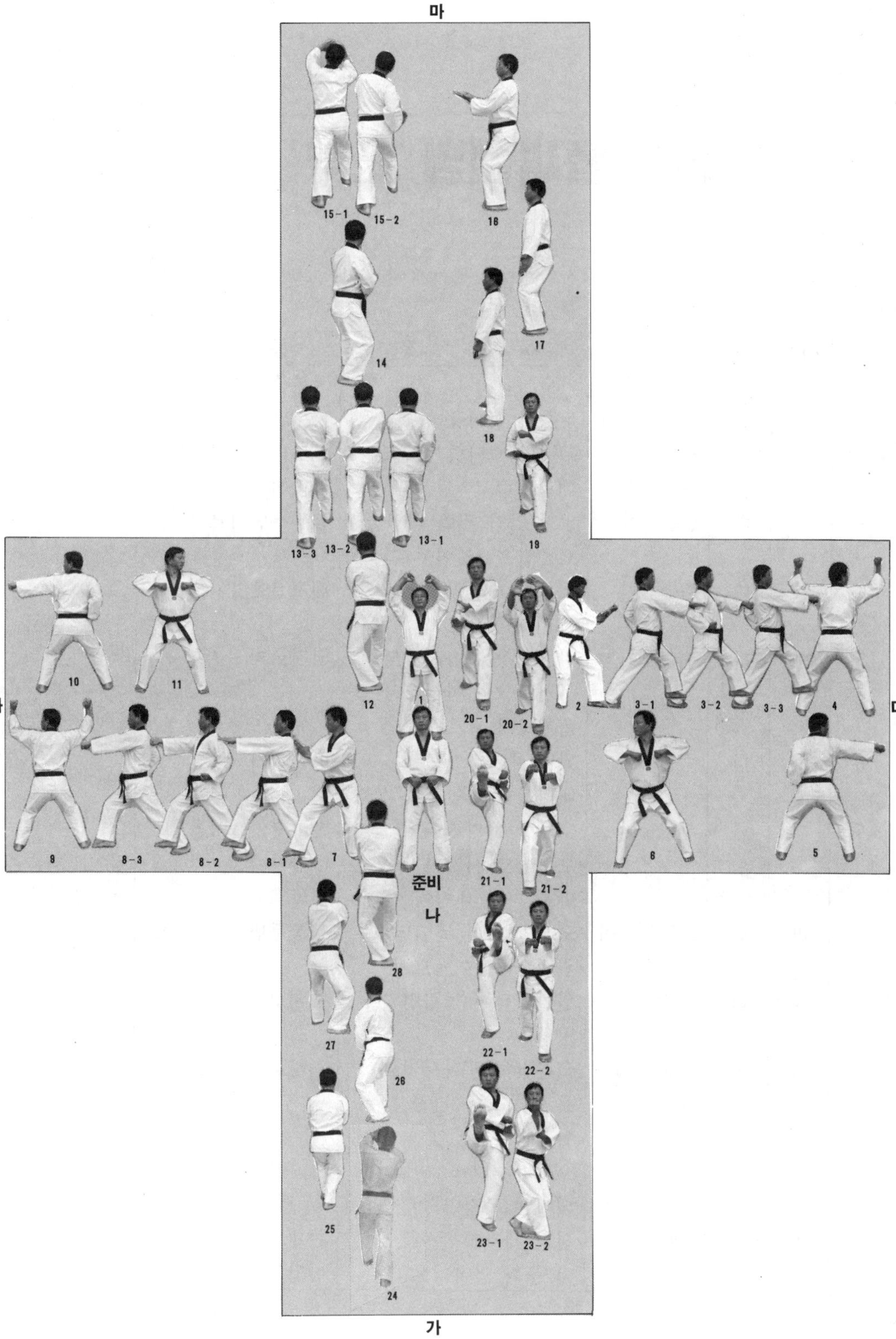

마
15-1
15-2
16
14
17
18
13-3
13-2
13-1
19
10
11
12
1
20-1
20-2
2
3-1
3-2
3-3
4
라
다
8
8-3
8-2
8-1
7
준비
21-1
21-2
6
5
나
28
27
26
22-1
22-2
25
24
23-1
23-2
가

십진 품새설명 요약

순서	시선	위치	서 기	동 작	품 명
준비	가	나	나란히서기		기본준비서기
1	가	나	나란히서기	두주먹 끌어올려	황소막기
2	다	다	오른뒷굽이	두주먹 벌리면서 왼발 내딛어	손바닥거들어몸통바깥막기
3	다	다	왼앞굽이	왼발 약간 밀어 내딛어 오른편손끝옆어찌르기	몸통두번지르기
4	다	다	주춤서기	오른발 내딛어 (몸정면 "마" 방향)	헤쳐산틀막기
5	다	다	주춤서기	왼발을 앞꼬아서기로 옮겨딛고 이어서 오른발 옮겨딛어	옆지르기 —기합—
6	라	나	주춤서기	왼발 제자리 오른발 내딛어 (몸정면 "가"방향)	멍에치기
7	라	나	왼뒷굽이	오른발 제자리 왼발끌어 모듬발로 서자마자 오른발을 다시 내딛어	손바닥거들어몸통바깥막기
8	라	라	오른앞굽이	오른발 약간 밀어딛고 왼편손끝옆어찌르기	몸통두번지르기
9	라	라	주춤서기	왼발내딛어 (몸정면 "마" 방향)	헤쳐산틀막기
10	라	라	주춤서기	오른발 앞꼬아서기로 옮겨딛고 이어 왼발 옮겨딛어	옆지르기 —기합—
11	다	나	주춤서기	오른발 제자리 왼발 내딛어 (몸정면 "가"방향)	멍에치기
12	마	나	왼뒷굽이	왼발 제자리 돌아 오른발 옮겨 딛어	손바닥거들어몸통바깥막기

13	마	마	오른앞굽이	오른발 약간 밀어 딛어 왼편손끝 엎어찌르기	몸통두번지르기
14	마	마	오른뒷굽이	왼발 내딛어	손날아래막기
15	마	마	오른앞굽이	오른발 앞으로 내딛어	바위밀기
16	라	마	주춤서기	오른발 제자리 왼발 약간 끌어들여	손날등몸통헤쳐막기
17	라	마	주춤서기	두다리 제자리	손날아래헤쳐막기
18	라	마	주춤서기	두다리 제자리	아래헤쳐막기
19	가	나	왼앞굽이	오른발 제자리 왼발 약간 밀어딛어	끌어올리기
20	가	나	왼앞굽이	두다리 제자리 서기 그대로	바위밀기
21	가	나	오른앞굽이	오른발 앞차기차고 내딛어	쳇다리지르기
22	가	가	왼앞굽이	왼발 앞차기차고 내딛어	쳇다리지르기
23	가	가	왼뒤꼬아서기	오른발 앞차기차고 내딛어	등주먹 거들어얼굴 앞치기 —기합—
24	나	나	왼앞굽이	오른발 제자리 왼발끌어 들여	바위밀기
25	나	나	왼범 서기	오른발 제자리 왼발 끌어들여	손날엇걸러아래막기
26	나	나	왼뒷굽이	오른발 앞으로 내딛어	손날등몸통막기
27	나	나	오른뒷굽이	왼발 앞으로 내딛어	쳇다리지르기
28	마	마	왼뒷굽이	오른발 내딛어	쳇다리지르기
그만	가	나	나란히서기	몸왼쪽으로 돌려 오른발 끌어들여	기본준비서기

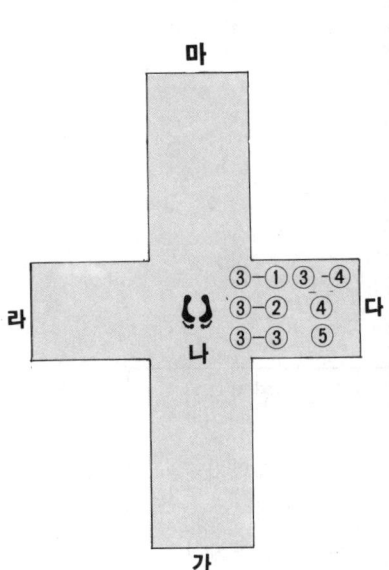

준비 : "**나**"의 위치에서 "**가**"를
　　　바라보며
　　　기본준비서기

1. "**가**" 방향 바라본 채 두 발 그대로
　　두 주먹 올리어
　　나란히 서기 (그대로)
　　황소막기

3-3

3-4

4

2. "다" 방향 황소막기한 두 주먹 양 옆으로 벌려 약간 멈췄다. (시선 "가"방향) 왼발 "다"선상에 내딛어 오른뒷굽이
손바닥거들어 몸통 바깥막기
   ※ 1. 왼 바깥 팔목에 오른 손바닥을 대어 밀어서 막는데 힘을 보태준다.
   2. 막았을 때의 모양은 오른 가운데 손가락 끝이 왼 바깥 팔목 끝단 손목에 위치한다.
   3. 막고난 뒤에는 왼팔목과 오른손은 각각 힘을 주어 종이 한장사이로 살짝 떨어져 있어야 된다.

3. "다" 방향 왼주먹 펴고 안으로 튼 다음
왼 앞굽이
오른편 손끝 엎어찌르기 이어서 몸통 두번 지르기

※ 1. 주먹의 손가락을 필 때는 힘을 주어 서서히 핀다.
   2. 손가락을 거의다 필 때 손목을 안쪽으로 튼다. 이때 오른 손은 그대로 힘주고 있기 때문에 왼손목이 완전히 틀렸을 때는 손등쪽으로 온다.
   3. 이때 왼손 등에다 오른 손바닥은 비벼스쳐서 찌르기를 한다.
   4. 이때 두 다리는 오른발은 제자리 왼발은 (주먹을 펴고 트는 사이에) 앞굽이로 변한다.
   5. 찌르기는 빠르게 두번 지르기도 빠르게 한다.

4. "다"방향 몸 왼쪽으로 돌려 오른발 내딛어
주춤서기—몸정면 "마"방향—
헤쳐 산틀막기—시선 "다"방향—

5. "다" 방향 왼발 옮겨 앞 꼬아서기 이어서 오른발을 옮겨딛어
주춤서기
옆지르기   —기합—
※ 왼발 옮겨 앞 꼬아서기로 몸 옮길 때 몸을 오른쪽으로 틀면서 왼손이 머리위로 하여 "다" 방향으로 뻗어 상대를 잡는다. (뒤집어 씌워 잡는 방식)
2. 오른발이 계속나가며 옆지르기 할 때는 잡은 왼손을 끌어당기며 한다.

422 6장 태권도 품새

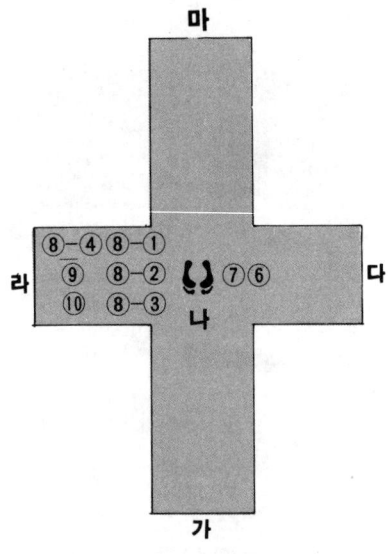

십진 423

8. "**라**"방향 오른주먹 펴고 안으로
틀어 오른발 약간 밀고 나가
오른 앞굽이
왼 편손끝 엎어찌르기 하고 이어서
몸통 두 번 지르기

7. "**라**"방향 오른발 제자리 왼발
모듬발로 모아서기 하자마자
이어서
오른발 "**라**"선상에 내딛어
왼 뒷굽이
손바닥 거들어 몸통 바깥막기

6. "**라**"방향 몸을 왼쪽으로 돌아
왼발 제자리 오른발 옮겨 딛고
주춤서기
멍에치기 —시선 "**라**"방향—

9. "**라**" 방향 왼발 내딛어
주춤서기
헤쳐 산틀막기

10. "**라**"방향 오른발 앞 꼬아서기
이어서 왼발 "**라**"선상에 옮겨딛어
몸옮겨
주춤서기
몸통 옆지르기
—기합—

13. "마" 방향 오른 주먹 서서히 펴며 안으로 틀어 오른발 약간 밀고 나가
오른 앞굽이
왼편 손끝 엎어찌르기 이어서 몸통 두 번지르기

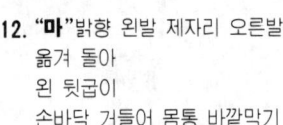

12. "마" 방향 왼발 제자리 오른발 옮겨 돌아
왼 뒷굽이
손바닥 거들어 몸통 바깥막기

11. "다" 방향 오른발 제자리 왼발 옮겨 앞으로 돌아
주춤서기
멍에치기

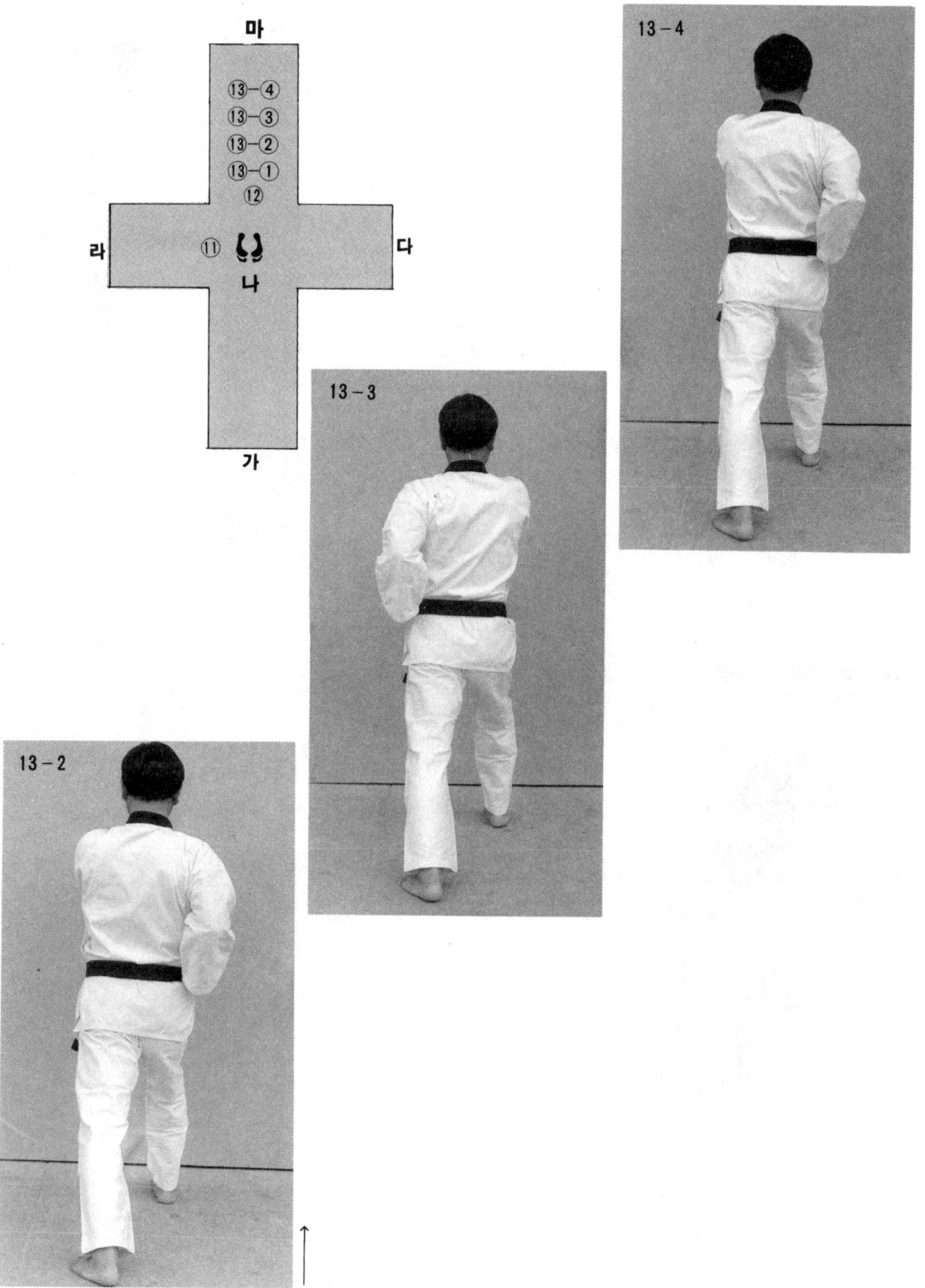

15. "**마**" 방향 오른발 앞으로 내딛어
   오른 앞굽이
   바위밀기
   ※ 오른발을 옮기는 도중 두 손은 오른쪽 허리에 와서 허리부터 두 손바닥을 벌려 (좌우의 엄지끝과 집게 손가락 끝이 가깝게 되게) 온몸에 힘을 주어 서서히 앞으로 밀고 나간다. 끝에가서 손높이는 눈높이로 두 손 사이로 내다보는 모양이 되어야 된다.

14. "**마**" 방향 왼발 내딛어
    오른 뒷굽이
    손날 아래막기

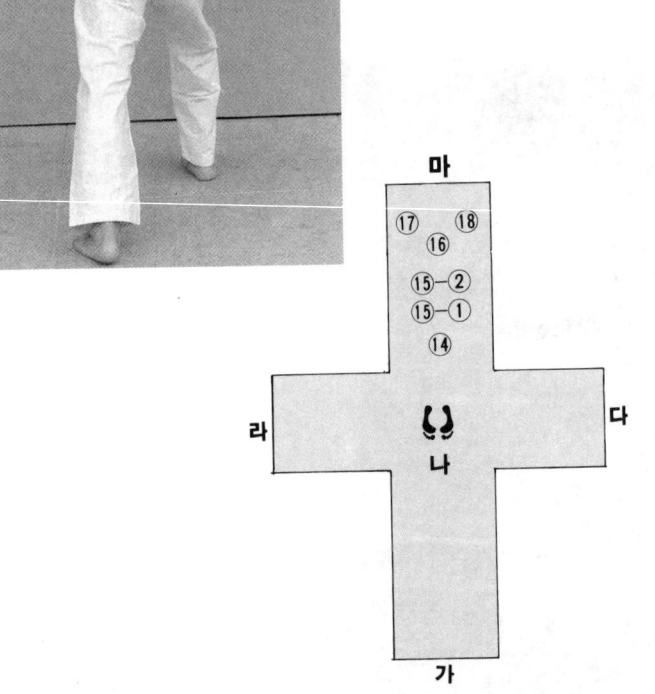

17. **"마"** 선상 두 다리 제자리
    주춤서기 (서기 그대로)
    손날 아래 헤쳐막기

18. **"마"** 선상 두 다리 제자리
    넓게 벌려서기
    아래 헤쳐막기
    —시선 **"라"** 방향 그대로—

※ 17, 18은 한데 이어서 서서히 행한다.
  1. 손날 아래 헤쳐막기는 손날등 몸통헤쳐막기에서 가슴앞에서 두 손을 교차하며 아래 헤쳐막기를 서서히 한다.
  2. 손날 아래 헤쳐막기가 다될 때 두 주먹을 각각 힘있게 천천히 쥔다.
  3. 두 주먹을 거의다 쥐었을 때 두 무릎을 펴서 서서히 일으키며 선다.

16. **"마"** 선상 오른발 제자리 왼발
    간 끌어
    주춤서기
    손날등 몸통 헤쳐막기
    —시선 **"라"** 방향—

19. "**가**" 방향 왼발 밀어 딛어
    왼 앞굽이
    끌어 올리기 —빠르게한다—

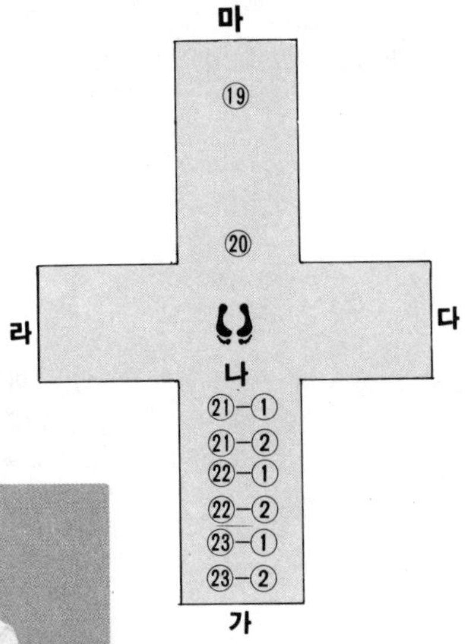

20. "**가**" 방향 두 발 제자리
    왼 앞굽이
    바위밀기

십진 429

21. "**가**"방향 오른발 앞차기
    차고 내딛어
    오른 앞굽이
    첫다리 지르기

22. "**가**" 방향 왼발 앞차기
    차고 내딛어
    왼 앞굽이
    첫다리 지르기

23. "**가**"방향 오른발 앞차기
    차고 내려짓쩌 딛어
    왼 뒤꼬아서기
    등주먹 얼굴 앞치기 — 기합 —

25. **"나"** 방향 오른발 제자리
왼발 뒤로 끌어들여
왼범서기
손날 엇걸어 아래막기
※ 24에서 25동작을 빠르게
행동한다.

24. **"나"** 방향 몸 왼쪽으로 돌려 왼발
내딛으며
왼 앞굽이
바위밀기

26. **"나"** 방향 오른발 내딛어
왼 뒷굽이
손날등 몸통막기

십진   431

28. "**마**" 방향 오른발 내딛어
    왼 뒷굽이
    쳇다리 지르기

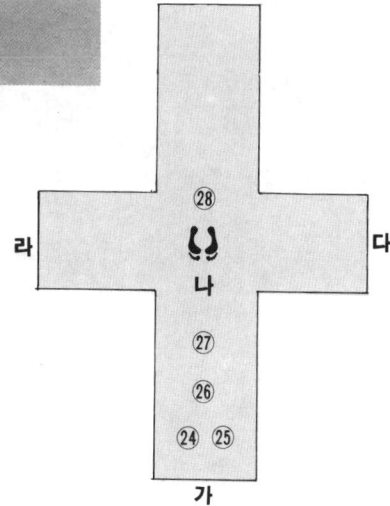

그만. "**나**"의 위치에 있는 왼발 제자리
몸을 왼쪽으로 돌려 오른발 끌어
들이면서 "**가**" 방향 바라보며
기본준비서기

27. "**나**" 방향 왼발 내딛어
    오른 뒷굽이
    쳇다리 지르기

2-1 동작 응용
상대의 몸통 지르기 공격을 손바닥 거들어 막기로 막아낸다.

2-2 동작 응용

십진
응용

3-3 동작 응용
거들어주었던 손끝으로 편손끝 엎어찌르기로 역습한다.

손을 펴서 상대의 팔목을 잡아끌면서

4 동작 응용
두 상대가 좌우 양쪽에서 동시에 공격하여 왔을 때 헤쳐 산틀막기로 막아낸다.

5 - 1 동작 응용

5 - 2 동작 응용
한쪽은 포기하고 한쪽만 공격할 때 상대를 잡아끌면서 옆지르기를 한다.

19 - 1 동작 응용
상대가 앞차기차는 것을 거리를 확보하여 안팔목으로
밑에서부터 끌어올려 막는다.

19 - 2 동작 응용
이때 팔을 높이올려 제쳐내어 중심을 잃게 만든다.
그 다음은 여러 가지 방법으로 역습할 수 있다.

23 - 1 동작 응용
상대를 앞차기로 공격하였으나 물러나므로
쫓아뛰어들어가 발등을 짓찌며 등주먹 거들어 앞치기
(상대가 가깝게 있을 때 사용이 편하다)로 공격한다.

23 - 2 동작 응용
거들었던 주먹으로 계속하여 공격한다. (등주먹
앞치기할 때 동시에 주먹도 지를 수 있다.)

지 태

　지태는 땅위의 사람이 하늘을 향해 두발을 딛고선 지상인(地上人)을 의미하며 지상인은 사람이 삶의 터전인 땅위에서 두발로 차고 밟고 뛰는 삶과 싸움을 나타내고 사람의 생존경쟁 속에서 나타나는 갖가지 양상을 동작으로 엮은 것이 지태품새이다.
　새로운 동작은 한손날 얼굴막기, 금강몸통지르기, 메주먹 옆표적치기 뿐으로 대단히 적은 편이며 품새선 ㅗ는 땅위에서 선사람과 땅위에서 하늘을 향해 솟구치는 사람의 모양으로 땅에서 나고 자라며 죽는 사람과 그땅을 뜻한다.

지태 품새설명 요약

순서	시선	위치	서 기	동 작	품 명
준비	가	나	나란히서기		기본준비서기
1	다	다	오른뒷굽이	왼발 내딛어	몸통옆막기
2	다	다	오른앞굽이	오른발 내딛어 얼굴막기 이어서	몸통바로지르기
3	라	라	왼뒷굽이	오른발 옮겨딛어 뒤로 돌아	몸통옆막기
4	라	라	왼앞굽이	왼발 내딛어 얼굴막기 이어서	몸통바로지르기
5	가	가	왼앞굽이	왼발 옮겨돌아	아래막기
6	가	가	오른뒷굽이	왼발 약간 끌어들여	왼한손날얼굴막기
7	가	가	왼뒷굽이	오른발 앞차기차고 내딛어	손날아래막기
8	가	가	왼뒷굽이	서기 그대로	몸통바깥막기
9	가	가	오른뒷굽이	왼발 앞차기차고 내딛어	손날아래막기
10	가	가	왼앞굽이	왼발 약간 밀어딛어	얼굴막기
11	가	가	오른앞굽이	오른발 내딛어	금강앞지르기
12	가	가	오른앞굽이	제자리 서기 그대로 몸통안막기	몸통막기
13	가	나	오른뒷굽이	오른발 뒤로 물러딛어	왼한손날아래막기
14	가	나	왼앞굽이	오른발 앞차기차고 물러 딛어	몸통두번지르기

15	다	나	주춤서기	왼발 물러딛어	황소막기
16	나	나	주춤서기	두 발 제자리 서기 그대로	왼팔목아래옆막기
17	가	나	주춤서기	서기그대로	오른한손날몸통막기
18	가	나	주춤서기	서기그대로	왼메주먹표적치기
19	가	나	왼학다리서기	왼발 제자리 오른발 끌어 들여	아래옆막기 —기합—
20	가	나	왼학다리서기	서기그대로 왼허리에	작은 돌쩌귀
21	나	나	오른학다리	오른발 옆차기하고 왼발 위치에 바꾸어 딛어	왼팔목 아래옆막기
22	나	나	오른학다리	서기그대로 오른허리에	작은돌쩌귀
23	나	나	왼앞굽이	왼발 옆차기차고 내딛어	몸통바로지르기
24	나	나	오른앞굽이	오른발 내딛어	몸통반대지르기기합
25	나	다	오른뒷굽이	왼발 옮겨돌아	손날아래막기
26	다	다	왼뒷굽이	오른발 내딛어	손날몸통막기
27	라	라	왼뒷굽이	오른발 옮겨돌아	손날아래막기
28	라	라	오른뒷굽이	왼발 내딛어	손날몸통막기
그만	가	나	나란히서기	오른발 제자리 왼발옮겨돌아	기본준비서기

#

준비 : "**나**"의 위치에서 "**가**"를
바라보며
기본준비서기

1. "**다**"방향 왼발 내딛어
   오른 뒷굽이
   몸통 옆막기

4. "**라**" 방향 왼발 내딛어
   왼 앞굽이 얼굴막기 이어
   몸통 바로지르기

2. "**다**" 방향 오른발 내딛어
   오른 앞굽이
     얼굴막기 이어서
     몸통 바로지르기

※ 오른발 내딛는 동작과 얼굴막기는 천천히 힘을 주어 하며(등척성운동) 이어서 몸통바로지르기도 천천히 힘을 주어 한다. 이때 오른 주먹은 상대를 잡아 끄는 마음으로 한다.

3. "**라**" 방향 오른발 옮겨 딛어
   뒤로 돌아
   왼 뒷굽이
   몸통 옆막기

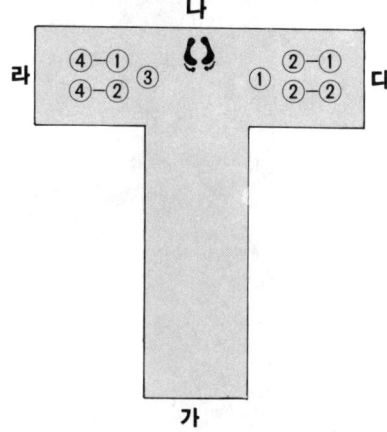

5. "**가**" 방향 왼발 옮겨
  돌아
  왼 앞굽이
  아래막기

6. "**가**" 방향 왼발 약간
  뒤로 물려 딛고
  오른 뒷굽이
  왼 한손날 얼굴막기
※ 5.6동작은 아주 빠르게 이
  어서 한 동작과 같이 한다.

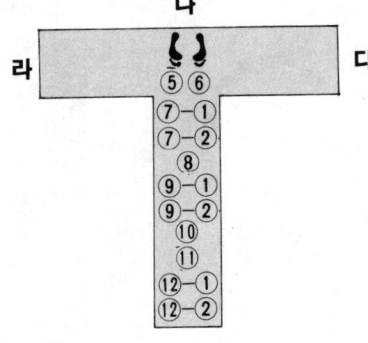

7. "**가**" 방향 오른발
  앞차기 차고 내딛어
  왼 뒷굽이
  손날 아래막기

8. "**가**" 방향 두 다리
  제자리
  왼 뒷굽이(그대로)
  몸통 바깥막기 -느리게-
※ 이 동작은 힘을 주어 서서
  히 하며 왼팔목과 오른팔
  목이 가슴앞에서 서로엇갈
  려지게 한다.

9-1

9. **"가"** 방향 왼발 앞차기
 차고 내딛어
 오른 뒷굽이
 손날 아래막기

9-2

10

10. **"가"** 방향 왼발 약간
 밀고 나가
 왼 앞굽이
 얼굴막기 -느리게-

11

11. **"가"** 방향 오른발 내딛어
 오른 앞굽이
 금강 앞지르기
 ※ 금강 앞지르기는 ⑩에서
 왼팔목 얼굴막기한 팔을 약
 간 내려 뜨렸다가 다시
 추켜 얼굴막기를 하면서
 몸통 지르기를 한다.

12-1

12. **"가"** 방향 두 다리
 제자리
 오른 앞굽이 (그대로)
 몸통 안막기 하고 이어서
 몸통막기
 -연속으로 빠르게-

12-2

14. "가" 방향 오른발 앞차기 차고 "나" 선상에 물려딛어 왼 앞굽이 몸통 두 번 지르기

13. "가" 방향 왼발 제자리 오른발 "나"선상으로 물려딛어 오른 뒷굽이 왼 한손날 아래막기 -시선 "가" 방향-

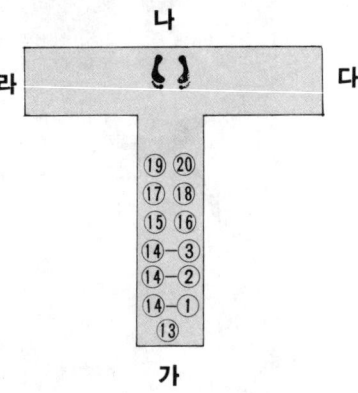

15. "**나**" 방향으로 왼발 물려딛어
 주춤서기(몸 정면 "**다**" 방향
 -시선 "**다**" 방향)
 황소막기
16. "**나**" 방향 두 발 제자리
 주춤서기(그대로)
 왼 팔목 아래 옆막기
17. "**가**" 방향 두 발 제자리 방향 바꾸어
 주춤서기(그대로)
 오른 한손날 몸통 옆막기
18. "**가**" 방향 두 다리 제자리
 주춤서기(그대로)
 왼 메주먹 표적치기 -기합-
19. "**가**" 방향 왼발 제자리 오른발
 끌어올려
 왼 학다리서기
 아래 옆막기
20. "**가**" 방향 서기 그대로 두 주먹 왼
 허리에 끌어
 왼 학다리 서기
 작은돌쩌귀 -시선 "**가**" 방향-

23. "**나**" 방향 왼발 옆차기
 차고 내딛어
 왼 앞굽이
 몸통 바로지르기

24. "**나**" 방향 오른발 내딛어
 오른 앞굽이
 몸통 반대지르기 -기합-

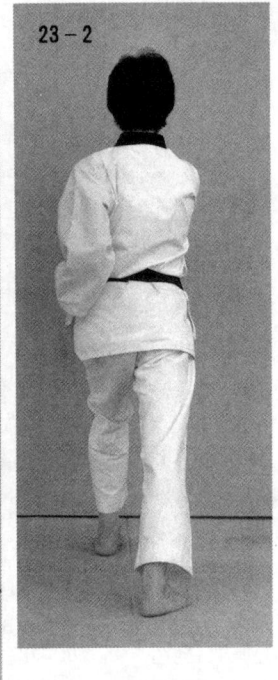
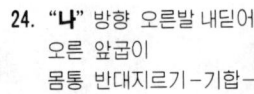

22. "**나**" 방향 서기 그대
 로 두 주먹 오른 허리에
 끌어
 오른 학다리
 작은 돌쩌귀

21. "**가**" 방향 오른 옆차기
 차고 끌어 들여 왼발
 위치에 바꿔 딛어
 오른 학다리
 왼 팔목 아래 옆막기
※ 오른발 내려 딛을때 왼발로
 땅을 밀어 깡충 뛰게 한다.
 이때 시선은 "**가**"방향에서
 "**나**" 방향으로 바뀐다.
 동작은 빠르게

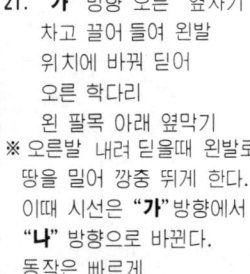

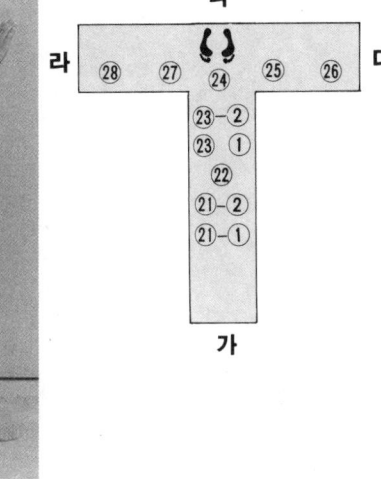

25. "**다**" 방향 왼발 옮겨 돌아
 오른 뒷굽이
 손날 아래막기

그만. "**나**"의 위치에서 오른발 제자리
 몸을 왼쪽으로 돌려 왼발을 끌어
 들여 "**가**" 방향 바라보며
 기본준비서기

26. "**다**" 방향 오른발 내딛어
 왼 뒷굽이
 손날 몸통막기

28. "**라**" 방향 왼발 내딛어
 오른 뒷굽이
 손날 몸통막기

27. "**라**" 방향 오른발 옮겨 뒤로 돌아
 왼 뒷굽이
 손날 아래막기

천 권

　천권은 만물의 근본이며 우주 그 자체이기도 한 하늘이 가진 대능력을 의미하며 그 무한한 능력은 창조와 변화와 완성을 나타내므로 사람이 대능력을 무서워하고 경외하는 마음이 생겨서 으뜸가는 지상의 모양이나 뜻에는 하늘의 이름을 붙였다.
　9천 년도 더된 아득한 옛날에 한민족의 시조이신 환인 임금님은 하늘나라 임금이라 불리우시면서 하늘바다와 하늘산 근처에 하늘도읍을 정하셨고 하늘민족인 한민족의 사상과 행동에서 태권도가 생겨났다. 이런 웅대무비한 역사와 사상의 바탕 위에 천권품새는 제정되었다.
　새로운 동작은 날개펴기, 밤주먹솟음치기, 휘둘러막기, 휘둘러잡아당기기, 금강옆지르기, 태산밀기 등이고 보법으로 자진발이 나타나며 동작의 특징은 움직임이 큰 동작과 팔동작이 완만한 곡선을 이루어 천권 큰사상을 담았다. 품새선 T는 하늘에서 내리는 사람과 하늘의 뜻에 의한 사람 그리고 하늘로부터 힘을 받은 사람과 하늘을 받드는 사람인 하늘사람이란 뜻과 하늘과 사람이란 뜻을 함께 지니고 있다.

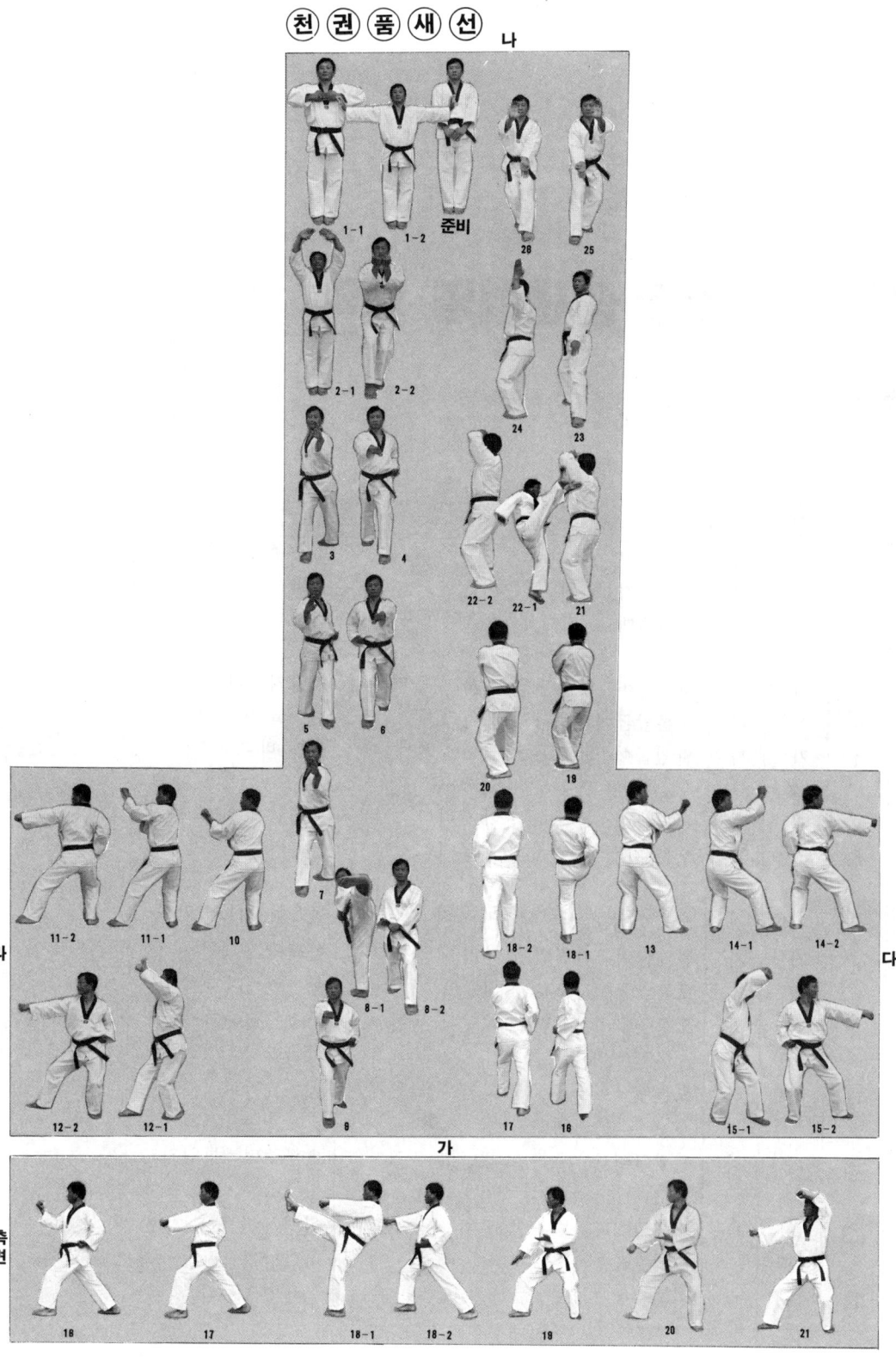

천권 품새설명 요약

순서	시선	위치	서 기	동 작	품 명
준비	가	나	모아서기		겹손준비서기
1	가	나	모아서기 서기그대로	제자리에서 두손을 가슴앞까지 끌어올려	날개펴기
2	가	나	왼뒷굽이	두팔을 크게 휘둘러	소슴지르기
3	가	나	오른앞굽이	두다리 제자리	한손날 비틀어 막기
4	가	가	왼 앞굽이	오른손 잡아끌면서 왼발 내딛어	몸통 바로지르기
5	가	가	왼 앞굽이	두다리 제자리	한손날 비틀어 막기
6	가	가	오른 앞굽이	왼손 잡아끌며 오른발 내딛어	몸통바로지르기
7	가	가	오른 앞굽이	두다리 제자리	한손날 비틀어막기
8	가	가	왼앞굽이	왼발 옆차기 내딛고 기합	아래막기
9	가	가	오른앞굽이	오른발 내딛어	몸통반대지르기
10	라	라	오른뒷굽이	왼발 옮겨딛어 돌아	안팔목거들어 몸통 바깥막기
11	라	라	오른뒷굽이	두발 제자리 왼팔목제쳐 내고	몸통옆지르기
12	라	라	왼뒷굽이	오른발 내딛고 왼팔 다시 제쳐내고	오른주먹몸통옆지르 기
13	다	다	왼뒷굽이	오른발 옮겨 뒤로 돌아	안팔목거들어 몸통 바깥막기
14	다	다	왼뒷굽이	서기그대로 오른팔 돌려 제쳐내고	몸통옆지르기

15	다	다	오른뒷굽이	왼발 내딛고 오른팔 돌려제쳐내고	몸통옆지르기
16	나	나	왼앞굽이	왼발옮겨돌아	안팔목몸통비트러막기
17	나	나	왼앞굽이	서기그대로	몸통반대지르기
18	나	나	오른앞굽이	오른발 앞차기차고 내딛어	몸통반대지르기
19	나	나	왼뒷굽이	오른발 약간 끌어	손날아래막기
20	나	나	왼뒷굽이	두발 약간 밀고 나가며	아래막기
21	나	나	주춤서기	두발 약간 밀고 나가며	금강옆지르기
22	나	나	주춤서기	뛰여 360°회전하면서 표적차기	금강옆지르기
23	가	나	오른뒷굽이	두발 제자리 방향바꾸어	손날외산틀막기
24	나	나	왼뒷굽이	두발 제자리 방향바꾸어	손날외산틀막기
25	가	나	오른범서기	방향바꾸어 오른발 끌어 몸일으키며 모아서기 서다가 다시 앉으면서	태산밀기
26	가	나	왼범서기	오른발 끌어 몸일으키며 모아서기 서다가 다시 앉으면서	태산밀기
그만	가	나	모아서기	왼발 끌어 몸일으키며	겹손준비서기

#

준비: "나"의 위치에서 "가"를
  바라보며 모아서기
  겹손 준비서기

1. "나"의 위치에서 두 다리 제자리
  모아서기
  날개펴기

2. "가" 방향 왼발 뒤로 물려딛어
  오른 범 서기
  소슴 지르기

2 동작 참고

※1. 동작은 빠르게 한다.
 2. "가" 방향을 향하여 "나"의 위치에서 날개펴기한 두 팔을 원을 그리며 밑으로 처뜨리어 단전 앞에서 두 손을 모아 다시 가슴앞으로 하여 머리위까지 올려 양옆으로 헤쳐낸다.
 3. 헤쳐 내어 두 팔을 다시 원을 그리며 양옆으로 돌려 단전 앞에 두 주먹을 모아(이때 왼발이 뒤로 물러난다)
 4. 밤주먹이 되어 동시에 "치지르기"를 한다.
 5. 이 동작은 날개펴기를 할때 정면이 비어 있는 헛점을 상대가 두 팔로 멱살을 잡아 머리로 박치기 들어오는 순간 헤쳐 막기하고 제차 물러나며 소슴지르기로 상대의 턱밑이나 숙인 얼굴을 가격하는 것이다. 그러므로 동작이 아주 빨라야 한다.

천권 453

3. "**가**"방향 두 다리
   제자리
   오른 앞굽이
   한 손날 비틀어 막기

4. "**가**" 방향 왼발 내딛으며
   왼손 감아 잡아 끌면서
   왼 앞굽이
   몸통 바로지르기
   ※ 손날로 막은 손을 손목을
   안으로 틀어 엄지가 밑으로
   가게하여 상대의 막킨 팔목
   을 감아 잡아 반대인 바깥
   쪽을 비틀면서 허리로 끌며
   오른 주먹으로 바로 지르
   기를 한다. 이때는 천천히
   힘주어 한다.

1 - 2 보충설명
※ 1. 날개펴기는 힘주어 서서히
     행한다.
  2. 겹손에서 두손을 가슴앞까지
     올린다—이때 숨은 들이쉰다.
  3. 두손이 가슴앞까지 왔을때 손목
     을 뒤로 제치고 손바닥을 바깥
     으로 틀면서 각각 좌우로 민다.
     —이때 숨을 토한다.

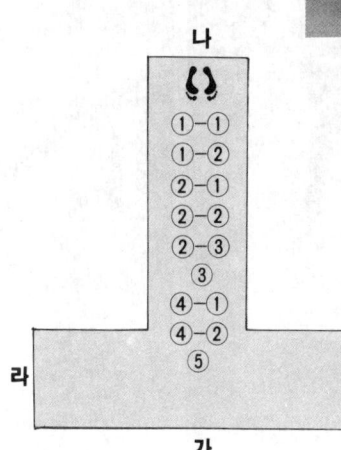

5. "**가**"방향 두다리 제자리
   왼 앞굽이(3의 반대)
   한손날 비틀어 막기

454 6장 .태권도 품새

6. "**가**"방향 오른발
   내딛으며 오른손
   감아 잡아 끌면서
   오른 앞굽이
   몸통 바로지르기

7. 두다리 제자리
   오른 앞굽이
   한손날 비틀어 막기

8. "**가**"방향 왼발
   옆차기 차고-기합
   내딛어
   왼 앞굽이
   아래막기

9. **"가"**방향 오른발 내딛어
   오른 앞굽이
   몸통 반대지르기

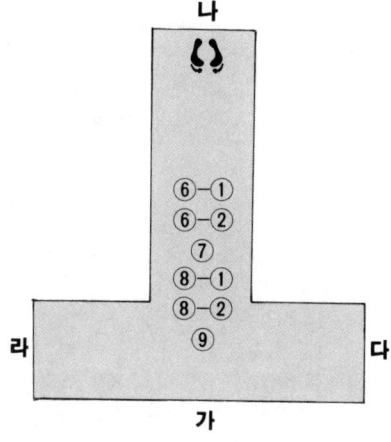

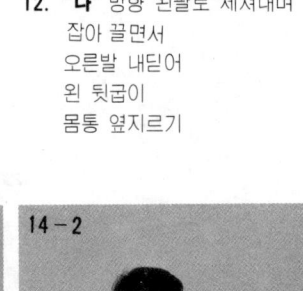

12. "**다**" 방향 왼팔로 제쳐내며
    잡아 끌면서
    오른발 내딛어
    왼 뒷굽이
    몸통 옆지르기

13. "**다**" 방향 오른발 옮겨 뒤로 돌아
    왼 뒷굽이
    안팔목 거들어 몸통 바깥막기

14. "**다**" 방향 두 발 제자리 오른 팔목
    제쳐내며 이어서
    왼 뒷굽이(그대로)
    몸통 옆지르기

11-2

11-1

10

11. "라" 방향 두발 제자리
    왼 팔목으로 제쳐냇다 이어서
    오른 뒷굽이(그대로)
    몸통 옆지르기

10. "라" 방향 왼발 옮겨 돌아
    오른 뒷굽이
    안팔목 거들어 몸통 바깥막기

15. "다" 방향 오른 팔목 높혀 돌려
    제쳐 잡아 끌며 왼발 내딛어
    오른 뒷굽이
    몸통 옆지르기

15-1

15-2

─── 11 보충 설명 ───
※ 1. 상대의 팔목이 막히어 "나"의 왼팔
      목에 걸치어 있을 때
  2. "나"의 왼팔목을 높히며 머리 위로
      추겨 원을 그리며 제쳐낸다.
  3. 이어서 허리로 끌었다가 옆지르
      기를 한다.

─── 12 보충 설명 ───
※ 1. 상대에게 왼주먹으로 몸통 지르
      기를 한 순간 상대도 나에게 주
      먹지르기로 응수하는 것을 왼팔
      굽을 구부리며 팔목을 끌어 들이
      면서 걸쳐막아 내며
  2. 이어서 머리 위로 원을 그리며 제
      쳐내면서 이번에는 상대의 팔목
      을 잡아끌어당긴다.
※ 11. 12의 동작은 연속으로 연결성 있
      게 하여야 한다.

18. "나" 방향 오른발
    앞차기 차고
    내딛어
    오른 앞굽이
    몸통 반대지르기

17. "나" 방향 두 발
    제자리
    왼 앞굽이(그대로)
    몸통 반대지르기

16. "나" 방향 왼발 옮겨 돌아
    왼 앞굽이
    안팔목 몸통 비틀어막기

19. "나"방향 오른발 약간 끌어
    왼 뒷굽이
    손날 아래막기
20. "나"방향 잦은 발로 몸 옮기면서
    왼 뒷굽이
    오른 안팔목 바깥막기 이어
    거들어 아래막기
  ※ 1. 잦은발 : 왼 뒷굽이일 때
       우선 왼발에 중심을 잡고 오른발을
       반걸음 앞으로 밀어 딛는 순간 왼발을
       끌어들이며 계속하여 오른발이
       또 밀고나갈 때 왼발이 끌려들어와
       몸 옮기기를 하는 것이다.
       (발간격을 적게 하여 자주 움직이며
       참새 걷듯이 한다)
    2. 첫번째 반걸음 옮길때 오른
       안팔목 몸통막기를 한다. 이때
       왼손바닥(네손가락 붙인 바닥쪽)
       으로 올라가는 팔뚝을 친다.
    3. 두번째 반걸음 옮길 때 오른
       팔목을 다시 내리며 아래막기를
       한다. 이때 왼손바닥으로
       오른 팔뚝을 치면서 주먹을 쥔다.
    4. 이상의 동작을 순간적으로
       빠르게 계속하여야 한다.

21. "ㄴ"방향 미끄름발 약간
    내딛어
    주춤서기
    금강 옆지르기

23. "**가**" 방향 두 다리 제자리 "**나**" 방향에서 "**가**" 방향으로 바꾸어 바라보며 오른 뒷굽이 손날 외산틀 막기
  ※ 1. "**나**" 방향 왼 뒷굽이를 "**가**" 방향으로 바꾸며 오른 뒷굽이로 변한다.
  2. 금강 옆지르기에서 왼팔은 제자리 오른팔을 끌어 가슴 앞에서 밖으로 교차시키며
  3. 오른팔은 얼굴 바깥막기 왼팔은 아래 막기를 동시에 한다.

24. "**나**" 방향 두 발 제자리 "**가**" 방향에서 "**나**" 방향으로 바꾸어 바라보며 왼 뒷굽이 손날외 산틀막기

22. "**나**" 방향 몸을 공중으로 띄워 왼쪽으로 돌며 표적차기 차고 내려 딛어 왼주춤서기 금강 옆지르기
  ※ 1. 공중표적차기는 우선 체중을 오른 발에 옮기며 땅을 밀어 몸을 공중으로 띄운다.
  2. 이때 몸을 왼쪽으로 틀면 공중에서 몸이 360° 가량 회전된다.
  3. 이와같이 몸을 공중에 서 도는 도중 왼발은 처져 땅에 딛게 되는데 땅에 딛기전에 왼손바닥을 오른 발바닥으로 돌려찬다.
  4. 이때 표적차기하기 전에 왼발이 땅에 닿으면 안된다.

천권 461

25-1 25-2 26-1 26-2

25. "**가**" 방향 오른발 "**나**"에 위치 하고 왼발 끌어 모둠발로 모아서기 하였다가 오른발 앞으로 내딛어
    오른 범서기
    태산밀기

※ 1. "**나**" 방향에서 몸을 왼쪽으로 돌려 왼발을 끌어 일어서며 모아서기를 한다.

2. 이때 두 손은 "단전"앞에서 "겹손"으로 모았다 같이 가슴, 얼굴, 머리위 순으로 올렸다가 양옆으로 각각 원을 그리며 내려

3. 두 손은 몸통 높이에서 팔굽을 굽히어 명치 앞에 모으며 손목을 제껴

4. 오른손이 밑으로, 왼손이 위로하여 두 바탕손을 가까이 하였다가

5. 오른발을 앞으로 밀어 내놓으며 오른범서기를 하는 중에 두 바탕손을 아래, 위로 벌리면서 팔굽을 펴가며 앞으로

민다. -힘주어천천히-

6. 이때 위의 왼 "바탕손"은 "눈"높이 밑에 오른 "바탕손"은 "단전" 높이가 된다.

26. "**가**" 방향 오른발을 다시 끌어들여 모둠발로 모아서기 하며 몸을 일으켜서 서면서 두 팔로 원을 그렸다가 왼발을 앞으로 내밀며
    왼범서기
    태산밀기

그만. 왼발 끌어 모둠발로 모아서기 서면서 "**가**" 방향 바라보고 모아서기 겹손 준비서기

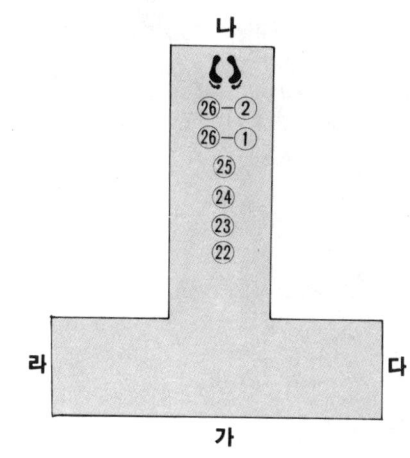

1 동작 응용
날개펴기를 하였을때 상대가 기습적으로 멱살을
잡아 끌며 머리로 박치기하려는순간

2-3 동작 응용
다가오는 상대의 머리를 물러나며 피하면서
두 밤주먹으로 치지른다.

2-2 동작응용
상대의 두팔사이로 나의 두팔이 뚫고들어가
헤쳐내면서

10 동작 응용
상대의 공격을 거들어 바깥막기를 한다. (오른 뒷굽이)

11-1 동작 응용
거들어막은 팔목으로 상대의 주먹을 끌어들이기 전에 빠르게 제쳐내어 중심을 잃게 흐트러 놓고

11-2 동작 응용
그 자리에서 옆지르기로 역습한다.

12-1 동작 응용
왼팔목으로 지르는
손을 얼굴막고

12-2 동작 응용
상대의 팔목을 비틀어

12-3 동작 응용
잡아 끌며 오른주먹으로
옆구리를 공격한다.

한 수

　한수는 만물의 생명을 키워주는 근원이 되는 한물을 의미하며 한물은 생명의 탄생과 성장 강함과 약함 큰 포용력과 융화력, 그리고 적응력을 나타낸다. 한은 하나라라는 뜻과 많다, 크다, 가운데, 같다, 가득하다, 함께, 포인다, 잠깐, 오래 등 여러가지 많은 뜻을 가지고 있으며 하늘이라는 뜻과 모든 것의 뿌리라는 뜻도 담겨져 있다. 이런 의미와 부술 수도 끊을 수도 없는 물의 특성을 기술에 적용하여 한수가 꾸며졌다.
　새로운 동작은 손날등몸통헤쳐막기, 메주먹양옆구리치기, 거들어칼잽이 안팔목아래표적막기, 손날금강막기 등이며 서기에서 모둠발이 있고 동작이 연습은 물처럼 유연하게 하되 한방울의 물이 큰바다를 이루는 것처럼 꾸준히 해야 한다. 품새선 水는 물과 민족의 핏줄인 한가람 그리고 커짐을 뜻한다.

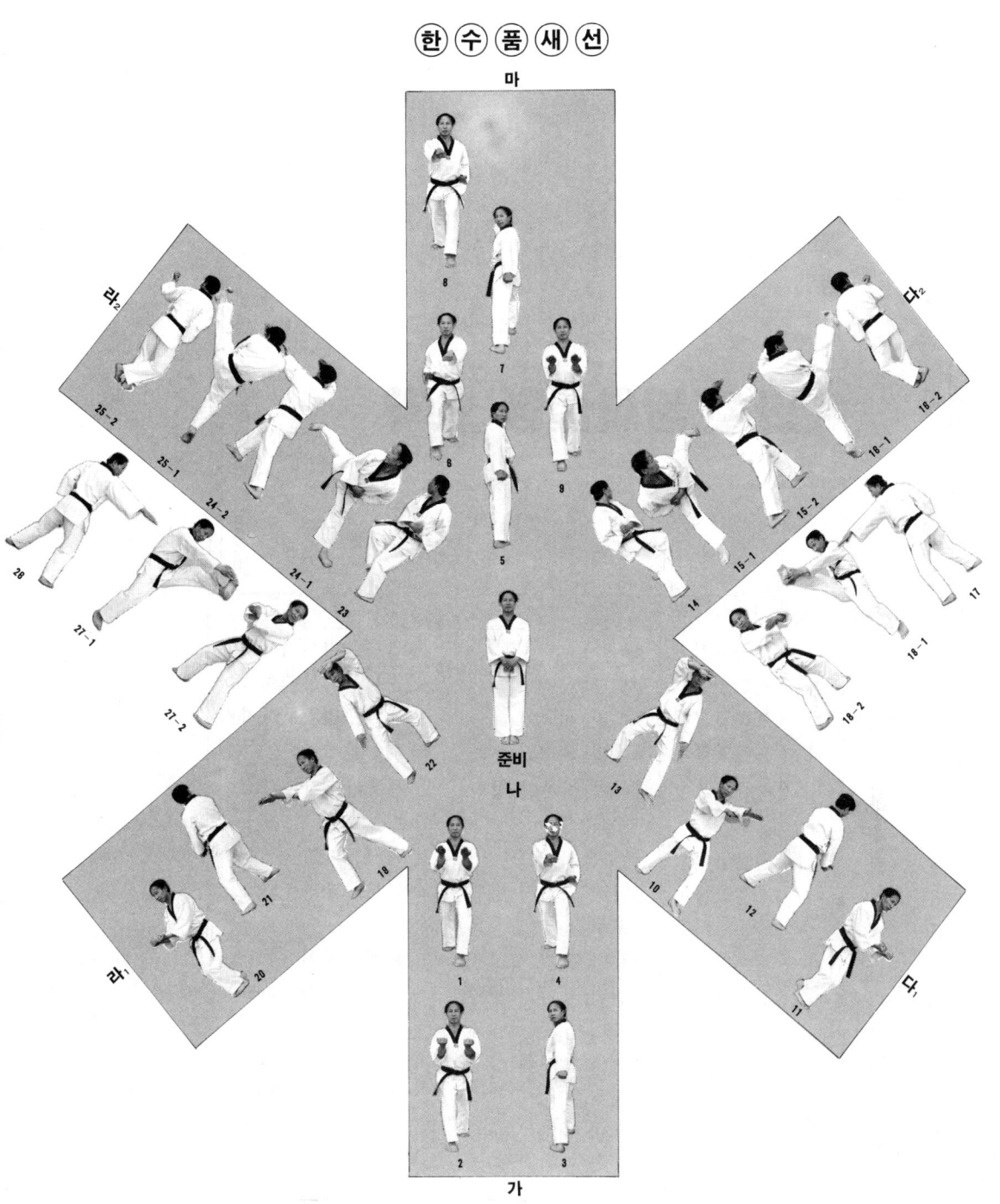

한수 품새설명 요약

순서	시선	위치	서 기	동 작	품 명
준비	가	나	모아서기		겹손준비서기
1	가	가	왼앞굽이	왼발 내딛어	손날등몸통헤쳐막기
2	가	가	오른앞굽이	오른발 내딛어	두메주먹옆구리치기
3	가	나	오른앞굽이	오른발 물러딛고	외산틀막기
4	가	가	왼앞굽이	두다리 제자리 방향 바꾸어	몸통바로지르기
5	가	마	왼앞굽이	왼발 물러딛고	외산틀막기
6	가	나	오른앞굽이	두다리 제자리 방향 바꾸어	몸통바로지르기
7	가	마	오른앞굽이	오른발 물러 딛고	외산틀막기
8	가	나	왼앞굽이	두다리 제자리 방향 바꾸어	몸통바로지르기
9	가	나	오른앞굽이	오른발 내딛어	손날등몸통헤쳐막기
10	다$_1$	다$_1$	왼앞굽이	왼발 내딛어	칼재비 (왼아귀손)
11	다$_1$	다$_1$	오른곁다리서기	오른발 뛰어나가며	두주먹제쳐지르기
12	다$_1$	나	주춤서기	왼발 뒤로 물러딛어	표적아래막기
13	다$_1$	나	오른뒷굽이	오른발 뒤로 물러딛어	손날금강막기
14	다$_2$	나	오른학다리	오른발 제자리 왼발 끌어올려	작은돌쩌귀
15	다$_2$	다$_2$	왼앞굽이	왼발 옆차기차고 내딛어	제비품목치기

16	다₂	다₂	뒤꼬아서기	오른발 앞차기차고 내려 딛어	등주먹앞치기 —기합—
17	나	나	주춤서기	왼발 물러 딛어	왼손날몸통옆치기
18	나	나	주춤서기	오른발표적차기차고 내려딛어	오른팔굽표적차기
19	라₁	라₁	오른앞굽이	왼발 끌어 모듬발로 모아서기 이어 오른발 내딛어	오른손칼재비
20	라₁	라₁	왼곁다리서기	왼발 뛰어나가 내딛으며	두주먹제쳐지르기
21	라₁	나	주춤서기	오른발 뒤로 물러 딛어	표적아래막기
22	라₁	나	왼뒷굽이	왼발 물러딛어	손날금강막기
23	라₂	나	왼학다리서기	오른발 끌어올려	작을 돌쩌귀
24	라₂	라₂	오른앞굽이	오른발 옆차기하고 내려 딛어	제비품손날목치기 —기합—
25	라₂	라₂	뒤꼬아서기	왼발 앞차기차고 내딛어	등주먹얼굴앞치기
26	나	나	주춤서기	오른발 뒤로 물러딛어	한손날몸통옆치기
27	나	나	주춤서기	왼발 표적차기차고 내딛어	팔굽표적치기
그만	가	나	모아서기	오른발 끌어들이면서	겹손준비서기

#

준비: "**나**"의 위치에서
"**가**"를 바라보며
모아서기
겹손 준비서기

1. "**가**" 방향 왼발 내딛어
   왼 앞굽이
   손날등 몸통 헤쳐막기

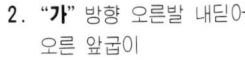

2. "**가**" 방향 오른발 내딛어
   오른 앞굽이
   두 메주먹 옆구리 치기
   ※1. 헤쳐 막은 두 팔을 약
       간 벌렸다 메주먹을 마
       주 보게 하여 친다.
   2. 치기하였을 때는 두 팔
      굽을 굽힌다.
   3. 목표는 상대의 양늑골
      이다.

3. "**가**"방향 바라보며 오른발
   "**나**"의 위치에 물려딛어
   오른 앞굽이
   외산틀 막기
   ※1. 시선은 "**가**" 방향이나
       앞굽이는 "**나**" 방향으
       로 하며 체중은 오른발
       에 많이 싣는다.
   2. 오른팔쪽은 "**나**" 방향
      으로 얼굴 바깥막기 왼
      팔목은 "**가**" 방향으로
      아래막기를 한다.

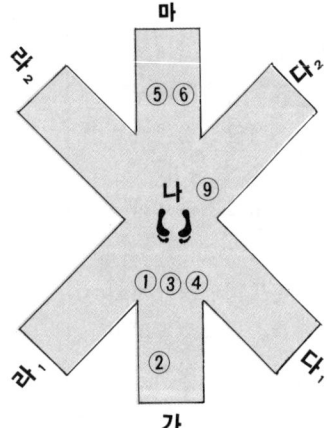

4. **"가"**방향 바라보며
   두 다리 제자리
   왼 앞굽이
   몸통 바로지르기

※1. 오른발에 쏠렸던 체중을 왼발로 옮기며 바로지르기를 한다.
   2. ③.④ 동작의 연결을 보면 파도치는 것과 같다.

5. **"가"**방향 바라보며
   왼발 **"마"**선상에 뒤로
   물려딛어
   왼 앞굽이
   외산틀 막기

6. **"가"** 방향 두 발 제자리
   오른 앞굽이
   몸통 바로지르기

7. "**가**"방향 바라보며
    오른발 "**마**"선상 뒤로 물려 딛어
    오른 앞굽이
    외산틀 막기

8. "**가**" 방향 두 발 제자리
    왼 앞굽이
    몸통 바로지르기

9. "**가**"방향 오른발 앞으로 내딛어
    ("**나**"의 위치에)
    오른 앞굽이
    손날등 몸통 헤쳐막기.

11. "**다₁**"방향으로 오른발 뛰 어나가 딛으며
 오른 곁다리서기
 두 주먹 제쳐지르기

12. "**다₁**"방향 바라보며 오른발 제자리 왼발 "**나**"방향으로 뒤로 물려딛어
 주춤서기
 표적 아래막기
 —시선 "**다₁**"방향—
 ※ 왼 아귀손에 오른 안팔 목을 끼우듯 친다.

10. 오른발 "**나**"의 위치에 하고 왼발 내딛어
 왼 앞굽이 "**다₁**" 방향
 왼 아귀손 칼재비
 ※ 왼발을 "**다₁**"방향으로 내 딛을 때 오른 바탕손으로 눌러 막기를 하여 끌면서 왼아귀손으로 칼재비를 한다.

13. "**다₁**"방향 바라보며
 왼발 제자리
 오른발 "**나**"위치에 뒤로 물려딛어
 오른 뒷굽이
 손날 금강막기
 —시선 "**다₁**"방향—

474   6장 태권도 품새

15. "**다₂**" 방향 왼발 옆차기
    차고 내딛어
    왼 앞굽이
    제비품목치기

16. "**다₂**" 방향 오른발 앞차기 차고 뛰어나가 오른발
    짓쩌딛고
    왼뒤꼬아서기
    등주먹앞치기 －기합－

14. "**다₂**" 방향으로 시선 돌리며 오른발 제자리
    왼발 끌어올려
    오른 학다리
    작은 돌쩌귀

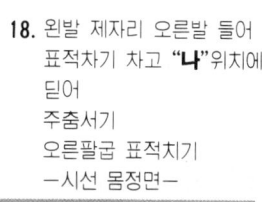

18. 왼발 제자리 오른발 들어
  표적차기 차고 "**나**"위치에
  딛어
  주춤서기
  오른팔굽 표적치기
  —시선 몸정면—

17. "**나**"방향 왼발 뒤로 물
  려딛어 "**나**"방향으로
  주춤서기
  왼 손날 바깥치기

19. "**라₁**"방향 오른발 제자리
  왼발 모듬발로 끌어
  모아서기를 하자마자
  이어서 오른발 "**라₁**"
  방향으로 내딛어
  오른 앞굽이
  오른아귀손 칼재비

20. "**라₁**" 방향 왼발 뛰어
내딛어
왼발 곁다리서기
두 주먹 제쳐지르기

21. "**라₁**"방향 바라보며
왼발 제자리 "**나**"방향으로
오른발 뒤로 물려딛어
주춤서기
표적 아래막기

22. "**라₁**"방향 바라보며
오른발 제자리 왼발 뒤로
물려딛어
("**나**"의 위치)
왼 뒷굽이
손날 금강막기

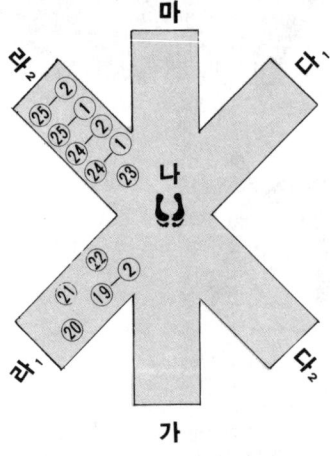

25. "**라₂**"방향 왼발 앞차기
 차고 내려 짓쪄 딛어
 오른발 뒤꼬아서기
 등주먹 얼굴 앞치기
 - 기합 -

24. "**라₂**"방향 오른발
 옆차기 차고 내려딛어
 오른 앞굽이
 제비품 손날 목치기

23. "**라₂**"방향 바라보며
 왼발 제자리("**나**"의 위치)
 오른발 끌어올려
 왼 학다리
 작은 돌쩌귀

478 6장 태권도 품새

26. "**나**"방향 오른발 뒤로
    물려딛어
    주춤서기
    오른 손날 바깥치기

27. "**나**"방향 오른발 제자리
    왼발 들어 표적차기
    차고 내려 딛어
    ("**나**"의 위치)
    주춤서기
    왼 팔굽 표적치기
    ─시선 몸 정면─

그만. 왼발 제자리 "**가**" 방향
    바라보며 모듬발로
    모아서기
    겹손 준비서기

준비 동작 응용

1 동작 응용
상대가 두팔로 멱살 잡은 것을 헤쳐막기를 한다.

2 동작 응용
벌어진 팔을 낮추고 또 상대에게 접근이 되었으므로 두메주먹을 안치기로 동시에 치는것이다.

480 6장 태권도 품새

10 - 1 동작 응용
상대의 공격을 눌러막기로 막으며 잡아끈다.

10 - 2 동작 응용
계속하여 상대의 목을 칼재비로 공격한다.
※ 칼재비대신 몸통은 편손끝으로 공격할 수 있다.

3 동작 응용
양쪽에서 지르기와 발차기로 공격하여 올 때 외산틀막기를 하여 앞·뒤의 공격을 막는다.

4 동작 응용
상대가 접근하는 것을 바로 받아서 바로 지르기로 역습한다.

일여

　일여는 신라의 위대한 승려, 원효대사의 사상 정수를 의미하며 원효사상은 마음(정신)과 몸(물질)이 하나이면서 원리는 오직 하나 뿐이라는 높은 천리를 말하고 이것은 점이나 선이나 원이 하나가 된다는 뜻을 나타낸다. 태권도 수련의 완성은 모든 기법과 동작이 모양이나 운용을 다르게 배우고 행하지만 궁극에서는 합쳐지며 나아가 정신과 동작이 일체가 되는 깊은 무예의 진리가 바탕에 깔려져 있는 품새가 일여이다.
　새로운 동작은 손날(얼굴)막기, 외산틀옆차기, 두손펴비틀어잡아당기기, 뛰어옆차기가 있고 서기로는 오금학다리서기가 처음 나온다. 준비서기는 보주먹모아서기이며 태권도의 마지막 품새이므로 통일과 중용의 의미가 있는 턱 앞에 준비손을 두고 두손이 맞불고 감싸져서 기(氣)가 인체와 두손으로 막힘없이 흐르게 하는 서기이다. 품새선 卍은 원효대사를 기리기 위해 일여사상을 나타내는데 부족함이 없는 불교의 상징으로 했으며 본(本), 체(體), 용(用)이 일치하는 무아의 경지를 뜻한다.

일여 품새설명 요약

순서	시선	위치	서 기	동 작	품 명
준비	가	나	모아서기	오른 주먹을 왼손으로 감아쥠	보주먹준비서기
1	가₁	가₁	오른뒷굽이	왼발 내딛어	손날몸통막기
2	가₁	가₁	오른앞굽이	오른발 내딛어	몸통반대지르기
3	다₂	다₂	오른뒷굽이	왼발 옮겨딛어	금강막기
4	마₁	나	오른뒷굽이	왼발 옮겨돌아	손날몸통막기
5	마₁	나	오른뒷굽이	두발 제자리에서 서기 그대로	몸통바로지르기 —기합—
6	마₁	나	오른오금서기	오른발 뛰어 나가딛고	편손끝몸통세워찌르기
7	마₁	나	오른발 외다리서기	왼발로 옆차기	외산틀막기
8	마₁	마₁	오른뒷굽이	왼발 내려딛어	엇걸어 얼굴막기
9	마₁	마₁	오른앞굽이	오른발 내딛어 지른팔목 비틀어 잡아끌며	몸통반대지르기
10	라₂	라₂	오른뒷굽이	왼발 옮겨딛어	금강막기
11	가₁	나	오른뒷굽이	왼발 옮겨돌아	손날몸통막기
12	가₁	나	오른뒷굽이	두발 제자리	몸통바로지르기
13	가₁	나	오른오금서기	오른발 뛰어나가딛고	편손끝몸통세워찌르기
14	다₁	나	오른외다리서기	왼발 옆차기	외산틀막기 —기합—
15	다₁	다₁	오른뒷굽이	왼발 내려딛어	엇걸어얼굴막기

16	다₁	다₁	오른앞굽이	엇걸은 팔목비틀어 잡아 끌며 오른발 내딛어	몸통반대지르기
17	마₂	마₂	오른뒷굽이	왼발 옮겨딛어	금강막기
18	라₁	다₁	모아서기	오른발 제자리 몸왼쪽으로 돌려 왼발 끌어들여	두주먹허리서기
19	라₁	라₁	오른뒷굽이	오른발 앞차기차고 한걸음 내딛어 왼발 뛰어 옆차기 차고 내딛어	엇걸어 얼굴막기
20	라₁	라₁	오른앞굽이	팔목비틀어잡아끌면서 오른발 내딛어	몸통반대지르기
21	가₂	가₂	오른뒷굽이	왼발 옮겨딛어	금강막기
22	다₁	라₁	모아서기	오른발 제자리 몸왼쪽으로 돌려 왼발 끌어들여	두주먹허리서기
23	다₁	나	왼뒷굽이	왼발 앞차기차고 한걸음 내딛고 오른발 뛰어 옆차기차고 내딛어	엇걸어 얼굴막기
그만	가	나	모아서기	왼발 제자리 몸오른쪽으로 돌려 오른발 끌어들여	보주먹준비서기

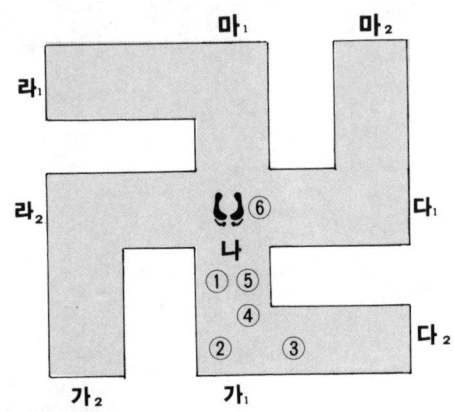

준비 : "**나**"의 위치에서
"**가**"를 바라보며
모아서기
보주먹 준비서기

1. "**가**" 방향 왼발 내딛어
   오른 뒷굽이
   손날 몸통막기

2. "**가**" 방향 오른발 내딛어
   오른 앞굽이
   몸통 반대지르기

5. "**나**" 방향 두 발 제자리
　오른 뒷굽이
　몸통 바로지르기

6. "**나**" 방향 오른발 뛰어나가 딛으며
　오른발 오금서기("**나**"의 위치)
　편손끝 몸통세워찌르기　－기합－

3. "**다₂**" 방향 왼발 옮겨딛어
　오른 뒷굽이
　금강막기
　－천천히 행한다(등척성)－

4. "**나**" 방향 왼발 옮겨 돌아
　오른 뒷굽이
　손날 몸통막기

488 6장 태권도 품새

12. "**가**" 방향 두 발 제자리
    오른 뒷굽이
    몸통 바로 지르기

11. "**가**" 방향 왼발 옮겨 돌아
    오른 뒷굽이
    손날 몸통막기

10. "**라₂**" 방향 왼발 옮겨 딛어
    오른 뒷굽이
    금강 막기

13. "**가**" 방향 오른발 뛰어나가 딛으며
    오른발 오금서기("**나**"의 위치)
    거들어 편손끝 몸통 세워찌르기

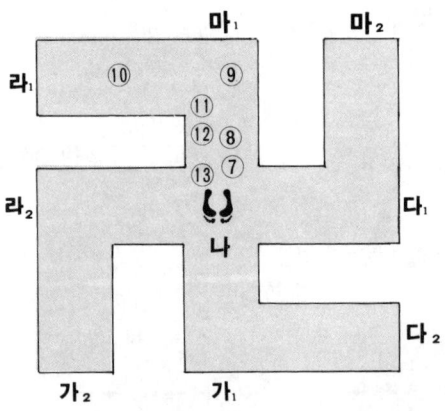

9. **"마"** 방향 엇걸린 상대의 팔목을
   비틀어 잡아끌며 오른발 내딛어
   오른 앞굽이
   몸통 반대지르기
※ 엇걸린 팔목에 막히어 걸쳐있는 상대
   의 팔목을 빼지 못하게 하며 엇걸어
   막기에 거들어준 손을 펴서 상대의 팔
   목을 잡아 챈다.

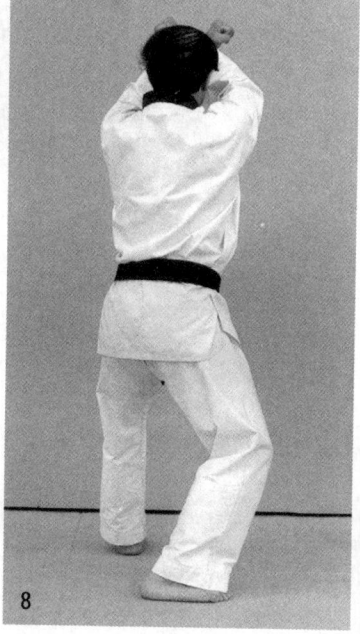

8. 옆차기 찬 왼발 **"마"** 선상에
   내려 딛어
   오른 뒷굽이
   엇걸어 얼굴막기 -빠르게-
※ 엇걸어 얼굴막기는 앞에 나와 있는
   발쪽의 팔목으로 얼굴막기할 때 뒤쪽
   의 팔목에 힘을 보태주기 위하여 뒤
   쪽에서 엇걸어 밀며 도와준다.

7. 오른발 제자리 **"마"** 방향으로
   서서히 왼발 옆차기 차면서
   오른발 외다리서기
   외산틀막기

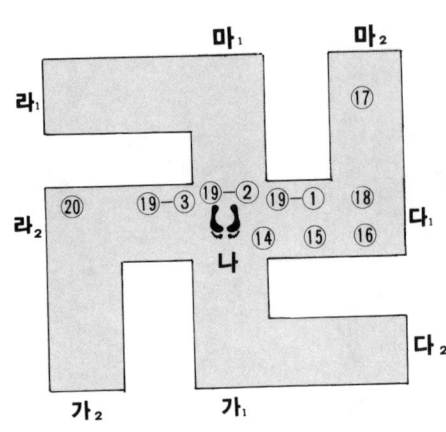

14. "**다₁**" 방향 왼발 옆차기로 밀어 차며
    오른발 외다리서기
    외산틀막기

20. "**라₁**" 방향 엇걸었던 팔목을 비틀어
    잡아끌면서 오른발 내딛어
    오른 앞굽이
    몸통 반대지르기

19. "**라₁**" 방향 오른발 앞차기 차고
    "**라₁**" 선상에 한걸음 내려딛어 이어
    서 몸바꾸어 뛰어 왼발 옆차기 차
    고 내려 딛어
    오른 뒷굽이
    엇걸어 얼굴막기

※ 오른발 앞차기 차고 앞으로 한 걸음 내딛으며 그발로 다시 땅을 밀어 몸을 공중에 띄우면서 오른쪽으로 돌려 왼발로 옆차기를 찬다. 이를 바꾸어 뛰어차기라 한다. 이는 몸방향이 왼쪽에서 오른쪽으로 바뀌기도 하지만 다리도 뛰어 탄력을 주는 발은 앞에 내딛고 상대를 차는 다리는 뒤에 있던 다리로 차게 된다. 또 옆차기를 차기 때문에 바꾸어 뛰어옆차기라 한다.

15. "**다₁**" 방향 왼발 내려딛어
 오른 뒷굽이
 엇걸어 얼굴막기

16. "**다₂**" 방향 엇걸어 막은 팔목을 비틀어 잡아 끌며
 오른발 앞으로 내딛어
 오른 앞굽이
 몸통 반대지르기

17. "**마₂**" 방향 왼발 옮겨 딛어
 오른 뒷굽이
 금강막기

18. "**라₁**" 방향 오른발 제자리 왼발
 을 모듬발로 끌어들여 몸 왼
 쪽으로 돌려 모아서기
 두 주먹 허리서기

21. "**가₂**" 방향 왼발 옮겨 딛어
오른 뒷굽이
금강막기

22. "**다**" 방향 오른발 제자리
왼쪽으로 돌려 왼발 모듬
발로 끌어 몸을 일으키며
모아서기
두 주먹 허리서기

23. "**다**" 방향 왼발 앞차기 차고 앞으로
내딛어 몸돌려 바꾸어 오른발 뛰어
옆차기 차고 내려딛어
왼 뒷굽이
엇걸어 얼굴막기

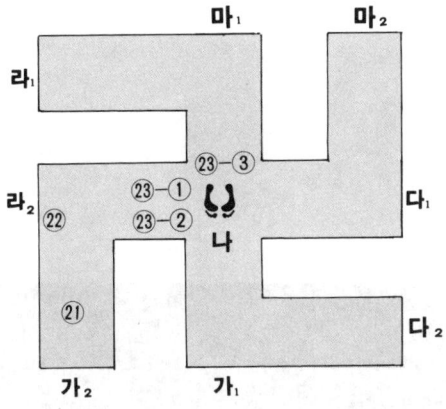

그만. 왼발 제자리 (나의 위치) 몸을 오른쪽으로 돌려 **"가"**를 바라보며 오른발을 모듬발로 끌어들여
모아서기
보주먹 준비서기

23 - 2

23 - 3

그만

팔괘 1 장

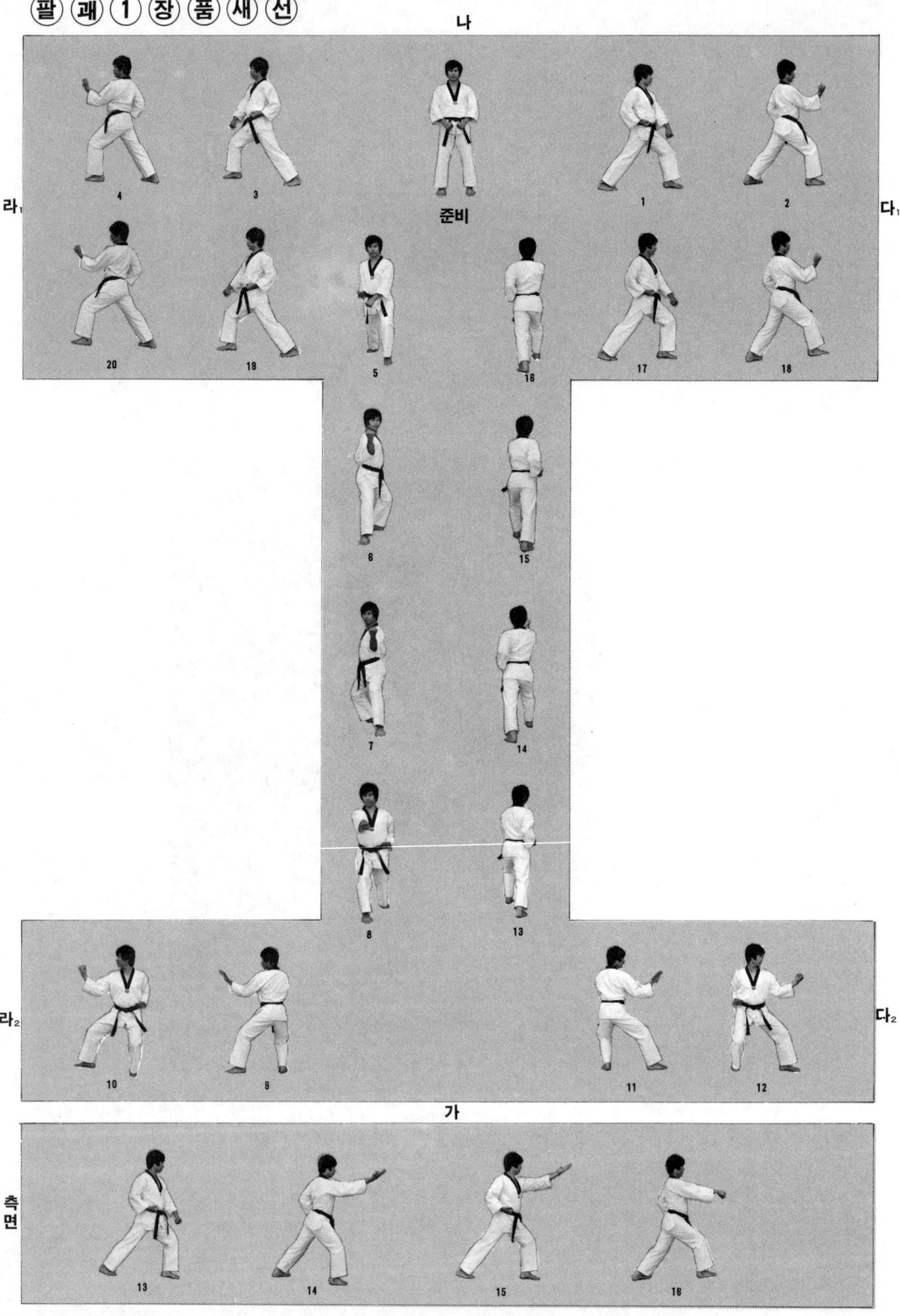

팔괘 1장 품새설명 요약

순서	시선	위치	서 기	동 작	품 명
준비	가	나	나란히서기		기본준비서기
1	다₁	다₁	왼앞굽이	왼발 내딛어	아래막기
2	다₁	다₁	오른앞굽이	오른발 내딛어	몸통막기
3	라₁	라₁	오른앞굽이	오른발 옮겨뒤로돌아	아래막기
4	라₁	라₁	왼앞굽이	왼발 내딛어	몸통막기
5	가	가	왼앞굽이	왼발 옮겨돌아	아래막기
6	가	가	왼뒷굽이	오른발 내딛어	몸통옆막기
7	가	가	오른뒷굽이	왼발 내딛어	몸통옆막기
8	가	가	오른앞굽이	오른발 내딛어	몸통반대지르기
9	라₂	라₂	오른뒷굽이	왼발 옮겨돌아	손날몸통막기 -기합-
10	라₂	라₂	왼뒷굽이	오른발 내딛어	몸통막기
11	다₂	다₂	왼뒷굽이	오른발 옮겨뒤로돌아	손날몸통막기
12	다₂	다₂	오른뒷굽이	왼발 내딛어	몸통옆막기
13	나	나	왼앞굽이	왼발 옮겨딛어돌아	아래막기
14	나	나	오른앞굽이	오른발 내딛어	손날목치기
15	나	나	왼앞굽이	왼발 내딛어	손날목치기
16	나	나	오른앞굽이	오른발 내딛어	몸통반대지르기
17	다₁	다₁	왼앞굽이	왼발 옮겨돌아	아래막기 -기합-
18	다₁	다₁	오른앞굽이	오른발 내딛어	몸통막기
19	라₁	라₁	오른앞굽이	오른발 옮겨뒤로돌아	아래막기
20	라₁	라₁	왼앞굽이	왼발 내딛어	몸통막기
그만	가	나	나란히서기	오른발 제자리 왼발 끌어	기본준비서기

팔괘 1 장

준비 : "나"의 위치에서 "가" 방향
바라보며
기본 준비서기

1. 왼발 "다" 방향으로 옮겨
왼 앞굽이
아래 막기

2. 오른발 한걸음 나가
오른 앞굽이
몸통막기

4. 왼발 한걸음 나가("라" 방향)
왼 앞굽이
몸통 막기

3. 왼발 축 오른쪽으로 몸돌며 오른발
"라₁" 방향으로 옮겨
오른 앞굽이
아래막기

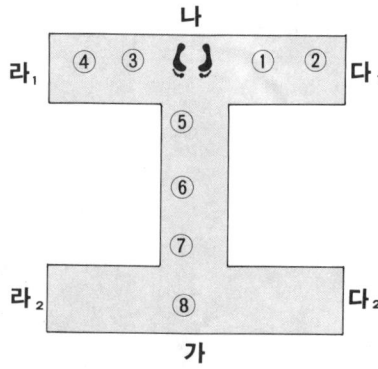

5. 오른발 축 왼쪽으로 돌며
   왼발 "**가**"방향으로 옮겨
   왼 앞굽이
   아래막기

6. 오른발 한걸음 나가
   ("**가**"방향)
   왼 뒷굽이
   몸통 옆막기

7. 왼발 한걸음 나가
   ("**가**"방향)
   오른 뒷굽이
   몸통 옆막기

8. 오른발 한걸음 나가
   ("**가**"방향)
   오른 앞굽이
   몸통 반대지르기
   —기합—

10. 오른발 한걸음나가("**라₂**" 방향)
  왼 뒷굽이
  몸통막기

9. 오른발 축 몸 왼쪽으로 돌며
  왼발 "**라₂**"방향으로 옮겨
  오른 뒷굽이
  손날 몸통막기

12. 왼발 한걸음 나가("**다₂**"방향)
  오른 뒷굽이
  몸통막기

11. 왼발 축 몸을 오른 쪽으로 돌며
  오른발 "**다₂**"방향으로 옮겨
  왼 뒷굽이
  손날 몸통막기

14. 오른발 한걸음나가("나"방향)
 오른 앞굽이
 손날 목치기

13. 오른발 축 몸 왼쪽으로 돌리며
 왼발 "나"방향으로 옮겨
 왼 앞굽이
 아래막기

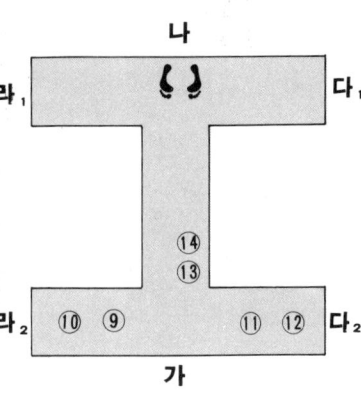

16. 오른발 한걸음 나가 ("나" 방향)
    오른 앞굽이
    몸통 반대지르기 —기합—

15. 왼발 한걸음 나가 ("나" 방향)
    왼 앞굽이
    손날 목치기

17. 오른발 축 몸 왼쪽으로 돌며 왼발
 "**다₁**" 방향으로 옮겨
 왼 앞굽이
 아래막기

18. 오른발 한걸음나가(" **다₁** " 방향)
 오른 앞굽이
 몸통막기

20. 왼발 한걸음 나가(" **라₁** "방향)
 왼 앞굽이
 몸통막기

19. 왼발 축 몸을 오른쪽으로 돌며
 오른발 "**라₁**" 방향으로 옮겨
 오른 앞굽이
 아래막기

그만. 왼발을 끌어 준비자세

팔괘 2장

팔괘 2장 품새설명 요약

순서	시선	위치	서 기	동 작	품 명
준비	가	나	나란히 서기		기본준비서기
1	다₁	다₁	왼앞굽이	왼발 내딛어	얼굴막기
2	다₁	다₁	오른앞굽이	오른발 앞차고 내딛어	몸통반대지르기
3	라₁	라₁	오른앞굽이	오른발 옮겨뒤로돌아	얼굴막기
4	라₁	라₁	왼앞굽이	왼발 앞차고 내딛어	몸통반대지르기
5	가	가	오른뒷굽이	왼발 옮겨돌아	손날아래막기
6	가	가	왼뒷굽이	오른발 내딛어	손날몸통막기
7	가	가	왼앞굽이	왼발 내딛어	얼굴막기
8	가	가	오른앞굽이	오른발 내딛어	몸통반대지르기
9	라₂	라₂	왼앞굽이	왼발 옮겨돌아	얼굴막기 —기합—
10	라₂	라₂	오른앞굽이	오른발 앞차고 내딛어	몸통반대지르기
11	다₂	다₂	오른앞굽이	오른발 옮겨뒤로돌아	얼굴막기
12	다₂	다₂	왼앞굽이	왼발 앞차고 내딛어	몸통반대지르기
13	나	나	오른뒷굽이	왼발 옮겨돌아	거들어아래막기
14	나	나	왼뒷굽이	오른발 내딛어	안팔목거들어바깥막기
15	나	나	오른뒷굽이	왼발 내딛어	몸통막기
16	나	나	오른앞굽이	오른발 내딛어	몸통반대지르기
17	다₁	다₁	왼앞굽이	왼발 옮겨돌아	얼굴막기 —기합—
18	다₁	다₁	오른앞굽이	오른발 앞차고 내딛어	몸통반대지르기
19	라₁	라₁	오른앞굽이	오른발 옮겨뒤로돌아	얼굴막기
20	라₁	라₁	왼앞굽이	왼발 앞차고 내딛어	몸통반대지르기
그만	가	나	나란히서기	오른발 제자리 왼발옮겨	기본준비서기

#

준비 : "나"의 위치에서 "가"방향
　　　바라보며
　　　기본 준비서기

1. 몸을 왼쪽으로 돌리며 왼발 "다₁"
　방향으로 옮겨
　왼 앞굽이
　얼굴막기
4. 왼발 앞차고 내딛어
　왼 앞굽이 ("라₁"방향)
　몸통 반대지르기

2. 오른발 앞차고 내딛어
   오른 앞굽이("**다₁**"방향)
   몸통 반대지르기
3. 왼발 축 오른쪽으로 몸돌며 오른발
   "**라₁**"방향으로 옮겨
   오른 앞굽이
   얼굴막기

 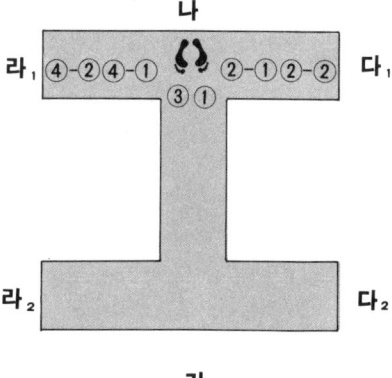

5. 오른발 축
   몸을 왼쪽으로 돌며
   왼발 "**가**"방향으로 옮겨
   오른 뒷굽이
   손날 아래막기

6. 오른발 한걸음 나가
   ("**가**"방향)
   왼 뒷굽이
   손날 몸통막기

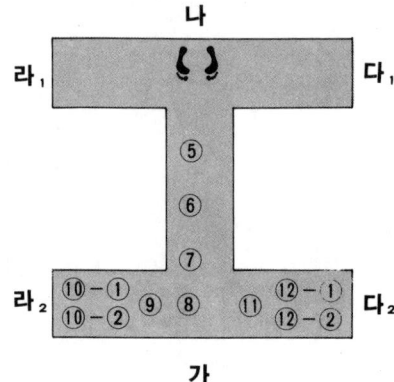

7. 왼발 한걸음 나가
   ("**가**"방향)
   왼 앞굽이
   얼굴막기

8. 오른발 한걸음 나가
   ("**가**"방향)
   오른 앞굽이
   몸통 반대지르기
   -기합-

팔괘 2 장　511

10. 오른발 앞차고 내딛어
　　오른 앞굽이 ("**라₂**"방향)
　　몸통 반대지르기

9. 오른발 축 왼쪽으로 몸돌리며 왼발
　"**라₂**"방향으로 옮겨
　왼 앞굽이
　얼굴막기

11. 왼발 축 오른쪽으로 몸 돌리며
　　오른발 "**다₂**" 방향으로 옮겨
　　오른 앞굽이
　　얼굴막기

12. 왼발 앞차고 내딛어
　　왼 앞굽이 ("**다₂**"방향)
　　몸통 반대지르기

15. 왼발 한걸음 나가
 ("나"방향)
 오른 뒷굽이
 몸통막기

14. 오른발 한걸음 나가
 ("나"방향)
 왼 뒷굽이
 거들어 몸통막기

13. 오른발 축 왼쪽으로
 몸 돌리며 왼발
 "나"방향으로 옮겨
 오른 뒷굽이
 거들어 아래막기

16. 오른발 한걸음 나가("나"방향)
    오른 앞굽이
    몸통 반대지르기 -기합-

17. 오른발 축 왼쪽으로 몸 돌리며
    왼발 "다₁"방향으로 옮겨
    왼 앞굽이
    얼굴막기

18. 오른발 앞차고 내딛어
    오른 앞굽이("다₁"방향)
    몸통 반대지르기

20. 왼발 앞차고 내딛어 왼 앞굽이("라₁"방향) 몸통 반대지르기

19. 왼발 축 오른쪽으로 몸 돌리며 오른발 "라₁" 방향으로 옮겨 오른 앞굽이 얼굴막기

그만. 왼발을 끌어 준비 자세로 돌아온다.

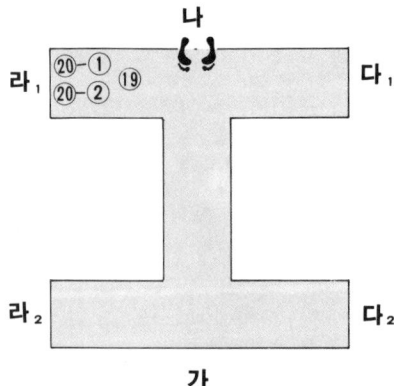

팔괘 3 장

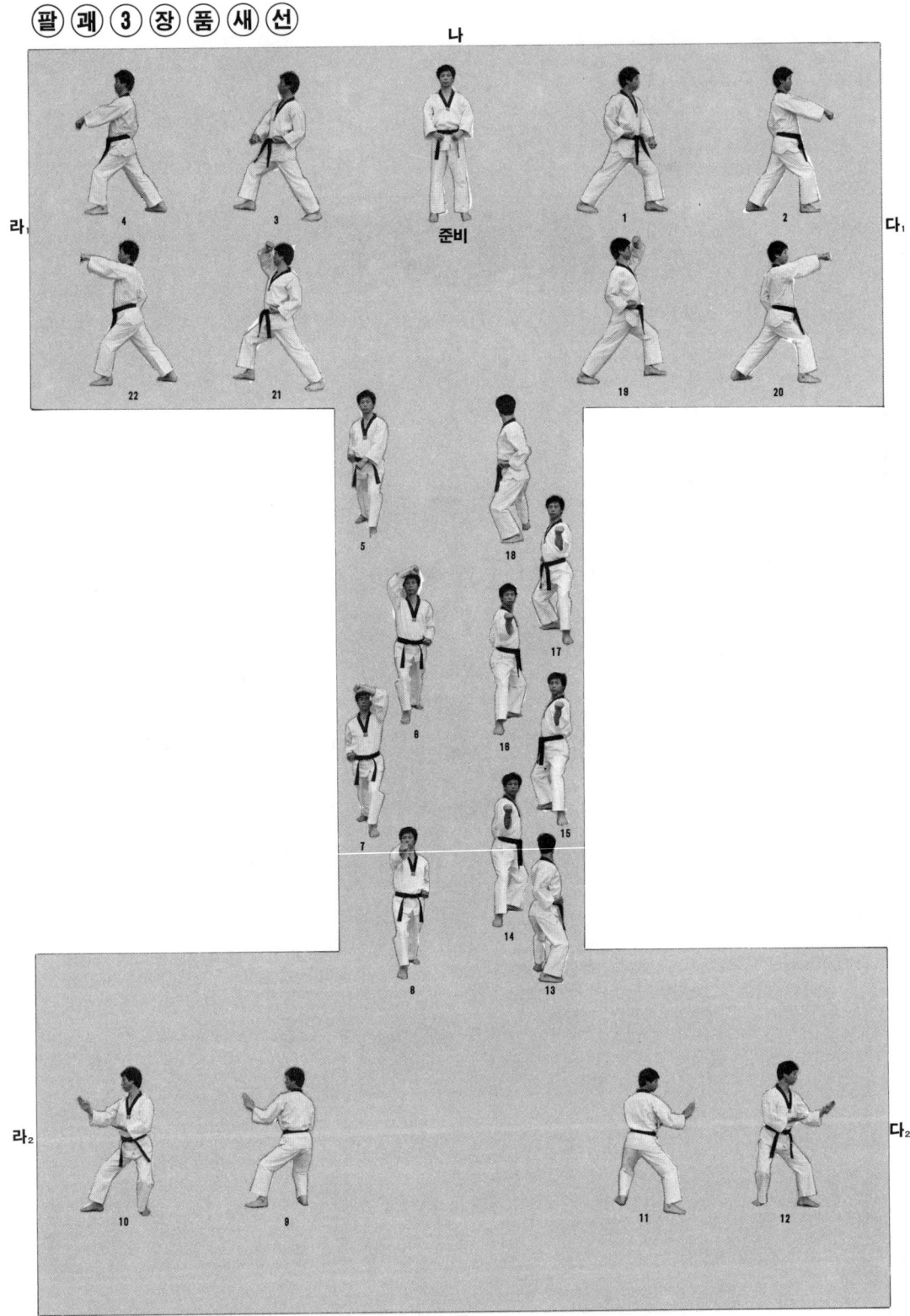

팔괘 3장 품새설명 요약

순서	시선	위치	서 기	동 작	품 명
준비	가	나	나란히서기		기본준비서기
1	다₁	다₁	왼앞굽이	왼발 내딛어	아래막기
2	다₁	다₁	오른앞굽이	오른발 내딛어	몸통반대지르기
3	라₁	라₁	오른앞굽이	오른발 옮겨뒤로돌아	아래막기
4	라₁	라₁	왼앞굽이	왼발 내딛어	몸통반대지르기
5	가	가	왼앞굽이	왼발 옮겨돌아	아래막기
6	가	가	오른앞굽이	오른발 내딛어	얼굴막기
7	가	가	왼앞굽이	왼발 내딛어	얼굴막기
8	가	가	오른앞굽이	오른발 내딛어	얼굴반대지르기-기합-
9	라₂	라₂	오른뒷굽이	왼발 옮겨돌아	손날몸통막기
10	라₂	라₂	왼뒷굽이	오른발 내딛어	손날몸통막기
11	다₂	다₂	왼뒷굽이	오른발 옮겨뒤로돌아	손날몸통막기
12	다₂	다₂	오른뒷굽이	왼발내딛어	손날몸통막기
13	나	나	오른뒷굽이	왼발 옮겨돌아	몸통옆막기
14	가	가	왼뒷굽이	두다리 제자리 방향바꾸어	몸통옆막기
15	가	나	오른뒷굽이	오른발 물려딛어	몸통막기
16	가	나	왼뒷굽이	왼발 물려딛어	몸통막기
17	가	나	오른뒷굽이	오른발 물려딛어	몸통막기
18	나	나	왼뒷굽이	두다리 제자리 방향바꾸어	몸통옆막기
19	다₁	다₁	왼앞굽이	왼발 옮겨돌아	얼굴막기
20	다₁	다₁	오른앞굽이	오른발 내딛어	얼굴반대지르기
21	라₁	라₁	오른앞굽이	오른발 옮겨뒤로돌아	얼굴막기
22	라₁	라₁	왼앞굽이	왼발 내딛어	얼굴반대지르기-기합-
그만	가	나	나란히서기	오른발 제자리 왼발 끌어들여	기본준비서기

팔괘 3 장

준비 : "나"의 위치에서
"가" 방향 바라보며
기본준비서기

1. 몸을 왼쪽으로 돌리며 왼발 "다₁"
   방향으로 옮겨
   왼 앞굽이
   아래막기
4. 왼발 한걸음 나가 ("라₁"방향)
   왼 앞굽이
   몸통 반대지르기

2. 오른발 한걸음나가 "다₁"방향
   오른 앞굽이
   몸통 반대지르기
3. 왼발 축 오른 쪽으로 몸 돌리며
   오른발 "라₁"방향으로 옮겨
   오른 앞굽이
   아래막기

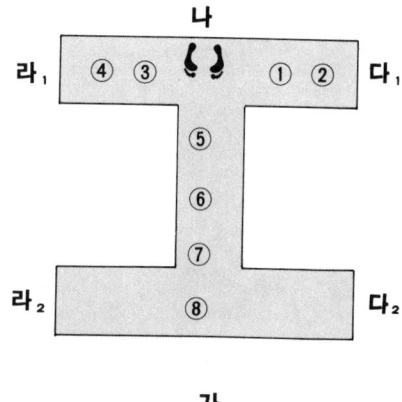

5. 몸 왼쪽으로 돌리며 왼발
"**가**" 방향으로 옮겨
왼 앞굽이
아래막기

6. 오른발 한걸음나가
오른 앞굽이
얼굴막기

7. 왼발 한걸음 나가
왼 앞굽이
얼굴막기

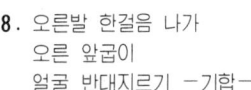

8. 오른발 한걸음 나가
오른 앞굽이
얼굴 반대지르기 -기합-

9. 오른발 축 왼쪽으로 몸 돌리며
   왼발 "라₂" 방향으로 옮겨
   오른 뒷굽이
   손날 몸통막기

10. 오른발 한걸음나가 "라₂" 방향
    왼 뒷굽이
    손날 몸통막기

11. 왼발 축 오른쪽으로 몸 돌리며
    오른발 "다₂" 방향으로 옮겨
    왼 뒷굽이
    손날 몸통막기

12. 왼발 한걸음 나가 ("다₂" 방향)
    오른 뒷굽이
    손날 몸통막기

14. 두 발 제자리에서 "가"를 향하여
 뒤로 돌아
 왼 뒷굽이
 몸통옆막기

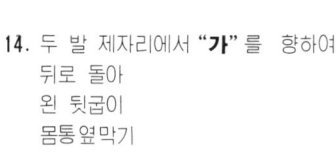

15. 오른발 "나"방향으로(뒤로) 한걸음
 물러서며 "가"방향을 향하여
 오른 뒷굽이
 몸통막기

13. 오른발 축 왼쪽으로 몸 돌리며
 왼발 "나"방향으로 옮겨
 오른 뒷굽이
 몸통 옆막기

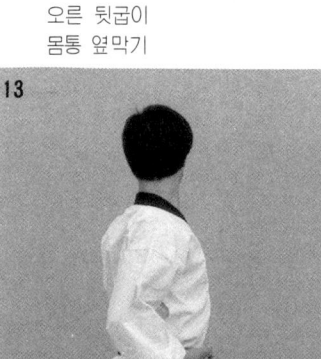

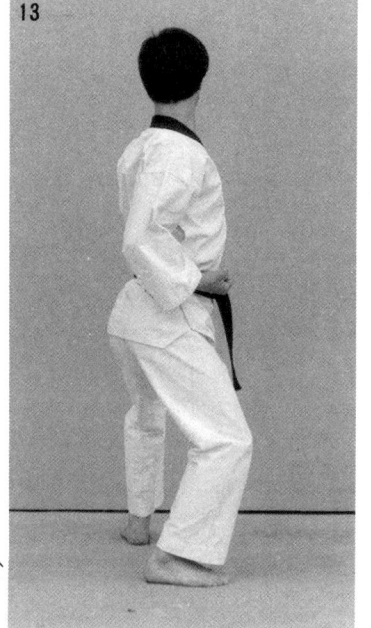

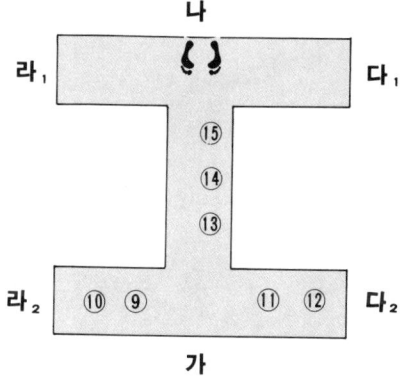

17. 오른발 뒤로 한걸음 물러서
"**가**" 방향을 향하여
오른 뒷굽이
몸통막기

18. 두발 제자리에서 "**나**"를 향하여
뒤로 돌아
왼 뒷굽이
몸통 옆막기

16. 왼발 뒤로 한걸음 물러서
"**가**" 방향을 향하여
왼 뒷굽이
몸통막기

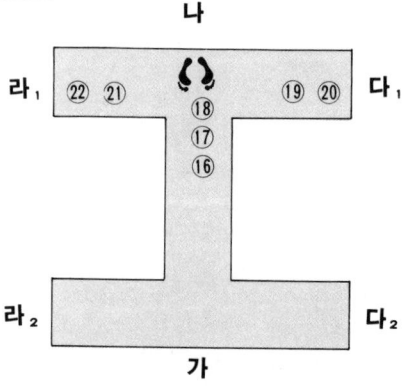

19. 오른발 축 왼쪽으로 몸 돌리며
  왼발 "**다**₁" 방향으로 옮겨
  왼 앞굽이
  얼굴막기

20. 오른발 한걸음 나가("**다**₁"방향)
  오른 앞굽이
  얼굴 반대지르기

22. 왼발 한걸음 나가("**라**₁"방향)
  왼 앞굽이
  얼굴 반대지르기 －기합－

21. 왼발 축 오른쪽으로 몸 돌리며
  오른발 "**라**₁"방향으로 옮겨
  오른 앞굽이
  얼굴막기

그만. 왼발 끌어 준비자세

팔괘 4 장

팔괘 4장 품새설명 요약

순서	시선	위치	서 기	동 작	품 명
준비	가	나	나란히서기		기본준비서기
1	다₁	다₁	오른뒷굽이	왼발 내딛어	금강몸통막기
2	다₁	다₁	오른뒷굽이	서기그대로	당겨턱지르기
3	다₁	다₁	나란히서기	몸을 일으키며 왼발 약간 끌어	한손날바깥치기
4	라₁	라₁	왼뒷굽이	왼발 모듬발로모아서기 하고바로이어서 오른발 내딛어	금강몸통막기
5	라₁	라₁	왼뒷굽이	서기그대로	당겨턱지르기
6	라₁	라₁	나란히서기	몸일으키며 오른발 약간 끌어	한손날바깥치기
7	가	가	오른뒷굽이	오른발 모듬발로모아서기 하고 바로이어서 왼발 내딛어	손날몸통막기
8	가	가	오른앞굽이	오른발 앞차기차고 내딛어	편손끝세워찌르기
9	가	가	왼앞굽이	밑으로 빼기하고 몸돌아 왼발 내딛어	메주먹바깥치기
10	가	가	오른앞굽이	오른발 내딛어	몸통반대지르기
11	라₂	라₂	오른뒷굽이	왼발옮겨돌아	금강몸통막기 -기합-
12	라₂	라₂	오른뒷굽이	서기그대로	당겨턱지르기
13	라₂	라₂	나란히서기	몸일으키며 왼발 약간 끌어	한손날바깥치기

14	다₂	다₂	왼뒷굽이	왼발 모듬발로모아서기 하고바로이어서 오른발 내딛어	금강몸통막기
15	다₂	다₂	왼뒷굽이	서기그대로	당겨턱지르기
16	다₂	다₂	나란히서기	몸일으키며 오른발 약간 끌어	한손날바깥치기
17	나	나	오른뒷굽이	오른발 모듬발모아서기 하고바로이어서 왼발 내딛어	손날몸통막기
18	나	나	오른앞굽이	오른발 앞차기차고 내딛어	편손끝세워찌르기
19	나	나	왼앞굽이	위로빼기하고 몸돌아 왼발 내딛어	메주먹바깥치기
20	나	나	오른앞굽이	오른발 내딛어	몸통반대지르기
21	다₁	다₁	주춤서기	왼발 옮겨돌아	아래옆막기 -기합-
22	다₁	다₁	왼앞굽이	왼발 약간밀고나가	몸통바로지르기
23	라₁	라₁	주춤서기	왼발 제자리 오른발 약간 끌어	아래옆막기
24	라₁	라₁	오른앞굽이	오른발 약간 밀고나가	몸통바로지르기
그만	가	나	나란히서기	오른발 제자리 왼발끌어	기본준비서기

팔괘 4 장

1. 왼발을 "**다,**"방향으로 옮겨 오른 뒷굽이 금강 몸통막기
2. 제자리에서 서기 그대로 당겨 턱지르기
3. 오른발 제자리 왼발 끌어 나란히 서기(몸은 "**가**"방향 시선은 "**다,**"방향) "**다,**"방향을 향하여 왼 옆은 손날 바깥치기

준비

준비 : "**나**"의 위치에서 "**가**" 방향 바라보며 기본준비서기

4. 왼발 끌어 오른발에 붙이고 오른발 "**라,**"방향으로 나가 왼 뒷굽이 금강 몸통막기
5. 제자리 서기 그대로 당겨 턱지르기
6. 왼발 제자리 오른발 끌어 나란히 서기(몸은 "**가**" 방향 시선은 "**라,**"방향) "**라,**"방향을 향하여 오른 옆은 손날 바깥치기

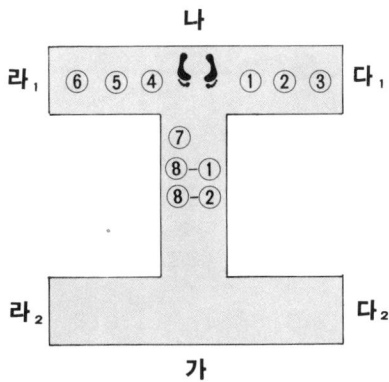

7. 오른발을 끌어 왼발에 붙이고
왼발이 "**가**" 방향으로 나가
오른 뒷굽이
손날 몸통막기

8. 오른발 앞차고 내딛어 ("**가**" 방향)
오른 앞굽이
찌르기

9-1

9. 손목 밑으로 몸 돌려 빼기 (잡힌 손목 빼는 동작)
이어서 오른발 축으로 몸을 왼쪽으로 뒤돌며 왼발이 "**가**"방향으로 나가
왼 앞굽이
왼 메주먹 바깥치기

9-2

11. 오른발 축 왼쪽으로 몸 돌리며
왼발 "**라₂**"방향으로 옮겨
오른 뒷굽이
금강 몸통막기
12. 제자리
서기 그대로
당겨 턱지르기
13. 오른발 제자리 왼발 끌어
나란히서기(몸은 "**나**"방향
시선은 "**라₂**"방향)
"**라₂**"방향을 향하여
왼 옆은 손날바깥치기

9-3

10

10. 오른발 한걸음 나가
("**가**"방향)
오른 앞굽이
몸통 반대지르기 -기합-

14. 왼발 끌어 오른발에 붙이고 오른발
    "다₂"방향으로 나가
    왼 뒷굽이
    금강 몸통막기

15. 제자리
    서기 그대로
    당겨 턱지르기

16. 왼발 제자리 오른발 끌어
    나란히서기(몸은 "나"방향
    시선 "다₂"방향)
    "다₂"방향을 향하여
    오른 엎은 손날 바깥치기

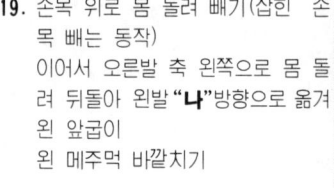

19. 손목 위로 몸 돌려 빼기(잡힌 손목 빼는 동작)
    이어서 오른발 축 왼쪽으로 몸 돌려 뒤돌아 왼발 "나"방향으로 옮겨
    왼 앞굽이
    왼 메주먹 바깥치기

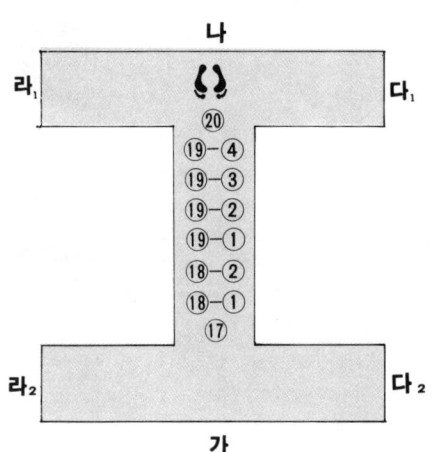

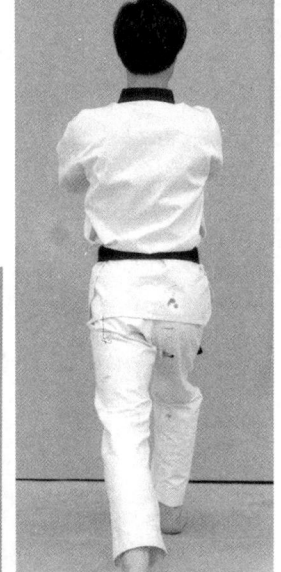

18. 오른발 앞차고 "나" 방향으로
    내딛어
    오른 앞굽이
    찌르기

17. 오른발 끌어 왼발에 붙이고 왼발
    "나"방향으로 나가
    오른 뒷굽이
    손날 몸통막기

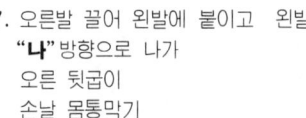

20. 오른발 한걸음 나가 ("나"방향)
    오른 앞굽이
    몸통 반대지르기 －기합－

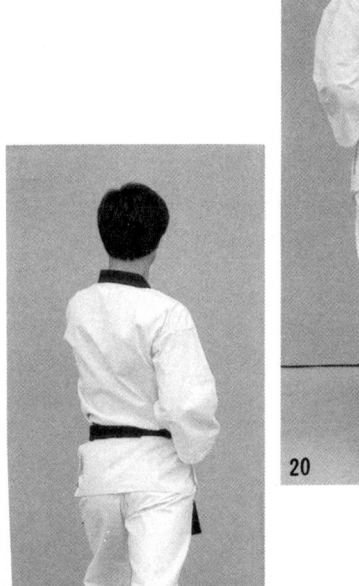

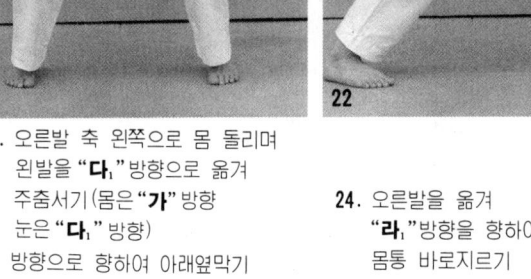

22. 왼발을 옮겨 "**다₁**"방향을 향하여 왼 앞굽이 몸통 바로지르기

21. 오른발 축 왼쪽으로 몸 돌리며 왼발을 "**다₁**"방향으로 옮겨 주춤서기(몸은 "**가**" 방향 눈은 "**다₁**" 방향) 방향으로 향하여 아래옆막기

24. 오른발을 옮겨 "**라₁**"방향을 향하여 오른 앞굽이 몸통 바로지르기

23. 왼발을 끌어 준비서기로 갖다놓고 오른발이 "**라₁**" 방향으로 나가 주춤서기(몸은 "**가**" 방향 눈은 "**라₁**" 방향) 아래옆막기

그만. 오른발 끌어 준비자세로

팔괘 5 장

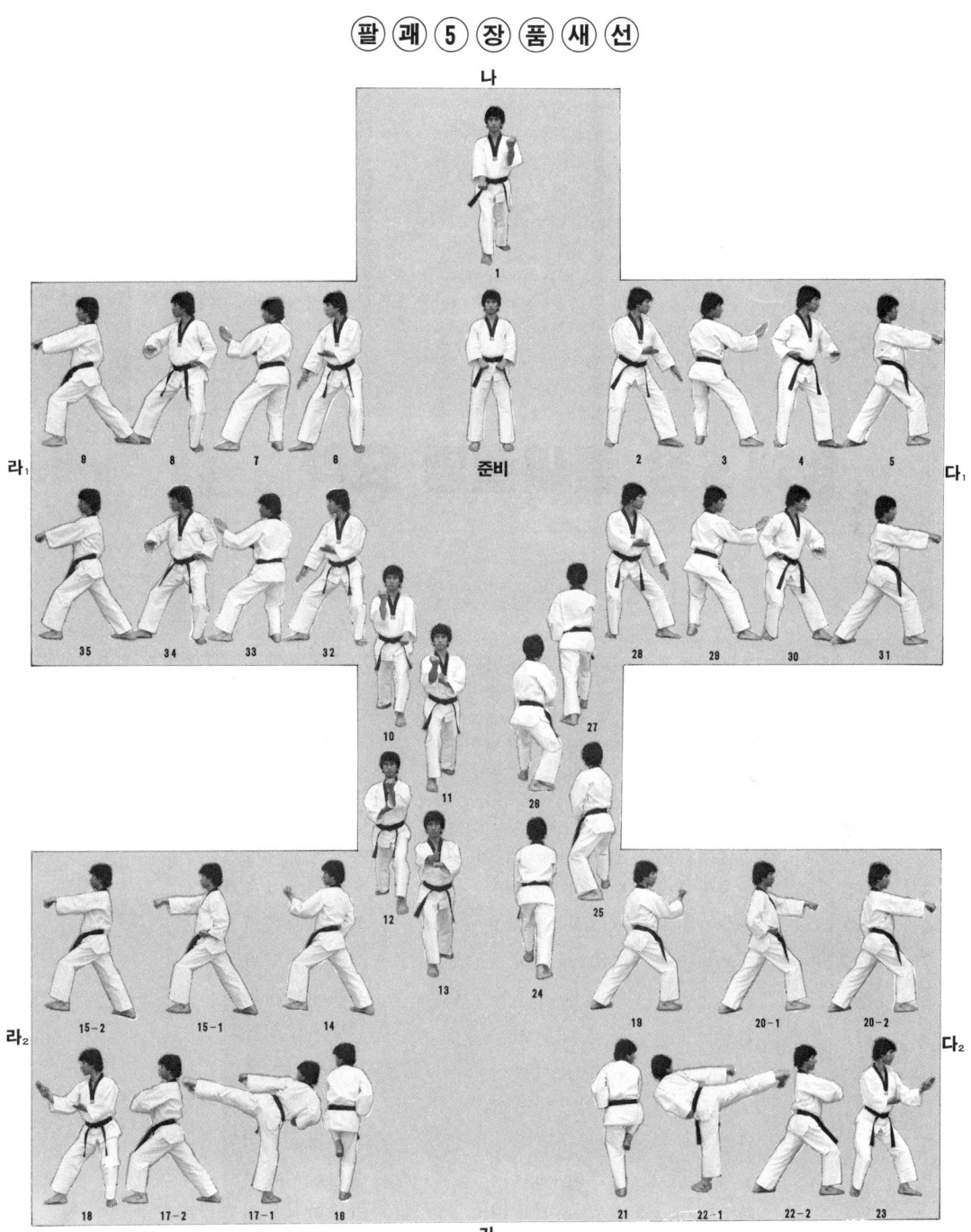

팔괘 5장 품새설명 요약

순서	시선	위치	서 기	동 작	품 명
준비	가	나	나란히서기		기본준비서기
1	가	나	오른앞굽이	왼발 뒤로 물려딛어	가위막기
2	다₁	다₁	오른뒷굽이	왼발 옮겨딛어	손날아래막기
3	다₁	다₁	왼뒷굽이	오른발 내딛어	손날몸통막기
4	다₁	나	오른뒷굽이	오른발 물려딛어	바탕손눌러막기
5	다₁	다₁	오른앞굽이	오른발 내딛어	몸통반대지르기
6	라₁	나	왼뒷굽이	오른발 옮겨 뒤로돌아	손날아래막기
7	라₁	라₁	오른뒷굽이	왼발 내딛어	손날몸통막기
8	라₁	나	왼뒷굽이	왼발 물려딛어	바탕손눌러막기
9	라₁	라₁	왼앞굽이	왼발 내딛어	몸통반대지르기
10	가	가	왼앞굽이	왼발 옮겨돌아	가위막기
11	가	가	오른앞굽이	오른발 내딛어	몸통거들어바깥막기
12	가	가	왼앞굽이	왼발 내딛어	몸통거들어바깥막기
13	가	가	오른앞굽이	오른발 내딛어	편손끝세워찌르기—기합—
14	라₂	라₂	왼앞굽이	왼발 옮겨돌아	안팔목몸통 바깥막기
15	라₂	라₂	왼앞굽이	서기그대로	몸통두번지르기
16	라₂	가	오른학다리	왼발 끌어올려	작은 돌쩌귀
17	라₂	라₂	왼앞굽이	왼발 옆차기차고 내딛어	팔굽표적치기
18	라₂	라₂	왼뒷굽이	오른발 내딛어	손날몸통막기
19	다₂	다₂	오른앞굽이	오른발 옮겨 뒤로돌아	안팔목몸통바깥막기

20	다₂	다₂	오른앞굽이	서기그대로	몸통두번지르기
21	다₂	가	왼학다리	오른발 끌어올려	작은돌쩌귀
22	다₂	다₂	오른앞굽이	오른발 옆차기차고 내딛어	팔굽표적치기
23	다₂	다₂	오른뒷굽이	왼발 내딛어	손날몸통막기
24	나	나	왼앞굽이	왼발 옮겨돌아	가위막기
25	나	나	왼뒷굽이	오른발 내딛어	거들어아래막기
26	나	나	오른뒷굽이	왼발 내딛어	거들어아래막기
27	나	나	오른앞굽이	오른발 내딛어	몸통반대지르기
28	다₁	다₁	오른뒷굽이	왼발 옮겨돌아	손날아래막기 -기합-
29	다₁	다₁	왼뒷굽이	오른발내딛어	손날몸통막기
30	나₁	나	오른뒷굽이	오른발 물려딛어	바탕손눌러막기
31	다₁	다₁	오른앞굽이	오른발 내딛어	몸통반대지르기
32	라₁	라₁	왼뒷굽이	오른발 옮겨 뒤로돌아	손날아래막기
33	라₁	라₁	오른뒷굽이	왼발 내딛어	손날몸통막기
34	라₁	나	왼뒷굽이	왼발 물려딛어	바탕손눌러막기
35	라₁	라₁	왼앞굽이	왼발 내딛어	몸통반대지르기
그만	가	나	나란히서기	오른발 제자리 왼발 끌어들여	기본준비서기

팔괘 5장

준비

준비 : "**나**"의 위치에서 "**가**" 방향 바라보며 기본준비서기

1. 왼발 뒤로("**나**"방향) 한걸음 빼어 "**가**"방향을 향하여 오른 앞굽이 가위막기

2. 왼발 "**다₁**"방향으로 옮겨 오른 뒷굽이 손날 아래막기

9. 왼발 한걸음나가("**라₁**"방향) 왼 앞굽이 몸통 반대지르기

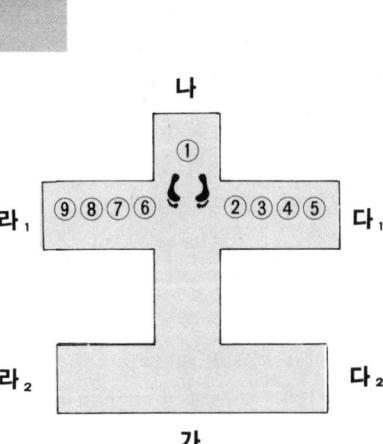

3. 오른발 한걸음 나가("**다₁**"방향) 왼 뒷굽이 손날 몸통막기

4. 오른발 한걸음 뒤로 ("**라₁**"방향) 빼어 "**다₁**"방향을 향하여 오른 뒷굽이 왼 바탕손 몸통 눌러막기

5. 오른발 한걸음 나가("**다₁**"방향) 오른 앞굽이 몸통 반대지르기

6. 왼발 축으로 몸을 오른쪽으로 돌리며 오른발을 "**라₁**"방향으로 옮겨 왼 뒷굽이 손날 아래막기

7. 왼발 한걸음 나가 ("**라₁**"방향) 오른 뒷굽이 손날 몸통막기

8. 왼발 "**다₁**"방향으로 한걸음 뒤로 빼어 "**라₁**"방향을 향하여 왼 뒷굽이 오른 바탕손 몸통 눌러막기

10. 오른발 축으로 왼발
"**가**"방향으로 옮겨
왼 앞굽이
가위막기

11. 오른발 한걸음 나가
("**가**"방향)
오른 앞굽이
몸통 거들어 바깥막기

12. 왼발 한걸음 나가
("**가**"방향)
왼 앞굽이
몸통 거들어 바깥막기

18. 오른발 한걸음
내딛어 "**라₂**" 방향
왼 뒷굽이
오른손날 몸통막기

13. 오른발 한걸음 나가
발 구르며("**가**"방향)
오른 앞굽이
찌르기

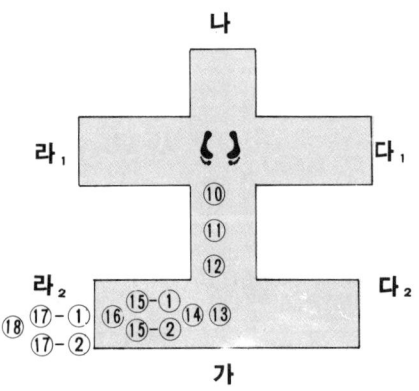

14. 오른발 축으로 270도 왼쪽으로
    몸돌리며 왼발 "**라₂**"방향옮겨
    왼앞굽이 몸통 바깥막기

15. 제자리에서
    서기 그대로
    두번 지르기

16. 오른발 제자리 왼발 들어올려
    "**라₂**"방향을 향하여
    오른 학다리서기
    오른 작은 돌쩌귀

17. 왼발로 "**라₂**" 방향을 향하여 옆
    차는 동시에 왼주먹도 지른 다음
    찬발을 내딛어 왼앞굽이("**라₂**"방향)
    오른 팔굽 표적치기

19. 왼발 축 오른쪽으로 몸 돌리며
 오른발 "**다₂**" 방향으로 옮겨
 오른 앞굽이
 몸통 바깥막기

20. 제자리에서
 서기 그대로
 두번 지르기

21. 왼발 제자리 오른발 들어올려
 왼 학다리서기
 왼 작은 돌쩌귀

22. 오른발로 "**다₂**" 방향을 향하여
 옆차는 동시 오른주먹 지른 다음
 찬발을 내딛어
 오른앞굽이 "**다₂**" 방향)
 왼 팔굽 표적치기

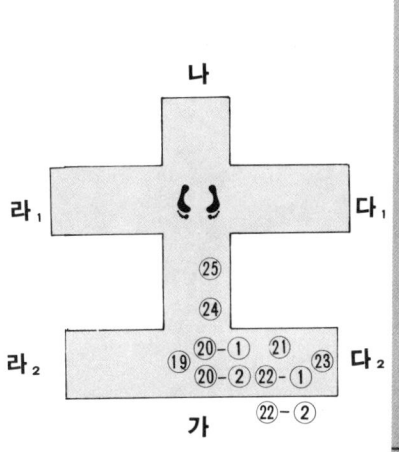

25. 오른발 한걸음나가 ("**나**"방향)
    왼 뒷굽이
    거들어 아래막기

24. 오른발 축 왼쪽으로 몸 돌리며
    왼발 "**나**"방향으로 옮겨
    왼 앞굽이
    가위막기

23. 왼발 한걸음 나가 ("**다₂**"방향)
    오른 뒷굽이
    손날 몸통막기

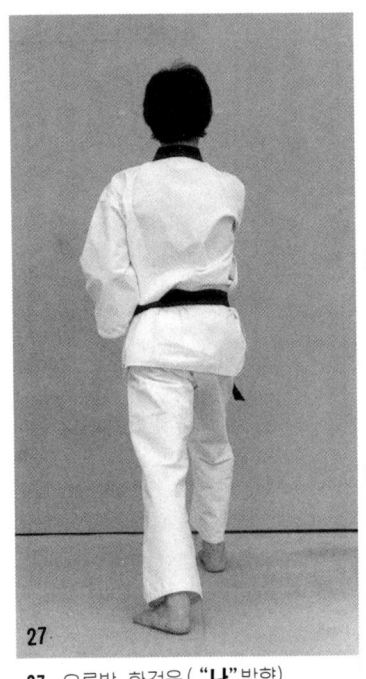

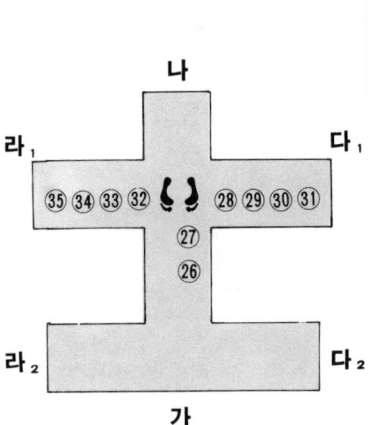

27. 오른발 한걸음("**나**"방향)
    오른 앞굽이
    몸통 반대지르기 -기합-

28. 오른발 축 왼쪽으로 몸 돌리며
    왼발 "**다**₁" 방향으로 옮겨
    오른 뒷굽이
    손날 아래막기

26. 왼발 한걸음나가("**나**"방향)
    오른 뒷굽이
    거들어 아래막기

그만. 왼발 끌어 준비 자세로

35. 왼발 한걸음 나가("**라**₁"방향)
    왼 앞굽이
    몸통 반대지르기

29. 오른발 한걸음 나가("다₁"방향)
    왼 뒷굽이
    손날 몸통막기
34. 왼발 "다₁" 방향으로 한걸음 뒤로
    빼어 "라₁"방향을 향하여
    왼 뒷굽이
    오른 바탕손 몸통 눌러막기

30. 오른발 한걸음 뒤로("라₁"방향)
    빼어 "다₁"방향으로 향하여
    오른 뒷굽이
    왼 바탕손 몸통 눌러막기
33. 왼발 한걸음 나가("라₁"방향)
    오른 뒷굽이
    손날 몸통막기

31. 오른발 한걸음 나가("다₁"방향)
    오른 앞굽이
    몸통 반대지르기
32. 왼발 축 오른쪽으로 몸 돌리며 오른발 "라₁"방향으로 옮겨
    왼 뒷굽이
    손날 아래막기

팔괘 6장

팔괘 6 장 품새설명 요약

순서	시선	위치	서 기	동 작	품 명
준비	가	나	나란히서기		기본준비서기
1	다₁	다₁	오른뒷굽이	왼발 내딛어	손날몸통막기
2	다₁	다₁	오른앞굽이	오른발 앞차기차고 내딛어	몸통반대지르기
3	라₁	라₁	왼뒷굽이	오른발 옮겨뒤로돌아	손날몸통막기
4	라₁	라₁	왼앞굽이	왼발 앞차기차고 내딛어	몸통반대지르기
5	가	가	왼앞굽이	왼발 옮겨돌아	아래막기
6	가	가	왼앞굽이	서기그대로	제비품목치기
7	가	가	뒤꼬아서기	오른발 앞차기차고 내짓쳐딛고	등주먹거들어앞치기 —기합—
8	라₂	라₂	오른뒷굽이	왼발 옮겨돌아	손날아래막기
9	라₂	라₂	왼앞굽이	오른발 제자리 왼발 약간 밀어딛어	바깥팔목몸통헤쳐막기
10	라₂	라₂	오른앞굽이	오른발 앞차고 내딛어	몸통두번지르기
11	다₂	다₂	왼뒷굽이	오른발 옮겨뒤로돌아	손날아래막기
12	다₂	다₂	오른앞굽이	왼발 제자리 오른발 약간 밀어 딛어	바깥팔목몸통헤쳐막기
13	다₂	다₂	왼앞굽이	왼발 앞차기차고 내딛어	몸통두번지르기
14	나	나	오른뒷굽이	왼발 옮겨돌아	손날몸통막기
15	나	나	왼앞굽이	오른발 제자리 왼발 약간 밀어딛어	제비품턱치기
16	나	나	오른앞굽이	오른발 앞차고 내딛어	등주먹앞치기-기합-
17	나	나	왼앞굽이	왼발 앞차고 내딛어	얼굴막기
18	나	나	왼뒷굽이	오른발 옆차고 내딛어	손날몸통막기
19	가	나	오른뒷굽이	두 발 제자리 방향 바꾸어	손날몸통막기
그만	가	나	나란히서기	오른발끌어	기본준비서기

#

1. 왼발을 "**다₁**" 방향
   옮겨
   오른 뒷굽이
   손날 몸통막기

준비 "**나**"의 위치에서
   "**가**" 방향 바라보며
   기본준비서기

2. 오른발 앞차고 내딛어
   오른 앞굽이
   몸통 반대지르기

4. 왼발 앞차고 ("**라₁**" 방향) 내딛어
   왼 앞굽이
   몸통 반대지르기

3. 왼발 축 오른쪽으로 몸 돌리며
   오른발 "**라₁**" 방향으로 옮겨
   왼 뒷굽이
   손날 몸통막기

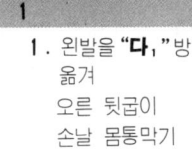

준비

5. 오른발 축 왼쪽으로
몸 돌리며 왼발
"**가**"방향으로 옮겨
왼 앞굽이
아래막기

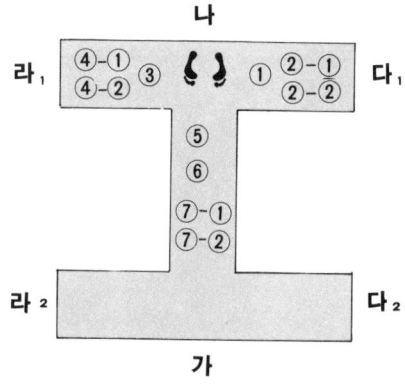

6. 두발 제자리에 두고
몸은 왼쪽으로 틀며
("**가**" "**나**"선과 일치하도록)
제비품목치기

7. 오른발 앞차고 뛰어나가
오른꼬아서기
거들어 등주먹 얼굴치기
―기합―

554 6장 태권도 품새

10-3

10-2

10-1

10. 오른발 앞차고 내딛어
    오른 앞굽이
    몸통 두번 지르기

11. 왼발 축 오른쪽으로 몸 돌리며
    른발 "다₂" 방향으로 옮겨
    왼 뒷굽이
    손날 아래막기

12. 왼발 제자리 오른발 내딛어
    오른 앞굽이
    몸통 헤쳐막기

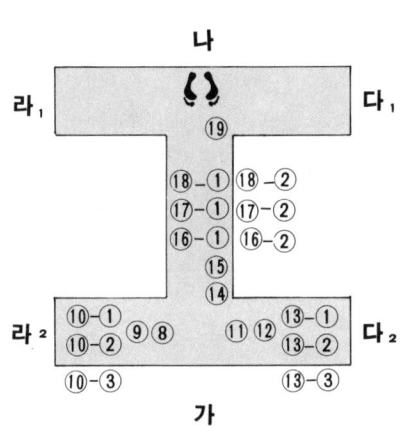

9. 오른발 제자리 왼발 내딛어
   왼 앞굽이
   몸통 헤쳐막기

8. 오른발 축 왼쪽으로 몸 돌리며
   왼발 "라₂"방향으로 옮겨
   오른 뒷굽이
   손날 아래막기

13. 왼발 앞차고 내딛어
    왼 앞굽이("다₂"방향)
    몸통 두번 지르기

16. 오른발 앞차고 내딛어
    오른 앞굽이
    오른 등주먹 얼굴치기
    —기합—

15. 오른발 제자리 왼발 내딛어
    왼 앞굽이("나"방향)
    제비품 턱치기

14. 오른발 축 왼쪽으로 몸
    돌리며 왼발"나"방향으로
    옮겨
    오른 뒷굽이
    손날 몸통막기

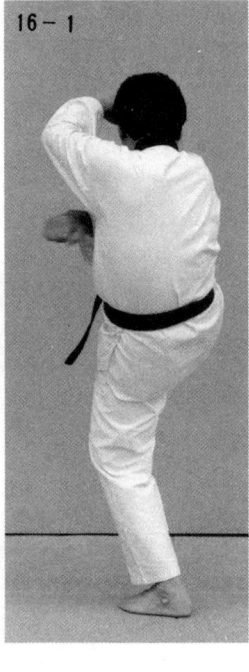
16-1

16-1측

15

14

14측

15측

17. 왼발 앞차고 내딛어
　　왼 앞굽이
　　얼굴막기

19. 두발 제자리
"**가**"방향으로 몸돌아
오른 뒷굽이
손날 몸통막기

19

그만

그만. 오른발을 앞으로 끌어 준비 자세로.

18-2

18. 오른발 옆차고 내딛어
왼 뒷굽이
손날 몸통막기

18-1

18-1측

18-2측

팔괘 7 장

팔괘 7장 품새설명 요약

순서	시선	위치	서 기	동 작	품 명
준비	가	나	나란히서기		기본준비서기
1	가	가	왼앞굽이	왼발 내딛어	아래헤쳐막기
2	가	가	오른앞굽이	오른발 앞차기차고 내딛어	몸통 헤쳐막기
3	가	가	왼앞굽이	왼발 앞차기차고 내딛어	엇걸어얼굴막기
4	가	가	왼뒷굽이	오른발 옆차기차고 내딛어	손날몸통막기
5	라	라	오른뒷굽이	왼발 옮겨돌아	몸통막기
6	라	라	왼앞굽이	왼발 약간 밀어딛어	얼굴바로지르기
7	라	라	왼앞굽이	두다리 제자리 서기 그대로	얼굴막기
8	라	라	왼뒷굽이	오른발 옆차기차고 내딛어	손날아래막기
9	라	라	오른앞굽이	오른발 약간 밀어딛어	몸통바로지르기
10	다	다	왼뒷굽이	오른발 옮겨뒤로돌아	몸통막기
11	다	다	오른앞굽이	오른발 약간 밀어딛어	얼굴바로지르기
12	다	다	오른앞굽이	두다리 제자리 서기 그대로	얼굴막기
13	다	다	오른뒷굽이	왼발 옆차기차고 내딛어	손날아래막기

팔괘 7장   563

14	다	다	왼앞굽이	왼발 약간 밀어 딛어	몸통바로지르기
15	나	나	왼앞굽이	왼발 옮겨돌아	엇걸어아래막기
16	나	나	왼앞굽이	두다리 제자리 서기 그대로	엇걸어얼굴막기
17	나	나	왼앞굽이	두다리 제자리 서기 그대로 엇걸은 두손목을 비틀어	얼굴바로지르기 -기합-
18	가	가	주춤서기	왼발축 오른발 들어 왼쪽으로 돌아가 위치에 짓쩌딛어	아래옆막기
19	나	나	왼앞굽이	두다리 제자리 방향 바꾸어	한손날바깥치기
20	라	나	주춤서기	오른발 표적차기차고 내려딛어	팔굽표적치기
21	가	나	주춤서기	두다리 제자리 서기 그대로	외산틀막기
22	가	나	오른뒷굽이	미끄럼발로 물러나며	손날몸통막기
23	가	나	왼앞굽이	왼발 약간 밀어딛어	몸통바로지르기
그만	가	나	나란히서기	왼발 끌어들여	기본준비서기 -기합-

팔괘 7 장

준비
준비 : "나"의 위치에서
"가" 방향 바라보며
기본준비서기

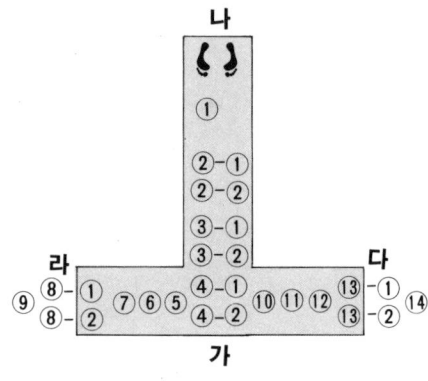

1. 왼발 한걸음
"가"방향으로 나가
왼 앞굽이
아래 헤쳐막기

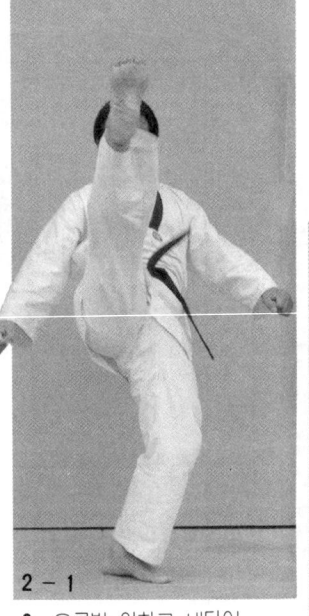

2-1

2. 오른발 앞차고 내딛어
오른 앞굽이
몸통헤쳐 막기

2-2

3-1

3-2

3. 왼발 앞차고 내딛어
   왼 앞굽이
   엇걸어 얼굴막기

4-1

4-2

4. 오른발 옆차고
   앞으로 내딛어
   왼 뒷굽이
   손날 몸통막기

9. 오른발 내딛어
   오른 앞굽이
   몸통 바로 지르기
10. 왼발 축 오른쪽으로 몸 돌리며
    오른발을 "**다**" 방향으로 옮겨
    왼 뒷굽이
    몸통 바깥막기

11. 오른발 내딛어
    오른 앞굽이
    얼굴 바로 지르기

8. 오른발 옆차고 "**라**" 방향 내딛어
   왼 뒷굽이
   손날 아래막기
12. 제자리
    서기 그대로
    얼굴 막기

팔괘 7 장   567

7. 제자리
   서기 그대로
   얼굴막기

6. 왼발 내딛어
   왼 앞굽이
   얼굴 바로 지르기

5. 오른발 축 왼쪽으로 몸 돌리며
   왼발 "**라**" 방향으로 옮겨
   오른 뒷굽이
   몸통 바깥막기

13. 왼발 옆차고 ("**다**" 방향) 내딛어
    오른 뒷굽이
    손날 아래막기

14. 왼발 내딛어
    왼 앞굽이
    몸통 바로 지르기

17. 제자리
    서기 그대로
    막은 손 비틀어 잡아 당기며
    얼굴 바로지르기 -기합-

16. 제자리
    서기 그대로
    엇걸어 얼굴막기

15. 오른발축 왼쪽으로 몸돌리며
    왼발 "나"방향으로 옮겨
    왼 앞굽이
    엇걸어 아래막기

팔괘 7 장   569

20. 오른발 표적차기 하고
    주춤서기로 (몸의 전면이
    "**라**"방향을 향하도록)
    오른팔굽 표적치기

20-1

20-1측

19

19. 왼발 옮겨
    "**나**"방향으로
    왼 앞굽이
    왼 옆은 손날 바깥치기

19측

18

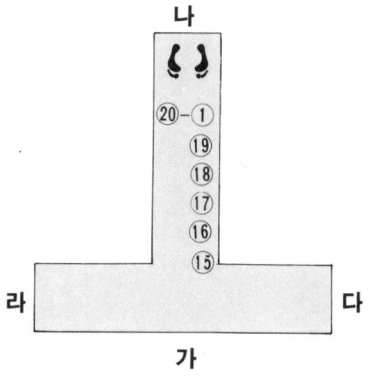

18. 왼발 축 왼쪽으로 몸 돌리며
    오른 발 "**가**" 방향으로 옮겨
    발을 굴러 주춤서기
    "**가**"방향으로 아래옆막기
    몸의 전면-"**다**"방향
    시선-"**가**"방향

22. 두발 미끄럼발로
 "**나**"방향을 향하여
 반걸음 물러서
 오른 뒷굽이("**가**"방향
 손날 몸통막기

그만. 왼발을 뒤로 끌어
 준비자세

23. 왼발을 옮겨
 "**가**"방향으로
 왼 앞굽이
 몸통 바로지르기
 ―기합―

21. 두발 그대로 미끄럼발로
 "**나**"방향으로
 반걸음 물러서
 주춤서기
 외산틀 막기
 (시선 "**가**"방향)

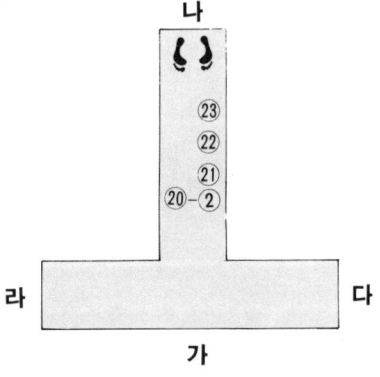

팔괘 8 장

팔괘 8장 품새설명 요약

순서	시선	위치	서기	동작	품명
준비	가	나	나란히서기		기본준비서기
1	다₁	다₁	왼앞굽이	왼발 내딛어	아래막기
2	다₁	다₁	왼서기	왼발 약간 끌어	메주먹내려치기
3	다₁	다₁	오른앞굽이	오른발 내딛어	몸통반대지르기
4	라₁	라₁	오른앞굽이	오른발 옮겨뒤로돌아	아래 막기
5	라₁	라₁	오른서기	오른발 약간 끌어	메주먹내려치기
6	라₁	라₁	왼앞굽이	왼발 내딛어	몸통반대지르기
7	가	가	오른뒷굽이	왼발 옮겨돌아	손날막기
8	가	가	오른앞굽이	오른발 내딛어	편손끝세워찌르기
9	가	가	오른뒷굽이	몸을 앞으로 주며 손목을 안으로 틀어 밑으로 빼기하며 왼발 내딛어	등주먹몸통바깥치기
10	가	가	오른앞굽이	오른발 내딛어	얼굴반대지르기
11	라₂	라₂	오른뒷굽이	왼발 옮겨 돌아	손날바깥치기 -기합-
12	라₂	라₂	왼모주춤서기	왼발 약간 앞으로 움직이며	손목빼기
13	라₂	라₂	주춤서기	왼발 움직여 제자리에 딛으면서	팔굽옆치기
14	라₂	라₂	왼앞굽이	왼발 약간 밀어딛어	몸통바깥막기
15	라₂	라₂	왼앞굽이	두발 제자리 서기그대로	몸통바로지르기
16	다₂	다₂	주춤서기	오른발 제자리 왼발 약간끌어	작은돌쩌귀
17	다₂	다₂	왼뒷굽이	모듬발로 왼발을 오른발에 모아서기 하고 이어 오른발 내딛어	손날바깥치기
18	다₂	다₂	오른모주춤서기	오른발 약간 앞으로 움직여	손목빼기
19	다₂	다₂	주춤서기	오른발 움직여 먼저자리에 두고	팔굽옆치기
20	다₂	다₂	오른앞굽이	오른발 약간 밀어딛어	몸통바깥막기
21	다₂	다₂	오른앞굽이	두다리 제자리 서기 그대로	몸통바로지르기

22	나	다₂	주춤서기	왼발 제자리 오른발 약간 끌어	작은돌쩌귀
23	나	가	오른학다리서기	오른발 모듬발로 꼬아 서기서자마자 왼발 끌어 올려	작은돌쩌귀
24	나	나	왼앞굽이	왼발 옆차기차고 내딛어	팔굽표적치기
25	가	나	주춤서기	오른발 제자리 왼발 약간 끌어	작은돌쩌귀
26	가	가	왼학다리서기	오른발 제자리 모듬발로 왼발끌어 모아서기서자 오른발올려	작은돌쩌귀
27	가	가	오른앞굽이	오른발 옆차기차고 내딛어	팔굽표적치기
28	나	나	왼앞굽이	두다리 제자리 방향바꾸어 몸통헤쳐막기	두주먹제쳐지르기
29	나	나	오른앞굽이	오른발 내딛어 몸통헤쳐막기	두주먹제쳐지르기
30	나	나	오른뒷굽이	왼발 내딛어	한손날몸통막기
31	나	나	주춤서기	왼손잡어비틀어겨드랑이 끼면서 오른쪽으로돌아	팔굽뒤로치기
32	가	나	모아서기	오른발 제자리 몸왼쪽 으로 돌아 모듬발로 모아 서기	겹손
33	가	나	주춤서기	몸은 낮추어 두발을 넓혀	멍에빼기
34	나	나	주춤서기	몸오른쪽으로 약간 움직 이며	오른뒤지르기
35	나	나	주춤서기	몸왼쪽으로 약간 움직 이며	왼뒤지르기―기합―
그만	가	나	나란히서기	왼발 약간 끌어	기본준비서기

#

1. 몸 왼쪽으로 돌며 왼발 "다₁" 방향 옮겨 왼 앞굽이 아래막기

   준비: "나"의 위치에서 "가" 방향 바라보며 기본준비서기

2. 시선과 오른발 그대로 왼발을 "라₁" 쪽으로 끌어 한발길이로 무릎을 펴 서면서 (뒷굽이의 각도) 왼주먹을 틀어빼어 머리위로 올려 "다₁" 방향을 향하여 메주먹 내려치기

3. 오른발 한걸음 나가 ("다₁" 방향) 오른 앞굽이 몸통 반대지르기

준비

7. 왼발들어 몸 왼쪽으로 돌며
   ("**가**" 방향)
   오른 뒷굽이
   손날 몸통막기

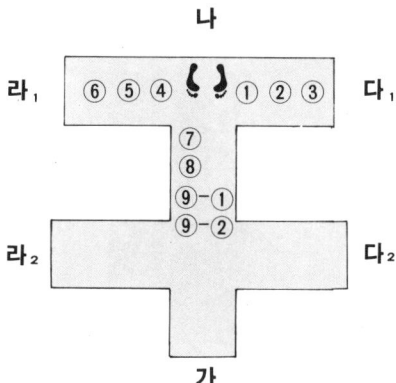

8. 오른발 한걸음 나가
   ("**가**" 방향)
   오른 앞굽이
   찌르기

9. 손목이 잡힌 것을 가상
   오른손 앞으로 밀어 빼면서
   오른발 축 왼쪽으로(뒤로)
   몸 돌면서
   왼발 "**가**" 방향으로 옮겨
   오른 뒷굽이
   왼 등주먹 바깥치기

4. 왼발 축 오른쪽으로 몸 돌리며
   오른발을 "**라₁**" 방향으로 옮겨
   오른 앞굽이
   아래막기
5. 시선과 왼발 그대로 오른발
   왼발쪽으로 끌어
   한발길이로 무릎을 펴 서면서
   (뒷굽이 각도)
   오른 주먹을 틀어 빼어 머리 위로
   올려 "**라₁**" 방향을 향하여
   메주먹 내려치기
6. 왼발 한걸음 나가("**라₁**" 방향)
   왼 앞굽이
   몸통 반대지르기

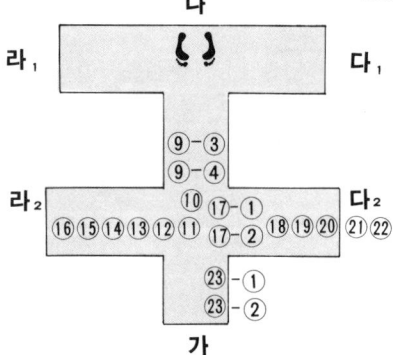

10. 오른발 한걸음 나가 ("**가**"방향)
　　 오른 앞굽이
　　 얼굴 반대지르기 -기합-

팔괘 8 장　579

13. 끌어들인 왼발을 다시 "**라₂**" 방향으로 옮겨
　　주춤서기
　　왼 팔굽 "**라₂**" 방향을 향하여
　　옆치기를 한다.
　　손은 제친손

12. 오른발 제자리 왼발 약간 앞쪽으로 끌어들여 모로 서는 동시 왼손목 제치며 팔꿈치 구부려 가슴앞으로 끌어 들인다.

15. 두 발 제자리
　　서기 그대로
　　몸통 바로 지르기

11. 오른발 축 왼쪽으로 몸 돌리며
　　왼발 "**라₂**" 방향으로 옮겨
　　오른 뒷굽이
　　왼 옆은 손날 바깥치기

14. 오른발 제자리 왼발을 옮겨
　　"**라₂**" 방향을 향하여 왼 앞굽이
　　몸통 바깥막기

12 정면　15　14

16. 오른발 제자리 왼발 옮겨
    주춤서기로 (몸이 "나"방향으로)
    왼 돌쩌귀
    시선은 "다₂" 방향

17. 오른발 제자리 왼발 모듬발로 모아서기 하고 이어서
    오른발 "다₂"선상에 내딛어
    왼 뒷굽이
    오른 엎은 손날 바깥치기

18. 오른발 안쪽으로 끌어
    모로서는 동시에 오른손목
    제치며 팔꿈치 꾸부려
    가슴 앞으로 끌어들인다.

19. 끌어들인 오른발을 "다₂"
    방향으로 옮겨 주춤서기
    오른팔굽 "다₂" 방향을 향해
    옆치기를 한다.
    손은 제친손

20. 다시 오른발을 옮겨
    "다₂"방향을 향하여
    몸통 바깥막기

팔괘 8 장 581

23 - 2

23 - 2 정면

23. 오른발 왼발에 붙여
 "**나**"방향을 향하여
 오른 학다리서기
 (오른) 돌쩌귀

23 - 1

23 - 1 정면

21. 두발제자리
 서기그대로
 몸통 바로 지르기

21

22

22. 왼발 제자리 오른발 옮겨
 주춤서기
 (몸이 "**나**" 방향으로)
 오른 돌쩌귀

24. 왼발 "나"를 향하여 옆차는 동시
    왼주먹 지르고
    찬발을 내딛어 왼 앞굽이
    오른 팔굽 표적치기

팔괘 8 장 583

25

25. 왼발 "**가**" "**나**"선상에
옮겨 (몸이 "**다**"방향)
주춤서기로
왼 돌쩌귀

26

26. 왼발 끌어 오른발에
붙이고
왼 학다리서기("**가**"방향)
왼 돌쩌귀

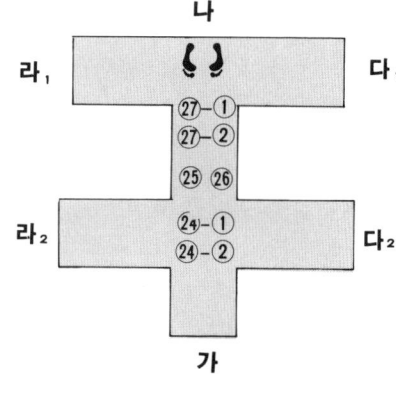

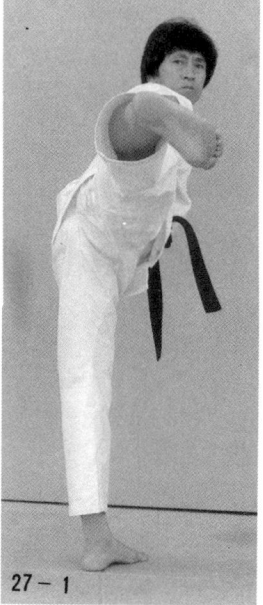

27-1

27. 오른발 "**가**"방향 향하여
옆차는 찬발 내딛어
오른 앞굽이
왼 팔굽 표적치기

27-2

29. 오른발 한걸음나가
 ("나" 방향)
 오른 앞굽이
 몸통 헤쳐막기 한다음
 두주먹 제쳐지르기

28. 오른발 축 몸 왼쪽으로 돌리며
 "나"방향을 향하여 왼발옮겨
 왼 앞굽이
 몸통 헤쳐막기 한다음
 두주먹 제쳐지르기

30. 왼발 한걸음 나가
 ("**나**"방향)
 오른 뒷굽이
 왼 한손날 몸통 안막기

31. 왼손으로 상대 손목을 잡아 비틀어 옆구리에 끼고 왼발축으로
 몸 오른쪽으로 뒤돌며 오른발 "**나**"방향 옮겨
 주춤서기(몸전면이 "**라**"방향) 오른팔굽 뒷치기(제친손)

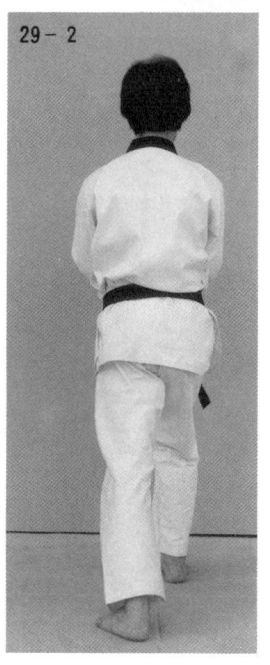

32. 왼발 끌어 오른발에 붙여
"**가**" 방향을 향하여
겹손 모아서기

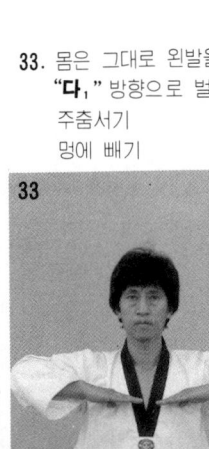

33. 몸은 그대로 왼발을
"**다₁**" 방향으로 벌려
주춤서기
멍에 빼기

34. 제자리에서 오른발을
들어 "**라₁**"방향을 향하여
미끄럼발로 들어가
주춤서기
오른 뒤지르기

35. 제자리에서 왼발을 들어
"**다₁**" 방향을 향하여
미끄럼 발로 들어가
주춤서기
왼 뒤지르기 —기합—

그만. 왼발을 끌어
준비서기

7장 태권도의 겨루기

세번겨루기 (몸통)

① 차려

② 경례

③ 준비

④ 공격준비 및 방어준비 공격자 기합 다음 방어자 기합

⑤ 왼발 뒤로 빼어 왼뒷굽이, 오른 몸통 막기

⑥ 오른발 뒤로 빼어 오른 뒷굽이, 왼 몸통 막기

⑦ 왼발 뒤로 빼어 왼 뒷굽이, 오른 몸통 막기

⑧ 앞굽이로 고치며 왼 팔목으로 막으며 오른 주먹으로 인중급소를 공격한다.

590　7장　태권도 겨루기

① 오른발 뒤로 빼어 오른 뒷굽이, 왼 손날 몸통 안막기

③ 오른발 뒤로 빼어 오른 뒷굽이, 왼손날 몸통 안막기

② 왼발 뒤로 빼어 왼 뒷굽이, 오른 손날 몸통 안막기

④ 왼발 좌측으로 옮기며 왼발 앞굽이로 오른 몸통 바로 지르기를 한다.

① 오른발 뒤로 빼어 오른 뒷굽이, 왼 손날 몸통 안막기

② 왼발 뒤로 빼어 왼뒷굽이, 오른손날 몸통안막기

③ 오른발 뒤로 빼어 오른 뒷굽이, 왼손날 몸통 안막기

④ 왼발 좌측으로 옮기며 주춤서기로 오른주먹 몸통 옆구리를 지르고

⑤ 빠르게 이어서 왼주먹으로 얼굴을 지른다.

세번겨루기 (얼굴)

① 차려

③ 준비

② 경례

④ 공격준비 및 방어준비 (이때 기합)

① 오른발 뒤로 빼어 왼 앞굽이, 왼 팔목 얼굴막기

② 왼발 뒤로 빼어 오른 앞굽이, 오른 팔목 얼굴막기

③ 오른발 뒤로 빼어 왼 앞굽이,
   왼팔목 얼굴막기

④ 얼굴막은 손 지른 손목을 잡아들며 오른 주먹
   인중급소 공격

① 오른발 뒤로 빼어 왼 앞굽이로, 왼팔목 얼굴막기

② 왼발 뒤로 빼어 오른 앞굽이 오른 팔목 얼굴막기

③ 우축 대각선으로 약간 옮겨 왼 얼굴 막으며 오른 바탕손 턱치기를 한다.

① 왼발 뒤로 빼어 오른 앞굽이, 오른 팔목 얼굴막기

② 오른발 뒤로 빼어 왼 앞굽이, 왼 팔목 얼굴막기

③ 왼발 뒤로 빼어 오른 앞굽이, 오른 팔목 얼굴막기

④ 팔목을 틀며 어깨를 누른다.

⑤ 왼발 들어가 왼 팔꿈치로 상대의 등을 공격한다.

한번겨루기 (몸통)

① 차려

② 경례

③ 준비

④ 공격 및 방어준비 (이때 기합)

① 왼 뒷굽이 오른 한손날 몸통 안막기

② 막은 손으로 상대의 팔목을 비틀어

③ 어깨를 잡고 왼 무릎으로 공격한다.

① 왼 뒷굽이, 오른 손날 몸통 안막기 하고

② 왼발 뒤로 돌아

③ 상대의 어깨를 잡으며 오른발로 치켜올려

④ 넘어진 상대의 등을 공격한다.

한번겨루기(몸통) 599

① 왼 손날 몸통 안막기
③ 오른손으로 상대의 목쪽으로

② 막은손 상대의 팔목을 꺽으며
④ 목을 누르며

⑤ 넘어뜨린 후 오른 주먹으로 얼굴 공격한다.

600   7장   태권도 겨루기

① 오른 손날 비틀어 막고

② 오른 손으로 상대의 팔목을 잡고 오른 발로 몸통 돌려차기 한다.

한번겨루기 (얼굴)

① 준비

② 방어준비 및 공격준비 (이때 기합)

③ 왼팔목 얼굴막기 하고

④ 오른발 한걸음 상대의 다리를 걸어 넘기는 동시에 오른손으로 상대의 목을 눌러

⑤ 넘어뜨린 후 오른 주먹 공격한다.

① 제비품목치기 하고

② 왼팔목잡고 오른 손으로 뒤통수를 누르며 무릎으로 공격한다.

① 왼뒷굽이로 얼굴막고

② 팔목을 잡으며 상대 뒤로 돌아 목을 누른 다음

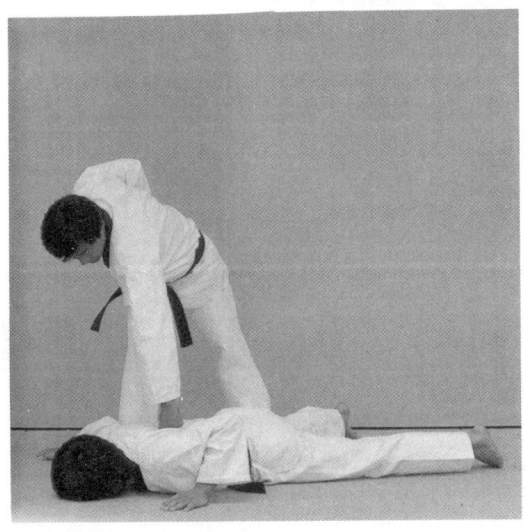

③ 왼 주먹으로 공격한다.

① 막지 않으며 왼발로 옆차기를 한다.

① 막지 않으며 오른발 옮겨 몸돌려 왼뒷꿈치로 상대를 공격한다

① 왼 팔목 얼굴막은 다음

② 상대의 팔목을 잡으며 오른 바탕손으로 턱을 공격한다

앉아겨루기

① 상대가 공격하면 몸을 약간 뒤로 하여

② 앞차기로 상대의 얼굴을 공격한다.

① 왼쪽으로 몸을 누우며

② 오른발 돌려차기를 한다.

① 왼 팔목 얼굴막기를 하고

② 팔목을 잡고 꺽으며 오른 손날로 목동맥을 공격한다.

① 왼 팔목 얼굴 막으며

② 상대의 머리를 잡으며

③ 일어서면서 무릎으로 공격한다.

606   7장 태권도 겨루기

① 왼 손날 얼굴막고

② 오른 발을 상대의 왼발 바깥쪽에 놓고

③ 상대의 얼굴을 공격하며 넘어뜨려

④ 상대의 인중급소를 공격한다.

의자겨루기

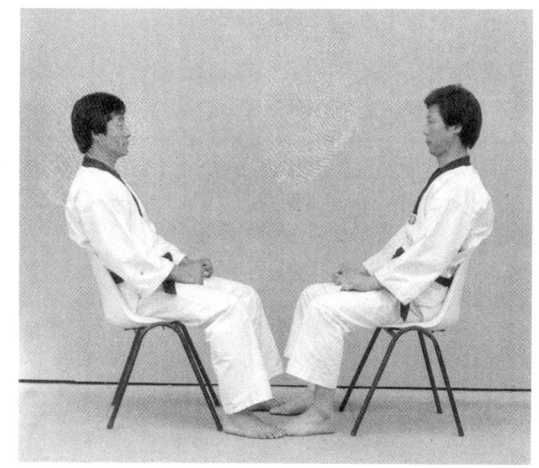

① 서로 마주 보고 앉는다

② 상대가 양팔목을 잡으면

③ 손목을 회전시켜 풀고

④ 바로 양 손날로 목을 공격한다.

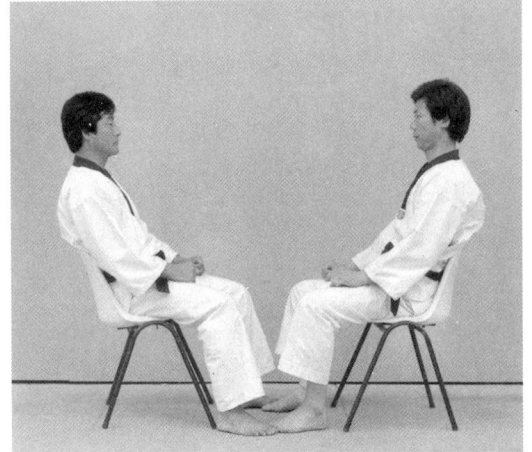
① 서로 마주 보고 앉는다

② 옆으로 약간 피하며 오른 발로 돌려차기 한다.

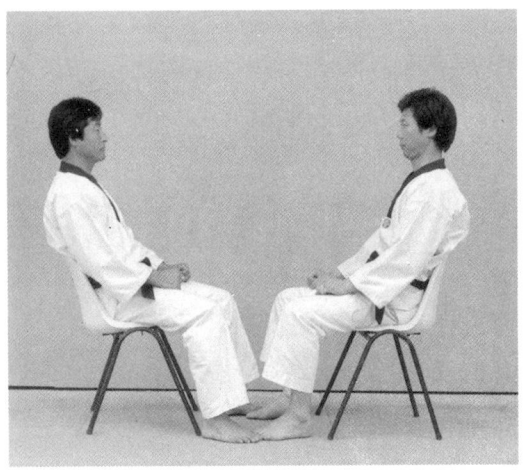
① 서로 마주 보고 앉는다

② 상대가 멱살을 잡으면 오른손으로 상대의 손을 잡고

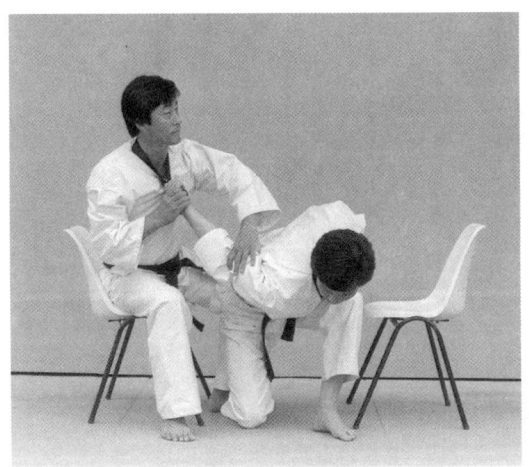
③ 꺾으며 상대의 어깨를 잡고

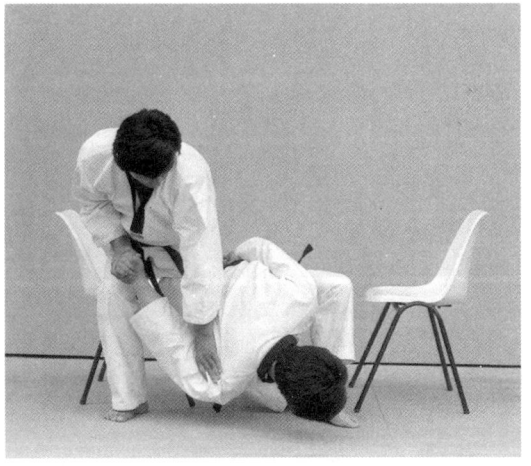
④ 힘있게 눌러 꺾는다.

의자겨루기 609

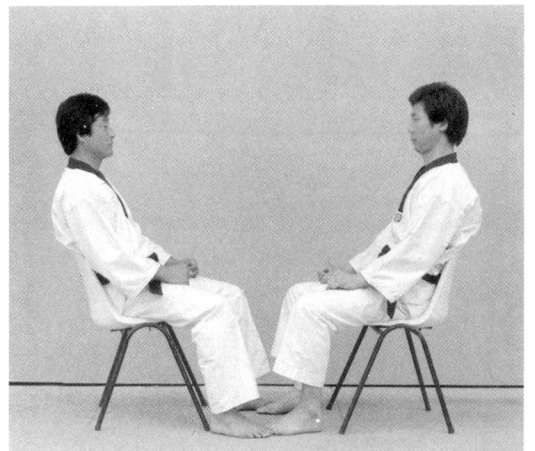

① 서로 마주 보고 앉는다

② 일어나며 왼쪽으로 이동하여 상대의 낭심급소를 공격한다.

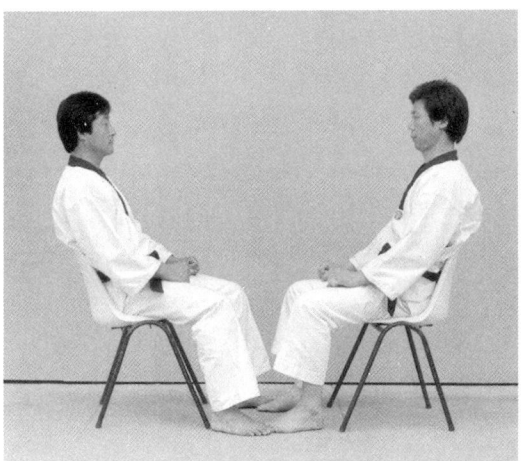

① 서로 마주 보고 앉는다

② 얼굴막기를 하고

③ 지른손을 꺽으며

④ 오른손날 목치기 한다

610   7장 태권도 겨루기

짧은 막대 겨루기

① 상대가 공격하면

② 오른 손날로 막으며

③ 상대의 팔을 꺽고

④ 상대의 등을 팔꿈치로 공격한다.

① 오른손날로 막으며

② 상대의 등을 가까이 밀착시키며

③ 팔을 잡아 등을 이용하여 상대를 넘어뜨린다.

① 상대가 옆으로 공격할 때

② 오른 손날로 막고

③ 오른발 축 왼발을 뒤로 돌며 왼 팔꿈치로 상대의 명치급소를 공격한다.

① 왼손날로 막고

② 상대의 팔을 꺽으며

③ 오른발로 상대의 발을 걸으며 오른손으로 목을 치며 넘어뜨린다.

④ 넘어진 상대의 명치급소를 공격한다.

긴 막대 겨루기

① 상대가 공격하려 할 때

② 약간 머리를 숙이며

③ 바로 돌려치기로 옆구리를 공격한다.

긴막대겨루기 615

① 준비 ② 오른 한 손날로 막으며

③ 오른발 축으로 뒤돌아 팔꿈치로 얼굴을 공격한다.

616   7장 태권도 겨루기

① 상대가 공격하면

② 막는 동시 장대를 잡아

③ 장대를 이용하여 상대를 넘어뜨린다.

짧은 칼 겨루기

① 상대가 칼로 공격하면

② 발바닥으로 상대의 팔목을 쳐내며

③ 발을 내리지 않고 바로 옆차기로 공격한다.

① 상대가 칼로 공격하면

② 오른 손날로 막으며

③ 상대의 팔목을 꺾으며

④ 왼발로 공격한다.

① 왼손으로 얼굴막고

② 상대의 팔목을 잡고 목을 공격하며

③ 다리를 걸어 넘어뜨리며

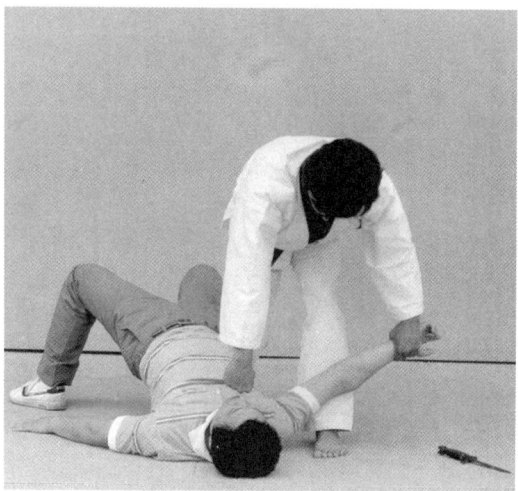

④ 넘어진 상대 인중 급소를 공격한다.

긴 칼 겨루기

준비

① 상대가 긴 칼로 위에서 아래로 머리를 공격하면

② 왼손 얼굴막기로 막으며

③ 상대의 팔을 잡고

④ 오른발을 걸어

⑤ 넘어 뜨린 후 인중 또는 명치 급소를 공격한다

① 오른 손날로 얼굴을 막고

② 오른발로 상대의 복부를 돌려차기 한다.

① 왼손으로 아귀손을 이용하여 상대의 팔목을 잡고

② 상대의 명치급소를 오른 주먹으로 지른다.

① 상대가 위에서 아래로 다리를 공격하면

② 몸을 공중으로 날려

③ 바로 옆차기로 얼굴을 공격한다.

권총 겨루기

① 뒤에서 총을 겨눈다.

② 왼발축 오른발 들어 왼 한손날로 막으며

③ 상대의 명치급소를 공격한다.

권총겨루기

① 앞에서 총을 겨눈다.

② 오른 손날로 막으며

③ 팔목을 잡아 비틀고

④ 상대를 오른발로 공격한다.

① 총을 앞에서 겨눈다.

② 몸을 옆으로 틀며 오른 손날로 막으며

③ 막은 손으로 빨리 팔꿈치로 상대의 명치급소를 공격한다.

권총겨루기 627

① 총을 머리에 겨눈다.

② 재빨리 몸을 숙이며

③ 상대의 낭심급소를 왼발로 공격한다.

② 재빨리 돌며 총을 잡은 손목을 잡고 편손끝으로 인중급소를 공격한다.

① 총을 등에 겨눈다.

총검 겨루기

① 총검으로 공격할 때

② 총을 잡으며 어깨를 누르며 상대를 제압한 후

③ 팔꿈치로 등을 공격한다.

① 총검 개머리판으로 공격하면 총검을 잡고

② 바로 앞차기로 상대의 낭심급소를 공격한다.

8장 태권도 시범

1. 개요

　태권도 시범이란 태권도를 수련한 사람이 태권도 기술과 묘기를 보여줌으로써 보는 사람으로 하여금 태권도가 무엇인가를 알려주고 신기함과 흥미를 자아내게 하여 배우고자 하는 의욕을 불러 일으켜 주는 것이다. 또한 시범을 보이는 사람은 자기가 연구하고 연마한 태권도 기술에 대해 찬사와 환호를 받을 때 태권도인으로서 긍지와 자부심을 갖게 된다.
　태권도시범이란 기본동작, 품새, 겨루기, 격파, 호신술 및 특기기술과 묘기 등을 구성하여 짧은 시간 내에 보여 주는 태권도의 종합예술이라고도 말할 수 있다.
　시범을 크게 나누면 단독시범(개인)과 단체시범(Group)으로 구분할 수 있는데, 단독시범은 개인 혼자서 자기기술 한계 내에서 시범을 보여 주어야 하고 기술의 제약 또는 장소 및 공간의 제한을 받기 때문에 대략 자기도장 개관을 위해 자신을 소개 하기 위한 수단과 또는 간단한 T.V출연이나 나자신 태권도인이다 하는 자기 과시를 하기 위해 단독시범을 하는 경우가 있다.
　여기서는 2인이상 단체(Group) 시범을 위주로 논하고자 한다.
　우선 시범에 유의 할점은 시범을 보여줄 대상이 누구인가, 어느 수준의 관객인가, 인원은 얼마나 되며 시범장소는 실내인가, 실외인가, 또한 기후상태는 즉 여름인가, 겨울인가, 기타 시범에 필요한 조건 등을 고려하여 시범내용 및 인원구성, 시간조정, 연습기간 등 계획을 세워야 하며 시범에 사용할 물건을 선택해야 한다. 간혹 태권도 시범의 근본의의를 망각하고 요술이나 마술 등 잡기를 태권도 시범으로 채택하는 경우가 있는데 이것은 근본적으로 잘못된 시범구상이다.
　시범은 어디까지나 태권도를 소개하여 태권도가 무엇인가를 알려주고 태권도를 배우려는 의욕을 고취시켜 주어야 한다. 그래서 태권도 시범계획을 작성하는 데는 태권도의 기본동작, 품새, 겨루기, 호신술, 격파 외 태권도의 묘기 등을 복합적으로 프로그램(Program) 작성에 넣어야 한다. 그리고 시범요원은 잘 숙련되고 기술이 월등한 시범요원으로 구성하여 태권도 시범을 보여주도록 한다. 그렇지 않으면 오히려 역효과를 내어 시범을 아니함만 못한 경우가 있다.
　본 장에서는 시범작성요령(대표 사범단의 모형) 및 간단한 시범소개와 더불어 시범의 의의, 시범의 종류, 시범작성요령 및 한국의 대표적인 시범프로그램(Program)을 소개하고자 한다.

2. 시범의 의의

　시범은 태권도 수련을 통해 연마된 기술의 묘기와 위력 또한 특수 기술을 보여줌으로써 태권도가 무엇인가를 알려주는 역할을 담당하며 보는 사람으로 하여금 흥미를 갖고 태권도를 배우고자 하는 의욕을 고취시켜 태권도 보급 발전에 기여하게 된다.

3. 시범의 구성

시범을 구성하는 데는 원칙이 없으나 다음과 같은 사항을 사전에 고려하여 구성해야 한다.

가. 대상

시범을 보일 대상이 여자인가, 남자인가, 또는 어린이인가, 어른인가, 그리고 군인이나 경찰같은 특수 단체인가, 혼합된 대중들인가를 사전에 파악하고 그에 따라 관람인원 예상도 미리 알아두어야 한다.

나. 시간

시범을 보이고자 하는 대상이나 목적에 따라 시간을 배정, 시범 프로그램을 작성 하는데 가능한 시범시간은 짧은 시간에 집약적으로 태권도의 묘기 위력 등 특수 기술을 보이는 것이 효과적이다. (대략 시범시간을 정한다면 10분, 20분, 30분, 1시간 이내가 좋다.)

다. 장소 및 환경

시범을 보일 장소가 실내인지 실외인지 또는 시범할 때가 겨울인지, 여름인지 그외 시범을 보일 장소의 바닥이 무엇으로 되어 있으며 관중수용 능력이 얼마나 되는가를 사전에 검토한다.

4. 시범의 종류

가. 단독시범

개인 혼자서 자기 태권도 묘기를 보이는 시범으로서 여러가지 제약조건을 받지만 대략 자기 발전을 위해 개인 도장 개관 때나 또는 특수한 경우 T.V 출연에 이용되고 있다.

나. 단체 시범 (Group)

2인 이상으로 이루워지는 단체의 시범은 각자의 묘기와 위력을 보이며 또한 특수기술, 호신술 경기 등을 혼합으로 보이는 태권도의 종합 예술이라 할 수 있다. 우리가 통상적으로 태권도 시범이라고 말하면 이러한 단체 시범을 말하는 것이며 대략 단체시범 구성인원은 20~30명 범위가 가장 많다.

단체 시범을 세분해 보면 다음과 같다.

1) 시범단 시범

이 시범은 대략 20~30명의 시범요원으로 구성되어 태권도의 전반적인 기술을 총망라하여 시범을 구성, 태권도의 기본동작, 품새, 겨루기, 호신술, 격파, 경기 및 특수기술을 보일 수 있는 시범으로서 해외 순회시범이나, 체육관에서 VIP나 관중들에게 태권도를 소개하는데 가장 효과적이며, 태권도 시범의 기본이라 말할 수 있다.

2) 마스 게임식 시범

본 시범은 많은 인원이 참석한다는 것이 특색이며 그 예로서 500명~1000명 이상으로 구성되어 태권도의 기본기, 품새 또는 간단한 호신술과 위력격파 등으로 구성하여 보이는 시범으로서 큰 운동장이나 대광장에서 큰 행사시 식전 또는 식후 행사의 한 종목으로 태권도의 단체 행동과 질서, 웅장함과 단체위력을 과시할 수 있는 시범이다. 대표적인 마스게임 시범은 서울올림픽 경기장 개장시나 대한민국 국군의날 여의도 광장에서 실시한 마스게임식 시범은 그 좋은 예라고 할 수 있다.

3) 무용시범

이 시범은 태권도를 이용, 음악에 맞춰 태권도의 기본기 품세, 격파 등을 무용화 하여 만든 시범으로서 어린이, 여학생, 또는 부녀자들에게 적합한 시범이다. 무용시범에는 현대 무용태권도시범과 고대 사댓놀이 등의 태권도 무용 사범 등이 있다.
(그 좋은 예로서 한국 은광 여고의 무용시범이 가장 대표적이다.)

5. 시범작성 요령

시범의 규모와 시간 및 장소에 따라 시범내용 작성이 모두 같을 수 없으나 태권도 시범을 작성하는 데는 다음과 같은 사항들이 포함되어야 한다.

가. 준비운동

모든 운동에 가장 근본이 되는 준비 운동은 역시 태권도 시범에도 태권도 운동에 적합한 간단한 준비운동이 포함되어야 한다.

나. 기본동작

손발을 혼합하여 태권도의 기본이 되는 태권도 기본동작을 관중이 알기 쉽게 구성하여 포함시켜야 한다.

다. 품새

간단한 유급자 품새로부터 어려운 유단자 품새를 1~2개씩 시범순서에 포함시켜야 한다.

라. 겨루기

겨루기 시범은 태권도의 한번, 세번겨루기와 무술적인 겨루기 즉, 1:2, 1:3의 겨루기 시범과 경기식 겨루기시범 등을 포함시켜야 한다.

마. 격파

태권도 시범종목의 꽃이라 할 수 있는 격파 시범은 묘기격파와 위력격파가 있다. 격파 시범은 묘기를 연구하면 할수록 더좋은 기술이 개발될 수 있는 전망이 많으며 각종 공격부위를 이용하는 특수격파와 커다란 위력을 과시할 수 있는 위력 격파시범 등이 포함되어야 한다 (단, 머리를 사용하는 격파 시범은 가급적 포함 시키지 말아야 한다).

바. 호신술

호신술에는 맨손 호신과 총검 등을 이용하는 호신시범이 있는데 호신시범에는 특히 남, 여 또는 어른과 학생 등의 차이를 두고 시범을 구성하는 것이 효과적이다.

6. 시범 프로그램 소개

시범 프로그램은 작성자의 개성에 따라 수립되지만 장소, 시간, 인원, 또는 관중 및 기후 등을 고려, 작성되어야 한다. 여기 소개하는 시범 프로그램은 원칙이 아니고 보편적으로 국기원 성인 및 어린이 시범단의 시범 프로그램으로서 참고하고자 소개한다.

〔표 1〕 성인 시범단 프로그램(소요시간 : 1시간)

순서	시범 내용	시범인원	시 범 물	보조인원
1	기본동작	전원		
2	앞차기 (위력) 고 축	3명	송판 대 4장 송판 중 1장	7명
3	공중 3방 3방 앞차기	2명	송판중 1장, 소 2장 송판중 1장, 소 2장	7명
4	옆차기 (위력) 장애물 옆차기	3명	송판 대 2장 송판 대 2장 송판 중 1장	7명
5	품 새 (천권)	1명		
6	3방 옆차기	2명	송판중 1장, 소 2장 송판중 1장, 소 2장	6명
7	옆차고 뒤차기	1명	송판중 1장, 소 1장	2명
8	공중회축 회 축 (위력)	3명	송판 중 2장 송판 대 1장 송판 대 1장	8명

순	시범내용	시범인원	시범물	보조인원
9	모둠발 높이차기	2명	송판 중 1장 송판 중 1장	4명
10	단도품 새	1명	송판 중 1장 단도 1개	1명
11	360° 앞돌려차기	5명	사과 1개 송판 소 4장	5명
12	가위 격파 3방 격파	2명	송판 중 3장 송판 중 3장	6명
13	뛰어 뒤차기 뒤차기(위력)	3명	송판 중 1장 송판 대 1장 송판 대 1장	6명
14	품 새(한수)	1명		
15	360° 회축 회축, 상, 중, 하	3명	사과 1개 송판 중 3장 송판 중 3장	7명
16	두발 당상 4방축	1명	송판 중 2장 송판 소 2장	4명
17	일렬 격파	1명	송판 대 1장 송판 중 3장	4명
18	호신술	2명	단도, 총검	1명
19	수기 4방 격파	1명	송판 대 1장 송판 중 5장	4명
20	손날 등 주먹격파 손날 격파(위력)	2명	송판 대 1장 벽돌 2장	4명
21	고공 고축	1명	송판 중 1장	6명
22	시범 겨루기	2명		1명
23	쌍발 고축	1명	바구니 2개 또는 송판 중 2장	4명
24	시합 겨루기	2명	각 보호대 2조	9명
25	종합 격파	1명	벽돌 14장 기와 30장	3명
26	표적 차기	전원	미트 20개	10명

〔표 2〕 어린이 시범단 프로그램(소요시간 : 30분)

순 서	시 범 내 용	시범인원	시 범 물	보조인원
1	기본동작	전원		
2	종합격파(주먹위력, 이단 앞차기, 이단 앞돌려차기, 회전 앞돌려차기, 몸돌려 뒷축 옆차기위력)	6명	송판 14장	12명
3	아래, 몸통, 얼굴—손날, 고축	2명	송판 9장	5명
4	앞돌려차고 이단앞돌려차기, 뛰어뒷축	1명	송판 3장	5명

5	5인 5방 격파	5명	송판 5장	5명
6	고려 품새	16명		
7	옆차고 주먹(장애물 4명 넘어)	1명	송판 2장	8명
8	가위차기 3방(장애물 4명 넘어)	1명	송판 3장	10명
9	360°회전격파(장애물 7명 넘어)	1명	송판 1장	9명
10	일보 약속 겨루기	28명		
11	한번 겨루기 이단옆차기	1명	송판 1장	14명
12	등 밟고 2단 격파	1명	송판 2장	8명
13	등 밟고 이단앞차기	1명	송판 1장	6명
14	단체어깨넘어 이단옆차기 (13조)	13명	송판13장	39명
15	장애물 이단옆차기 (2조)	2명	송판 2장	25명
16	단체 앞돌려차고, 뛰어 뒷축 이단앞차기	15명	송판45장	60명
17	시합 겨루기	2명	각 보호대 2조	9명
18	전체 5개동작			

순 서	시 범 내 용	시 간 (분)	격 파 물
1	기 본 동 작	3.33	
2	고 축	1.09	중 1
3	옆 차 기, 뒷 차 기	3.36	소 1, 중 1
4	일 렬 격 파	53	중 4, 소 1
5	호 신 술 (손)	1.12	
6	3 방 앞 차 기	30	소 2, 중 1
7	장 애 물 옆 차 기	47	중 1
8	3 방 옆 차 기	37	소 1
9	품 새	1.05	
10	회 축	43	소 3
11	4 방 회 축	1.00	소 8
12	사 과 회 축	30	사과 1개
13	가 위 3 방	34	중 3
14	고 공 3 방	35	소 3
15	양 발 고 축	50	중 2
16	호 신 술 (칼)	1.18	
17	4 방 손 격 파	47	중 5, 대 1
18	손 날	32	병, 벽돌 2
19	주 가 리	44	소 1
20	회 전 돌 려 차 기	50	소 4, 사과 1
21	품 새	1.15	
22	위 력 격 파	40	대 4
23	8 방 회 축	1.00	
24	권 총	1.20	
25	시 범 겨 루 기	12.00	
		30.16	

경기규칙 및 해설
COMPETITION RULES & INTERPRETATION

제1조 목 적
Article 1. Purpose

이 규칙은 본 연맹과 각 지역연맹, 각국 협회가 주최 및 주관하는 모든대회를 통일된 규칙 아래 원활하고도 공정하게 운영하는데 그 목적이 있다.

The purpose of the Competiton Rules is to manage fairly and smoothly all matters pertaining to competitions of all levels to be promoted and/or organized by the WTF, Regional Unions and member National Association, ensuring the application of standardized rules.

(해설)
태권도 경기를 전 세계적으로 통일성 있게 운영하기 위하여 경기운영의 모든 사항이 본 규칙에 의거하여 결정, 진행된다는 뜻이다. 본 규칙의 근본 취지에 어긋나는 방식으로 이루어지는 경기는 태권도 경기로서 인정될 수 없다.

(Interpretation)
The objective of Article 1 is to enure the standardization of all Taekwondo competitions worldwide. Any competition not following the fundamental principles of these rules cannot be recognized as Taekwondo competition.

제2조 적용범위
Article 2. Application

이 규칙은 본 연맹과 각 지역연맹, 각국 협회가 주최 및 주관하는 모든 대회에 적용된다. 단, 각국협회가 이 규칙의 일부를 수정하여 사용코자 할 때에는 본 연맹의 사전 승인을 얻어야 한다.

The Competition Rules shall apply to all the competitions to be promoted and/or organized by the WTF, each Regional Union and member National Association. However, any member National Association wishing to modify some part of the Competition Rules must first gain the approval of the WTF.

주-(1)
사전승인 : 수정을 원하는 단체가 세계태권도연맹에 승인을 요청하여 최소한 경기 1개월전에 승인을 득하여야 한다.

(Explanation#1)
First gain the approval: Any organization desiring to make a change in some portion of the existing rules must submit to the WTF the contents of the desired amendment along with the reasons for the desired change. Approval for any changes in these rules must be received from the WTF one month prior to the scheduled competition.

주-(2)
사전승인 허용범위는 1)체급의 변경 2)심판배정의 증,감 3)경기운영상의 검사원석, 기록원석, 의무석 등의 위치 변경 4)경기시간 단축 등이며, 경기 득, 감점과 경기장에 대한 내용에 대하여는 여하한 이유에서도 변경할 수 없다.

(Explanation#2)

1) Change of weight category, 2)increase or decrease of the number of IRs, 3)change of positions for the Inspector, and Commission Doctor, etc. and 4)duration of contest, etc. are subjects to be included in the category of subjects which may be modified after first gaining the approval of the WTF, : however, such matters as valid points, warnings & deductions and the competition area are not to be changed under any circumstances whatever.

제3조 경기장
Article 3. Competition Area

경기지역은 경기장 내에 설치되며 12m×12m 넓이의 정방향으로 장애물이 없는 수평이어야 하며, 바닥은 탄력성 있는 매트로 한다. 단, 필요에 따라 경기장은 높이 0.5m~0.6m의 경기대로 조정 설치할 수 있으며, 안전도를 고려하여 30도 이내의 경사각이 지도록 하여야 한다.

The Competition Area shall comprise Contest Area measured 12m×12m in metric system and have a flatsurface wituout any obstructing projections. The Competition Area shall be covered with an elastic mat.

However, the Competition Area may be installed on a platform 0.5m~0.6m high from the base, if necessary, and the outer part of the Boundary Line shall be inclined with a gradient of less than 30 degrees for the safety of the contestants.

1. 경기지역의 구분
1. Demarcation of the Contest Area

1) 12m×12m 넓이의 경기장을 경기지역이라 하고 경기지역 끝선인 한계선으로 부터 사방 1m 내부 바닥면 색상을 달리 하여 선수로 하여금 한계선 밖으로 나가지 않도록 사전에 주위를 환기시킨다.

1) The 12m×12m area shall be called the Contest Area, and a line 1m wide by the different color shall be marked on the inside from the marginal line of the contest area to call the attention of the contestants not cross the boundary line.

2) 경기지역과 주의지역은 바닥면의 색상을 달리하여 구분한다. 단, 같은 색상일때는 5cm 폭의 백색선으로 구분한다.

2) The demarcation of the Contest Area and the Attention Area shall be distinguished by the different colors of the two area's surface, or indicated by a white line 5cm wide when the entire surface is one color.

3) 경기지역과 주의지역의 구분선을 주의선이라 하고 경기장 끝선을 한계선이라 한다.

3) The demarcating line between the Contest Area and the Attention Area shall be called the Alert line and the marginal line of the Competition Area shall be called the Boundary Line.

2. 위치 표시
2. Indication of Positions

1) 주심위치

경기장 중심점으로 부터 제3한계선을 향해 후방으로 1.5m떨어진 곳에 정한다.

1) Position of the Referee

The Position of the Referee shall be marked at a point 1.5m back from the center point of the Competition Area to the 3rd Boundary Line and designated as the Referee's Mark.

2) 부심위치

제1부심은 제1한계선 중앙에서 경기지역 중심점을 향해 후방 0.5m 떨어진 곳에 정하며, 제2부심은 경기지역 중심점을 향해 제2한계선 하단 모서리로 부터 후방 0.5m 떨어진 곳에 정한다. 제3부심은 제2부심과 동일하게 제4한계선에 정한다.

2) Position of the Judges

The Position of the 1st Judge shall be marked at a point 0.5m outwards from the center of the 1st Boundary Line facing towards the center point of the Contest Area and the position of the 2nd Judge shall be marked 0.5m outwards from the bottom corner of the 2nd Boundary Line facing the center of the Contest Area. The position of the 3rd Judge shall be marked at the opposite point of the 4th Boundary Line with the position of the 2nd Judge.

3) 기록원 위치

제1부심위치로 부터 2m 이상 후방에 정한다.

3) The position of the Recorder

The position of the Recorder shall be marked at a point more than 2m back from the position of the 1st Judge.

4) 임석의사 위치

한계선 3m 이상 우측 지점에 정한다.

4) Position of the Commission Doctor

The Position of the Commission Doctor shall be marked at a point more than 3m to the right side from the boundary line.

5) 선수위치

경기장 중심점에서 제1부심석을 향해 좌,우로 각 1m 떨어진 곳에 우측을 청, 좌측을 홍으로 정한다.

5) Position of the Contestants

Position of the Contestants shall be marked at a point 1m to the respective left and right sides from the center point of the Competition Area facing towards the position of the 1st Judge. The right side shall be the Blue Contestant's Mark and the left side shall be the Red Contestant's Mark.

6) 코치위치
청 및 홍선수쪽 한계선 중심밖으로 1m 떨어진 곳에 정한다.

6) Position of the Coaches
The Position of the Coaches shall be marked at a point 1m away from the center point of the Boundary Line of each contestant's side.

7) 검사대 위치
경기장 입구에 검사대를 설치하여 선수보호 용구를 검사케 한다.

7) Position of the Inspection Desk
The Position of the Inspection Desk shall be near the entrance of the Competition Area for inspection of the contestant's protective equipment.

주-(1)
탄력성 있는 매트 : 탄력성의 정도는 세계태권도연맹의 승인을 받아야 한다.
(Explanation#1)
Elastic mat : The degree of the elasticity of the mat must be approved by the WTF before the competition.

주-(2)
경기장 크기 : 경기지역이 12m×12m이고 한계선으로부터 사방 1~2m지역은 안전지역으로서 확보한다. 따라서 한 코트의 넓이는 14m×14m 또는 16m×16m가 되어야 한다.
(Explanation#2)
Measurement of contest area : Contest area shall measure 12m×12m, while 1~2m wide outer area from the boundary line shall be secured for safety area Accordingly, a court shall be 14m×14m or 16m×16m.

주-(3)
경기대 : 다음 그림과 같이 설치할 수 있다.
(Explanation#3)
Competition platform : the platform should be built according to the following insert diagram.

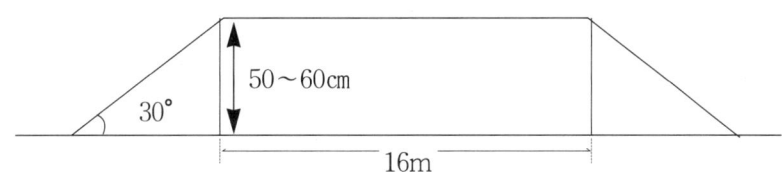

Diagram of Competition Area

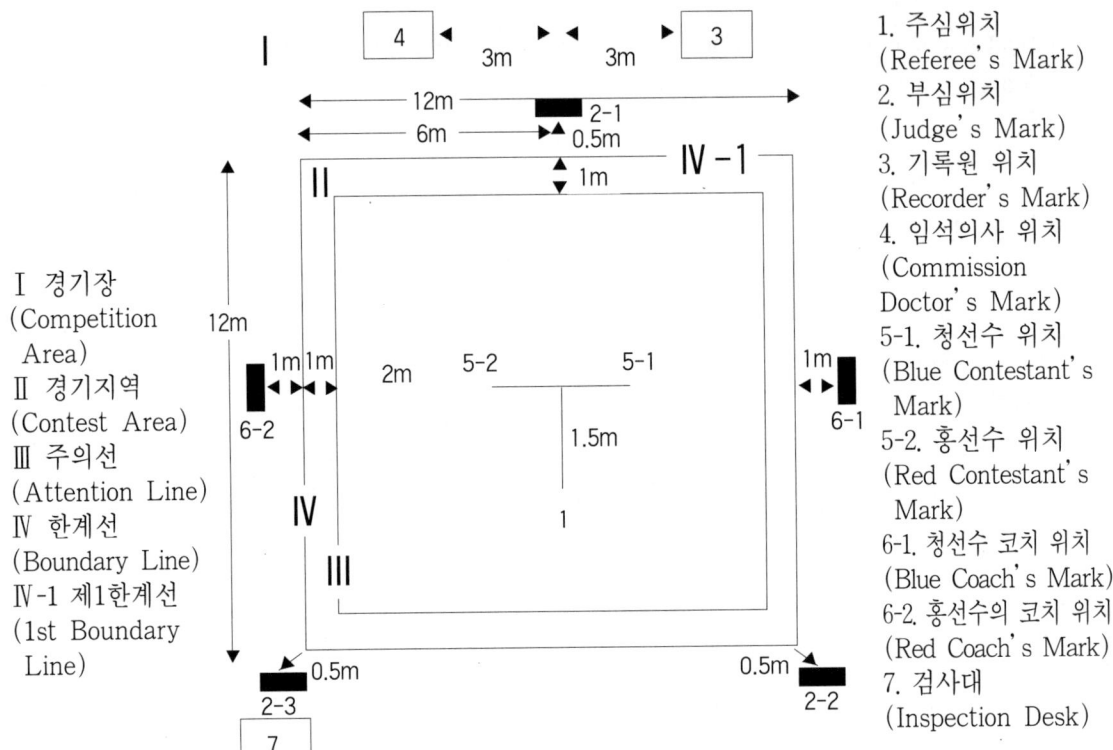

※ 2nd, 3rd, and 4th Boundary Lines clockwise
(※시계방향으로 제2, 제3, 제4한계선)

주-(4)
색상 : 색상은 반사가 심하지 않고 경기자나 관중에게 시각적 피로를 주지 않는 종류로서 경기자의 도복, 용구를 비롯한 경기지역내 제반 색상의 배색이 고려되어야 한다.
(Explanation#4)
  Color : The color scheme of the mat's surface must avoid giving a harsh reflection, or tiring the contestant's or spectator's eyesight. The color scheme must also be appropriately matched to the competitor's equipment, uniform and the competition surface.

주-(5)
주의선 : 주의선은 경기진행과 유효성 판단의 기준이 되지 않으며 선수로 하여금 위치가 한계선에 이르러 있음을 상기시켜 주기 위한 선이다.
(Explanation#5)
  Attention Line : Attenion line has nothing to do with judgement of the validity of techniques, and is to call the contestants' attention to the fact that they are close to the boundary line.

주-(6)
검사대 : 검사대에서는 검사원이 대전선수가 착용한 모든 장비가 세계태권도연맹 공인품인지, 몸에 잘맞는지를 점검한다. 부적합할 시는 재착용을 지시한다.

(Explanation#6)

Inspection Desk : At the Inspection Desk, the inspector checks if all the materials worn by the contestant are the WTF approved and fit the contestant properly.

In case they are found to be inappropriate, the contestant is requested to change the protective equipment.

(심판지침 1)
- 심판은 경기장내의 지역구분의 근본의미와 활용범위에 대하여 철저하게 이해하고 있어야 하며 가능한 경기의 단절을 막기 위하여 경기장을 넓게 활용해야 한다.

(Guidelines for officiating 1)
- The referee must have a full understanding of the Competition Area's dimensions and of the application of these dimensions in officiating and utilize the full limits of the Contest Area's in order to avoid excessive interruption of the match.

(심판지침 2)

한계선 : 선수의 두발이 모두 경기지역을 벗어났을 때 언제나 즉시 "갈려" 선언 후 "경고"를 부과해야 하며, 양선수의 발이 모두 경기지역을 벗어났을 때는 양선수 중에 먼저 나간 한 선수를 가려 경고를 준다.

(Guidelines for officiating 2)

Boundary Line : When both feet of a contestant have moved out of the boundary line, the referee must declare "Kal-yeo" immediately and give a "Kyong-go" penalty. In case both feet of the both contestants have moved out of the boundary line, the referee must give a "Kyong-go" penalty to the one who did such first.

제4조 선 수
Article 4. Contestants

1. 자격
1. Qualification of Contestants

1) 출전국 국적 소지자
1) Holder of the nationality of the participating team.

2) 출전국 협회가 추천한 자
2) One recommended by the national Taekwondo association.

3) 국기원 또는 세계태권도연맹이 발행한 단증 소지자 단, 세계주니어태권도선수권대회는 국기원 단, 또는 품증 소지자로서 선수권대회가 열리는 당해년도 기준 14세 부터 17세까지로 한다.
3) Holder of Taekwondo Dan certificate issued by the Kukkiwon/WTF and in case of the World Junior Taekwondo Championships, holder of Kukiwon Poom/Dan certificate aged 14 through 17 years old based on the year when the hampionships are held.

(해설)

주니어대회 참가선수 연령은 대회 개최날자가 아닌 개최연도를 기준으로 하며 개최연도에 14세가 되는 선수부터 17세인 선수를 말한다. 예를 들어 2002년 9월 9일에 대회가 개최될 경우, 1985년 1월 1일 부터 1988년 12월 31일 사이에 태어난 선수가 참가자격이 있으며, 대회개최연도에서 14를 뺀 연도부터 17을 뺀 연도까지 출생한 경우 참가 자격이 있다.

(Interpretation)

The age limits for World Junior Championships is based on the year, not on the date, when the Championships are held, which shall be between 14 through 17 years old. For instance, in case that the Championships are held on September 9, 2002, those contestants born on between January 1, 1985 and December 31, 1988 are eligible to participate, which means the age group between the year of birth taken 17 from the year of Championships and the year taken 14.

2. 복 장
2. The Costume for Contestants

1) 경기에 임하는 선수는 본 연맹이 공인한 도복 및 보호구를 착용하여야 한다.
1) The contestant shall wear a Takwondo uniform(Dobok) and protectors recognized by the WTF.

2) 경기에 임하는 남,여 선수는 몸통보호구, 머리보호대, 샅보대, 팔다리보호대를 착용하여야 하며, 샅보대, 팔다리보호대는 도복안에 착용하며 모든 보호구는 각 선수개인이 지참하도록 한다.
2) The contestant shall wear the trunk protector, head protector, groin guard, forearm and shin guards before entering the contest area and the groin guard, forearm and shin guards shall be worn inside the Taekwondo uniform, and the contestant shall bring the WTF-approved protectors for personal use.

3. 의무사항
3. Medical Control

1) 당 연맹이 주최 또는 승인하는 대회에서는 당 연맹이 금지하는 약물을 사용 또 복용하여서는 안된다. 단, 올림픽과 대륙별 종합경기에 대해서는 국제올림픽 위원회의 규정을 따른다.
1) At the Taekwondo events promoted or sanctioned by the WTF, the use or administration of drugs or chemical substances described in the WTF anti-doping by-laws is prohibited. However, IOC anti-doping by-laws shall be applied to the Olympic Games and other multi-sport games.

2) 본 연맹은 필요에 따라 약물복용 여부를 검사하며, 검사에 불응하거나 금지하는 약물을 복용한 사실이 판명되면 입상자는 등위가 박탈되며, 차위자가 그 등위를 승계한다.
2) The WTF may carry out any medical testing deemed necessary to ascertain if a contestant has committed a breach of this rule, and any winner who refuses to undergo this testing or who proves to have committed such a breach shall be removed from the final standings, and the record shall be transferred to the contestant next in line in the competition standings.

3) 대회조직위는 필히 약물복용을 검사할 수 있도록 준비해야 한다.

3) The organizing committee shall be liable for arrangements to carry out medical testing.

4) 당 연맹 약물금지규정은 별도의 세칙으로 정한다.

4) The details of the WTF anti-doping regulation shall be enacted by the by-laws.

주-(1)

출전국 국적 소지자 : 선수가 국가를 대표하는 경우에 있어서 그 자격 요건의 기준은 참가신청 당시 이전에 당해국의 국적을 취득한 자이어야 하며, 이의 증명은 여권에 따라 행한다. 만약 이중국적 소지자의 경우, 양국간에 자국선수라는 주장이 있었을 때는 선수 본인의 의사에 따른다.

(Explanation#1)

Holder of the nationality of the participating team : When a contestant is a representative of a national team, his/her nationality is decided by citizenship of the country he/she is representing before submission of the application to participate.

Verification of citizenship is done by inspection of the passport.

In the event nationality of a competitor holding more than one citizenship causes conflict, the competitor shall choose the participating team where he/she belongs to.

제5조 체 급
Article 5. Weight Divisions

1. 남자, 여자부로 구분한다.

1. Weights are divided into male and female divisions.

2. 성별체급은 기본적으로 다음과 같이 분류된다.

체 급	남자부	여자부	체 급	남자부	여자부
핀급	54Kg까지	47Kg까지	라이트급	67Kg초과 72Kg까지	59Kg초과 63Kg까지
플라이급	54Kg초과 58Kg까지	47Kg초과 51Kg까지	웰 터 급	72Kg초과 78Kg까지	63Kg초과 67Kg까지
밴 텀 급	58Kg초과 62Kg까지	51Kg초과 55Kg까지	미 들 급	78Kg초과 84Kg까지	67Kg초과 72Kg까지
패 더 급	62Kg초과 67Kg까지	55Kg초과 59Kg까지	헤 비 급	84Kg초과	72Kg초과

2. Weight divisions are basically divided as follows

Weight category	Male division	Female division
Fin	Not exceeding 54Kg	Not exceeding 47Kg
Fly	Over 54Kg & not exceeding 58Kg	Over 47Kg & not exceeding 51Kg
Bantam	Over 58Kg & not exceeding 62Kg	Over 51Kg & not exceeding 55Kg
Feather	Over 62Kg & not exceeding 67Kg	Over 55Kg & not exceeding 59Kg
Light	Over 67Kg & not exceeding 72Kg	Over 59Kg & not exceeding 63Kg
Welter	Over 72Kg & not exceeding 78Kg	Over 63Kg & not exceeding 67Kg
Middle	Over 78Kg & not exceeding 84Kg	Over 67Kg & not exceeding 72Kg
Heavy	Over 84Kg	Over 72Kg

3. 올림픽경기 성별체급은 다음과 같다.

남 자 부		여 자 부	
58Kg까지	68Kg초과 80Kg까지	49Kg까지	57Kg초과 67Kg까지
58Kg초과 68Kg까지	80Kg초과	49Kg초과 57Kg까지	67Kg초과

3. Weight divisions for the Olympic Games are divided as follows.

Male division	Female division
Not exceeding 58Kg	Not exceeding 49Kg
Over 58Kg & not exceeding 68Kg	Over 49Kg & not exceeding 57Kg
Over 68Kg & not exceeding 80Kg	Over 57Kg & not exceeding 67Kg
Over 80Kg	Over 67Kg

4. 세계주니어 선수권대회 성별체급은 다음과 같다.

체 급	남자부	여자부	체 급	남자부	여자부
핀급	45Kg까지	42Kg까지	웰 터 급	59Kg초과 63Kg까지	52Kg초과 55Kg까지
플라이급	45Kg초과 48Kg까지	42Kg초과 44Kg까지	라이트 미들급	63Kg초과 68Kg까지	55Kg초과 59Kg까지
밴 텀 급	48Kg초과 51Kg까지	44Kg초과 46Kg까지	미 들 급	68Kg초과 73Kg까지	59Kg초과 63Kg까지
패 더 급	51Kg초과 55Kg까지	46Kg초과 49Kg까지	라이트 헤비급	73Kg초과 78Kg까지	63Kg초과 68Kg까지
라이트급	55Kg초과 59Kg까지	49Kg초과 52Kg까지	헤 비 급	78Kg초과	68Kg초과

4. Weight divisions for the World Junior Championships are divided as follows.

Weight category	Male division	Female division
Fin	Not exceeding 45Kg	Not exceeding 42Kg
Fly	Over 45Kg & not exceeding 48Kg	Over 42Kg & not exceeding 44Kg
Bantam	Over 48Kg & not exceeding 51Kg	Over 44Kg & not exceeding 46Kg
Feather	Over 51Kg & not exceeding 55Kg	Over 46Kg & not exceeding 49Kg
Light	Over 55Kg & not exceeding 59Kg	Over 49Kg & not exceeding 52Kg
Welter	Over 59Kg & not exceeding 63Kg	Over 52Kg & not exceeding 55Kg
Light Middle	Over 63Kg & not exceeding 68Kg	Over 55Kg & not exceeding 59Kg
Middle	Over 68Kg & not exceeding 73Kg	Over 59Kg & not exceeding 63Kg
Light Heavy	Over 73Kg & not exceeding 78Kg	Over 63Kg & not exceeding 68Kg
Heavy	Over 78Kg	Over 68Kg

(해설)
1. 태권도 경기는 상호간 직접적인 신체적 접촉 또는 충돌이 심하며 특히 상대방에게 타격을 가해 득점을 하며 승부를 가리는 경기이므로 선수상호간의 체중차이에서 오는 타격의 생리적 충격을 최소화시켜서 선수의 안전을 확보하고 그리고 대등한 경쟁조건에서 기술을 겨룰 수 있도록 하기 위해 체급제도를 규정하였다.

(Interpretation)
1. A Taekwondo tournament is a competition which is decided, within the rules, by direct physical contact and forceful physical collisions between contestants. In order to reduce the impact of the inequality in relative factors between contestants and ensure safety as well as create equal conditions for the exchange of techniques, the weight division system was established.
2. 체급의 구분이 남자부와 여자부로 나누어져 있는 것은 경기의 성구분을 뜻하는 것으로서 남자는 남

자끼리, 여자는 여자끼리 대전하는 것을 원칙으로 한다는 뜻이다.
2. The division of men and women into separate categories, men competing against men and women competing only against women, is a fundamental rule.
3. 올림픽 경기의 체급은 국제 올림픽 위원회와 협의하여 정한다.
3. Weight divisions for the Olympic Games are to be decided in consultation with the international Olympic Committee.

주-(1)
까지 : -Kg이하의 뜻으로 구체적인 적용은 단위소수점 둘째자리까지를 기준으로 한다. 예를들면 50Kg까지는 50.00Kg까지를 말하는 것으로서 50.009Kg까지 포함된다. 50.01부터 초과로서 실격된다.
(Explanation#1)
  Not exceeding : The weight limit is defined by the criterion of two decimal places away from the stated limit(in hundredths). For example, not exceeding 50Kg is established as until 50.00Kg inclusive of 50.009 with 50.01 being over the limit, resulting in disqualification.

주-(2)
초과 : 50Kg초과란 50.01Kg이상을 말하는 것으로서 49.999까지는 미달로서 실격이 된다.
(Explanation#2)
  Over : Over the 50.00Kg mark occurs at the 50.01Kg reading and 49.99Kg is regarded as insufficient, resulting is disqualification.

제6조 경기의 종류 및 방식
Article 6. Classification and Methods of Competition

1. 경기의 종류는 다음과 같이 구분한다.
1. Competitions are divided as follows

   1) 개인전 - 각 체급별 개인간의 대전 방식 단, 차 상위 체급과 2체급의 통합전을 할 수 있다.
   1) Individual competition shall normally be between contestants in the same weight class. When necessary, adjoining weight classes may be combined to create a single classification.

   2) 단체전 - 단체간의 대전방식
   (1) 남,여 체급별 5명제
      성별 체급은 다음과 같다.

남 자 부		여 자 부	
54Kg까지	72Kg초과 82Kg까지	47Kg까지	61Kg초과 68Kg까지
54Kg초과 63Kg까지	82Kg초과	47Kg초과 54Kg까지	68Kg초과
63Kg초과 72Kg까지		54Kg초과 61Kg까지	

   (2) 체급별 8명제
   (3) 체급별 4명제(차 상위체급과 통합전)

2) Team Competition-Systems of Competition
(1) Five(5) contestants by weight classification with the following category

Male division	Female division
Not exceeding 54Kg	Not exceeding 47Kg
Over 54Kg & not exceeding 63Kg	Over 47Kg & not exceeding 54Kg
Over 63Kg & not exceeding 72Kg	Over 54Kg & not exceeding 61Kg
Over 72Kg & not exceeding 82Kg	Over 61Kg & not exceeding 68Kg
Over 82Kg	Over 68Kg

(2) Eight(8) contestants by weight classification
(3) Four(4) contestants by weight classification
   (Consolidation of the eight weight classifications into four weight categories by combining two adjoining weight classes)

2. 경기의 방식은 다음과 같이 구분한다.
2. Systems of competition are divided as follows

1) 일리미네이션 토너먼트 방식
1) Single elimination tournament system
2) 라운드 로빈 방식
2) Round robin system

3. 올림픽 경기는 각 체급별 개인간의 대전 방식으로 한다.
3. Taekwondo competition of the Olympic Games shall be conducted in individual competition system between contestants.

4. 본 연맹이 공인하는 모든 국제경기는 4개국이상이 참가하여야 하며 각 체급별로 4인 이상이 대전한 경우에만 그 성적이 인정된다.
4. All international-level competitions recognized by the WTF shall be formed with participation of at least 4 countries with no less than 4contestants in each weight class, and any weight class with less than 4contestants cannot be recognized in the official results.

(해설)
1. 개인전은 각 체급별, 개인단위로 대전하는 방식을 원칙으로 하나 대회규정이 정하는 채점방식에 따라 개인전의 성적을 종합하여 단체등위를 결정할 수도 있다.

※ 포인트 시스템
다음 기준에 따라 집계된 점수에 따라 단체전 등위를 결정하는 시스템.
- 계체 통과 후 경기 출전 시 1점
- 한 번 이길 때마다 1점 추가 (부전승 포함)
- 체급별 우승 시 7점, 2위에게 3점, 3위에게 1점 추가
- 두 팀 이상이 동점일 경우 : 1) 메달순위 (메달 수에 관계없이 금메달이 은메달보다 우위에 있고 은메달은 동메달보다 우위에 있다) 2) 팀의 참가 선수 수 3) 상대적으로 무거운 체급에서 더 많은 점수를 얻은 순에 따라 등위를 결정한다.

2. 단체전은 단체간 대전의 결과에 따라 단체단위로 승패가 가려지는 방식을 말한다.

(Interpretation)

1. In the tournament system, competition is founded on an individual basis.

    However, the team standings can also be determined by the sum of the individual standings according to the overall scoring method.

    ※ Point system

    Team Ranking shall be decided by the total points based on the following guidelines.
    - Basic one(1) point per each contestant who entered the competition area after passing the official weigh-in
    - One (1) point per each win (win by a by included)
    - Additional seven (7) points per one gold medal
    - Additional three (3) points per one silver medal
    - Additional one (1) point per one bronze medal
    - In case more than two teams are in tie score, the rank shall be decided by 1) number of gold, silver and bronze medals won by the team in order, 2) number of participating contestant and 3) higher points in heavier weight category.

2. In the team competition system, the outcome of each team competition is determined by the individual team results.

주-(1)

차상위 체급과 2체급의 통합전 : 체급의 통합과 통합체급의 명칭은 다음과 같다.

(Explanation#1)

Consolidation of the weight division : The method of consolidation and the names of the consolidated divisions are as follows.

구 분	Division
핀 / 플라이	Fin / Fly
밴 텀 / 페 더	Bantam / Feather
라이트 / 웰 터	Light / Welter
미 들 / 헤 비	Middle / Heavy

명 칭	Designation
(통합) 플라이	Fly (consolidated)
(통합) 페 더	Feather (consolidated)
(통합) 웰 터	Welter (consolidated)
(통합) 헤 비	Heavy (consolidated)

주-(2)

체급별 8명제 : 각 체급별로 대전케하여 5명이 승리한 단체를 승자로 한다.

전 체급의 경기로서도 승패가 가려지지 않을때는 (4:4) 각 단체가 지명한 1명의 대표전으로 승패를 가린다. 체급별 8명제는 후보선수를 둘 수 없다.

(Explanation#2)

Eight weight class format : According to competition in eight weight classes, the team winning five or more divisions is victorious. In the event that the team standings are not decided due to a tie score(four to four), each team shall designate a representative to fight a tie-break match. In this format contestants may not be substituted.

(해설)

3. 위와 같은 단체전 대전에서 경기를 모두 진행하기 전에 한편이 먼저 3승 또는 5승을 하였을 때는 나

머지 경기를 진행하는 것을 원칙으로 한다. 패한 단체가 나머지 경기를 일방적으로 포기할 때는 그 때까지의 성적에 관계없이 그 단체의 성적을 기권패로 처리한다.

(Interpretation)
3. In the above format, if before all matches have been conducted, one team achieves a majority of victories, the remaining matches should, in principle, also be conducted. If the losing team wishes to forfeit the remaining matches, the result shall be recorded as loss due to disqualification without consideration of the accumulated record.

제7조 경기시간
Article 7. Duration of Contest

남자 경기의 경우 3분×3회전, 회전간 휴식시간 1분이며, 여자 경기 및 세계주니어선수권대회는 2분×3회전, 회전간 휴식시간 1분으로 한다. 단, 세계태권도연맹의 승인을 받을 경우 남자 경기도 2분×3회전, 회전간 휴식시간 1분의 경기를 할 수 있다.

The duration of contest shall be three rounds of three minutes with one minute of rest between rounds in male division with that of being three rounds of two minutes with one minute of rest in female division and World Junior Championships. However, the duration of contest for male division may also be shortened to three rounds of two minutes with one minute of rest between rounds with the approval of the WTF.

제8조 추 첨
Article 8. Drawing Lots

1. 경기시작 1일전에 본 연맹 임원과 참가국 대표의 참석하에 집행하며, 추첨순위는 경량급에서 중량급으로 대회참가국 공식명의 영어 알파벳순으로 한다.
1. The drawing of lots shall be conducted one day prior to the first competition in the presence of the WTF officials and the representatives of the participating nations, and the drawing of lots shall be done from Fin weight up in the English alphabetical order of the official names of the participating nations.
2. 추첨에 불참한 참가국에 대하여는 추첨임원이 이를 대행한다.
2. Officials shall be designated to draw lots on behalf of the officials of participating nations not present at the drawing.
3. 대표자회의의 결정에 의해 추첨순위를 변경할 수 있다.
3. The order of the draw may be changed according to the decision of the Head of Team meeting.

제9조 계체량
Article 9. Weigh-in

1. 당일 대전선수는 경기 전날에 계체를 받아야 한다.
1. Weigh-in of the contestants on the day of competition shall be completed on the previous day of the pertinent competition.

2. 계체시 남자는 팬티, 여자는 팬티와 브레지어를 착용한다. 단, 본인이 원할 경우 전나체로 할 수도 있다.
2. During weigh-in, the male contestant shall wear underpants and the female contestant shall wear underpants and brassiere. However, weigh-in may be conducted in the nude in the case the contestant wishes to do so.

3. 계체는 1회로 하며 미달 또는 초과시는 계체시간내에 한하여 1회의 계체를 더 할 수 있다.
3. Weigh-in shall be made once, however, one more weigh-in is granted within the time limit for official weigh-in to the contestant who did not qualify the first time.

4. 계체로 인한 실격방지를 위해 경기시작 1일 전부터 본 계체기와 같은 계기를 선수촌 또는 경기장에 설치하여 예비 계체토록 한다.
4. So as not to be disqualified during official weigh-in a scale, the same as the official one, shall be provided at the contestants' place of accommodation or at the area for preweigh-in.

주-(1)
당일대전선수 : 본 연맹 또는 대회조직위가 미리 발표한 대전일정상 경기가 예정된 모든 선수를 말한다.
경기전날 : 계체시간은 조직위원회가 사전에 정한 것을 따르며 이는 대표자 회의 시 선수단에 통보되어야 한다. 세계 태권도 연맹의 권장 계체 시간은 15시~18시 사이다.

(Explanation#1)
- The contestants on the day of competition : This is defined as those contestants who are listed to compete on scheduled day by the organizing committee of the WTF.
- The previous day of the pertinent competition : The time weigh-in, will be decided by the organizing committee and should be informed to the participants at the head of team meeting. The WTF recommends that it be done between 03 p.m and 06 p.m

주-(2)
계체장소는 남, 여 별도로 설치하고 여성은 여성계체원이 담당하여야 한다.

(Explanation#2)
A separate site for the weigh-in shall be installed for the female contestants whose weigh-in must be conducted by a female official in charge.

주-(3)
- 계체실격 : 각 선수가 대회에 계체량에 실격했을 때는 기본점수의 배점도 받을 수 없다.
- 정해진 시간내에 : 선수가 1차 계체에서 실격처리되면 정해진 계체 마감시간에 상관없이 1차 계체 시

로부터 30분안에 2차 계체를 허용한다.

(Explanation#3)
- Disqualification during official weigh-in : When a competitor is disqualified at the official weigh-in that competitor's participation point cannot be received.
- Within the time limit : In case a contestant is disqualified at the weigh-in, he/she shall be permitted one more weigh-in within the time limit of thirty (30) minutes from the time of the first weigh-in without limit to the deadline of the weigh-in.

주-(4)
같은 계기 : 동형 동질의 계기로서 조직위원회에 의해 계량점검이 확인된 계기.

(Explanation#4)
A scale, the same as the official one : The practice scale must be of the same type and calibrations as that of the official scale and these fact must be verified previously to the competition by the organizing committee.

제10조 경기진행
Article 10. Procedure of the Contest

1. 선수의 호출 - 경기시간 3분전부터 1분 간격으로 3회 호출한다.
   경기개시 예정시간 1분 경과후에도 출장하지 않는 선수는 대전포기로 간주한다.

   1. Call for Contestants
      The name of the Contestants shall be announced three times begining three minutes prior to the scheduled start of the contest. The Contestant who fails to appear in the contest area within one minute after the scheduled start of the competition shall be regarded as withdrawn.

2. 신체 및 복장 점검 - 호출된 선수는 지정된 검사대에서 세계연맹이 지명한 검사원에 의해 신체 및 복장, 용구검사를 받아야 하며, 상대방에게 혐오를 주는 용모나 위해를 끼칠 수 있는 물건을 지녀서는 안된다.

   2. Physical and Costume Inspection
      After being called, the contestants shall undergo physical and costume inspection at the designated inspection desk by the inspector designated by the WTF, and the contestants shall not show any sign of aversion, and also shall not bear any materials which could cause harm to other contestant.

3. 선수 입장 - 검사를 마친 선수는 1명의 코치와 함께 지정된 대기석에 입장한다.

   3. Entering the Competition Area
      After inspection, the contestant shall enter into the waiting position with one coach.

4. 경기의 시작과 종료 - 매회전 마다 주심의 "시작" 선언으로 개시되며, "그만" 선언으로 종료된다.

   4. Start and End of the Contest

The contest in each round shall begin with the declaration of "Shi-jak"(start) by the Referee and shall end with the declaration of "Keu-man"(stop) by the Referee.

5. 경기진행의 절차
5. Procedure before the beginnig and after the end of the contest

1) 선수는 주심의 "차렷", "경례" 구령에 따라 입례한다. 입례는 주목을 쥔 상태로 양다리 옆에 붙인 자연스런 차렷자세로 서서 허리는 30도, 머리는 45도 이상의 각도로 숙여 예를 표한다.
1) The contestants shall face each other and make a standing bow at the referee's command of "Cha-ryot"(attention) and "Kyeong-rye"(bow). A standing bow shall be made from the natural standing posture of "Cha-ryot" by inclining forward at the waist to an angle of more than 30' degrees with the head inclined to an angle more than 45' degrees and the fists clenched at the sides of the legs.

2) 주심의 "준비", "시작"에 따라 경기를 개시한다.
2) The referee shall start the contest by commanding "Joom-bi"(ready) and "Shi-jak"(start).

3) 선수는 마지막 회전이 끝나면 지정된 위치에서 마주보고 주심의 "차렷", "경례"에 따라 입례한 후, 바로 서서 판정을 기다린다.
3) After the end of last round, the contestants shall stand at their respective position facing each other and exchange a standing bow at the referee's command of "Cha-ryeot" and "Kyeong-rye", and then wait for the referee's declaration of the decision in standing posture.

4) 승자선언은 주심자신의 승자쪽 손을 들어 선언한다.
4) The Referee shall declare the winner by raising his/her own hand to winner's side.

5) 선수퇴장
5) Retirement of the contestants

6. 단체전 절차
6. Contest Procedure in Team Competition

1) 양팀 선수는 제출된 명단 순으로 청, 홍 선수위치로 부터 제1한계선을 향해 일렬횡대로 마주보고 선다.
1) Both teams shall stand facing each other in line submitted team order towards the 1st Boundary Line from the contestants marks.

2) 경기진행은 5항의 절차에 따른다.
2) Procedure before the begining and after the end of the contest shall be conducted as Item 5 of this Article.

3) 양 진영 선수는 경기지역 밖의 지정된 장소에 대기하고 순서에 따라 대전한다.
3) Both teams shall leave the Contest Area and stand by at the designated area for each contestant's match.

4) 경기종료 직후 양 진영 선수는 경기지역에 입장하여 마주보고 선다.

4) Both teams shall line up in the contest area immediately after the end of the final match facing each other.

5) 승자선언은 주심 자신의 승자 쪽 손을 들어 선언한다.

5) The referee shall declare the winning team by raising his/her own hand to the winning team's side.

제11조 허용 기술과 부위
Article 11. Permitted Techniques and Area

1. 허용기술
1. Permitted techniques

1) 손기술 : 바른 주먹의 인지와 중지의 앞부분을 이용한 공격
1) Fist techniques : Delivering techniques by using the front parts of the forefinger and middle finger of the tightly clenched fist.
2) 발기술 : 복숭아뼈 이하의 발 부위를 이용한 공격
2) Foot techniques : Delivering techniques by using the parts of the foot below the ankle bone.

2. 허용범위
2. Permitted areas

1) 몸통부위 : 몸통 호구로 보호되는 부위로서 손기술과 발기술의 공격이 허용된다. 단, 척추 부위는 공격을 할 수 없다.
1) Trunk : Attacks by fist and foot techniques on the areas covered by the trunk protector are permitted. However, such attacks shall not be made on the part of the spine.
2) 얼굴부위 : 뒤통수를 제외한 얼굴 전면을 말하며 발기술에 의한 공격만이 허용된다.
2) Face : This area is the face excluding the back of head, and attack by foot technique only is permitted.

주-(1)
손기술 : 바른주먹의 인지와 중지의 앞부분을 이용한 공격
여기서 바른 주먹이란 바르게 쥔 주먹이란 뜻으로 바르게 쥔 주먹의 인지와 중지의 앞부분을 이용한 타격이라면 그 각도나 위치에 관계없이 허용된다는 것을 말한다.

(Explanation#1)
Fist technique : In the original Korean terminology of techniques, the term "Pa-run-ju-mok" can be interpreted as a correctly clenched fist. Therefore, striking with the front part of the middle and forefinger knuckles of the correctly clenched fist is permitted without consideration of the angle, trajectory, or fist placement of the strike.

주-(2)
발기술 : 복숭아뼈 이하의 발부위를 이용한 공격, 복숭아뼈 이하의 발부위를 이용한 타격기술은 어떤 기술이라도 정당한 기술로서 복숭아뼈 이상의 다리부위, 정강이 또는 무릎 등의 부위를 이용한

타격은 허용되지 않는다는 뜻이다.
(Explanation#2)
  Foot techniques : Any striking techniques using the part of the foot below the ankle bone are legal, whereas any others using the part of the leg above the ankle bone, i.e. part of the shin or knee, etc. are not permitted.

주-(3)
몸통부위 : 아래 그림과 같이 겨드랑이와 골반사이에서 호구로 보호된 부분을 몸통허용부위로 한다. 따라서 체급과 체격에 따른 알맞은 크기의 호구 착용여부가 엄격하게 검사되어야 한다.
(Explanation#3)
  Trunk : As depicted in the following illustration, the area covered by the trunk protector between the armpit and the pelvis is the legal attacking area. Thus trunk protector should be worn according to the rule on the size of trunk protector for each weight category and the physique of each contestant.

주-(4)
얼굴부위 : 아래 그림과 같은 뒤통수를 제외한, 두 귀를 포함한 얼굴 전면을 말한다.
(Explanation#4)
  Face : As depicted in the following illustration, this is the whole parts of the face including both ears except the back of the head.

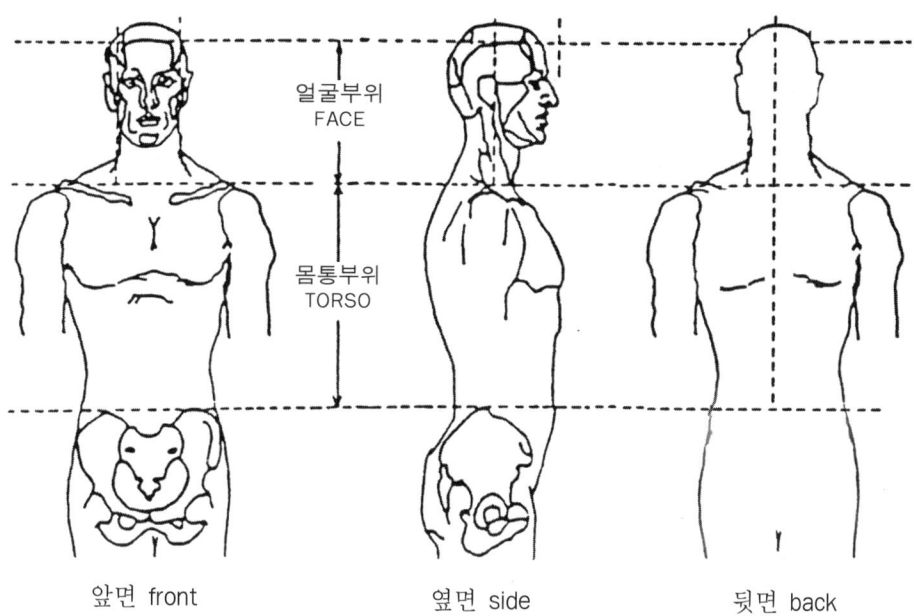

앞면 front　　　　　　　옆면 side　　　　　　　뒷면 back

제12조 득 점
Article 12. Valid Points

1. 득점부위
1. Legal Scoring Areas

　　1) 몸통 : 복부, 양 옆구리
　　1) Mid-section of the trunk : The abdomen and both sides of the flank.

　　2) 얼굴 : 얼굴의 허용부위 전면
　　2) Face : The permitted parts of the face.

2. 득점은 허용기술로 득점부위를 정확하고 강하게 가격한 것으로 한다. 단, 득점 부위가 아니 더라도 정당한 기술로 몸통보호구 위를 강하게 공격하여 상다를 위험한 상태에 빠지게 한 경우는 득점으로 간주한다.
2. Points shall be awarded when permitted techniques are delivered accurately and powerfully to the legal scoring areas of the body.
　　However, when a contestant is knocked down as a result of the opponent's attack on a part of the trunk protector which is not part of a legal scoring area, such a technique shall be regarded as a point.

3. 몸통 호구에 대한 타격은 1점이며 안면에 대한 타격은 2점이다. 몸통부위나 안면에 대한 타격으로 상대 선수가 위험한 상태에 빠져 주심이 계수할 경우 공격자에게 1점을 추가한다.
3. Attacking the legal scoring area of the trunk shall earn 1(plus one) point, while 2(plus two) point for the scoring area of the face.
　　In the event that the contestant is knocked down and the referee counts as the result of the opponent's legitimate attack on the scoring area of the trunk or the face, 1(plus one) point shall be awarded to the opponent.

4. 득점은 전 3회전을 통산한다.
4. Match score shall be the sum of point of the three rounds.

5. 득점의 무효
공격자가 반칙 행위를 이용하여 가격하였을 때 득점에 해당하여도 무효로 한다.
5. Invalidation of points : When a contestant performs an attack to score through the use of the prohibited actions, and the points scored shall be annulled.

　　주-(1) 득점부위
　　- 몸통 : 척추를 제외한 몸통의 호구 전체면
　　- 얼굴 : 뒤통수를 제외한, 두 귀를 포함한 얼굴 전면
　　(Explanation#1) Legal scoring areas
　　　- Trunk : The whole part of the protector except the spine - vertical center of the back.
　　　- Face: The whole part of the face including both ears except the back of the head.

주-(2)

정확하게 : 정해진 득점부위와 허용된 기술의 바른부위가 정확하게 접촉된 것을 말한다.

(Explanation#2)

Accurately : This means the proper aspect of a legal attacking technique, fully contacting the opponent within the designated limits of a legal target area.

주-(3)

강하게 :

가. 전자호구 사용시 (주먹충격-바른자세가 아니더라도) : 충격량은 전자 감응 장치로서 측정되며, 기준충격량은 체급별, 남녀별로 차이를 둔다.

나. 일반호구 사용시 : 상대가 상당한 타격을 받았을 때

(Explanation#3)

Powerfully :

a. In the use of electronic scoring trunk protector :

Force of impact is measured by the electronic scoring sensor of the protector with the level of force by which points are scored varying by weight division and sex.

b. Trunk protector not equipped with electronic sensor :

Sufficient power is demonstrated as the opponent's body is abruptly displaced by the impact of the strike.

(심판 지침)

- 주심의 계수 판단의 기준

득점 부위에 대한 타격에 의한 넉다운 혹은 스탠딩다운 시 주심은 선수의 부상 상태를 먼저 확인한 후 계수를 시작하며 주심이 '셋(3)'을 계수할 때 부심은 추가 1점을 공격자에게 부과한다.

- 넉다운의 판정 기준

넉다운의 판정 기준은 선수가 득점부위를 가격당하여 두발이 지면 위로부터 떨어진 상태를 말한다.

- 스탠딩다운의 판정 기준

선수가 득점부위를 가격당하여 선 채로 심하게 비틀거리거나 움츠려 있는 상태.

(Guideline for officiating)

- The criterion of declaration "kye-soo"

When a contestant is knocked down, the referee should first check over the condition of the contestant and then count. Once the referee begins to count, judges shall award the additional one (1) point at the moment the referee count '3'.

- The criterion of "knock-down"

When the soles (bottom of the foot) of the contestant are located off the mat.

- The criterion of "Standing down"

When a contestant is Standing but considerably staggering or shrunken by the impact of strike.

주-(4)

득점의 무효 :

정당한 경기 운영을 하지 않고 얻어진 득점은 무효로 한다는 규정이다. 이 때 주심은 벌칙의 선언과 함께 그 기술의 무효를 표시해야 한다.

(Explanation#4)
  Invalidation of a point :
  It is rule that points gained through illegal techeniques or actions cannot be valid. In this case, the referee must indicate invalidation of the point by hand signal and declare the appropriate penalty.

(심판지침)
위와 같은 경우가 발생했을 때 주심은 즉시 "갈려" 선언을 하고 먼저 득점 무효 선언을 한 다음 반측을 선언해야 한다.

(Guidelines for officiating)
  If the above situation, the referee shall immediately declare "Kal-yeo" and shall first invalidate the point by hand signal, and then declare the appropriate penalty.

제13조 채점과 표출
Article 13. Scoring and Publication

1. 득점은 즉시 채점되어야 하며 채점된 점수는 즉시 표출되어야 한다.
1. Valid points shall be immediately recorded and publicized.

2. 일반호구 사용시 채점은 채점기나 채점표에 의해 부심이 채점한다.
2. In the use of body protectors not equipped with electronics, valid points shall be immediately marked by each judge by using the electronic instrument or judge's scoring sheet.

3. 전자호구 사용시
3. In the use of electronic trunk protectors.

   1) 몸통 부위의 채점은 전자호구에 부착된 발신기에 의해 자동 채점된다.
   1) Valid points scored on the mid-section of the trunk shall be recorded automatically by the transmitter in the electronic trunk protector.

   2) 얼굴 부위의 채점은 채점기 또는 채점표에 의해 부심이 채점한다.
   2) Valid points scored to the face shall be marked by each judge by using the electronic scoring instrument or judge's scoring sheet.

4. 채점기 또는 채점표를 사용할 경우 2인 이상의 부심이 인정하는 점수를 유효 득점으로 인정한다.
4 In case of scoring by using the electronic scoring instrument or judge's scoring sheet, valid points shall be the ones recognized by two or more judges.

(해설)
전자호구는 경기력 향상과 판정의 객관성 확보에 적합한 제품이어야 한다.

(Interpretation)

The electronic trunk protector must be examined for its appropriateness for enhancement of competing ability and insurance of fair judgement.

(해설)

즉시채점은 채점의 기본원칙이다.
어떤 채점방식에서도 반드시 지켜져야 한다.

(Interpretation)

It is a principle of these rules that points shall be awarded immediately. this principle must be followed regardless of the scoring method used.

주-(1)

즉시채점 : 즉시채점이란 득점이 이루어진 순간에 즉시 채점을 해야함을 말하는 것으로서 기준시간 이후의 채점은 득점이 될 수 없다.

(Explanation#1)

Points shall be immediately recorded : Immediate scoring means awarding the point immediately after delivery of the scoring technique. Points awarded after a period of time has elapsed cannot be considered valid.

주-(2)

즉시표출 : 즉시표출이란 부심이 채점한 점수가 즉시 공개되어야만 한다는 뜻으로 전광판을 통한 공개를 원칙으로 한다.

(Explanation#2)

Immediately recorded and publicized : A point having been awarded by the judges shall be immediately publicized on the scoreboard.

주-(3)

일반호구 사용시의 채점 : 모든 채점이 부심의 독자적인 판단에 의해서 이루어지며, 채점은 즉시 표출될 수 있도록 기계적 시설이 갖추어져야 한다. 단, 표출장치를 이용할 수 없을 때는 채점지로 하되 부심은 즉시 채점을 해야 하며, 채점결과의 표출은 회전말에 한다.

(Explanation#3)

Use of trunk protectors not equipped with electronic sensors : All scoring must be done according to the judge's own decision. There must be equipment available which is capable of immediately conveying the recorded point to the scoreboard.

However, when electronic publication equipment is not available, the point shall be immediately recorded on the judge's scoring sheet and publicized at the end of the round.

주-(4)

전자호구 사용시의 채점 : 몸통 득점부위의 득점은 전자호구에 의해서 자동 채점되고, 얼굴부위와 득점부위의 몸통부위에 대한 득점은 부심에 의해 채점된다.

(Explanation#3)

The use of electronic trunk protectors : Scoring techniques striking the body protector will be automatically recorded Judges will award point resulting from face attacks or scoring attacks on areas outside of the scoring targets of the trunk protector.

(심판지침)
부심은 어떤 방식에 의한 경기에서도 즉시 채점의 원칙을 지켜야 한다.
회전말의 채점행위는 규정의 위반이다.
(Guidelines for officiating)
  The judges will abide by the principle of immediately scoring regardless of the scoring system.
  Awarding a point at the end of the round is a violation of this regulation.

제14조 금지행위
Article 14. Prohibited Acts

1. 금지행위에 대한 벌칙의 선언은 주심이 한다.
1. Penalties on any prohibited acts shall be declared by the referee.

2. 2중 벌칙선언을 내려야 하는 경우는 큰 벌칙을 선언한다.
2. In the case of multiple penalties being committed simultaneously, the heavier penalty shall be declared.

3. 벌칙은 경고와 감점은 구분한다.
3. Penalties are divided into "Kyong-go"(warning penalty) and "Gam-jeom"(deduction penalty)

4. 경고 2회는 감점 1로 한다. 단, 경고 1회는 계상치 않는다.
4. Two "Kyong-go" shall be counted as deduction of one(1) point.
   However, an odd "Kyong-go" shall not be counted in grand total.

5. 감점 1회는 -1점이다.
5. A "Gam-jeom" shall be counted as minus one(-1) point.

6. 경고사항
6. Prohibited acts : "Kyong-go" penalty

   1) 경기방해행위
   1) Interference with the progress of the match
       a. 한계선 밖으로 나가는 행위
       a. Crossing the Boundary Line
       b. 넘어지는 행위
       b. Falling down
       c. 엄살로 시간을 허비하는 행위
       c. Wasting match time by pretending injury
       d. 선수, 코치 등이 경기 진행을 방해하는 행위

d. Interrupting the progress of the match on the part of the contestants or the coach

2) 바람직하지 못한 행위
2) Undesirable acts
   a. 상대를 잡는 행위
   a. Grabbing the opponent
   b. 상대를 끼는 행위
   b. Holding the opponent.
   c. 상대를 몸통으로 접촉하는 행위
   c. Touching the opponent with the trunk
   d. 등을 보이고 피하는 행위
   d. Evading by turning the back to the opponent
   e. 무릎 또는 이마로 가격하는 행위
   e. Butting or attacking with the knee
   f. 살을 가격하는 행위
   f. Attacking the groin
   g. 허벅지, 무릎 또는 발을 밟는 행위
   g. Stamping or kicking any part of the leg or foot.
   h. 손으로 얼굴을 가격하는 행위
   h. Hitting the opponent's face with hands or fist
   i. 코치가 코치석을 이탈하는 행위
   i. Leaving the designated mark on the part of the coach during match

7. 감점사항
7. Prohibited acts : "Gam-jeom" penalty

1) 경기방해 행위
1) Interference with the progress of the match
   a. 공격한 발의 체공 시 발을 걸어 넘기는 행위
   a. Throwing down the opponent by grappling the opponent's attacking foot in the air with the arm
   b. 주심의 '갈려' 선언 후 넘어진 상대를 의도적으로 가격하는 행위
   b. Intentionally attacking the fallen opponent after 'kal-yeo'
   b. 고의로 얼굴을 주먹으로 가격하는 행위
   b. Intentionally attacking the opponent's face with fist

2) 바람직하지 못한 행위
2) Undesirable acts
   a. 선수, 코치가 바람직하지 않은 심한 언동과 행위로 경기 진행을 일시 중단 시키는 행위

a. Temporary suspension of the match due to violent remarks or behaviors on the part of the contestant or the coach
  3) 불미한 행위
     선수, 코치가 바람직하지 못한 언동을 심하게 하는 행위
  3) Undesirable acts
     Violent or extreme remarks or behavior on the part of the contestant or the coach

8. 주심은 선수가 고의로 규칙을 부정하거나 심판의 지시를 따르지 않을 때에는 1분 경과 후 반칙패를 선언할 수 있다.
8. When a contestant intentionally refuses to comply with the Competition Rules or the referee's order, the referee may declare the contestant loser by penalty after 1 minute.

9. 3회의 감점을 선언당하면 반칙패로 한다.
9. When a contestant receives minus three(-3) points, the referee shall declare him/her loser by penalties.

10. 경고와 감점은 전 3회전을 통산한다.
10. "Kyong-go" and "Gam-jeam" shall be counted in the total score of the three rounds.

(해설)
본 경기규정이 금지행위를 정하여 처벌하는 목적은 첫째, 선수의 보호와 둘째, 공정한 경기의 운영 셋째, 바람직한 기술발전의 유도를 그 목적으로 하고 있다.

(Interpretation)
  Objective in establishing the prohibited acts :
  1. To protect the competitor
  2. To ensure fair competition management
  3. To encourage appropriate or ideal techniques

주-(1)
이중 벌칙선언 : 2개 이상의 금지행위가 동시에 일어났을 때는 하나의 벌칙만 선언할 수 있고 이때는 가장 큰 벌칙, 즉 경고와 감점 중 감점으로선언해야 한다.
동일한 수준의 벌칙일때는 주심이 선택하여 선언할 수 있다.

(Explanation#1)
  Multiple penalties being committed simultaneously :
  In this instance, only the severer penalty may be assessed. For instance, if a "Kyong-go" penalty and a "Gam-jeom" penalty occur simultaneously, the "Gam-jeom" must be assessed.
  If both violations are of equal severity, the referee will use his/her own discretion in choosing which penalty to declare.

주-(2)
경고 2회는 감점 1로 한다. 단, 경고 1회는 계상치 않는다. 경고 1회는 점수에 영향을 미치지 않는다. 그러나 2회가 되면 자동적으로 감점 1이 되어, -1점이 된다. 경고 2회에 대한 합산은 그 경고가 같은 내용

의 벌칙선언이든 다른 내용의 벌칙선언이든 구분하지 않는다. 또 회전간에 대한 구분이 없이 누적 계산된다.

(Explanation#2)

Two "Kyong-go" shall be counted as a deduction of one(1) point : However, the final odd "Kyong-go" shall have no value in the total score.

Every two "Kyong-go" shall count as a minus one point regardless of whether the committed violations are the same or different acts, and regardless of the round which they occur.

주-(3) 경고사항

가. 경기방해행위

(가) 한계선 밖으로 나가는 행위

선수의 두 발이 모두 경기지역을 벗어났을 때 주심은 지체 없이 경고를 선언한다.

(나) 넘어지는 행위

상대의 반칙행위로 인하여 넘어졌을 경우에는 경고 처리하지 않고 반칙을 범한 선수에게만 벌칙을 부여한다.

선수가 기술 사용 혹은 공격중 넘어졌다 하더라도 반드시 경고 처리한다.

양 선수가 모두 넘어졌을 경우에는 의도적이거나 먼저 넘어진 한 선수를 주심이 찾아내어 벌칙을 선언해야 한다.

(다) 등을 보이고 피하는 행위

상대의 공격을 회피할 목적으로 등을 돌려 피하는 행위로서 이 행위를 처벌하는 이유는 첫째, 정정당당한 경기정신의 결여라는 점과, 둘째, 심한 부상을 입을 가능성이 있는 위험한 행위이기 때문이다. 따라서 등을 보이면서 피하는 행위 이외에도 몸을 허리 이하로 숙여서 피하거나 상대에게서 시선을 완전히 떼고 웅크려서 피하는 행위도 이 조항에 준해서 처벌해야 한다.

(Explanation#3) Prohibited acts : "Kyong-go"

1. Interference with the progress of the match

  1) Crossing the Boundary Line

  When the both feet of a contestant move out of the boundary line, the referee shall give a "Kyong-go" penalty immediately.

  2) Falling down :

  In case a contestant falls down due to the opponent's prohibited acts, "Kyong-go" shall not be given to the contestant, and penalty shall be given to the opponent. Although a contestant falls down while performing a technique or attacking, "Kyoung-go" shall be given. In case both contestant falls down, the one who falls down intentionally or falls down first will be given the penalty.

  3) Evading by turning the back to the opponent :

  This act involves turning the back to avoid the opponent's attack and this act should be punished as it expresses the lack of fair play spirit and may cause a serious injury. Same penalty should also be given to evading the opponent's attacks by bending down the waist level or crouching.

나. 바람직하지 못한 행위

(가) 상대를 잡는 행위

상대선수의 신체 또는 도복이나 보호용구의 일부를 손으로 잡거나 또 상대선수 공격을 방어하는 과정에서 다리나 발을 잡거나 팔 위에 거는 행위도 이 조항을 적용시켜 처벌해야 한다.

(나) 상대를 끼는 행위

상대의 움직임을 방해할 목적으로 손이나 팔로써 상대의 어깨 위를 누르거나 겨드랑이 또는 상대의 팔 위를 끼는 행위를 말한다. 경기 중 선수가 상대방의 겨드랑이 이상으로 손이나 팔을 넣어 있을 때는 언제나 이 조항에 적용시켜 벌칙을 선언할 수 있다.

(다) 상대를 손바닥으로 밀거나 몸통으로 접촉하는 행위

손바닥을 명백히 편 상태에서 상대를 밀거나 팔을 벌리거나 아래로 내린 채 접촉한 상태를 유지하려고 하는 행위

(라) 엄살을 부리는 행위

상대가 행한 공격행위를 반칙 행위인 것으로 판단하게 할 의도로 지나치게 아픔을 과장하거나 가격된 부위를 사실과 다르게 하여 고통을 표시하거나 또는 경기시간을 고의로 지연시키기 위해서 아픔을 과장하는 행위 등은 경기 정신에 어긋나는 행위로 보아서 처벌한다. 이 경우 주심은 5초 간격으로 두 차례에 걸쳐 경기 속행을 지시한 후 경고를 부여한다.

(마) 무릎 또는 이마로 가격하는 행위

접근 상태에서 명백히 의도적으로 무릎으로 가격하거나 버팅하는 행위를 말한다. 단, 발기술을 발휘하여 공격하는 순간 상대방이 앞으로 들어오거나 공격자의 의도와는 달리 거리가 맞지 않아 무릎부위가 부득이 상대를 가격하게 된 경우나, 고의성이 없는 우연한 버팅은 여기에서 제외된다.

(바) 살을 가격하는 행위

고의적인 공격일 때만 적용하게 된다. 살을 가격 당하게 된 원인이 가격 당한 자에게 있을 때나 양 선수의 정상적인 기술 발휘과정에서 일어난 가격은 처벌되지 않는다.

(사) 허벅지, 무릎 또는 발을 밟는 행위

상대의 공격을 막거나 방해할 목적 또는 정상적인 기술발휘가 아닌 상황에서 상대의 허벅지 또는 무릎, 정강이 등 다리 부위를 차거나 강하게 밟거나 하는 행위를 말한다.

(아) 손으로 얼굴을 가격하는 행위

주먹으로 손 또는 팔이나 팔굽 등으로 상대의 얼굴을 가격하는 행위를 말한다. 그러나, 가격당한 선수가 부주의에 의하여 가격 당한 경우, 즉, 지나치게 숙이거나 주의 없이 몸을 돌리는 등으로 인해 불가항력으로 가격한 경우는 제외된다.

(자) 선수, 코치가 경기 진행을 방해하는 행위

코치가 지정된 코치석을 떠나 지나치게 소란스럽게 하거나 임의로 경기장을 이탈하는 행위, 경기진행을 방해할 목적 혹은 판정에 대한 시위의 목적으로 경기장 주변을 배회하는 행위가 이에 포함되며, 선수, 코치가 득, 감점을 유도하거나 방해할 목적으로 심판원의 고유권한을 침해하거나 경기의 진행을 방해하는 행위도 이에 포함된다.

2. Undesirable acts

1) Grabbing the opponent

   This includes grabbing any part of the opponent's body, uniform or protective equipment with the hands. Also included in the act of grabbing the foot or leg or hooking either one on top of the forearm.

2) Holding the opponent with the hand or arm

   Pressing the opponent's shoulder with the hand or arm, hooking the opponent's body with the arm with the intention of hindering the opponent's motion. If, during the competition the arm passes beyond the opponent's shoulder or arm pit for the above mentioned purpose, a penalty must be declared.

3) Touching the opponent with the hand or the trunk

   Pushing the opponent with the hand, or stretches the arms and takes down.

4) Pretending injury

   Punishing the absence of the spirit of fair play is the intention of this sub-article.

   This means exaggerating injury or indicating pain in a body part not subjected to a blow for the purpose of demonstrating the opponent's action as a violation, and also exaggerating pain for the purpose of elapsing the game time. In this case, the referee shall give the indication to continue the match to the contestant two times with five(5) seconds interval, and then shall give "Kyong-go" penalty unless the contestant follows the instruction of the referee.

5) Butting or attacking with the knee or forehead

   This article relates to an intentional butting or attacking with the knee when in close proximity to the opponent. However, actions of attacking with the knee that happen in the following situation cannot be punished by this artcle :

      a. When the opponent rushes in abruptly at the moment of performing foot techniques.
      b. Inadvertently, or as the result of a discrepency in distance in attacking.

6) Attacking the groin

   This article applies to an intentional attack to the groin. When a blow to the groin is caused by the recipient of the blow or occurs in the course of exchange of techniques, no penalty is given.

7) Stamping or kicking any part of the leg or foot

   This article applies to strong kicking or stamping actions to any part of the thigh, knee or shin for the purpose of interfering with the opponent's technique. No penalty will be given to those actions that occur through inadvertent contacts or normal technical exchanges.

8) Hitting the opponent's face with the hands or fist

   This article hitting the opponent's face with the hand (fist), wrist, arm, or elbow. However, unavoidable actions due to the opponent's carelessness such as excessively lowering the head or carelessly turning the body cannot be punished by this artcle.

9) Interrupting the progress of the match on the part of the contestant or coach
   This includes :
   - When a coach leaves the designated coach's mark during the match creating a disturbance or intentionally leaving the competition area.
   - When a coach goes around the competition area with a purpose of interfering the progress of the match or making a protest against the referee's decision.
   - When a coach contestant gestures to indicate scoring or deduction of points.

10) Avoiding the match
   -In case a contestant avoids the fighting with no intention to attack. The penalty shall be given to the one more defensive and steps back more frequently.

주-(4) 미는 행위

기술교환을 할 수 없을 정도로 접근된 상태에서 주먹을 쥔 상태로 미는 행위는 허용되지만 손바닥을 사용하거나 상대 선수를 넘어뜨리기 위한 방법으로 미는 행위는 처벌한다.

(Explanation#4)

When both contestants get too close, it is permitted to push the opponent with the fist. However, the use of the hands on the purpose to fall the opponet down is prohibited and penalty shall be declared.

주-(5)

경고행위 중 바람직하지 못한 행위에 대해서는 한 회전 당 2회에 한해서는 주심의 판단에 따라 '주의'를 활용할 수 있지만 2회 이후는 허용하지 않는다. 3회부터는 무조건 경고를 부여해야 하며, 그 행위가 고의성이 있다고 판단될 때는 주의 없이 바로 경고를 부여할 수 있다. 단, 경기방해행위에 대해서는 주의를 활용할 수 없다.

(Explanation#5)

The referee may use his/her own discretion to give "Joo-eui(caution)" before giving "Kyong-go" penalty to contestant for his/her undesirable acts. However, the use of "Joo-eui" shall be permitted twice at the maximum, and "Kyong-go" penalty shall be declared for the third commitment. If the act is considered intentional, "Kyong-go" shall be declared without prior "Joo-eui". "Joo-eui" shall not be used for the act of "Interference with the progress of the match".

주-(6) 감점사항

1. 경기방해행위

   가. 상대가 공격한 발이 체공 시 팔을 걸거나 손바닥으로 미는 행위
      상대방 선수의 공격을 방해할 목적으로 공격해 온 발을 팔로 걸어 넘기거나 손바닥으로 미는 행위를 말한다.

   나. 주심의 '갈려' 선언 후 넘어진 상대를 의도적으로 가격하는 행위
      이 행위는 매우 위험한 행위로서 상대 선수에게 심한 상해를 입힐 가능성이 많은 것이다. 넘어진 선수는 순간적으로 무방비 상태에 있기 쉽고 또 낮은 위치에 있는 상대의 신체부위에 가해지는 발 기술의 위력은 강하게 가해지기 마련이므로 그 위험성이 더욱 크다. 뿐만 아니라 넘어진 상대를 공

격하는 행위는 태권도 선수로서 해서는 안될 야비한 행위에 속하는 것으로서 올바른 경기정신에 어긋나는 행동이기도 하다. 이와 같은 이유로 해서 넘어진 상대에 대한 공격은 고의, 비고의를 가릴 필요가 없이 벌칙을 선언한다. 또 넘어진 상대에 대한 공격이 경미하거나 또한 실제로 타격을 가하지는 않고 공격하는 척하는 행위라 할지라도 그 행위 자체가 고의성이 있거나 경기 정신에 어긋나는 적대적 감정으로 행했다고 판단될 때는 단호하게 감점 선언을 한다.

다. 고의로 얼굴을 주먹으로 가격하는 행위
다음과 같은 주먹 공격에 대해 감점이 주어지며 이는 전적으로 주심의 판단에 따른다.

- 주먹의 출발점이 어깨선 위일 때
- 주먹의 공격 방향이 위쪽을 향할 때
- 기술 교환 없이 상해를 입힐 목적으로 접근 상태에서 얼굴을 타격할 때

2) 바람직하지 못한 행위

가. 선수, 코치가 바람직하지 않은 심한 언동과 행위로 경기 진행을 일시 중단시키는 행위

(Explanation#6) Prohibited acts : "Gam-jeom" penalty

1) Interference with the progress of the match

a) Intentionally throwing down the opponent by grappling the opponent's attacking foot in the air with the arm or pushing the opponent with the hand.
Action to interfere with the opponent's attack by grappling the opponent's foot in the air or pushing with the hand.

b) Attacking the fallen opponent after "Gal-yeo"
This action is extremely dangerous due to the high probability of injury to the opponent.
The danger arises from ;

- The fallen opponent might be in a state of unprotectedness in that mament.
- The impact of any technique which strikes a fallen contestant will be greater due to the contestant's position. These types of aggressive actons toward a fallen opponent are not in accordance with the spirit of Taekwondo and so are not appropriate to Taekwondo competition. With this regard, penalties should be given on attacking the fallen opponent intentional or unintentional. Gam-jeom penalty should be given in case a contestant attacks or pretends to attack the fallen opponent intentionally.

c) Intentionally attacking the opponent's face with fist
A "Gam-jeom" penalty shall be given to the one who has committed any of followings by the referee's own decision.

- When the starting point of the fist attack was over the shoulder
- When the fist attack was made upward
- When the attack was made in a close distance for the purpose of causing an injury, not as a part of technical exchanges

2) Undesirable acts

a) A temporary suspension of the match due to violent remarks or behaviors on the part of the contestant or the coach. In this instance, the undesirable behaviors include shouting, threatening the referee, protesting against the referee's decision in an illegal way.
When misconduct is committed by a contestant or coach during the rest period, the referee can immediately declare the penalty and that penalty shall be recorded on the next round's results.

주-(7)
주심은 선수가 고의적으로 규칙을 부정하거나 심판의 지시를 따르지 않을 때는 반칙패를 선언할 수 있다. 주심은 선수가 태권도 경기의 근본정신을 망각하고 경기규칙을 정면으로 부정하는 행위를 하거나 심판의 경기진행 지시를 따르지 않을 때는 3회의 감점선언을 기다릴 필요 없이 즉시 반칙패를 선언하고 경기를 종결 시킬 수 있다.
선수가 정상적인 경기 운영의 의사 없이 상대선수를 해하고자 하는 의도로 경기에 임하거나 주심의 지시에도 불구하고 반칙을 범하려는 의사나 행동을 명백하게 보일 때는 지나치게 적대적 감정으로 경기에 임하는 등의 경우에는 주심은 반칙패를 선언해야 한다.

(Explanation#7)
The referee may declare the competitor the loser by penalty ; The referee can declare a competitor loser without the accumulation of minus 3(-3) penalty points when the competitor or coach ignores or violates the basic principles of conduct in Taekwondo competition or fundamental principles of the competiton Rules or referee's directives. Particularly, if competitor shows the intention to injure or commit a flagrant violation in spite of the referee's cautionary directives, such a competitor must immediately be declared loser by penalties.

주-(8)
3회의 감점을 선언당하면 반칙패로 한다. 이 때 3회의 감점이란 -3점을 의미하는 것으로 경고나 감점의 구별없이 계산상 -3점이 되면 자동으로 반칙패가 된다는 뜻이다. 이 때 주심은 무조건 상대선수에게 승자선언을 해야 한다.

(Explanation#8)
When the contestant receives - 3points the referee shall declare him/her loser by penalties :
Minus three points mean a total accumulation of -3 points without regard to classification as to "Kyong-go" or "Gam-jeom". When a contestant accumulates -3points, that contestant is automatically the loser. In this instance, the referee must declare the other contestant winner unconditionally.

제15조 우세의 판정
Article 15. Decision of Superiority

1. 감점에 의해 동점일 경우는 득점을 우위로 한다.
1. In the case of a tie score by deduction of points, the winner shall be the contestant awarded any point or more points through the three rounds.

2. 위항이 아닌 동점의 경우 또는 무득점의 경우에는 주심이 전회전을 통한 우세를 판

정한다.

2. In the case of a tie score other than case 1. above, (where both contestant received the same number of points and/or deductions) the winner shall be decided by the Referee based on superiority throughout all three rounds.

3. 우세의 기준은 경기의 주도권으로 한다.

3. Decision of superiority shall be based on the initiative shown during the contest.

주-(1)

감점에 의해 동점일 경우 - 득점우위- 총계가 동점이나 감점이 있을때는 득점이 많은 자가 우세로 된다.

(Explanation#1)

In the case of a tie score by deduction of points : The contestant who earned more valid points in the winner.

주-(2)

득, 감점의 총계가 동점일 경우 : 3점을 획득한 자를 우세로 한다.

(Explanation#2)

In case of a tie score by the both scores and deduction : The one who has scored 3(three) points by one valid attack-is the winner.

주-(3)

전회전을 통한 우세를 판정한다. - 우세의 판정은 회전별로 기록하여 전회전의 우세점수를 합산하여 판정한다.

(Explanation#3)

Throughout all three rounds : Assessment of superiority is made on the basis of the overall results of the match on a round to round basis and the decision of superiority is made at the end of the final round.

※회전 별 우세 판정 방법 (100에서 빼나가는 방식으로)
1) 득점으로 (1:0=10:8, 3:1=10:7)
2) 감점으로 (-1:0=9:10)
3) 높은 점수(3점)를 획득한 자 (10:9)
4) 경기 주도권(10:9) : 선제 공격 많은 자, 기술 발휘 횟수, 고난도 기술횟수, 경기 매너 순으로 한다.

※Assessment of superiority per round (in a way to going down from 10)
  a) Deuk-jeom (1:0=10:8, 3:1=10:7)
  b) Gam-jeom (-1:0=9:10)
  c) The one who scored triple points by one valid attack(10:9)
  d) The one who has showed the initiative(10:9):
      - Technical dominance of an opponent through aggressive match management.
      - The greater number of techniques executed.
      - The use of the more advanced techniques both in difficulty and complexity.
      - Display of the better competiton manner.

제16조 경기결과 판정
Article 16. Decisions

1. 케이오승
1. Win by K.O.

2. 주심직권승(RSC)
2. Win by Referee Stop Contest(RSC)

3. 판정승
3. Win by score or superiority

4. 기권승
4. Win by withdrawal

5. 실격승
5. Win by disqualification

6. 반격승
6. Win by punitive declaration.

주-(1)
케이오승 - 정당한 공격에 의해 넉다운 되어 10초이내에 경기를 계속할 수 없을때, 또는 경과시간에 관계없이 주심의 판단으로 경기속행이 어렵다고 판단되었을 때 주심이 선언하는 승리.

(Explanation#1)
Win by K.O. : The referee declares this result when a competitor cannot resume competition within 10 seconds after being knocked down by a legitimate technique. When, as a result of a blow, the referee determines that competitor is not fit to resume competition, this result may be declared after 10 seconds have elapsed.

주-(2)
주심직권승(RSC) : 주심의 판단으로나 또는 의사의 자문에 의하여 한 선수가 경기를 더 이상 속행할 수 없다고 판단했을 때, 또는 1분계시 이후에도 경기속행이 불가능했을 때, 또는 주심의 경기 속행지시를 따르지 않을 때 선언하는 승리.

(Explanation#2)
Referee Stop Contest : If it is determined by the judgement of the referee or Commission Doctor that a contestant cannot continue, even after a one minute recovery period, or when a contestant disregards the referee's command to continue, the referee shall declare the contest stopped and the other contestant the winner.

주-(3)
판정승 : 경기의 내용에 따른 득, 감점 또는 우세판정에 따라 다 득점자 또는 우세자에게 선언되는 승리

(Explanation#3)
Win by score or superiority : In this case the winner is determined by the final score or the decision

of superiority

주-(4)

기권승 : 상대방 경기포기로 인하여 얻는 승리.
(가) 한선수가 부상 또는 기타 이유로 혹은 자의로 경기를 포기 하였을 때
(나) 회전간 휴식을 한후 계속 경기에 응하지 않았을 때
(다) 코치가 임의로 자기소속 선수의 열세로 더이상 경기를 속행시킬 필요가 없다고 판단하여 경기장 내로 수건을 던졌을 때

(Explanation#4)
Win by withdrawal : The winner is determined by withdrawal of the opponent.
  a. When a contestant withdraws from the match due to injury or other reasons
  b. When a contestant does not resume the match after the rest period or fails to respond to the call to being the match.
  c. When the coach throws in a towel to signify forfeiture of the match.

주-(5)

실격승 : 상대선수가 선수자격의 결격 또는 상실했을 때나 계체에 실격함으로서 내려지는 승리

(Explanation#5)
Win by disqualification : This is the result determined by the contestant's failure in weigh-in or when a contestant loses competitior status before the competition beings.

주-(6)

반칙승 : 상대선수가 감점이 -3점이 되거나 또는 주심이 14조 8항에 의해 반칙패를 선언했을 때 얻어지는 승리.

(Explanation#6)
Win by the referee's punitive declarations : This is the result declared by the referee after the accumulation of three minus(-3)points or by the referee's decision according to Item #8, Article 14 of the Competition Rules.

제17조 위험한 상태
Article 17. Knock Down

1. 타격으로 인하여 발바닥을 제외한 신체의 일부분이 바닥에 닿고 있을 때
1. When any part of the body other than the sole of the foot touches the floor due to the force of opponent's delivered technique.

2. 공격이나 방어의 의사없이 비틀거리고 있을 때
2. When a contestant is staggered showing no intention or ability to pursue the match.

3. 강한 타격으로 인하여 주심이 대전할 수 없다고 인정했을 때
3. When the referee judges that the contest cannot continue as the result of any power technique having been delivered.

주-(1)
위험한 상태 : 타격에 의한 충격으로 쓰러지거나 쓰러지지 않았더라도 중심을 잡지 못하고 비틀거릴때는 위험한 상태로 본다. 또 주심이 계속 경기진행이 위험을 초래하거나 일시적으로 선수의 보호가 필요하다고 판단할 만한 타격이 있을때는 이를 위험한 상태로 처리할 수 있다.

(Explanation#1)

A knock down : The situation in which a contestant is knocked to the floor or is staggered or unable to respond adequately to the requirements of the match due to a blow. Even in the absence of these indications, the referee may interpret as a knock down, the situation where, as the result of contact, it would be dangerous to continue or when there is any question about the safety of a conteatant.

제18조 위험한 상태에 대한 조처
Article 18. Procedure in the Event of a Knock Down

1. 유효부위에 정당한 가격으로 인하여 위험한 상태를 보일 때 주심은 다음의 조치를 취한다.
1. When a contestant is knocked down as the result of the opponent's legitimate attack, the referee shall take the following measures :

   1) "갈려"로 가격선수를 먼 거리에 위치토록 한다.
   1) The referee shall keep the attacker away from downed contestant by declaration of "Kal-yeo" (break).

   2) 주심은 위험한 상태에 처한 선수에게 큰소리로 "하나", "둘"…"열"까지를 1초간격으로 세며 이를 수신호로 알린다.
   2) The referee shall count aloud from "Ha-nah"(one) up to "Yeol"(ten) at one second interval towards the downed contestant, making hand signals indicating the passage of time.

   3) 주심은 계수하는 도중 위험한 상태에 처한 선수가 일어나 재대전 의사를 표시하더라도 여덟을 셀때까지 선수를 쉬게하며 선수의 회복을 확인한 후 경기를 계속케 한다.
   3) In case the downed contestant stands up during the referee's count and desires to continue the fight, the referee shall continue the count up to "Yeo-dul"(eight) for recovery of the downed contestant. The referee shall then determine if the contestant is recovered and, if so, continue the contest by declartion of "Kye-sok"(continue)

   4) 주심은 "여덟"을 셀때까지 위험한 상태에 처한 선수가 재대전의 의사를 취하지 못하면 이를 패자(K.O)로 한다.
   4) When a contestant who has been knocked down cannot demonstrate the will to resume the contest by the count of "Yeo-dul", the Referee shall announce the other contestant winner by K.O.

   5) 주심이 계수하는 도중 시간이 종료되어도 계수는 계속한다.
   5) The count shall be continued even after the end of the round or the expiration of the match time.

6) 양 선수가 동시에 위험한 상태에 처한 경우 그중 1명이 위험한 상태에 있는 한 계수는 계속된다.

6) In case both of the contestants are knocked down, the referee shall continue counting as long one of the contestants has not sufficiently recovered.

7) 양 선수가 동시에 위험한 상태에 처해 "열"을 셀때까지 회복되지 않았을 경우 위험한 상태에 처하기까지의 점수로 승패를 결정한다.

7) When both of the contestants fail to recover by the count of "Yeol", the winner shall be decided upon the match score before the occurrence of knock down.

8) 주심은 선수가 위험한 상태에 이르렀다고 판단되면 계수없이 또는 계수도중이라도 승패를 결정할 수 있다.

8) When it is judged by the referee that a contestant is unable to continue, that referee may decide the winner either without counting or during the counting.

2. 사후조치

얼굴부위에 가해진 타격으로 인해서 패자(K.O)가 된 선수는 30일 동안 어떤 경기에도 참가할 수 없다. 30일 이후라도 경기에 출전코자 할 시는 국가협회가 지정한 의사의 진단을 받은 후라 한다.

2. Procedures to be followed after the contest

Any contestant suffering a knock-out as the result of a blow to the head, will not be allowed to compete for the next 30 days. Before entering a new contest after 30 days, the contestant must be examined by a medical doctor designated by the National Taekwondo Association, who must certify that the contestant is recovered and able to compete.

주-(1)

먼거리에 위치토록 한다 : 일반적으로 선수위치를 말한다. 그러나 다운된 선수가 상대선수의 선수위치 주위에 있을때는 자기 코치석앞의 경계선상에 위치케 한다.

(Explanation#1)

Keep the attacker away : In this situation the standing opponent shall return to the respective Contestant's Mark, however, if the downed contestant is on or near the opponent's Contestant's Mark, the opponent shall wait at the Alert Line in front of his/her coach's chair.

(심판지침)

주심은 경기진행중에 갑자기 일어나는 강한 타격과 그로 인한 위험한 상태 즉, 녹다운 또는 스탠딩다운의 상황에 대해 기민한 판단으로 대처할 수 있어야 한다. 이러한 때에는 주저없이 즉시 갈려선언 후 지체없이 계수를 시작해야 한다. 특히 스탠딩다운의 판단이 충격에 의해서가 아니라 타격의 힘에 의해 밀려 넘어진 다운의 경우 판단을 주저하거나 때로는 계수 없이 경기를 속행시키는 경우가 있다. 위험한 상태에 대한 판단과 계수에 민첩성과 단호함을 갖추어야 한다.

(Guidelines for officiating)

The referee must be constantly prepared for the sudden occurence of a knock down or staggered situation which is usually characterized by a powerful blow accompanied by dangerous impact. In this situation, the referee must declare "Kal-yeo" and begin the count without any hesitation.

주-(2)
재대전 의사를 표시하더라도 여덟을 셀때까지 선수를 쉬게하며 : 계수를 하는 가장 중요한 목적은 선수를 보호하기 위한 것이다. 선수가 비록 여덟 이전에 재대전 의사를 표시하더라도 여덟까지 세기전에 경기를 속행시킬 수 없다. 계수를 여덟까지 하는 것은 주심이 임의로 바꿀 수 없는 강제조항이다.

(Explanation#2)

In case the downed contestant stands up during the referee's count and desires to continue the fight : The primary purpose of counting is to protect the contestant. Even if the contestant desires to continue the match before the count of eight is reached, the referee must count until "Yeo-dul" (eight)before resuming the match. Counting to "Yeo-dul" is compulsory and cannot be altered by the referee.

※ Count from one to ten : Ha-nah, Duhl, Seht, Neht, Da-seot, Yeo-seot, Il-gop. Yeo-dul, A-hop. Yeol.

주-(3)
선수의 회복을 확인한 후 경기를 계속한다 : 여덟을 셀 때까지 주심은 선수의 회복여부에 대한 판단을 마쳐야 한다. 여덟이후의 확인은 단순한 점검이다. 짧은 순간에 확인하고 바로 경기의 속행을 명해야 한다.

(Explanation#3)

The referee shall then determine if the contestant is recovered and, if so, continue the contest by the declaration of "Kye-sok" : The referee must ascertain the ability of the contestant to continue simultaneously to administering the count. Final confirmation of the contestant's condition after the count of eight is only procedural and the referee must not needlessly pass time before resuming the contest.

주-(4)
주심이 여덟을 셀 때까지 위험한 상태에 처한 선수가 재대전의 의사를 취하지 못하면 이는 패자(O.K)로 한다 : 재대전 의사란 선수가 겨루기 자세로 서서 겨눈 양주먹을 가볍게 흔들어 주는 것을 말한다. 계수 여덟까지 선수가 재대전 의사를 표하지 않으면 주심은 아홉, 열을 센후 상대선수에게 승리를 선언한다. 여덟이후의 재대전의사는 아무 효력을 가질 수 없다. 또 비록 재대전 의사를 표했을지라도 선수가 대전을 계속할 수 없다고 판단될 때는 열가지를 센다음 경기결과를 선언할 수 있다.

(Explanation#4)

When a contestant who has been knocked down cannot express the will to resume by the count of "Yeo-dul", the referee shall announce the other contestant winner by K.O. after counting to "Yeol" : The contestant expresses the will to continue the match by gesturing several times in a fighting position with the cleaned fist. If the contestant cannot display this gesture by the count of "Yeo-dul", the referee must declare the other contestant winner after first counting "A-hop" and "Yeol".

Expressing the will to continue after the count of "Yeo-dul" cannot be considered valid.

Even if the contestant express the will to resume by the count of "Yeo-dul", the can continue counting and may declare the contest over if he/she determines the contestant is incapable of resuming the match.

주-(5)

주심은 선수가 위험한 상태에 이르렀다고 판단되면 계수없이 또는 계수도중이라도 승패를 결정할 수 있다 : 선수가 받은 충격의 정도가 몹시 위험하여 응급처치에도 시간을 지체할 수 없다고 판단되었을 때는 계수없이 또는 계수중 이라도 언제든지 바로 승패를 결정할 수 있다.

(Explanation#5)

When it is judged by referee that a contestant is unable to continue... :
When a contestant has received an apparently dangerous blow and has fallen in an urgent condition the referee can suspend the count and call for first aid or do so in conjunction with the count.

(심판지침)

가. "여덟"을 세는 과정에서 선수의 회복여부를 결정하지 못하고 확인을 위해 시간을 끄는 행위를 해서는 안된다.

나. "여덟"이전에 선수가 의식을 분명히 회복하고 재대전의사를 표했으며, 주심도 경기속행이 가능하다고 판단하였으나, 부상선수의 치료를 위해 경기속행이 어려울때는 "계속"을 명하는 즉시 다시 갈려 선언을 하고 "계시"를 선언한 후 제19조 경기중단 상황의 처리 방법에 따라 조치한다.

(Guidelines for officiating)

a. The referee must not spend additional time confirming the competitor's recovery after counting to "Yeo-dul" as a result of failing to observe the contestant's condition during the administration of the count.

b. When the contestant cleary recovers before the count of "Yeo-dul" and express the will to resume and the referee can cleary discern the contestant's condition yet resumption is hampered by the requirement of medical treatment, the referee must first resume the match with the declaration of "Kye-sok" followed immediately by the declarations of "Kal-yeo" and "Kye-shi" and procedures of Article 19 must then be followed.

제19조 경기중단 상황의 처리
Article 19. Procedures for Suspending the Match

부상으로 인하여 경기가 중단되었을 때 주심은 다음의 조치를 취한다.

When a contestant is to be stopped due to the injury of one or both of contestants, the referee shall take the following measure :

1. 경기를 중단시킨 후 "계시"로 경기시간을 정지 시킨다.
1. The referee shall suspend the contest by declaration of "Kal-yeo" and order the Recorder to suspend the time keeping by announcing "Kye-shi"(suspend).

2. 1분이 초과하지 않은 범위내에서의 치료를 허가한다.
2. The referee shall allow the contestant to receive first aid within one minute.

3. 경상임에도 1분이 경과하도록 재대전 의사를 표하지 않는 선수는 패자로 한다.
3. The contestant who does not demonstrate the will to continue the contest after one minute, even in the case of a slight injury, shall be declared loser by the referee.

4. 1분이 경과하여 속행이 불가능할 경우, 감점행위에 의한 경우는 부상케한 자를 패자

로 한다.

4. In case resumption of the contest is impossible after one minute, the contestant causing the injury by a prohibited act to be penalized by "Gam-jeom" shall be declared loser.

5. 양 선수가 동시에 쓰러져 1분이 경과하여도 속행이 불가능할 경우 부상시 까지의 점수로 승패를 결정한다.

5. In case both of the contestants are knocked down and are unable to continue the contest after one minute, the winner shall be decided upon points scored before the injuries occurred.

6. 한 선수라도 의식을 잃고 쓰러져 있거나 위험한 상태에 처해 있다고 판단될 경우 주심은 즉시 경기를 종결시키고 응급처치를 명할 수 있다. 이때 부상이 감점행위에 의한 경우는 가격자를 패자로 하고 감점행위가 아닌 경우는 부상시 까지의 점수로 승패를 결정한다.

6. When it is judged that a contestant's health is at risk due to losing consciousness of falling in an apparently dangerous condition, the referee shall suspend the contest immediately and order first aid to be administered. The referee shall declare as loser, the contestant causing the injury if it is deemed to have resulted from a prohibited attack to be penalized by "Gam-jeom", or in the case the attack was not the basis of the score of the match before suspension of the time.

주-(1)

부상 또는 응급상태의 발생으로 경기진행이 불가능하다고 판단되었을 때 주심은 다음과 같이 처리할 수 있다.

가. 부상 또는 그 사태가 선수가 의식을 잃고 쓰러져 있는 등 시간을 지체할 수 없는 긴급한 위험상황이라고 판단될 때는 먼저 선수가 응급처치를 받게 하고, 바로 경기를 종결시킬 수 있다.

이때 승패는 :

(가) 그 행위가 감점행위에 의해 야기된 경우에는 행위자를 패자로 하고,

(나) 그 행위가 정상적인 경기진행중에 일어난 감점행위가 아닌 동작이나 정당한 기술에 의한 것일때는 경기불능자를 패자로 한다.

(다) 경기진행과 무관한 경기외적 사태로 말미암아 부상 및 응급상황에서는 양선수가 그때까지 받은 점수로 승패를 정한다. 1회전도 끝나지 않았을 때는 그 경기를 무효로 한다.

나. 부상의 정도가 긴급하게 위험한 상황이 아닐때는 계시후 1분의 범위내에서 경기재개를 위해 필요한 조처를 취할 수 있다.

(가) 치료의 허가 : 간단한 의료적 처치가 필요하다고 판단될 때는 치료를 하게 할 수 있고 또 임석 의사의 진단 또는 치료가 필요하다고 판단될 때는 의사에게 치료를 요청할 수 있다.

(나) 경기속행의 지시 : 선수가 경기속행이 가능한지 여부의 판단은 주심이 한다. 주심은 1분이내에 언제든지 선수에게 경기속행을 명할 수 있다. 선수가 이 지시에 따르지 않을 때는 그 선수를 패자로 선언한다.

(다) 치료 또는 회복을 기다리는 도중에 계시후 40초가 경과한 때로 부터 주심은 5초 간격으로 "00초경과"를 큰소리로 알려야 한다. 1분이 되는 순간까지 선수위치로 돌아오지 못할 때는 경기결

과를 선언해야 한다.
- (라) 임석의사가 자리에 있는지의 여부가 계시에 영향을 미치지 못한다. 비록 의사가 없을지라도 계시의 계산은 정상대로 진행된다. 단, 임석의사가 꼭 필요한 상황이지만 없을 경우 또는 경미한 부상이나 의사의 치료에 약간의 추가시간이 필요한 경우에는 주심의 판단에 따라 계시의 진행을 중단할 수 있다.
- (마) 1분이 경과하여도 경기진행이 불가능할 경우 승패는 위 가-(가)의 방법과 같이 결정한다.

다. 양 선수가 모두 경기불능 상태에 빠져 1분이내에 일어나지 못하거나 즉시 종결상황에 처했을 때의 승패는 :
- (가) 한편의 선수가 감점행위를 범했을 때는 그 선수를 패자로 하고,
- (나) 감점행위가 아닌 행위에 의한 상황일 경우는 그때까지의 점수로 승패를 정한다. 단, 1회전도 끝나지 않은 경우는 그 경기를 무효로 하고 대회본부가 정한 시간에 재대전케 한다. 이때에도 경기의 속행이 불가능한 선수가 있을때는 기권으로 처리한다.
- (다) 양 선수가 모두 감점행위를 범했을 때는 두선수 모두 반칙패로 선언한다.

(Explanation#1)

When the referee determines that the competition cannot be continued due to injury or any other emergency situation, the referee may take the following measures :

1) If the situation is critical such as a competitor losing consciousness or suffering a severe injury and time is crucial, first aid must be immediately directed and the match be closed. In this case the result of the match will be decided as follows :
   a. The causer shall be declared the loser if the outcome was the result of a prohibited act to be penalized by "Gam-jeom".
   b. The incapaciated contestant shall be declared the loser if the outcome was the result of a legal action or accidental, unavoidable contact.
   c. If the outcome was unrelated to the match contents, the winner shall be decided by the match score before suspension of match. If the suspension occurs before the end of the first round, the match shall be invalidated.

2) When the injury is not serious, the competitor can receive necessary treatment within one minute after the declaration of "Kye-shi".
   a. Permission for medical treatment : When the referee determines that medical treatment is necessary, he/she can direct treatment from the Commission Doctor.
   b. Order to resume the match : It is the decision of the referee whether or not it is possible for the contestant to resume the match. The referee can, at anytime, order the contestant to resume the match within one minute. The referee can declare as loser any contestant who does not follow the order to resume the match.
   c. While the contestant is receiving medical treatment or is in the process of recovering, 40 seconds after the declaration of "Kye-shi", the referee begins to loudly announce the passage of time in five second interval. When the competitor cannot return to the Contestant's Mark by the end of one minute period, the match result must be declared.
   d. After the declaration of "Kye-shi", the one minute time interval is strictly observed regardless of the Commission Doctor's availability. However, when the Doctor's treatment is required and the

Doctor is absent or additional treatment is necessary, the one minute time limit can be suspended by the judgement of the referee.

e. If resumption of the match is impossible after one minute, the decision of the match will be determined according to sub-article #1), Item a. of this Article.

3) If both contestants become incapacitated and are unable to resume the match after one minute or urgent conditions arise, the match result is decided according to the following criteria :

a. If the outcome is the result of a prohibited act be penalized by "Gam-jeom" by one contestant that person shall be the loser.

b. If the outcome was not related to any prohibited act to be penalized by "Gam-jeom" the result of the match shall be determined by the match score at the time of suspention of the match. However, if the suspension occurs before the end organizing committee will determine an appropriate time to recontest the match. If, by the determined rematch time, a contestant is still unable to compete, that contestant shall be considered withdrawn.

d. If the oucome is the result of prohibited acts to be penalized by "Gam-jeom" by both contestants both contestants shall lose.

주-(2)
본 규정에 명시된 사태외의 경기중단 상황은 다음에 따라 처리한다.
가. 부득이한 사정에 의해 경기진행이 불가능한 상황이 초래되었을 때는 주심이 경기를 중단시키고 대회본부의 지시에 따른다.
나. 2회전 종료이후에 경기가 중단되었을 때는 그때까지의 점수로 승패를 정한다.
다. 2회전 종료이전에 경기가 중단되었을 때는 재대전을 원칙으로 하고 재대전은 1회전 부터 한다.

(Explanation#2)

The situations which warrant suspending the match beyond the above prescribed procedures shall be treated as follows :

1) When uncontrollable circumstances require suspension of the match, the referee shall suspend the match and follow the directives of the organizing committee.

2) If the match is suspended after the completion of the second round the match shall be determined according to the match score at the time of suspension if the match cannot be concluded.

3) If the match is suspended before the conclusion of the second round, a rematch shall, in principle, be conducted and shall be held in three full rounds.

제20조 심판원
Article 20. Referees and Judges

1. 자격 : 본 연맹에 등록된 심판자격증 소지자.
1. Qualifications : Holders of International Referee Certificate registered by the WTF.
2. 임무   2. Duties

   1) 주심   1)Referee

   (1) 경기전반에 걸쳐 주도권을 갖는다.

(1) The referee shall have control over the match.

(2) 경기의 "시작", "그만", "갈려", "계속", "계시", 승패의 선언, 감점선언, 경고선언, 퇴장 선언등을 한다. 모든 선언은 결과가 확인된 후 선언된다.

(2) The referee shall declare "Shi-jak", "Keu-man", "Kal-yeo", "Kye-sok" and "Kye-shi", winner and loser, deduction of points, warnings and retiring. All the referee's declarations shall be made when the results are confirmed.

(3) 규정에 따라 판정권을 독자적으로 행사할 수 있다.

(3) The referee shall have the right to make decisions independently in accordance with the prescribed rules.

(4) 득점의 채점은 하지 않는다.

(4) The referee shall not award points.

(5) 경기결과가 동점이거나 무득점일 경우, 우세기준에 의해 승패를 결정한다.

(5) In case of a tie or scoreless match, the decision of superiority shall be made by the referee after the end of three rounds.

2) 부심   2) Judges

(1) 득점이라고 인정되면 즉시 채점한다.

(1) The judges shall mark the valid points immediately.

(2) 주심이 의견을 물었을때 자기의 소견을 진술한다.

(2) The judges shall state their opinions forthrightly when requested by the referee.

3. 판정의 책임

심판 판정은 절대적인 것이며, 소청위원회에 대하여 책임을 진다.

3. Responsibility for Judgement

Decisions made by the referees and judges shall be conclusive and they shall be responsible to the Board of Arbitration for those decisions.

4. 복장

4. Uniform of the Referees and Judges

1) 심판원은 본 연맹이 정한 복장을 착용하여야 한다.

1) The referees and judges shall wear the uniform designated by the WTF.

2) 심판원은 경기에 방해가 되는 물건을 휴대할 수 없다.

2) The referees and judges shall not carry or take any materials to the arena which might interfere with the contest.

(해 설)

심판 배정에 오류가 있거나 심판의 불공정한 경기 운영 발생 시 혹은 납득하기 어려운 실수 연발 시, 소청위원장은 현장에서 심판 교체를 기술대표에게 권고 할 수 있다.

(Interpretation)

The Chairman of the Board of Arbitration may request the Technical Delegate to replace the refereeing officials in the event that refereeing officials have been mis-assigned, or when it is judged that any of the assigned refereeing officials have unfairly conducted the contest or made unreasonable mistakes.

제21조 기록원
Article 21. Recorder

경기시간, 정지시간 등을 계측하고 득, 감점을 기록, 표출한다.

The recorder shall time contest and periods of time-out, suspension, and also shall record and publicize the awarded points, and/or deduction of points.

제22조 심판원 구성 및 배정
Article 22. Assignment of Officials

1. 심판원 구성은 다음과 같다.
1. Composition of Refereeing Officials

   1) 4심제(일반호구 사용시) - 주심1명, 부심3명
   1) In the use of non - electronic trunk protector :
      The officials are composed of one referee and three judges.

   2) 3심제(전자호구 사용시) - 주심1명, 부심2명
   2) In the use of electronic trunk protector :
      The officials are composed of one referee and two judges.

2. 심판원 배정
2. Assignment of Refereeing Officials

   1) 심판원 배정은 대전표 작성후에 한다.
   1) The assignment of the referees and judges shall be made after the contest schedule is fixed.

   2) 대전선수와 동일한 국적소지자는 심판으로 배정될 수 없다.
      단, 경우에 따라 심판이 부족시 부심은 예외로 한다.
   2) Referees and judges with the same nationality as that of either contestant shall not be assigned to such a contest. However, an exception shall be made for the judges when the number of refereeing officials is insufficient as the case may be.

(해 설)
심판원의 구성, 자격, 임무, 권한 등 제반내용은 본 연맹의 심판운영규정에 따른다.
(Interpretation)
The details of the qualifications, duties, organization, etc. shall follow the WTF Regulations on the Administration of International Referees.

제23조 본 규칙에 명시되지 않은 사태
Article 23. Other matters not specified in the Rules

본 규칙에 명시되지 않은 사태가 발생하였을 경우, 다음과 같이 처리한다.

In the case that any matters not specified in the Rules occur, they shall be dealt with as follows :

1. 경기에 관한 사태는 해당경기 심판원이 합의하여 처리한다.
1. Matters related to the competition shall be decided through consensus by the refereeing officials of the pertinent contest.

2. 경기 이외에 관한 사태는 집행위원회 또는 그 대리인이 처리한다.
2. Matters which are not related to a specific contest, shall be decided by the Executive Council or its proxy.

3. 대회조직위원회는 경기기록, 보관을 위해 각 코트별 비디오 레코드의 설치, 촬영이 되도록 준비한다.
3. The organizing committee shall prepare for a video tape recorder at each court for recording and preservation of the match process.

제24조 소청 및 상벌
Article 24. Arbitration

1. 소청위원회는 대회 개최전에 다음과 같이 구성한다.
1. Composition of the Board of Arbitration

   1) 자격 : 소청위원은 집행위원 또는 태권도에 풍부한 경험이 있는 인사로서 총재나 사무총장이 추천한 자. 대회 기술대표로 임명된 1명을 당연직으로 포함한다.
   1) Qualifications : Member of Executive Council of the WTF or person with sufficient Taekwondo experience recommended by the WTF President or Secretary General. One Technical Delegate shall be the Ex-officio member.

   2) 구성 : 위원장 1인과 6인 이내의 위원, 그리고 당대회 기술대표
   2) Composition : One chairman and six or less members and the Technical Delegate.

   3) 구성절차 : 위원장 및 위원은 사무총장의 재청에 의하여 총재가 위촉한다.
   3) Procedure of appointment : The chairman and members of the Board of Arbitration will be appointed by the WTF President on the recommendation of the WTF Secretary General.

2. 책임 : 소청위원회는 소청심의에 의해 판정에 대한 정정 및 비위관계자에 대한 징계처분을 하여 사무국에 통고한다.
2. Responsibility : The Board of Arbitration shall make correction of misjudgements according to their decision regarding protests and take disciplinary action against the officials committing the misjudgement or any illegal behavior and result of which shall be sent to the Secretariat of the WTF.

3. 소청심의 절차
3. Procedure of Protest

   (1) 판정에 대한 사항
   (1) Matters in relation to judgement

   1) 판정에 이의가 있을 때는 소정의 소청신청서와 소청료를 경기종료 후 10분 이내에 제출하여야 한다.
   1) In case there is an objection to a judgement, a delegate must submit an application for re-evaluation of decision(protest application) together with the prescribed fee tto the Board of Arbitration within 10 minutes after the pertinent contest.

   2) 소청위원회의 심의는 해당국 소청위원은 제외하며, 의결은 과반수로 결정한다.
   2) Deliberation of re-evaluation shall be carried out excluding those members with the same nationality as that of either contestant concerned, and resolution on deliberation shall be made by majority.

   3) 소청위원은 필요에 따라 해당 경기에 관련된 심판원을 소환, 진상을 문의할 수 있다.
   3) The members of the Board of Arbitration may summon the refereeing officials for confirmation of events.

   4) 소청위원회 의결은 최종적인 것이며, 어느 누구도 이의를 제기할 수 없다.
   4) The resolution made by the Board of Arbitration will be final and no further means of appeal will be applied.

   (2) 대회 운영에 관한 사항
   (2) Matters in relation to competition management

   1) 심판배정에 오류가 있거나 심판의 불공정한 경기 운영 발생 시 소청위원장은 현장에서 심판교체를 기술대표에게 권고할 수 있다.
   1) The Chairman of the Board of Arbitration may recommend the Technical Delegate to replace the refereeing officials in the event that refereeing officials have been mis-assigned or when it is judged that any of the assigned refereeing officials unfairly conduct the contest.

   2) 코치 및 선수가 다음 사유에 해당하는 행위를 했을 시 총재나 사무총장이 현장 상벌위원회 징계를 요청할 수 있다.
   2) The WTF President or Secretary General (in case of absence, the Technical Delegate) may request the Board of Arbitration for deliberation when any of the following behaviors are committed by the coach or the contestant.

   a. 경기를 방해하거나 이를 목적으로 관중을 선동하는 행위
   a. Interfering with the managment of contest or stirring up the spectators for the same purpose.

   b. 세계태권도연맹과 조직위원회의 대회운영을 방해한 행위
   b. Interfering with the operation of the competition conducted by the WTF and the Organizing Committee.

   c. 판정조작을 목적으로 사실이 아닌 것을 유포하는 행위
   c. Spreading the false reports for the purpose of having an influence on the judgement

3) 소청위원회는 발의 내용이 이유 있다고 판단 시 심의 절차를 거쳐 징계 처분 후 장내방송을 통해 결과를 발표하고 사무국에 그 결과를 추후 통보한다. 이의가 있을 시에는 당 연맹규약에 의거, 상벌위원회에서 재심을 할 수 있다.

3) When judged necessary, the Board of Arbitration shall deliberate over the matter and take disciplinary action immediately. The result of deliberation shall be announced to the public and reported to the WTF Secretariat after wards. In case of any objection to the decision on the part of the contestant or coach, the sanction committee may re-deliberate over the matter as prescribed in the Rules and Regulations.

4) 소청위원회는 필요 시 당사자를 소환, 진상을 문의할 수 있다.

4) The Board of Arbitration may summon the person concerned for confirmation of events.

(해설)
소청위원회는 최소한 5명의 유자격 위원들로 구성되어야 하며, 5명이상으로 구성할 경우 전체위원수는 반드시 홀수가 되어야 한다.

(Interpretation)
Each Board of Arbitration shall be composed of at least five eligible members and Board composed of a number of members greater than five must be an odd number.

주-(1)
해당국 소청위원은 제외하며 : 소청 당사국과 동일국적 위원이 있을 때는 위원에서 제외되며, 나머지 위원중에서 홀수의 심의위원단을 구성해야 한다. 위원장이 제외될 경우에는 임시원장을 호선에 의해 선출한다.

(Explanation#1)
Excluding those members with the same nationality... : If there are officials with the same nationality as either contestant involved on the Board of Arbitration those members must by excluded from the board. In all cases. the number of Board members must be an odd number. If the chairman is one who is ineligible, a temporary chairman must be elected by the remaining members.

주-(2)
소청위원장은 현장에서 심판 교체를 기술 대표에게 요청할 수 있다 : 기술 대표는 소청위원장의 요청에 따라 심판위원장에게 심판교체를 지시할 수 있다.

(Explanation#2)
The Chairman of the Board of Arbitration may recommend the Technical Delegate replace the refereeing officials : The Technical Delegate may instruct the Referee Chairman to replace the refereeing officials concerned following the request of the Chairman of the Board of Arbitration.

주-(3)
의결 : 의결을 위한 심의절차는 다음과 같다.
가. 소청 사유내용을 검토하여 심의 내용을 가부로 결정할 수 있는 형식으로 만든다.
나. 필요한 경우 주, 부심의 소견을 청문할 수 있으며, 필요한 청문대상의 결정을 소청위원회가 한다.
다. 필요하다고 판단될 경우 판정 기록이나 경기내용 기록(Video Tape)을 검토한다.
라. 토의가 끝나면 위원단의 무기명 투표에 의해 다수결로 가부를 결정한다.
마. 위원장이 소청심의 결과보고서를 작성 발표한다.

바. 결과의 처리 :
- (가) 경기결과 처리의 착오 : 점수 계산의 착오나 청, 홍선수의 착각에 의한 경우는 그 결과를 번복한다.
- (나) 규칙적용의 착오 : 주심이 규칙적용을 명백히 착오한 것으로 판명되었을 때는 그 결과를 번복하고 주심을 징계한다.
- (다) 사실판단의 착오 : 주심 또는 부심등이 타격의 강도, 행위의 정도 고의성 유, 무 또는 행위의 시간적 유효성 여부 등 사실판단에 있어 명백한 착오가 있었다고 판명될 때는 그 결과를 번복할 수 없고 오심을 행한 심판원이 징계된다.

(Explanation#3)

Deliberation procedures

1. After reviewing the protest applications, the content of the protest must be arranged according to the criterion of "acceptable" or "unacceptable".
2. If necessary, the Board can hear opinions from the referee or judges.
3. If necessary, the Board can review the material evidence of the decision, such as the written or visual recorded data.
4. After deliberation, the Board holds a secret ballot to determine a majority decision.
5. The chairman will make a report documenting the outcome of the deliberation and shall make this outcome publicly known.
6. Treatment of the decision :
   1) Errors in determining the match results, mistakes in calculating the match score or misidentifying a contestant shall result in the decision being reversed.
   2) Error in application of the rules : When it is determined by the Board that the referee made a clear error in applying the Competition Rules, the outcome of the error shall be corrected and the referee be punished.
   3) Error in factual judgement : When the Board decides that there was clearly an error in judging the facts such as impact of striking, severity of action or conduct, intentionality, timing of an act in relation to a declaration or area, the decision shall not be changed and the officials seen to have made the error shall be punished.

주-(4) 현장징계위원회

현장징계위원회의 징계 의결을 위한 심의 절차는 소청 의결을 위한 심의 절차와 동일하며 징계에 대한 세부 사항은 당 연맹 징계규정에 따른다.

(Explanation#4)

Extraordinary Committee of Sanction :
The Deliberation procedure of Sanction shall correspond to that of Arbitration, and the details of Sanction will comply with the Regulations on Sanctions.

개정 : 1973, 77, 82, 83, 86, 89, 91, 93, 97. 11. 18
Revised : Nov. 18, 1997
(To be effective as of July 1st, 1998)

개정 : 2001. 10. 31 (시행 : 2002. 7. 1)
Revised : Oct. 31, 2001
(To be effective as of July 1st, 2002)

인 쇄 : 2002. 3. 25 (Printed : March. 25, 2002)

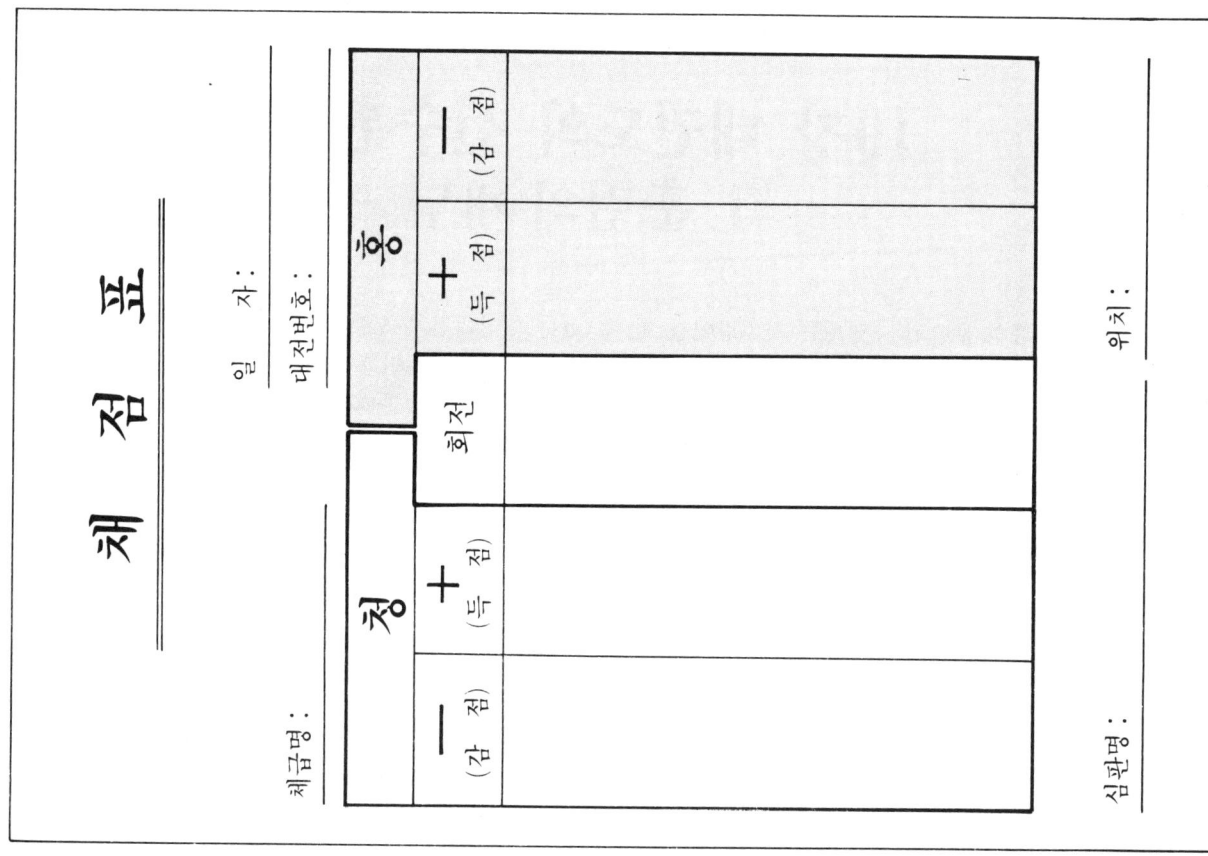

10장 태권도의 선수훈련
1. 훈련의 개념

민족고유의 무술인 태권도는 자기방어를 할 수 있는 대인대전 무도로서 출발, 이제는 국제 스포츠로서 발전함에 따라 지도자의 경험에 의한 훈련방법보다 체계적이고 이론적인 뒷받침이 요구됨에 따라 부분적으로 운동전문가나 과학자들의 도움을 필요로 하게 되었다. 그 결과 선수들을 위한 지식이 점점 증가하게 되었으며 이러한 지식은 훈련방법에 직접 반영되어 새로운 방법들이 내일의 훈련에 사용되기에 이르렀다.

훈련이란 경기력을 향상시킬 목적으로 신체에 일정한 자극을 계획적으로 주는 과정이며 경기력은 일반적으로 체력(기초체력, 전문체력)기술, 시합전략, 영양, 관중 등 여러가지 요인에 의해 영향을 받고 있으며 코우치가 조직하고 계획을 세운 훈련과정 중에 수집한 정보에는 심리적, 생화학적, 신체적, 사회적, 방법론적인 자료들이 있다. 이 정보가 다양하더라도 그 정보는 대상이 선수 자신들이며 선수의 운동 수행능력을 향상시킬 수 있는 훈련과정에서 피드 백(Feed Back)된 모든 정보를 종합해서 더 좋은 프로그램을 세움으로써 기술의 종류 및 훈련을 더욱 효과적으로 증가시킬 수 있다.

코우치는 훈련의 목표를 달성하거나 선수들의 운동 수행능력과 기술수준의 향상을 도모하기 위해서는 아래와 같은 훈련의 전반적인 목적을 설정해야 한다.

㉮ 체력을 증진시키기 위하여; 신체의 발달은 훈련의 기본적 원칙으로 전반적인 지구력과 근력 및 스피드를 늘리며 대부분의 운동을 수행하기 위해 필요한 유연성을 증진시킬 때 균형있는 신체발달을 꾀할 수 있게 된다.

㉯ 운동을 연습할 때 특별히 요구되는 부분의 체위향상을 도모하기 위하여; 이 목적은 절대적인 근력과 상대적인 근력, 그리고 근육의 탄력성을 개발하고 파워 또는 근지구력 운동에 필요한 특수능력을 기르고 동작 및 반응시간을 늘리며 협응력을 발달시킴으로써 달성될 수 있다.

㉰ 운동의 기술을 익히고 개발하기 위해서 한다.

㉱ 필요한 전술을 용이하게 개발하고 완성시키기 위해서; 상대방의 기술을 파악함으로써 선수의 능력면에서 적절한 기술과 변화를 적용할 수 있다.

㉲ 정신력을 기르기 위해서; 힘든 훈련을 견디기 위한 인내력, 의지력 등과 같은 일반적인 근성 및 특수한 근성을 습득하며, 선수들 자신의 능력에 대한 자부심을 갖도록 하며 경기전에 적절한 심리적인 준비를 할 수 있도록 해준다.

㉳ 선수 개개인의 건강을 증진시키기 위해서; 정기적인 건강진단을 실시해야 하며 개인의 능력에 알맞게 훈련의 강도를 조절하고 부상이나 병이 발생했을 때는 선수의 훈련을 중단하고 완전하게 회복되었을 때 다시 적당한 훈련을 시작하도록 한다.

㉴ 완전한 준비와 예방으로 부상을 막기 위해서; 운동 수행시 필요한 유연성을 증대시키며 근육이나 건, 인대를 보강한다.

2. 트레이닝 요인

트레이닝 요인들은 운동선수의 연령, 개개인의 잠재력, 트레이닝의 준비상태, 수준 등에 구애받지 않는 트레이닝 프로그램의 본질적 구분에 의해서 신체적, 기술적, 전술적, 심리적 요인들이 매우 밀접한 상호 연관성을 유지하고 있다. 이들 각 요인은 별개의 특수성을 지니고 있을 때 신체적·기술적 준비상태는 기초를 이루고 있으며 선수가 좀 더 향상된 기술을 습득하기 위해서는 술적 준비상태의 요구가 강조되고 그리고 모든 트레이닝 요인들이 동등하게 훈련 되었을 때 심리적 준비의 우열에 서게 됨으로써 경기의 승자로 결정된다.

가. 신체적 준비

　신체적 준비(physical preparation)는 높은 수준의 경기력(performance)을 향상하기 위하여 필히 고려되어야 할 트레이닝의 가장 중요한 요소중의 하나이다. 신체적 준비의 주 목적은 선수의 기능적 잠재력의 증가와 생체운동능력(biomotor abilities)을 고수준으로 발달시키는데 있다. 조직화된 트레이닝 프로그램 내에서 신체적 준비상태는 다음과 같은 3단계의 발달과정을 거치게 된다.
- 1단계; 전반적 신체 준비상태의 완성단계
- 2단계; 특수한 신체 준비상태의 완성단계
- 3단계; 고수준의 생체운동능력의 완성단계

〈표1〉 년간 신체준비 상태의 발달에 대한 접근과정

발 달 단 계	1	2	3
목 적	전반적 신체준비 상태완성	특수한 신체준비 상태완성	특수한 생체운동 능력완성
트레이닝단계	준 비 단 계		경 기 단 계

1, 2단계는 확고한 기본기를 갖추는 준비단계 동안에 발달되며 3단계는 경기기간 동안에 구체화되는 것으로 그 목적은 사전에 획득한 기본기를 유지하면서 종목에서 요구되는 능력을 완성하는데 있다.

나. 기술적 준비

　모든 기술적인 구조나 요소들은 선수들이 수행코자 하는 과제를 얼마나 효율적으로 수행하느냐 하는 사실과 밀접한 관계를 맺고 있다. 기술이란 신체적 운동을 수행하는 방법이라 할 수 있는데 여기서 요구되는 사항이 바로 효율성이다. 기술이 완벽해질수록 효율성은 높아진다. 기술의 효율성을 높이기 위하여 가장 이상적인 기술의 모형을 모든 선수에게, 특히 초심자들에게 다 적용하는 것은 아니다. 초심자를 위해서는 기술의 모형을 단순화시킬 필요가 있다. 그리고 선수들 간에는 개인차가 존재하고 있으므로 행해지는 기술 역시 개인차에 따라 다소 수정되어져야 한다. 각 종목의 기술을 높은 수준에까지 도달하기 위해서는 반복훈련에 의해서 자신의 기술을 수정해 나가는 행동의 변화과정이라 할 수 있다.

다. 전술적 준비

　전술과 전략이란 말은 코우치나 선수들에게 있어 중요한 단어들 중의 하나이다. 이들 두 단어가 의미하는 바는 상대방과 경기를 하는데 있어 어떠한 기술이든 사용하는 방법을 의미하는 점에서는 같을지 모르나 이들 사이에서도 차이점은 존재하고 있다. 군사적 용어로 전략이란 전쟁 전반에 걸친 계획을 의미하는 반면 전술이란 전장에서 사용되는 전쟁의 방법을 의미하는 말이다. 트레이닝에 있어 전략이라 함은 선수나 팀이 경기에 임하는 전반적인 개념을 의미하는 반면 전술은 매 경기마다 경기에 대한 목표를 성취하기 위하여 실행할 계획을 세우는 것을 말한다. 대부분의 경우 일류 선수들 사이에는 기술적 또는 신체적으로 별 차이가 없다. 그런데 이들 사이에 있어 승자를 결정해 주는 주된 요인이 바로 전술이라는 개념이다.

전술적인 준비를 위해서는 다음과 같은 과제들을 수행해야 한다.
① 전략에 대한 원리에 대하여 연구한다.
② 경기규칙, 심판규칙을 완전히 통달한다.
③ 우수 선수들의 전술적 능력을 파악한다.
④ 상대방의 전략이나 신체적, 심리적 준비상태를 알아본다.
⑤ 시합에서 사용할 개인전술을 발달시켜 나간다.
⑥ 지나간 경기를 분석해 본다(VTR).

라. 심리적 준비

모든 트레이닝 요인들이 동등하게 훈련되었을 때 경기의 승자는 심리적 준비의 우열에 의하여 결정된다. 경기에 임하기 전에 선수들의 심리상태는 긴장, 불안으로 쌓여 있으며 이것을 해소해 줄 수 있는 역할은 코우치에 의해서 대부분 이루어진다.
① 조용한 환경여건
② 긴장된 근육을 이완 : 강한 운동보다는 부드러운 준비운동 위주(스트레칭)
③ 지시사항은 간단 명료하며 건설적이고 설득력 있는 방법으로 제시
④ 승자가 될 수 있다는 신념을 준다.

3. 트레이닝과 기술

가. 체력과 기술

흔히 트레이너나 코우치들은 훌륭한 경기력을 가지고 성과를 올리는 필수요건으로 기초체력과 전문체력, 전문기술, 정신력의 바탕 아래 고도의 기술향상을 들고 있는데 체력, 정신력, 기술의 역학적인 함수관계는 팀의 전력에 정비례한다. 따라서 바람직한 훈련만이 경기의 성과를 기대할 수 있을 것이다.

일반적으로 체력은 스포츠의 기초가 되는 능력이며 기술은 그 체력을 스포츠장에서 효과적으로 사용하는 수단이 되며 정신력은 몸에 붙은 체력이나 기술을 경기장에서 효과적으로 발휘하는 원동력이 된다.

스포츠에 요구되는 체력은 운동기능의 기초가 되는 기초체력과 기술의 기초가 되는 전문체력으로 구분할 수 있다.

기초체력이란 운동 경기의 기초가 되는 운동능력이라고 보아도 좋을 것이다. 기초 운동 능력을 Cureton의 운동 적성에 따르면 균형성(balance), 유연성(flexibility), 민첩성(ability), 힘(strength), 순발력(power), 지구력(endurance)의 6가지 요인으로 구분하고 있다.

경기에 있어서 기초체력이 중요한 것은 체력의 수치와 경기기술의 수준과 비례하기 때문이고 세계정상에 도전하기 위해서는 체력의 우열이 승패의 관점이 되고 있기 때문이다.

전문체력이란 전문종목마다 특히 요구되고 있는 체력적 요소를 뜻한다. 유도나 레슬링에서는 유연성과 근력, 순발력이, 럭비에 있어서는 민첩성, 근력, 순발력, 지구력이, 태권도에서는 유연성, 민첩성, 순발력 등이 특히 중요하다.

초심자가 일류 선수의 기술을 흉내 내려고 해도 잘 되지 않는다. 그것은 일류선수가 습득한 기술 중에는 체력의 뒷받침이 없으면 습득되지 않은 것도 있으며 단계에 따라 연습하지 않으면 습득되지 않는 것이 많기 때문이다.

실예를 들어보면 유연성이 좋아지기 전에는 다양성 있는 발차기 기술을 습득할 수 없으며, 장대높이뛰기〔榛高跳〕나 유도같이 근력이 필요한 스포츠에서는 근력이 붙지 않으면 기술구사가 어렵다. 따라서 각 경기자가 현재 얻어진 기술의 장·단점을 각 개인의 현재의 체력에 따라 검토하면서 체력에 따른 기술을 알고 트레이닝하여 체력의 증강과 동시에 목표로 하는 기술 수준을 높여가는 것이 필요하다.

기술수준을 향상시키려면 기술연습을 단계적으로 설정하여 연습에 임하고 이러한 기술연마로 시합에서 성공의 즐거움을 맛볼 수 있는 것이다.

1) 기술의 단계적 설정방법

① 기초적 기술의 중시에서 응용적 기술을 더욱 중시하는 방향으로
  예) 태권도 기본 발차기를 정확히 연습함으로써 스텝을 이용한 응용 발차기를 할 수 있다.
② 중요성이 큰 기술에서 중요성이 적은 기술로
③ 하나 하나의 기술은 각각 확실하게 몸에 익히도록 각 기술마다 연습 방법을 연구하여 쉬운 기술에서 어려운 기술의 순서로 연습한다.
  예) 태권도의 기본 발차기 기술을 부분으로 나눈 동작으로 연습한 다음 앞으로 나가면서 연결동작 기술로 연습하면 누구든지 확실하게 몸에 익힐 수 있다.
④ 체력을 그다지 필요로 하지 않는 기술에서 더욱 체력을 필요로 하는 기술로

이와 같은 기술 연습의 단계는 기술에 대해서 뿐만 아니라 구성하는 부분적인 기술에 대해서도 계획하는 것이 좋다. 예를 들면 초보적 단계의 기초적 기술과 일류선수에게 요구되는 기초적 기술과 수준이 다르다. 따라서 그 차이를 분명히 하여 단계적으로 계획할 필요가 있다.

2) 기술연습의 원칙

훈련의 기본원칙인 전면성, 의식성, 점진성, 반복성, 개별성 등의 원칙하에 기술 훈련을 하도록 하여야 한다.

기술의 연습은 체력 트레이닝을 통해서 어느 정도의 수준이 기술의 부분과 전체와의 연관성에 의해서 기술을 반복연습 함으로써 점진적으로 기술을 향상시킬 수 있는 원칙을 기술하면 다음과 같다.

(1) 체력 트레이닝을 통한 기술의 향상

체력과 기술의 양자가 다 향상될 수 있는 방법을 연구하도록 한다. 그러기 위해서는 우선 기술연습에 필요한 체력요소에 비추어서 그것들이 향상될 수 있는 효과적인 보강운동을 할 필요가 있다. 이를테면 태권도의 연습경기를 통하여 순발력의 육성을 주목표로 삼거나 때로는 민첩성을 주목표로 삼아 여기에 맞는 보강운동 항목을 정하여 실시할 필요가 있다.

(2) 부분적인 기술과 전체적인 기술의 연습을 항상 연관시킨다

부분연습에 있어서는 부분적인 기술이 전체 기술 중에서 차지하는 역할을 잘 알고 그 연습 방

법에 독자적인 연구를 할 필요가 있다. 한편 태권도 기술의 연습에서 기본동작과 응용동작을 연습하여(부분적인 기술) 연습경기(전체적인 연습)를 통하여 부분적인 기술을 전체 가운데서 여러가지 기술로 일치시켜 본다.

(3) 기술은 반복연습에 의하여 향상되는 것

기술연습에 있어서는 "반복성의 원칙"이 강조된다. 그러나 단순한 반복은 싫증과 나쁜 버릇을 키울 염려가 있다. 그러므로 기술 연습에 있어서 반복은 끊임없이 고도한 기술을 목표로 하는 변화과정 중에서의 반복이어야 한다.

(4) 기술연습은 효과적으로 할 수 있는 시간을 한 세트(set)로 한다.

시간을 한 세트로 하여 사이 사이에 충분한 휴식을 취하여 반복한다. 대단히 피로한 상태에서는 아무리 노력해도 성과가 없으며 선수에게 상해를 입혀 일보 후진하는 경우가 생길 수도 있다.

3) 보강운동

보강운동이란 각 스포츠에 요구되는 체력, 즉 기초체력과 전문체력을 더욱더 발전하기 위한 트레이닝이다. 보강운동을 이용한 트레이닝을 하면 다음과 같은 이익이 있다.

① 각 스포츠 그 자체만으로 트레이닝할 경우보다 더 능률적이며 보다 고도하게 체력을 높일 수 있다.

② 각 스포츠가 요구하는 체력을 전문적 시설용구를 쓰지 않고 어디서나 손쉽게 높일 수 있다.

③ 체력의 결점을 중점적으로 강화하는데 편리하다.

④ 주운동(主運動) 전에 준비운동의 효과를 볼 수 있다.

특히 보조운동에서는 무엇보다 근력, 민첩성, 유연성, 순발력, 균형성(balance)등에 착안하여 목표로 하는 요인이 가장 효과적으로 높아질 수 있는 부하를 주는 운동을 필요로 하고 동시에 기술도 높이는 배려가 있어야 된다. 다음은 이러한 몇가지를 염두에 두고 태권도 훈련의 보강운동을 도표로 나타내 보았다.

① 태권도가 요구하는 유연성, 근력, 순발력, 민첩성, 지구력, 균형, 반응 등을 높일 수 있는 보강운동은 다음과 같다.

〈표 2〉 체력 보강운동

훈련항목	훈련방법	훈련효과
100m 전력질주	100m×5set 경쟁이 될 수 있게 2명이 1조로 뛴다	순발력, 스피드, 지구력
50m 전력질주	50m×5set 경쟁이 될 수 있게 2명이 1조로 뛴다	순발력, 스피드
30m, 20m 전력질주	30m×3set, 20×3set	순발력
400m Run	400m×10set(16′20″에 골인)	지구력
크로스칸츄리(cross country)	선수 전원이 뛴다	심폐 지구력
로드웍 (8km)	선수 전원이 뛴다	심폐 지구력
계단뛰기	지도자에 의한 방법 8~10가지를 정해서 실시	평형력, 순발력, 민첩성
허들 점프(Hurdle Jump)	허들(혹은 줄) 5~8개를 일렬로 세워놓고 뛰어넘기	순발력
점프(Jump)	7~10가지를 정해서 3~5set 실시	순발력, 유연성, 근력
스트레칭(stretching)	각 스포츠에 필요한 항목을 정해서 실시	유연성 및 상해예방
메트(mat) 유연체조	메트(mat) 위에서 유연체조 5~6가지 실시	유연성
언덕트레이닝(Hill traning)	45° 경사의 언덕에서 8~10가지 항목을 정해서 실시	순발력, 민첩성, 지구력
지그 재그 런(zig zag run)	50m×3set	민첩성, 순발력

등넘어 뛰기	• 두발벌려 뛰어넘기 • 두발모아 • 외발 뛰어넘기	유연성, 근력, 순발력, 지구력 민첩성
짝운동	2인 1조가 되어 8~10가지 체력운동	
side step	1′×3set	
왕복 달리기	10m×5set	

② 태권도 기술향상에 도움이 되는 기술 보강운동은 다음과 같이 몇가지로 나누어 살펴볼 수 있다.

〈표 3〉 기술 보강운동

훈련항목	훈련방법	훈련효과
피칭(pitching)	두다리의 무릎을 90°각도로 상하로 발바꾸어 움직인다 • 제자리(50회×3set) • 앞으로 나가면서(10m×3set)	발차기 각도의 정확성
등 뛰어넘어 발차기	2인 1조가 되어 등을 뛰어넘어 발차기	몸의 균형, 정확성
기본동작(막기)	기본동작 중 막기를 중심으로 훈련	방어력
튜브 발차기	튜브를 이용한 발차기	근력, 스피드
줄넘기		스텝(step)

나. 준비운동과 정리운동

1) 준비운동(warming)

 흔히 운동경기나 격렬한 신체활동이 예상되는 활동에 앞서서 여러 형태의 예비적인 운동을 하게 되는 것을 볼 수가 있다. 각 스포츠의 코우치들은 준비운동(warming-up)을 거의 필수적으로 적용시키고 있으며 스포츠 장면에 있어서 선수들이 최상의 컨디션으로 경기 초부터 지니고 있는 운동 능력을 충분히 발휘하는 일은 경기의 승패에 매우 중요한 역할을 하고 있다. 그 때문에 선수나 코우치들은 사전에 어떤 형태로든 준비운동을 실시하여 본경기에 대비하고 있는데 그러한 준비운동은 경기에 임하기 수 분 또는 거의 직전에 실시한다.

 준비운동은 보통 2종류로 구분되는데 그 하나는 일반적 준비운동(general warming-up)이고 다른 하나는 특정적 준비운동(specific warming-up)이다. 전자(前者)는 예상되는 운동수행에 대해 체조와 같은 운동으로 가볍게 몸을 풀어주는 운동이고 후자는(後者) 실제로 참가하게 될 활동에 대한 기술연습에 대비하는 것으로 골프의 스윙이나 테니스의 스트록 연습, 태권도의 발차기와 같은 연습이다. 그 외에 정신훈련, 맛사지도 같은 효과를 기대하고 실시하는 일종의 준비운동이라 할 수 있다.

(1) 준비운동의 축적

 ① 신체와 근육의 온도 상승으로 인체내 효소의 활동을 높혀 에너지 대사를 원활하게 하며 혈액순환을 원활하게 하여 산소의 운반 능력을 증가시키고 근육의 수축과 이완속도를 증가시켜 준다.

 ② 관절운동을 원활히 함으로써 관절의 운동범위 확대는 물론 관절의 무리한 운동에 따른 부상을 예방할 수 있다.

 ③ 심리적 안정성 향상

(2) 준비운동을 위한 운동

- 각 관절의 운동범위를 확대하여 보다 나은 경기기술의 발휘를 가능하도록 하기 위함
- 근육의 이상 유·무를 사전에 점검
- 근력 발휘를 위한 준비

② 유연체조
- 스트레칭 후에 실시
- 경기 훈련에 필요한 주요 근육들에 대한 운동
- 근육이 피로하지 않도록 유의
  예) 목부분 : 브리지
  　　어깨·히프 : Jumping Jacks
  　　발목·발가락·비복근 : 런닝
  　　어깨·팔·가슴 : 팔굽혀펴기(pushup)
  　　복부 : sit up 등

③ 기본동작
- 근육의 온도상승, 혈액순환 등 촉진
- 체내 온도상승으로 신경전달과 근육의 신진대사가 용이해지므로 이들의 역할을 신속하게 함
  예) 태권도의 경우 각종 차기 기술의 기본동작 반복 등

(3) 준비운동에서 고려해야 할 사항

① 준비운동은 체계적으로 수행해야 한다.

두부(頭部)로부터 시작하여 족부(足部)로 진행한다든지 혹은, 신체의 중앙부위에서부터 시작하여 손과 발부위로 진행하는 방법을 택할 수 있다. 코우치 자신이 판단하여 적합한 방법을 선택하되 일단 선택한 방법은 체계적으로 수행할 필요가 있다. 한편 학자에 따라서는 손목, 발목, 목덜미, 허리 등 심장에서 먼 부분부터 무릎, 엉덩이, 어깨 등의 관절, 그리고 등과 배의 근육 및 옆구리 등 심장에 가까운 부분으로의 준비운동을 효과적인 방법으로 보고하고 있다. 이러한 사실은 맨손체조의 순서에서도 근거를 찾을 수 있다. 그러나 또 다른 학자들은 대근육 군으로부터 시작하여 소근육군으로 진행해야 한다는 입장을 제시하고 있기 때문에 일치된 견해를 찾기는 어렵다. 다만 중요한 것은 선택한 방법을 체계적으로 수행하는 일일 것이다.

② 준비운동은 다양성이 있어야 한다.

신체의 각 부위를 다양하게 자극할 수 있는 상이한 준비운동 방법을 선정, 실시하여야 한다. 준비운동이 다양하게 실시되어야 하는 이유는 일률적으로 진행되는 단조로운 준비운동에서 탈피하여 준비운동 자체에 활력을 주기 위한 것이다.

③ 준비운동은 근육에 부하하는 힘(force)의 조정을 통하여 수행해야 한다.

뻗치기 운동을 할 때에는 근육에 부하하는 힘을 조정할 필요가 있다. 예를 들어 준비운동을 할 경우 다리를 벌린 자세에서 갑자기 윗몸을 앞으로 굽히는(bound) 방법은 오히려 인대에 과도한 부하를 주어 상해를 입을 가능성 때문에 바람직하지 못하다. 다리를 벌린 자세에서 서서히, 점진적으로 윗몸을 앞으로 굽히는 방법을 사용해야 한다.

④ 준비운동은 개인차를 고려해야 한다.

준비운동을 위한 종목을 선정하고 이를 개개인에게 실시하고자 할 때는 개인차를 고려해야 한다. 뻗치기나 근력증강을 위한 운동을 할 때, 개인에 따라 서로 다른 방법의 준비운동 종목이 필요할 수도 있기 때문이다.

⑤ 준비운동은 가능한 한 많은 시간차를 할애해야 한다.

준비운동의 시간양은 내용의 다양성에 못지 않게 중요하다. 전체 운동 시간에 따라 달라질 수

3. 트레이닝과 기술

도 있겠으나 대부분의 경우 10분내지 20분의 시간을 배정하고 있다. 실제로 준비운동을 실시하는 과정에서 충분한 준비운동이 되었는지에 대해서 의문이 있을 경우에는 조금 더 실시하는 것이 좋다.

⑥ 준비운동은 태권도에 적합한 내용을 기초로 코우치 각자가 독창적인 계획을 수립해야 한다. 대부분의 스포츠는 해당 스포츠의 전문성을 만족시키는 우수한 준비운동 종목을 개발하여 사용하고 있다. 코우치는 해당분야의 전문서적을 참고하여 그와 같은 준비운동 종목에 익숙해질 필요가 있으며, 동시에 준비운동 계획을 수립하고 이를 선수들에게 적용할 필요가 있다.

2) 정리운동

격렬한 경기나 연습 후 즉시 휴식에 들어가는 것보다 정리운동을 실시하는 것은 근육이나 혈액으로부터 젖산을 신속하게 제거하여 줌으로써 피로회복속도를 빠르게 해주어 운동 후에 나타나는 근육통이나 근육이 경직되는 것을 줄이는데 효과적이다. 정리운동을 하지 않으면 체내의 젖산을 제거시키는데 2배의 시간이 걸린다. 격렬한 운동시 다리와 같은 근육에 많이 공급되었던 혈액을 순환시켜 인체의 일부분에 혈액이 고이는 현상을 방지한다.

3) 준비운동과 정리운동의 효과

① 근육을 풀어줌으로써 각종 기술이나 동작을 개선할 수 있다.
② 기계적 효율성을 극대화 할 수 있다.
③ 운동시 상해의 빈도를 극소화 한다.
④ 신속한 피로회복을 가져온다.

다. 트레이닝의 분류

1) 기술의 트레이닝

각종 운동종목의 기술을 향상시키기 위한 것으로 기술은 생리학적으로 보면 신경전달의 경로가 고정된 것이므로 반복연습에 의하여 고정화 시킴으로써 가능하게 된다.

2) 근력의 트레이닝

대부분의 스포츠에서는 근력이 필요한데 스포츠 자체로서는 근력증강의 부하로 근력이 불충분한 경우가 많다. 근력을 보강하기 위한 보강 트레이닝으로는 웨이트 트레이닝법이 대표적이다.

3) 지구력의 트레이닝

근력과 지구력은 일반적으로 상관이 없는데 지구력을 키우기 위해서는 인터발 트레이닝 (interval training), 서어킷트 트레이닝(circuit training) 등을 실시한다.

인터발 트레이닝이란 질(質) 즉 스피드도 높고 지속능력을 높이는 전신지구력의 강화향상을 목적으로 하고 있다. 따라서 강도 높은 부하이므로 운동 사이에는 당연히 휴식이 요구되지만 지속능력을 높인다고 하는 의미에서 가벼운 운동으로 바꾸는 것이다.

4) 유연성의 트레이닝

유연성은 관절의 가동성(可動性)으로 볼 수 있는데 유연체조나 스트레칭(stretching)을 통해서 관절, 건(腱), 근(筋) 따위를 부드럽게 하여 기술을 향상시킬 수 있다.

5) 조정력의 트레이닝

종목별 기술 트레이닝에 의하여 기술의 기초가 되는 조정력이 길러지므로 일반적으로 눈, 손, 발 따위를 동시에 사용하여 상대편에 대응하는 재빠른 동작을 수반하는 보올 게임이 널리 이용된다. 한편 Zig Zag Run, Shuttle Run 등이 있다.

6) 순발력의 트레이닝

근력과 속도를 종합한 목적으로 하는 트레이닝이다. 웨이트 트레이닝을 가볍게 부하하여 속도를 빠르게한 서어킷트 트레이닝과 점프(jump) 동작을 이용한 보조운동도 순발력을 키우기 위한 훈련 방법이다.

4. 코우치의 역할과 지도성

가. 코우치의 역할

일반적으로 코우치에게 기대되는 역할은 운동 경기자의 능력을 신장하여 경기 중 좋은 성적을 올리는 일이다. 즉 코우치는 선택된 선수에 대하여 간접적으로는 인간형성의 관계를 맺고 있으며 직접적으로는 경기력 향상을 주요 목적으로 운동경기에서 우수한 성적을 올리는 데에 주된 목표가 있다.

아래에서 코우치의 역할을 구체적으로 살펴보면

1) 코우치는 선수의 소질과 장래성을 발견해야 한다.

운동선수로 천부의 소질을 타고 난 잠재능력을 가진 선수의 선발이 무엇보다 중요하다. 대개 잠재능력을 알아보기 위하여 운동 소질검사, 즉 운동적성검사(motor fitness test)를 많이 활용하고 있다. 그러나 이것은 어디까지나 행동으로 나타난 체력적 요소에 국한하는 경향이 있으므로 이외에 정신력, 지구력, 의지력, 인성 및 기타 선수의 자질에 대한 여러가지 요인도 무시할 수 없다. 따라서 전문 종목의 특이성에 어울리는 소질과 경기능력 및 그 선수의 장래성을 주관적 또는 객관적인 방법에 따라 예측 하는 일 또한 중요하다. 그러므로 일선의 코우치는 자기의 주관적인 방식에 의거하여 항상 예리한 관찰력과 정확한 판단으로 선수의 장래성을 찾는데도 게을러서는 안된다. 장래성이 없는 선수에게 많은 시간과 노력을 소비하는 것은 선수를 위해서나 코우치 자신을 위해서 바람직하지 못한 현상이라 하겠다. 그러나 객관적, 주관적 방법을 통해 선발된 선수 가운데에는 연습의 초기에 있어서 동작이 느리거나 시합을 태만하게 하는 선수도 보이지만 일정한 시기가 경과된 뒤에는 기술이 향상되는 경우가 많으므로 연습의 초기에 장래성을 속단하는 것은 삼가하여야 한다.

2) 코우치는 스포츠에 대한 선수의 심리적 상태를 파악해야 한다.

코우치는 심리적인 면에서 그 스포츠의 기능에 대한 장래성을 예측해야 할 뿐만 아니라 그 선수의 심리 상태 또한 예리하게 파악해야 한다. 여러 스포츠 종목에서 선발된 선수들이 뛰어난 소질의 소유자라 할지라도 그 소질을 충분히 발휘하려면 보다 많은 노력과 의지력을 필요로 한다. 이 노력에 인내력을 가지고 견딜 수 있느냐 없느냐, 또한 의지력을 갖느냐 안갖느냐는 선수의 장래성과 높은 상관 관계를 가지고 있다고 보아야 할 것이다. 이를테면 근성이 있는 플레이어, 연습에 꾸준히 참여하고 노력할 수 있는 플레이어, 자신의 연습과정을 언제나 바르게 반성하며 연구하고 노력하는 플레이어는 자신의 소질을 십분 발휘하여 좋은 성과를 얻을 수 있는 것이다. 때때로 시험장에서 평소의 연습 때보다 더 훌륭하게 경기를 치루는 경우를 볼 수 있다. 여기에서 우리는 시합이 선수에게 가져오는 심리적인 요인을 간과할 수 없다는 걸 느낄 수 있다. 따라서 코우치는 선수들의 심리 변화에 민감해야 되며, 시합에 익숙해질수록 평소의 연습 성적을 상회하는 "근성"을 가진 선수를 길러야 할 것이다.

3) 코우치는 합리적이고 보다 능률적인 트레이닝 계획을 입안해야 한다.

선수들의 경기력 향상을 위해서는 무엇보다도 트레이닝의 합리화를 꾀하는 일이 중요하다. 트레이닝 합리화의 지름길은 곧 치밀한 계획에서 출발하며 이러한 합리적인 계획의 수립은 적어도 트레이닝을 시도하는 대상을 바르게 진단하고 이에 바람직한 처방, 프로그램의 계획, 생산적인 트레이닝, 환경의 구비, 트레이닝 기간의 점진적인 배려 등에 의해 이루어짐으로써 성과를 기대할 수 있다. 그러나 이러한 합리적인 트레이닝 계획이 입안된 것만으로 트레이닝 효과를 얻을 수는 없으며 적어도 선수들이 얼마나 자각하고 자발성을 가지고 트레이닝에 참여하느냐의 정도에 따라 승패의 열쇠가 달려 있다고 하겠다. 그러므로 코우치는 선수들로 하여금 스스로 합리적이고 계획적인 트레이닝을 하도록 배려하고 안내역할을 충실하게 해야 한다.

트레이닝은 스포츠의 종목에 따라 또 개별성에 따라 그 내용을 달리해야 하므로 연습효과를 충분히 기대할 수 있는 목표를 설정하고 이에 도달하기 위하여 끊임없이 노력해야 한다. 트레이닝 지식을 선수 스스로 갖게 하여 자기의 기초 체력이나 전문체력을 강화할 수 있도록 배려함도 코우치의 일차적인 임무이다. 일년 중 시합계획이서 있으면 이 계획에 부합하는 트레이닝의 목표가 설정되어져야 한다. 이를테면 이러한 목표에 따라, 연간 연습의 내용정도를 시합에 대한 준비 등을 생각하여 준비기간, 강화기간, 완성기간으로 구분하고 이 기간을 통하여 첫째로 기초체력을 강화하고 둘째로, 개인경기의 경우에는 기초기능을, 단체경기의 경우에는 집단기능의 육성에 전력한다. 세째로, 점차적인 완성기로서 시합훈련능력을 배양한다. 이와 같이 분기계획이 입안되었으면 다음 단계는 월간, 주간, 일간계획을 수립하여 보다 구체적이고 능률적인 지도가 이루어지게 한다. 마치 학교에서 교과과정을 편성하고 이의 운영을 꾀하는 것과 비슷한 작업과정이 코우치의 계획성 있는 두뇌에 의하여 이루어져야 한다. 이러한 계획안의 내용이 실시되는 과정에서 합리적인지 아닌지는 선수들이 과로(over training)에 빠져 있는지, 체력의 소모가 너무 큰지, 트레이닝 분위기 등에 따라 어느 정도 알 수 있다. 요컨대 원칙적으로는 기초체력을 십분 육성하여 이것을 바탕으로 스포츠 종목 특유의 기능을 발휘케 함에 있어 연습과정에 굴곡이 있으니 충분한 휴식으로 피로를 회복하고 신체 컨디션을 조절하도록 하는 계획도 필요하다.

4) 코우치의 최상의 업무는 연습의욕을 환기시키는 데 있다.

선수들의 기능을 높이는 것이 코우치의 중요한 임무이다. 그러기 위해서는 무엇보다도 연습의욕을 높여 주는 것이 선결과제가 된다. 연습하는 것은 코우치가 아니며 선수라는 것을 명심해야 하고 선수는 기계가 아니기 때문에 코우치가 생각나는 대로 훈련을 강요하는 것은 불가능하다. 주입과 형식적인 연습은 정체와 슬럼프를 초래하고 흥미와 의욕을 상실시킨다. 선수 스스로 연습하고 싶은 마음을 갖고 자율적, 자발적으로 노력하도록 흥미있는 연습계획을 세워야 한다. 그러므로 부단히 지도이론을 공부하고 실제에 적용시켜 검토 보완하지 않으면 안된다. 연습 의욕을 환기시키는 요인으로는 흥미, 필요성, 성취의 기쁨, 목표의 자각 등을 들 수 있다. 따라서 이러한 요인을 선수들이 피부로 느끼고 그들 스스로 하고자 하는 자세를 갖도록 코우치는 부단히 배려함

10장 태권도 선수훈련

으로써 보다 많은 성과를 기대할 수 있다. 일반적으로 하게 되는 연습시에 코우치가 유의해야 할 사항을 열거해 보면 다음과 같다.
　① 부분별 연습시간 단위를 짧게 한다.
　② 연습방법을 될 수 있는한 바꾼다.
　③ 놀이로 경쟁시킨다.
　④ 칭찬한다.
　⑤ 선수들의 건의를 받아들인다.
　⑥ 선수의 응용력을 키운다.
　⑦ 구체적인 목표를 확립시킨다.
　⑧ 머리를 쓰게 한다.
　⑨ 다종목과 직결시킨다.
　⑩ 쉽게 빨리 숙련되게 한다.
등을 들 수 있다. 대개 코우치 가운데는 스파르타식 가혹형의 트레이닝을 통한 경기력 향상의 우위력을 찬양하는 경우가 없지 않다. 그러나 그것은 코우치 특유의 지도력에 티임 플레이어들이 감화되었을 경우에만 효과가 있다.

5) 코우치는 선수들의 개성을 정확하게 파악하고 이에 어울리는 지도를 해야 한다.

　선수들 간에는 차이가 많이 있으며 기초체력, 전문체력, 정신력, 기술 등에 각각의 장점과 단점을 가지고 있는 것이다. 트레이닝에 있어서는 개별성을 최대한 고려하여 장점을 신장해 주고 결점을 보완해 줌으로써 성과를 기대할 수 있다. 대개 기술연습에 있어서도 트레이닝과 마찬가지로 개별성이 최대한으로 고려되어야 성과를 얻을 수 있다. 코우치는 자신의 과거 경험에 지나치게 의존하지 말고 우수선수들의 경기기술을 많이 관찰하고 또 분석함으로써 경기자의 입장에서 연습에 대한 원리적인 것을 포착해 나가지 않으면 안된다. 코우치는 자기팀 선수의 연습에 있어 적절한 응용은 물론이려니와 보다 명석한 관찰력과 통찰력을 가지고 한 사람 한 사람이 무엇에 결점이 있으며 어디에 장점이 있는지를 그때 그때 발견하여 교정하고 칭찬하며 기술이나 기록향상의 장애물이 어디에 있는가를 찾아내어 교정 처방하는 일이 매우 중요하다. 또한 코우치는 개별성에만 치중한 나머지 팀전체와 부분에 소홀히 할 수 없으며 개인, 전체, 부분의 역동적인 관계까지도 아울러 관찰하고 교정하는 과제를 안고 있는 것이다.

6) 코우치는 지도기술이 탁월해야 한다.

　코우치는 기회가 있을 때마다 전법, 경기운영의 방법 특정 연습의 의의 등에 관한 이론을 전개하고 가르쳐서, 경기의 전반적인 것까지를 익힌 선수로 양성해야 한다. 일반적으로 지도기술에는 강의, 토의, 문답, 연습 시범, 관찰 보조 등의 지도법이 좋으며 이들 중 강의, 시범, 관찰법은 코우치의 지도기술 가운데 꼭 알고 실천해야 할 문제라고 생각된다. 이를테면 강의법은 선수들에게 연습할 내용을 설명하기 위하여 여러가지의 해설기술을 사용하게 되는 바 설명, 시범, 분석, 토의의 과정을 거쳐 성과를 얻게 된다. 따라서 선수들에게 해설의 효과를 얻기 위하여 전체관계를 명백히 하고 선수 각자가 지적활동을 하게 되며 납득할 수 있는 내용으로 꾸준히 관찰을 뒷받침하게 하는 일이 무엇보다도 중요하다. 또한 지도자의 태도면에서 가혹형과 미온형이 있는 바 극단에 치우치는 것은 바람직하지 않다. 가혹하거나 횡포하지는 않지만 적극적이며 엄격할 필요가 있으며, 미온적 이거나 방치하면 안되나 온정을 가질 것이 요망된다. 때로는 엄격하고 때로는 온건하게 하는 엄격형과 온건형을 상황에 따라 적절하게 활용하며 코우칭해 나가는 것이 좋을 것이다.

7) 코우치는 끊임없이 코우칭학을 공부하고 정통해야 한다.

코우치는 지난 날 자기가 유명 선수 시절에 경험했던 선수생활경험과 기술을 그대로 전이하는 지도기법은 지양해야 한다. 코우치가 이루어 놓아야 할 일은 다양하며 선수의 건강관리, 트레이닝의 방법, 연습 시합에 이르기까지 다방면에 걸쳐 충분한 경험과 창의성에 따라 고차적인지도 기술로써 이를 뒷받침해야 한다. 또한 코우치는 경기자의 인간성을 파악하고 성적을 올리기위한 운동심리학, 신체기능학, 운동생리를 터득하고 다시 다양한 트레이닝법을 터득하여 과학적인 지도가 이루어져야 하기 때문에 훌륭한 코우치가 되기 위해서는 평범한 보통의 노력만으로는 성공할 수 없다.

그러므로 코우치는 부단히 코우칭학이 배경으로 삼고 있는 생리학, 해부학, 심리학, 신체기능학, 통계학, 교육학, 트레이닝학 등에 더하여 여러가지 새로운 정보를 받아 들여서 날로 치열해지는 스포츠 전쟁에 적극적이고 합리적으로 대처해야 할 것이다.

8) 코우치는 시합에 대하여 임전태세가 완전히 준비되어 있어야 한다.

코우치의 최대목적은 선수들을 경기장에서 충분히 활동시킴으로써 훌륭한 성적을 올리는 데 있다. 이러한 목표를 성취하기 위해서는 시합에 임하기까지 선수들의 컨디션 유지에 대하여 항상 배려하여 시합당일에 최고의 컨디션(top-condition)이 되도록 노력해야 한다. 컨디션을 그르쳐서 시합당일 상태가 좋지 않거나 계속 피로가 남아 있다면 1차적인 책임은 선수에게 있겠지만 코우치도 책임을 져야 마땅하다. 대개 연습시에는 개인차가 있기 때문에 코우치는 개개인의 심신상태에 유의해야 함은 물론 시합이 임박했을 때는 선수들이 과로하지 않도록 해야 할 것이며 그들의 생활관리에 신경을 써야 할 것이다. 시합에 임했을 때 선수들에게 초조감이 엄습해 오는 것은 당연하다. 그러므로 코우치는 시합 전에 선수들이 지나치게 긴장 흥분하지 않도록 안정시키는데 전력을 다해야 한다. 그리고 경기에 임했을 때 경기과정을 냉정하게 관찰하여 시정할 것과 조정할 것을 재빨리 판정하여야 하며, 선수들에게 앞서서 앞으로 전개될 경기 양상을 미리 추측해야 한다. 코우치는 시합 전에 상대 선수의 전략과 그 선수의 장점, 단점을 조사하고 분석하여 이에 대응하는 전략을 수립하고 상대의 헛점을 찌르는데 선수와 함께 숙의하고 사전연습을 하여야 된다. 그리고 경기 중 자기 선수를 질책하거나 결점을 지적하는 것을 볼 수 있는데 이것은 자칫하면 반감과 열등감을 갖게 되므로 도리어 성적에 나쁜 영향을 줄 수 있으므로 삼가하지 않으면 안된다. 될 수 있는 한 경기자가 안정감을 갖도록 배려하는 것이 코우치가 경기 기간중에 취해야 될 바람직한 자세이다.

5. 훈련계획

가. 훈련계획의 중요성

방향을 정하지 않은 배의 운항은 없다. 인간능력의 향상, 확충을 목적하는 스포츠 트레이닝은 스포츠맨에 있어서는 스포츠 교육의 전부를 점령하는 내용이다. 훈련과정 역시 훈련의 목표를 성취하기 위하여 기획되고 계획되어져야 한다. 그러므로 계획과정은 운동 선수들로 하여금 그들이 설정한 기준에 도달하도록 도와주기 위하여 매우 합리적이고 과학적으로 기획되어야 한다. 그 계획이란 기획된 훈련프로그램을 수행해 나가는 과정에 있어서 코우치들에게 가장 중요시 되는 것들 중의 하나이다. 코우치들은 그들이 기획한 프로그램을 수행해 나가는 과정에 있어서 효율적인 면을 중요시 해야 하며 그 분야에 대한 높은 수준의 전문적인 지식과 풍부한 경험을 소유하여야 한다. 계획이란 계획하는 사람의 합리적인 사고를 반영하게 되고 운동선수들의 잠재력과 개발의 가능성 그리고 시설이나 도구의 사용 등과 같은 체육 전반의 것들을 모두 종합하여 생각해야 하며 시합이나 테스트시의 선수들의 성취도 및 시합일정과 선수들의 수준 향상 등을 고려하여 짜야 한다. 훌륭한 계획이 되기 위해서는 훈련 계획이 간단하여야 하며 선수들의 진척사항이나 코우치들의 판단에 따라 바뀔 수 있도록 유동적인 성격을 띠고 있어야 한다.

나. 훈련계획의 원칙

스포츠 훈련계획이란 대상이 되는 선수나 팀이 목표로 하는 스포츠 과제 해결의 과정을 선수나 팀 구성의 특성이나 훈련환경, 과제 달성을 위한 시간적 조건 등 훈련을 추진하는데 있어서의 모든 조건을 고려하여 훈련내용이 되는 지표나 방법을 선택하고 이것을 시간적으로 배분하는 것이다. 따라서 훈련계획은 다음과 같은 원칙에 의하여 세워져야 한다.

1) 목적 파악의 원칙

훈련계획 그 자체의 성격과 위치 확립은 그 훈련의 명확한 목적 파악에 따라서 결정된다. 훈련계획이 연차적 발전을 의도한 장기적 훈련의 것인지, 아니면 당해년도의 선수권대회 등을 목표로 한 것인가에 따라서 시간적으로, 내용적으로 그 훈련계획은 명확하게 달라져야 한다. 또 시간적 조건이 일정하다 하여도 목적을 대상자의 운동능력의 어디에 둘것인가, 즉 체력훈련을 중심으로 할 것인가, 기술훈련을 중심으로 할 것인가에 따라 그 훈련의 성격은 전혀 다른 것이 된다.

2) 방법 파악의 원칙

각 종목의 특성에 따라서 선수들에게 바람직하고 기술적인 것은 물론 체력적 특성이다. 이 특성 개발을 위한 훈련 방법 등에 대해서 충분한 이해가 필요하다. 그렇지만 이해만으로는 보다 바람직하고 발전적인 훈련계획이 생기지 않는다. 새로운 훈련수단이나 방법개발을 위해 과학적 연구와 그것을 기초로한 독창적인 연구가 필요하다.

3) 대상 파악의 원칙

훈련계획은 그 대상의 스포츠적 능력발달을 목표로 하는 것이다. 계획의 모든 기준은 훈련대상에 의해 결정된다. 훈련대상의 체력적 특징, 스포츠 기능의 장·단점, 체력 및 기능의 잠재적 능력 등의 정확한 파악이 없고서는 효과적인 훈련이 불가능하다.

4) 연간 훈련계획에 대해서

연도의 목표와 그 목표 달성 기간을 명확히 하고 훈련조건에 따라 연간을 몇 개의 훈련기간으로 나눈다. 이 분류 방법은 일반적으로 준비기, 단련기, 정리기로 단기별 훈련으로 나눈다. 단기별 훈련의 목적을 보면 다음과 같다.
　(1) 준비기의 훈련 목적
① 전면적인 체력 향상의 훈련을 중시한다.

② 체력 향상의 훈련강도를 비교적 약하게 하여 그 양은 최대한으로 한다.
③ 의지력을 단련한다.
④ 훈련에 대한 지적 이해를 높인다.
⑤ 여러가지 체력요소에 대해 측정한다.

(2) 단련기의 훈련 목적
① 전면적인 체력의 향상과 종목별 또는 개성적인 체력 요소 향상의 훈련을 중시한다.
② 훈련의 정도를 질과 양을 함께 높인다.
③ 의지력을 높인다.
④ 체력이 향상하는데 따라 운동기능 훈련의 정도를 높인다.

(3) 정리기의 훈련 목적
① 운동기능의 훈련을 중시한다.
② 종목별 및 개성적인 체력 향상의 훈련을 계속 중시한다.
③ 훈련의 질을 높이고 양을 줄인다.
④ 시합에 알맞는 태도나 의지력을 높이고 안정을 꾀한다.

5) 일일 훈련주기

훈련의 목표를 최대로 달성하기 위해서는 일일 훈련시간을 매우 효과적으로 계획하여야만 한다. 선수들은 열심히 훈련에 임하기를 원하면서 한편으로는 개인의 자유시간을 필요로 한다. 그러므로 훈련과 일상생활이 조화를 잘 이루도록 해야한다. 다음은 국가 대표의 합숙 상황에서 적용된 일일 3회의 트레이닝 과정에 대한 예이다.

- 1일 3회의 훈련에 대한 예
  06:00 - 기상
  06:30~07:30 - 첫번째 훈련(낮은 훈련)
  07:30~08:30 - 아침식사
  08:30~10:00 - 휴식
  10:00~12:00 - 두번째 훈련(체력훈련)
  12:00~13:00 - 점심식사
  13:00~14:30 - 휴식
  14:30~17:30 - 세번째 훈련(기술훈련)
  17:30~18:00 - 샤워
  18:00~19:00 - 저녁식사
  19:00~22:00 - 자유시간
  22:00 - 취침

일부 코오치나 선수의 경우에 3~4시간의 비교적 긴 훈련을 일일 2회 실시하기도 한다. 그러나 서유럽 전문가들의 견해는 일일 5~6시간의 훈련시간을 3~4회로 나누어 실시하는 것이 좀더 효과적이라고 주장하고 있다. 2시간~2시간 30분 이상의 긴 훈련 시간은 피로의 원인이 되기 때문에 연습효과를 감소시키며 생체 운동능력을 저하시키므로 효율적인 방법이 아니라고 주장하고 있다.

〈표 4〉 국가대표 훈련일정 및 방침(태능훈련원)

년도	월별	단계별	훈련 목표	훈련 방침	훈련내용비중 체력	훈련내용비중 기술	비고
84	11	동계체력 단련기	• 대표선수의 사명감, 극기심, 협동심 함양 • 종목별 기초체력 및 전문기술 완성 • 기초기술 확립	• 정신자세 확립(규율엄수, 품격 향상) • 의식교육 • 체력측정 • 개인별 체력목표 달성 • 개인특성 및 특기 개발 • 체력훈련 증대 강도 증강 • 동계 U대회 파견선수 선정	60~70%	30~40%	
	12						
85	1						
	2	조정기	• 대표선수의 긍지 • 자신력 함양 • 전문체력 중점 육성 • 기초기술과 전문기술 확립	• 훈련양과 강도의 합리적 조정 • 체력평가 • 체력, 정신, 기술의 문제점 개인별 교정지도 • 의도적 정신교육(자신력 강화) • 기초 기술의 재확인 • 전문 기술의 중점 육성	50%	50%	
	3						
	4	숙련기	• 자신력, 집중력, 투지함양 • 전문체력 유지 • 전문기술 숙달	• 체력의 경기력강화 • 훈련양 절감 • 훈련강도 증대 • 개인별 체력유지 확인 • 실전훈련 실시 • 체력 및 기술훈련을 통한 정신력 강화 • 하계 U대회 파견선수 선정 • 월드게임 파견선수 선정	30~40%	60~70%	
	5						
	6						
	7	하계단련 및조정기	• 투지·인내·협동심 배양 • 기초 및 전문체력 재 강화 (근력·지구력 및 스피드) • 상대성 전술 및 개인기 개발	• 체력훈련의 양과 강도의 합리적 조정 • 체력과 기술의 융합 • 개인별 체력·기술의 문제점 교정지도 • 생활 및 건강관리 철저 • 하계 훈련결과의 피로도 점검	50%	50%	
	8						
	9	1차 완성기	• 자주 및 협동심 강화 자신력 및 집중력 고취 • 전문체력 유지 • 전문기술 및 개인 특기 1차 완성	• 기술의 스피드화 • 실전경험을 통한 자신력 향상 • 최고의 컨디션 형성 • 정신력 안정감 조성에 최선 • 최고의 기술 발휘 • 경기력 1차 평가 • 훈련종목 및 선수 재조정	30~40%	60~70%	
	10						

5. 훈련계획

년도	월별	단계별	훈련 목표	훈련 방침	훈련내용비중 체력	훈련내용비중 기술	비고
85	11	동계체력 완성기	• 극기근성배양 • 기초체력 및 전문체력 고도 육성(근력, 지구력 중점) • 기초 기술확립 및 개인 특기 개발	• 훈련양 최대 증가 • 개인별 전문체력 목표달성 • 기술의 문제점 개인별 교정지도 • 정신자세 확립	70~60%	30~40%	체력측정 신체정밀검사
85	12						
86	1						
86	2	조정기	• 협동, 복종심 함양 • 기초체력유지 및 전문체력 강화 • 전문기술확립 및 전술개발	• 체력과 기술의 합리적 조정 • 훈련량 점감, 훈련강도 점강 • 실전태세 훈련실시 • 단체생활의 기강확립	60~50%	40~50%	체력평가
86	3						
86	4	완숙기	• 집중력, 자신력 강화 • 전문 체력유지 • 개발전술 및 상대적 전략 완성	• 체력유지 보강훈련 • 기술 및 전술의 완전 체득 • 실전훈련을 통한 자신감 체득 • 집중력 배양을 위한 특별 정신교육	50~40%	50~40%	대표선수 최종선발완료 (6월말)
86	5						
86	6						
86	7	최종	• 대표선수 사명감, 국가관 고취 및 자신력, 집중력 강화 • 전문체력 유지 • 전문기술의 스피드화 및 전술전략 완성	• 체력과 기술의 양·강도의 합리화 • 개인별 전문체력 보완 • 개인별 최상의 컨디션 조성 • 경기기술의 완전정리 (상대성 전술) • 의식교육(국가관, 자신력, 집중력)	30%	70%	종목별 평가 회수시 실시
86	8						
86	9						

〈표 5〉 태권도 국가대표 단계별 훈련 계획표

구분 내용 \ 기간	1차 단련기 (동계훈련) 84. 11~85. 1월	조 정 기 85. 2~3월	숙 련 기 85. 4~6월
목 표	• 대표선수의 사명감, 극기심, 협동심 함양 • 기초체력 및 전문체력 육성 • 기초 기술 확립 • 개인특성 및 특기 개발 • 체력을 바탕으로 기술의 반복연습	• 실전에 대비한 자신력, 집중력 및 투지 함양 • 전문 체력 중점 육성 • 기초기술과 전문기술 확립 • 훈련량과 강도의 합리적 조정	• 대표선수로서의 유지 및 사명감을 함양 • 전문 체력유지 • 전문기술의 숙달

훈 련 내 용	• 8km 로드웍
	• 크로스-칸츄리(5km)
	• 400m×10회
	• 200m×5회
	• Interval Training
	  (50m×5회, 30m×5회)
	• 계단뛰기 • 허들 점프
	• W.T.C.T • Jumping
	• 언덕오르기 • 등넘어뛰기
	* 기본 발차기 숙달
	* 타켙을 이용한 발차기
	* 빽을 이용한 발차기 숙달
	* 겨루기(맞추어 겨루기)
	* 표적 이동 발차기
		• Interval Training
		  (10m×5회, 20m×5회)
		• 스트레칭 체조(25가지)
		• 사이드스텝 50회
		• 크로스-칸츄리(4km)
		• 400m×10회 • 매트운동
		• 100m×5회 • 복근운동 100회
		• 허들점프 • W.T.C.T
		• Jumping
		* 기본 발차기에서 파생되는 발차기 기술훈련
		* 타켙을 이용한 스피드 발차기
		* 겨루기(호구 착용)
		* Zig Zag 타켙 발차기
		* 호구착용 2인 1조 맞추어겨루기
			• 계단뛰기 • 100m×5회
			• Interval Training
			• Sit up 100회
			• W.T.C.T • 체후굴
			• 언덕훈련 • 8km 로드웍
			• 400m계주 • Jumping
			• Zig zag Run
			• 크로스-컨츄리(4km)
			• 철봉을 이용한 훈련
			* 타켙 발차기(2인 1조)
			* 표적 이동 발차기
			* 겨루기(호구착용)
			* 왕복 겨루기(호구착용)
			* 빽을 이용한 발차기

훈련 비중	체 력 60%~70% 기 술 30%~40%	50% 50%	30%~40% 60%~70%
비고	* 체력 측정	* 체력 평가 * 국내전지훈련(제주도)	* 국가대표 선발전

5. 훈련계획

내용\기간 구분	단련 및 조정기(하계) 85. 7~8월	완 성 기(1차) 85. 9~10월	동계체력 완성기 85. 11~86. 1월
목표	• 투지, 인내, 협동심 배양 • 기초 및 전문체력 재조정강화 　(근력, 순발력 및 스피드) • 전문 체력 향상 • 개인별 전문기술의 확립	• 자주 협동심 강화, 자신력 및 　집중력 고취 • 전문 체력 유지 • 전문기술 및 개인 특기 1차완성	• 극기 및 승부욕의 근성배양 • 기초체력 및 전문체력 고도 　육성(근력, 지구력, 순발력, 　스피드) • 기초기술 확립 및 개인특기 　개발
훈련내용	• 로드웍(8km) • 크로스-칸츄리(4km) • 허들을 이용한 훈련 • 언덕훈련 • 계단뛰기 • 산악훈련 • W.T.C.T • Jumping • Interval Training 　(50m, 30m) • 왕복달리기 • 철봉을 이용한 훈련 * 타켓 발차기 및 주먹지르기 * 런닝 발차기(호구착용) * 스텝 겨루기 * 타켓 발차기 * 표적 이동 발차기 * 반응 발차기	• 크로스-칸츄리(4km) • 허들을 이용한 훈련 • 언덕훈련 • W.T.C.T • Jumping • 100m×5회 • Interval Training • 사이드스텝 50회 • 체후굴 • Sit up 100회 • 계단뛰기 • 스트레칭 체조 • Zig Zag Run • 버피 50회 • 배밀기 100회 * 타켓 Zig Zag 발차기 * 스피드 발차기 * 겨루기(호구착용) * 타켓 발차기 및 주먹지르기 * 받어차기 기술 연구 * 1:1 왕복 겨루기	• 로드웍(8km) • 산악훈련 • Jumping • 버피 50회 • 배밀기 100회 • 반응속도 • 팔굽혀 펴기 100개 • Interval Training • 허들을 이용한 훈련 • Sit up 100회 • 스트레칭 • W.T.C.T * 타켓 발차기 및 주먹지르기 * 타켓 이용 발차기 * 겨루기(스텝 겨루기) * 빽을 이용한 발차기 * 기술연결 발차기 　(스피드하게) * 받어차기 기술 연구
훈련비중	체 력　　50% 기 술　　50%	30%~40% 60%~70%	60%~70% 30%~40%
비고	* 하계 전지(국내) 훈련	* 경기력 1차평가 및 선수 　재조정	

10장 태권도 선수훈련

구분 기간 내용	조 정 기 86. 2~3월	완 숙 기 86. 4~6월	최 종 완 성 기 86. 7~9월
목 표	• 협동, 복종심 함양 • 체력과 기술의 합리적 조정 • 기초체력 유지 및 전문 체력 강화 • 전문기술 확립 및 전술 개발	• 집중력, 자신감, 담력 강화 • 전문 체력유지 • 개발 전술 및 상대적 전략완성	• 대표선수 사명감, 국가관 고취 및 자신력, 집중력강화 • 전문 체력유지 • 전문기술의 스피드화 및 전술전략 완성
훈 련 목 표	• 로드웍(5km) • 산악훈련 • 피칭훈련 • 언덕훈련 • W. T. C. T • 반응훈련 • Interval Training • Jumping • 왕복달리기 • 허들훈련 • Side Step • 계단뛰기 버피 50회 • 고무줄 훈련 ∗ 겨루기(호구작용) ∗ 타켓 발차기(2인 1조) ∗ 스피드 타켓 발차기 ∗ 타켓 이동표적 발차기 ∗ 왕복 겨루기	• 크로스칸츄리(4km) • 튜브를 이용한 훈련 • 피칭훈련 • 언덕훈련 • W. T. C. T • Jumping • Interval Training • 허들훈련 • Shuttle Run • Shuttle 전, 후, 좌, 우 • 배밀기 100회 • Side Step • 계단뛰기 ∗ 겨루기(호구착용) ∗ Zig Zag 발차기 ∗ 빽을 이용한 발차기 ∗ 티켓 발차기 ∗ 원돌며 스피드한 발차기 스텝	• 로드웍(5km) • 스트레칭 체조 • 피칭훈련 • Jumping • 언덕훈련 • W. T. C. T • Interval Training • Shuttle Run • 배밀기 80회 • Side Step • 팔굽혀펴기 50회 • 허들훈련 • 튜브를 이용한 훈련 ∗ 겨루기(호구착용) : 평가전 ∗ 타켓 발차기 ∗ 원돌며 스피드한 발차기 ∗ 스텝 ∗ 타켓 이동표적 발차기
훈련 비중	체 력 50%~60% 기 술 40%~50%	40%~50% 50%~60%	30% 70%
비고	∗체력 최종 평가	∗대표선수 선발 완료(4월)	∗하계 전지(국내) 훈련

〈표6〉 태권도 국가대표 웨이트 트레이닝 및 써키트 트레이닝   ∗개인기록표 작성

월	화	수	목	금	토
Weight Training	Weight Training (Chest Weight)	Circuit Training	Weight Training	Weight Training	Circuit Training
1. Sit ups (10회 ×3set)	1. Pull to chest (10회 ×3set)	1. Bench stepping (15회 ×3set)	1. Sit ups (10회 ×3set)	1. Pull to chest (10회 ×3set)	1. Bench stepping
2. 체후굴 (10회 ×3set)	2. Bench press	2. V싯업 (10회 ×3set)	2. 체후굴 (10회 ×3set)	2. Bench press	2. V싯업
3. Bench press (10회 ×3set) (체급별로중량조절)	3. Hack squat	3. Curl sit ups	3. Bench press (10회 ×3set)	3. Hack squat	3. Curl sit ups
4. Wrist curl (10회 ×3set)	4. Leg curl	4. Burpee (20회 ×3set)	4. Wrist curl (10회 ×3set)	4. Leg curl	4. Burpee
5. Two hand press	5. Leg curl back	5. Dumb bell Jumps	5. Two hand press	5. Leg curl back	5. Dumb bell Jumps
6. Knee lift (10회 ×3set)	6. Rat machine pull-down	6. 스프린터 (50×3set)	6. Knee lift	6. Rat machine pull-down	6. 스프린터 (50×3set)
7. Calf raise	7. Dead lift	7. 페달밟기 (50×3set) 8. 두손짚고 엎드려 팔굽혀펴기 점프	7. Calf raise	7. Dead lift	7. 페달밟기 (50×3set) 8. 두손짚고 엎드려 팔굽혀펴기 점프

<표7> 태권도 국가대표 체력훈련 계획(주간)

월	화	수	목	금	토
* 준비운동 스트레칭 체조 * 체력 운동 ○로드웍(8km~5km) ○왕복 달리기 　10m×10회(2set) ○하이힐 킥 　20m×5회 ○V자 Sit up 　10회×5set ○체후굴 10회×5set ○허리넣기 20m×3회 ○Side Step 50회 ○버피 10×5회 ○배밀기 100회 ○등넘어 뛰기 ○무등태워걷기(400m) ○Zig zag Run	* 준비운동 준비체조 *체력운동 ○크로스-컨츄리(4km) ○언덕훈련 언덕 왕복달리기 　20m×5회 언덕 피칭오르기 　10m×3회 언덕뒤로 피칭오르기 　10m×3회 언덕 짧은 피칭스텝 질주 10m×3회 언덕한발 점프오르기 언덕 Zig Zag Run ○언덕이용 발차기 기본발차기를 주로 이용해서 훈련 ○W. T.-C. T	* 준비운동 스트레칭 체조 *체력운동 ○로드웍(8km~5km) 계단왕복 오르내리기 계단 2칸씩 오르내리기 계단한발 점프오르기 계단 Zig Zag 오르내리기 계단 동물걷기 계단 허리넣기 계단 발바꾸어 뛰기 두발모아 계단 뛰어 오르기 계단 오리걸음오르기 ○앉아서 두발모아 계단 뛰어오르기 ○한사람 안고 계단 오르기 ○Interval Training	* 준비운동 준비체조 * 체력운동 ○산악 훈련 ○허들점프 (허들을 6칸놓고) ○허들뛰기 ○허들 옆으로뛰기 ○허들을 이용한 건너뛰기 (발을 바꾸어서) ○100m×5회 ○Interval Training ○30m×3회 ○20m×2회 ○10m×5회 ○400m 계주 ○W. T.-C. T	* 준비운동 스트레칭 체조 * 체력운동 ○크로스-칸츄리 (4km) ○V자 Sit up ○100m×3회 전력 질주 ○Interval Training ○Jumping •허들 •캉가루 점프 •양발모아 넓이뛰기 •두발점프 20회 •전후좌우 점프 •두발모아 좌우뛰기 ○ Shuttle Run ○팔굽혀펴기 50회 ○배밀기 30회 ○버피 20회	* 준비운동 스트레이칭 체조 * 체력운동 ○Ball을 이용한 유연성 훈련 ○단체 경기를 통한 조직력 화합 ○언덕훈련 발차기 (기본)

<표8> 태권도 국가대표 기술훈련 계획(주간)

월	화	수	목	금	토
* 준비운동(실내) ○왕복달리기 ○피칭 ○Short 피칭 ○Jumping ○복근운동 *기술훈련 ○기본 발차기 ○겨루기(맞추어) ○타켓 발차기 　(2인 1조) ○타켈스피드발차기 ○타켈 표적이동 발차기 ○빽을 이용한 발차기	* 준비운동(보조) ○유연성 체조 ○Jumping ○캉가루 뛰기 ○맨투맨 막기 ○스텝 ○써어킷트 트레이닝 *기술훈련 ○기본 발차기 ○왕복발차기 (스텝) ○스피드 발차기 ○겨루기(호구착용) ○타켓 발차기 ○받아차기 기술연구	* 준비운동(실내) ○벽잡고 피칭 ○왕복 달리기 ○싸이드 스텝 ○버피 ○팔굽혀 펴기 ○Jumping ○뒷발잡고 ○반응속도 *기술훈련 ○기본발차기 ○겨루기 (호구착용) ○원돌며 스피드 한발차기 ○빽을 이용한 발차기 ○개인 운동시간	* 준비운동(실내) ○피칭 ○맨투맨 막기(스텝위주) ○Zig Zag Run ○전후좌우 달리기 ○등넘어 뛰기 *기술훈련 ○ 타켓 발차기(지그재그) ○밋트를 이용한 발차기 ○타켓 표적이동 발차기 ○왕복 겨루기(호구착용) ○개인 스피드 발차기 (30초씩) ○반응 타켓 발차기	* 준비운동(실내) ○웨이트-트레이닝 ○써어킷트-트레이닝 ○Jumping ○유연성 체조 *기술훈련 ○기본 발차기 ○응용동작 발차기 ○겨루기 ○타켓 발차기 ○원돌며 스피드한 발차기 ○개인운동시간	* 준비운동 ○보조기구를 통한 준비운동 *기술훈련 ○발차기의 응용동작 ○겨루기(평가전) ○타켓을 이용한 이동발차기 ○빽을 이용한 발차기 ○받어차기 기술연구

11장 태권도의 상해예방

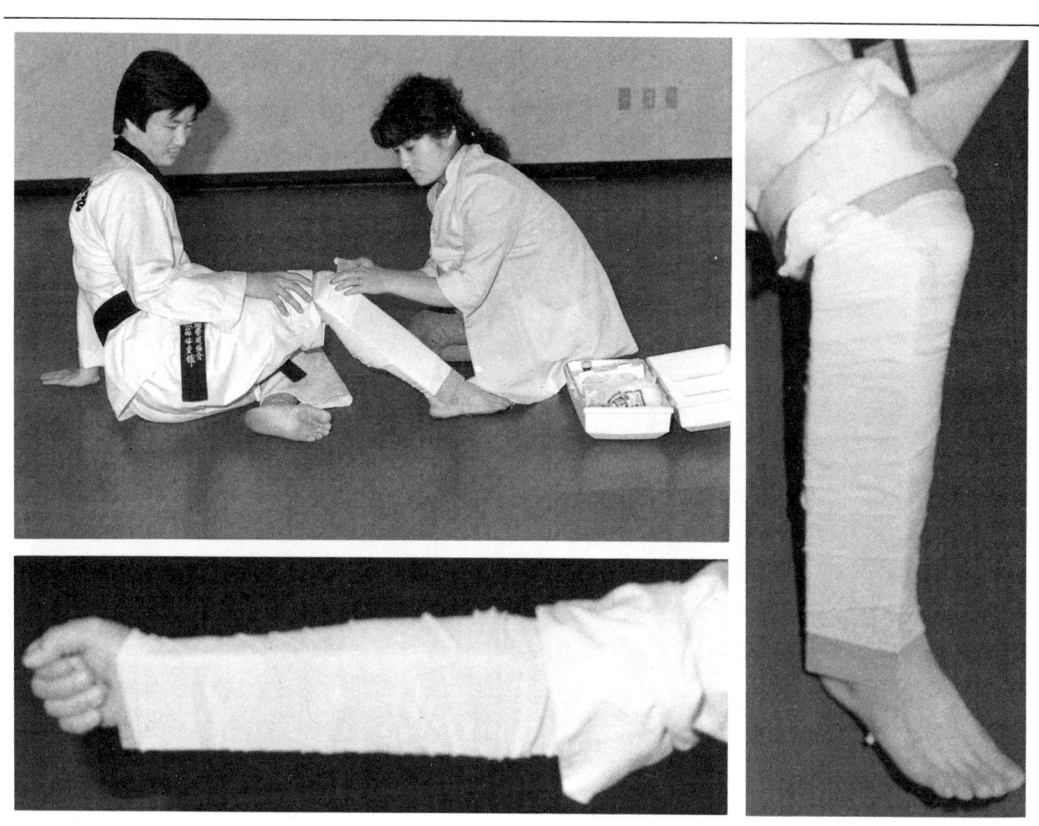

1. 상해의 원인

 태권도는 다른 종목의 스포츠와는 달리 손과 발을 함께 사용하는 몸과 몸의 대결이므로 선수들이 경기 중에 상해를 입을 수가 있다. 그러나 사전에 상해의 원인을 알게 되면 쉽게 그것을 예방할 수 있다. 태권도의 상해는 외상과 신체 장애로 대별할 수 있다. 외상이란 타박상과 같이 외력에 의한 단 한번의 상해이며, 장애란 오랫동안 과도한 운동으로 인한 신체의 기질적 변화에서 발생한다. 이러한 상해의 발생에는 다음과 같은 원인이 있으므로 이러한 원인 조건을 배재해야 할 것이다.

가. 기본동작 미숙

 태권도에는 지르기, 차기, 막기 등 다양한 기술과 많은 수의 기본동작이 필요하며 이를 숙달 시키는데는 오랜 시간과 훈련이 필요하다. 그런데 이런한 기본을 갖추지 않거나 기술의 훈련양이 적은데도 무리하게 시합에 참가하게 되면 상해를 입기 쉽다. 기본동작이란 건축에 있어서 기초공사와 같은 것이기 때문에 수련시 항상 게을리 해서는 안된다. 기술이 미숙한 경우는 계속적으로 반복연습을 하여 숙달시켜야 한다. 기술이란 자극에 대한 반응이며 반응시간을 줄이는 것이 기술의 숙달이므로 반복 연습만이 기술숙달의 지름길이다. 또한 숙달된 기술은 부자연스럽고 무리한 동작이 없어지므로 에너지 소모도 적어진다.

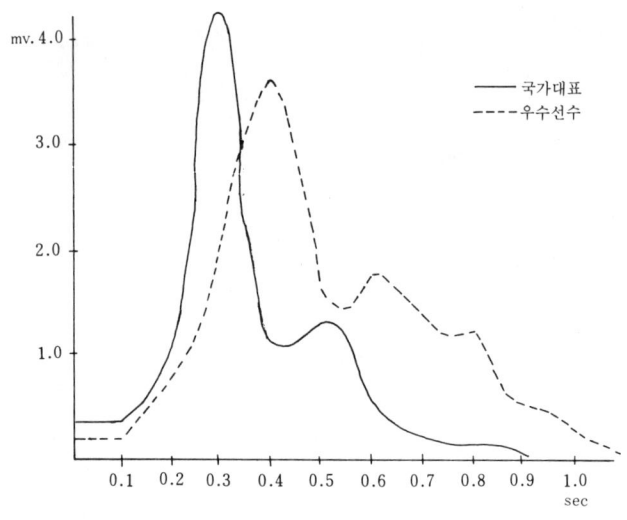

 〔그림.1〕을 보면 숙달되었더라도 국가대표와 우수선수 사이에 근육에 가하는 힘과 시간의 차이가 상당함을 알 수 있다. 우수선수는 시간에 있어 목표본을 찰 때까지 0.1초 정도가 빠르며 목표본을 찬후 근육에서 힘을 빼는 시간이 빠르기 때문에 에너지 소모가 적다. 운동시 에너지 소모가 많고, 계속 누적되면 상해발생율이 높아지는 것이다.

나. 준비운동 부족

　일반적으로 준비 운동은 근육 온도의 상승, 근 모세 혈관의 확장 및 심폐기능이 증가함으로써 운동 기능의 증가를 가져올 뿐 아니라 전문 기술의 발휘에 긴요한 신경 소통 작용 및 모든 근육의 긴장도가 시간의 경과에 따라 원활하게 되어 근수축의 과부족을 없애주는 역할을 한다. 준비운동이란 전기용품에 비교할 수 있는데 전기용품은 스위치를 넣고 일정시간이 지나야 서서히 각부분의 온도가 올라가 일정하게 유지되면서 정확하게 작동한다. 우리몸도 마찬가지로 준비운동에 의하여 어느정도 체온을 상승시켜 각 기관의 기능을 항진시켜두면 곧 운동에 적응시킬 수 있게 된다. 이때 준비운동은 대체로 유연한 체조를 중심으로 시작해서 점차 경기에 필요한 특수한 운동 동작을 첨가하는 것이 좋다.

다. 과도한 긴장

　흔히 겨루기에서 꼭 이겨야 된다든지 아니면 상대선수가 너무 강하다든지 하는 생각을 하면 긴장하게 되고 긴장하면 영향이 근육에 전달되어 근육이 필요없이 긴장된다. 근육이 긴장되면 스피드도 줄어들고 반응에 대한 신속한 동작을 할 수 없을 뿐만 아니라 필요 없는 에너지가 소모 된다. 에너지 소모가 많으면 근육이 피로하게 되고 그로인해 평소의 실력을 발휘하지 못하며 실수하는 경우가 생길 수도 있다. 그렇게되면 경기에 몰두하지 못하고 딴 생각을 하게되며 집중력이 없어지고 주의가 산만해 상해를 입을 수가 있다. 그러므로 평소에 최선을 다하여 연습하고 경기에 임해서는 긴장하지 않도록 심리적인 지도가 병행되어야 할 것이다.

라. 과도한 훈련과 과로

　선수가 자신의 체력과 기술로 견디어 내기 어려운 정도의 훈련이 계속되면 심신의 피로가 오게 되고 이런 경우 근육은 물론 호흡, 순환기 신경계통의 과로를 유발하여 중추신경의 통항작용이 저하되거나 지연을 가져와 사고력과 판단력이 흐려져 격변하는 상황에 알맞는 신체운동이 어렵게 된다. 따라서 상해를 입기 쉽다. 그러므로 과로 했을 때 시합을 하는 일은 금해야 한다.

마. 안전 교육 부족

　청소년기의 선수들은 성장, 발달의 측면에서 볼때 신체적, 지적, 정서적으로 많은 변화를 맞게 되는데 특히 신체적인 상태가 불균형을 이루는 시기가 있다. 따라서 일상생활에서의 안전교육을 통해 상해를 예방 하려면 안전교육에 주의를 기울여야 할 것이다. 예를 들면 근육이 과부하(過負荷)로 인해 생기는 징후, 효율적인 태권도 운동 원칙, 딱딱한 기면에서의 장시간 훈련이 연골에 미치는 영향, 운동화 사용시의 충격흡수, 상태부위의 근력회복 등 이러한 사전지식을 갖춤으로써 상해를 예방할 수 있다.
　또한 경기규정에 명시된 안정규정을 준수하는 것도 중요하다. 예를 들면 머리보호대, 손목 및 팔목 호보대 등을 착용함으로써 상해를 예방할 수 있다.
　특히 시계나 반지의 착용을 금하거나 손톱을 짧게 깍도록 되어 있는 규정은 꼭 준수하여야 할 것이다.

2. 상해의 예방

현대는 "예방 의학" 시대라 하는 만큼 병이나 상해는 미리 막는 것이 현명하다. 옛말에 "치산 치수는 나라의 근본이라"라고 했다. 곧 산을 푸르게 하는 것이 홍수를 막는 최선책이요. 그렇게 하는 것이 국가 재정의 손실을 막는다는 말이다. 이처럼 상해 발생 또한 그 원인을 알고 이에 대한 예방을 철저히 하여야 한다. 그러나 상해의 예방은 어느 한 사람이 주의를 기울여서 해결될 문제만은 아니다. 지도자, 선수, 경기 주체자 모두가 힘을 합하여야 함은 물론 시설·상해 요인을 사전에 점검할 수 있도록 해야 한다. 특히 상해 원인에서 지적된 바와같이 다음 사항에 각별히 유의하여야 한다.

① 기본 동작을 철저히 익히고 기술을 숙달시켜 동작 미숙이나 기술 부족으로 인한 상해를 입지 않도록 한다.
② 준비 운동을 철저히 하여 경기에 임했을때 신체를 민첩하게 움직일 수 있도록 체온을 상승시켜야 한다.
③ 과민한 긴장과 주위 산만으로 상해를 입지 않도록 평소에 심리적인 지도나 카운셀링 등을 실시하고 기술의 고원(高遠) 현상으로 슬럼프에 빠지지 않도록 세심한 주의를 기울린다.
④ 과도한 훈련으로 인해 사고력과 판단력이 감퇴되지 않도록 프로그램을 작성, 지도 한다.
⑤ 평소에 상해의 원인과 그 예방을 위한 지식을 쌓고, 안전 교육을 실시 한다.
⑥ 겨루기시나 경기시에 규정에 따라 호구나 각종 보호대를 착용하고 비 신사적인 행위를 금함으로써 상해 요인을 제거 한다.
⑦ 상해는 사소한 경우라도 가볍게 생각하지 말고 완치 될 때까지 주의를 기울이고 운동량을 조절함으로써 상해의 재발이나 악화를 방지하여야 한다.

3. 태권도 상해와 처치

가. 피부와 근육의 상해

1) 근경직과 근육통

태권도를 수련하는 초기에 지나친 수련을 하게 되면 흔히 근육에 경직이나 통증이 오는 수가 있으며 때로는 두 증상이 함께 나타나는 경우도 있다. 이러한 통증에 관해서 다음과 같은 몇 가지 원인을 들 수 있다.

① 근육 섬유와 이를 둘러 싸고 있는 결합 조직에 미세한 단열이 발생 되었을 때.
② 근육 운동으로 인한 신진대사의 산물인 젖산 등에 고도로 축적되어 근섬유의 감각신경 말단을 화학적으로 자극하였을 때.

③ 근육의 부종으로 감각 신경 말단이 물리적인 압박으로 자극을 받았을 때 발생된다.

일단 근경직이 오면 그 근육을 가볍게 맛사지 해 주거나, 가볍고 규칙적인 운동으로 호전이 되는데, 이는 그 '국부(局部)'에 축적된 노폐 물질이나 많은 체액이 이러한 운동으로 제거 되기 때문이다. 또 더운 물로 찜질하는 것도 좋다. 이상과 같은 근경직이나 근육통은 잘못하면 스트레인 근염, 근막염, 근경련, 근단열, 건염 등의 우려가 있으므로 이 때는 전문가의 진료가 필요하다. 이를 예방하기 위해서는 훈련시에 충분한 준비 운동을 하는 것이 효과적이며 젖었던 운동복을 갈아 입고 스웨터 등으로 몸의 한기를 피하는게 좋다.

2) 발의 위생과 상해

(1) 물집과 못

손이나 발에 오는 물집은 반복되는 살갗의 기계적 마찰로 표피와 진피가 분리된 사이에 조직액이나 혈액이 고이는 것으로 주로 많이 발앞꿈치에 생긴다. 가벼운 것은 며칠 경과되면 낫지만 물집이 큰 경우에는 먼저 알코올이나 머어큐러크롬액으로 물집 부위를 잘 소독한 다음, 물에 끓여 소독한 바늘이나 가위로 죽은 살갗에 서너군데 구멍을 뚫어 안에 들어 있는 물을 빼낸 후 소독약을 바른다. 못은 며칠 계속 10%의 살리실산 연고를 바르면 된다.

(2) 무좀

운동 후 발가락 사이의 물을 말끔히 닦지 않거나 신발의 통풍이 잘 안되어 습기가 오랫동안 차 있을 때 무좀 곰팡이가 기생하여 발생된다. 무좀은 가렵고 물집이 생기며 껍질이 벗겨지고 때에 따라서는 다른 살갗에 퍼짐으로 운동 후 발을 닦고 말린 후에 신발을 신어야 한다. 낮에는 분말 약을 뿌리고, 밤에는 무좀 연고를 바르며, 아침 저녁으로 발을 깨끗이 씻은 다음 건조시킨다. 완전히 없어진 후라도 최소한 1주일 동안은 계속 치료하여야 한다.

3) 근육 좌상

근육좌상이란 강한 외력이 직접 근이나 조직에 가해져 살갗의 이상없이 내부 조직에만 손상이 오는 것을 말한다. 좌상에는 모세 혈관이 파괴되어 출혈이 뒤따르며 주위 조직에 퍼져 감각 신경을 압박하여 시퍼렇게 멍이 들고 붓는다. 때로는 근염을 일으켜 그 부위가 뜨겁게 달아오르는 수도 있다. 응급처치로서 찬찜질로 탄력 붕대를 감고 하루가 경과된 후부터는 더운 찜질이나 환부 주위를 맛사지 한다음 찜질약을 도포한다. 호구(護構)를 적절히 사용하여 예방하도록 한다.

4) 근   염

훈련이나 준비 운동이 부족한 근육을 과도하게 사용하거나, 좌상을 입게 되면 근염이 발생하기 쉽다. 근염은 화학적 염증상태를 가져오거나 때에 따라서는 세균이 감염되어 세균성 염증이 되는 경우가 있으니 특별히 주의하여야 한다. 일반적인 증상은 붓고 국부가 화끈거리면서 아프다. 경우에 따라서는 화농되어 오한, 발열 등의 전신 증상을 동반한다. 증상의 초기에는 찜질이나 아주 가벼운 맛사지를 적용하여 효과를 보는 수가 있으며 국부가 뜨겁고 전신에 열이 날 때는 찬 찜질을 하고 곧 의사에게 보여야 한다.

5) 스트레인

스트레인이란 근육, 근막, 인대, 건, 등이 과도하게 신장됨으로써 근섬유가 부분적으로 끊어지거나 찢어지는 상태를 말한다. 그 원인은 대부분 외부로부터 작용하는 힘에 의한 것이며, 충분한 준비 운동없이 갑자기 최대 체력을 발휘하려고 할 때 생기기 쉽다. 근육 근섬유나 건이 아주 단열되는

11장 태권도 상해 예방과 처치

수가 있는데 이 경우를 근단열 또는 건단열이라고 부른다. 스트레인시는 그 조직의 모세혈관이 같이 파열되어 혈종이 형성되므로 심한 아픔과 운동 기능장애를 가져온다. 스트레인이 발생된 근이나 건은 나중에 비교적 약한 섬유성 반근으로 치유되기 때문에 후일 또다시 다치기 쉬운 경향이 있으며 이러한 염려로 말미암아 선수가 충분한 체력을 발휘하지 못하는 수도 있다. 스트레인이 발생하면 우선 출혈과 혈종의 확대를 막기 위해 압박 붕대를 하며 국소에 찬 찜질을 한다. 찬 찜질은 얼음물에 적신 수건이나 냉각시킨 팩(Pack)을 사용한다. 치료법에는 보존적 요법과 능동적 요법이 적용된다.

(1) 보존적 요법

손상된 근육이나 건이 완전히 나을 때까지 그 국소를 안정시키며 완전 단열이 생겼을 때는 외과적 수술이 적용된다. 회복기에는 더운 찜질을 하거나 전기 투열 요법이 좋다. 필요시에는 반창고 부착에 의한 고정으로 손상의 확대를 방지해 주어야 한다.

(2) 능동적 요법

비교적 가벼운 스트레인에 적용된다. 대퇴부의 스트레인을 예로 든다면 첫날 근육이 풀릴 때까지 걷게 하고 점차 빨리 걷게 한다. 이틀째는 조금씩 뛰게 하고 그 다음 날 아침에는 슬슬 뛰다가 저녁에는 정상 훈련 때의 최대 속력의 3/4의 속도로 뛰게 한다. 나흘째는 완전히 평상시와 같이 뛰게 하며 반창고 부착이나 붕대는 사용하지 않는다.

6) 하이 점퍼즈 스트레인

원래 높이뛰기 선수에게 많이 있는 상해라 하여 하이 점퍼즈 스트레인이라 부른다. 그러나 태권도에서는 뛰어차기에서 갑자기 한쪽 다리를 젖히고 몸을 회외시키는 운동을 신속히 할 경우에 골반으로부터 대퇴골에 연결되어 있는 회외근에 강력한 부담을 줌으로써 이 근육에 스트레인이 발생되는 경우이다. 이 스트레인은 심부 근육의 스트레인이므로 반창고 부착은 별로 효과가 없으며 심부 투열 요법이 도움을 준다. 가장 중요한 것은 대퇴부나 다리를 젖히거나 선회하지 않도록 안정시키는 것이다. 회복에는 수 주일이 걸린다.

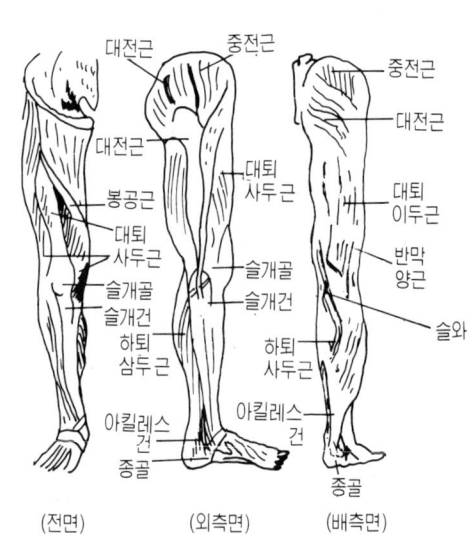

7) 근경련

근육의 무리한 사용으로 인한 경우와 빈혈로 인한 경우가 있다. 빈혈인 경우 밤에 일어나기도 한다. 이는 체질과 관련이 깊다. 처치방법은 비장근에 쥐가 나면 발끝을 무릎쪽으로 당기면서 다리를 펴고 주물러 준다.

8) 근육 류머티스

근육 일부에 생긴 염증에 의한 고름에서 유독한 물질이 유출되기 때문에 발생한다. 처리 방법은 안정이 가장 요구되며 살리실산 연고나 오포렐독을 바르거나 온열 요법을 사용한다. 만성일 경우에는 전문의의 치료가 필요하다.

나. 관절의 상해

족관절염좌

염좌란 관절이 무리한 운동으로 인해 탈구나 골절에 이르지는 않았지만 관절을 구성하는 연부조직, 즉 활액막, 관절인대, 연골 등에 손상이 일어나는 것을 말한다. 그러므로 피하에 출혈이 생겨서 관절이 붓고 동통이 심하게 된다. 그 중 태권도에서는 족관절 염좌가 생기기 쉽다. 겨루기를 하다가 발등으로 돌려 차거나 스탭을 밟는 순간 체중이 족관절부에 가해질 때 생기기 쉽다. 이럴 때에는 발을 피동적으로 움직여서 다치지 않은 발과 비교하여 그 모양, 위치, 운동성 등의 이상 유무를 살펴보아야 한다. 만일 급속한 부종이나 변형이 있을때 상해 국소에서 마찰음이 들리면 골절이나 탈구의 우려가 있으므로 곧 의사에게 보여야 한다. 처치는 운동을 중지하고 탄력 붕대를 발가락에서 발목까지 20cm 정도 감는다. 발을 높이 올리고 찬 찜질을 한다. 족관절이 약하거나 잘 다치는 사람은 연습할 때에 붕대법이나 반창고 부착법을 써서 미리 예방한다.

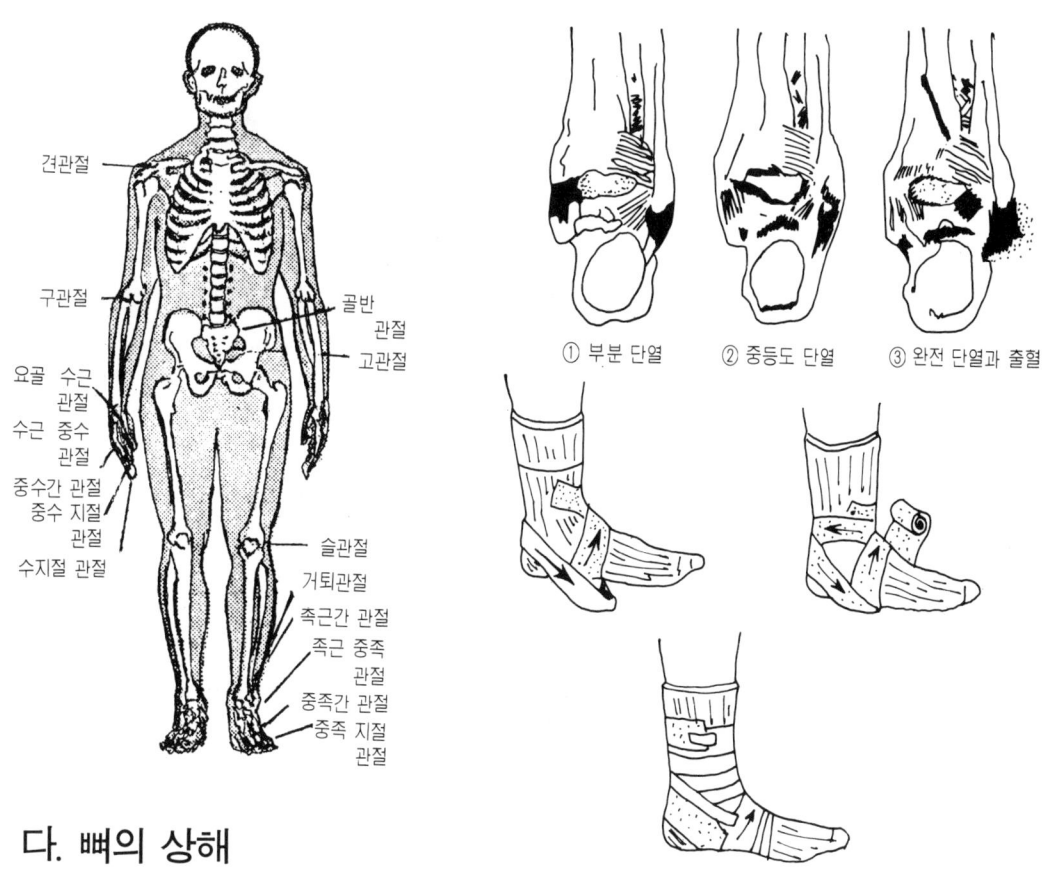

다. 뼈의 상해

1) 골 절

격파와 타박 등 급격한 외력으로 뼈에 균열이 나타난다든지 뼈가 부러지는 것을 말한다. 골절은 쇄골, 늑골, 사지골에 일어나는 수가 많으며 사지골에는 골단부에 골절을 일으키기 쉽다. 골

11장 태권도 상해 예방과 처치

절이 생기면 극도의 아픔이 오고 환부가 촉진되면 골절단의 마찰음을 들을 수 있다. 심한 골절이나 복합 골절인 때에는 관상 변형을 볼 수 있고 출혈이 심한 때도 있다. 처치는 부러진 뼈를 당겨 원래의 상태로 돌리고 양쪽 관절을 고정시켜 움직이지 않게 하면 된다. 응급처치 후 국소를 움직이지 않게 한 후에 부목을 대어 응급 붕대를 하고 전문의의 치료를 받도록 한다.

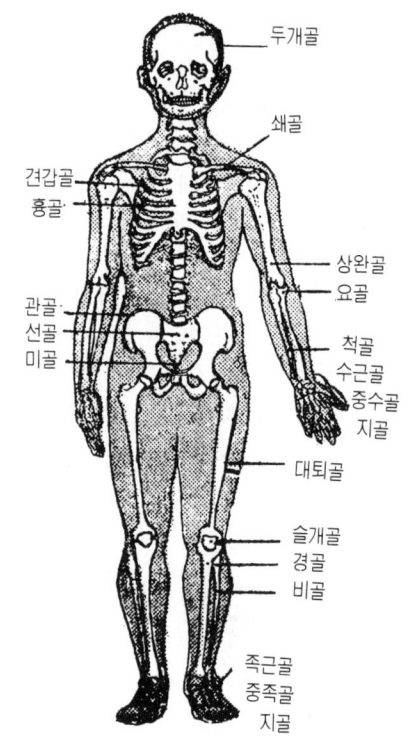

2) 장골 골절

손뼈에 직접 외력이 작용했을 때 발생한다. 손으로 격파할 때 생기기 쉽다. 4주정도 고정하면 완치되며 평소에 주먹 단련을 하여야 한다. 지골 골절은 대부분 직접적인 외력에 의한 것으로 개방성이 꽤 많다. 운동할 때, 즉 야구, 배구, 농구 등에서 골절이 잘 생긴다. 우측은 제 4, 3, 2지 좌측은 1, 5지의 순서로 발생 빈도가 많으며 찌르기 격파에서 손가락 끝이 과로로 신진되거나 굴곡될 때도 생긴다.

슬관절 염좌는 대퇴골과 경골이 접합을 이루고 있는 관절이며 슬관절 염좌는 주로 발차기를 하다가 부딪치거나, 차는 발을 무릎을 들어서 막다가 발생하기 쉽고 미끄러지거나 뛸 때에도 발생할 수 있다. 처치 방법은 국소의 안정이 필요하며 붕대로 압박해서 감고 냉수 맛사지를 한다.

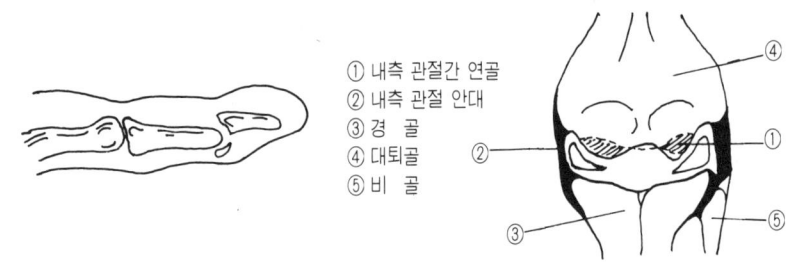

3) 탈 구

 관절을 이루는 뼈가 강한 외력에 의해 관절막이 파괴되면서 관절이 밖으로 튀어 나오는 것을 탈구라 한다. 탈구가 될 때에는 인대와 건의 손상도 일으키기 쉽고 때로는 골절까지도 일어난다. 탈구의 처치 방법은 골절이 동반되었는지를 알아보기 위해 X-레이를 먼저 찍고 합병증이 없는 단순 탈구인 경우면 사범이 관절의 말초단을 잡아당기며 골두를 관절강 안으로 밀어 넣는다.
그러나 합병증이 있으면 전문의에게 맡겨야 한다.

(1) 견관절 탈구

 견관절 탈구는 90%의 전하방 탈구와 소수의 후방 탈구가 있다. 전방 탈구는 강력한 외전이나 외선할 때 발생하고, 후방 탈구는 반대로 급격한 내전과 전방 굴곡이 견관절에 작용할 때 발생한다. 상박은 약간 외선 기형이 되어 있고, 견봉은 정상 관절에 비해 돌출하게 된다.
 처리 방법은 X-레이 촬영 후, 단순 탈구면 맨손 치료가 가능하나 골절의 합병이 있을 경우 손대지 않도록 한다. 누가 치료하든지 4~6주 간은 견관절을 사용해서는 안 된다.

(2) 습관성 탈구

 맨 처음 탈구 되었을 때 잘 치료하고도 손상받은 관절막, 인대 등의 조직이 완치될 만한 기회를 주지 않고 즉시 관절을 사용할 경우 일어난다. 이것은 관절부의 별다른 동통이 없이 간단히 탈구되어 치료도 가능하다. 처치는 정형 외과 전문의에 의한 수술 치료법이 있다.

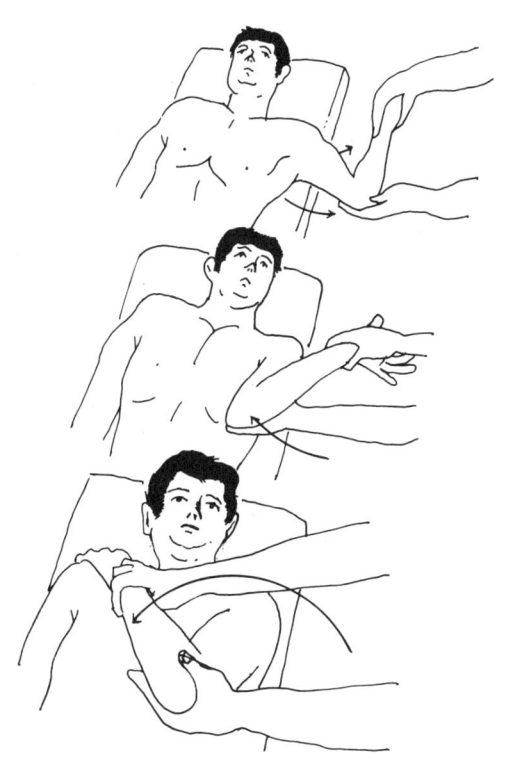

라. 기 타

1) 훈련성 빈혈

원인 및 증상

심한 훈련을 하는 선수들에게 흔히 발생된다. 우리 몸의 적혈구는 평균 120일 정도의 수명을 가지고 있으며 생리적으로 하루에 0.85%가량이 파괴되며 골수의 신생 작용으로 새로이 보충된다. 심한 훈련시는 적혈구의 파괴 현상이 증가된다고 하며 그 신생작용이 미쳐 뒤따르지 못하여 빈혈이 발생되는 것으로 해석되고 있다. 따라서 심한 훈련으로 인한 빈혈에는 종합 아미노산 제제, 철분, 비타민 B_{12}와 같은 조혈제를 복용하면 어느정도 낫고, 예방에도 도움이 된다.

2) 경련

태권도에서 경련은 주로 하퇴삼두근, 대퇴사두근, 수족의 골간근 순서로 많이 발생된다. 운동으로 인한 근육의 피로, 염분손실, 칼슘(Ca), 나트륨(Na), 비타민 등의 영양소 부족, 저혈당, 준비운동 부족 등의 여러가지 요인이 관계되며 근육의 생리적인 측면에서 보면 필요 물질의 공급과 노폐물 배설이 신속히 이루어지지 않음에서 발생된다. 어떤 근육에 경련이 발생되면 즉시 운동을 중지하고 그 근육을 타동적으로 가볍게 압박하거나 신장시킴으로써 경감된다. 경련은 예방이 중요하므로 적절한 휴식을 취하며 충분한 영양을 섭취하고 준비운동을 실시하여 과로를 피한다.

3) 뇌진탕과 두부 외상

사람은 머리에 강한 타박을 받으면 뇌진탕을 일으키는 수가 많다. 태권도에서 들어찍기로 얼굴을 맞은 경우 뇌진탕이 되는 경우가 있다. 경우에 따라서 중대한 상해가 발생하므로 환자를 안정시키고, 곧 의사에게 보여야 하며 의식이 몽롱하면 암모니아 흡입제와 같은 자극제를 코에 대어서 깨어나게 한 후 찬물로 머리와 얼굴을 차게 해준다. 깨어난 후 현기증이나 구토 증상이 보이면 급히 병원으로 이송하여야 한다. 겨루기시는 바닥이 딱딱한 곳을 피해야 하며 선천적으로 두개골이 얇은 사람(X-Ray로 알 수 있음)은 경기를 하지 않도록 한다.

4) 비 출혈(코피)

운동경기때 흔히 보는 상해이며 대개의 경우 코에 직접 또는 간접적인 타격으로 인해 혈관이 파열되어 발생된다. 그러나 때로는 아무런 타격없이 돌발적으로 오는 수도 있다. 비출혈이 발생되면 환자는 일반적으로 당황하게 되므로 먼저 환자로 하여금 출혈이 중대한 상해를 일으키지 않는다는 것을 강조하여 안심시켜야 한다. 그리고, 환자를 앉히거나 바른 자세로 하고 얼음이나 찬물을 적신 수건 등으로 얼굴, 머리, 목 뒷부분에 대어준다. 그리고 1/1,000아드레날린(adrenalin) 용액을 적신 솜을 콧속 깊이 넣어주고 솜마개를 하거나 혈도 지압으로 처치한다. 솜은 약 10분 후에 뺀다.

5) 고환 타박

겨루기에서 발의 강한 타박에 의해서 발생된다. 고환의 타박은 그 아픔이 대단히 심하여 부상직후 잠시 무능력한 상태에 놓이게 된다. 대개는 곧 경감이 되나 기타 부위를 살펴서 수종이나 혈관 확대의 유무를 확인하여야 한다. 때로는 고환이 복강 내부로 들어가는 수가 있는데 이때는 곧 의사에게 보여야 한다.

발을 아래에서 위로 찼을 때는 아래 대장이 수축되면서 고환이 위로 당겨져 심한 고통의 증세가 계속되며 호흡이 곤란해진다. 이때는 먼저 부상자를 바로 눕히고 벨트나 옷을 풀어주고 오그라들은 양쪽다리에 힘을 빼게 한다.(무릎뼈의 약간 위를 윗쪽에서 발을 향해 두번정도 내려쳐 준다.) 그 다음 하복부를 윗쪽에서 아래로 부드럽게 서서히 힘을 가해가며 호흡을 맞춰 맛사지를 한다. 회복이 안되거나 출혈, 기타의 이상이 있을때는 의사에게 보여 적절한 치료를 받아야 한다.

고환 타박을 예방하기 위해서는 겨루기를 할때 호구와 샷보대를 사용한다. 고환을 맞는 부상이 잦은 때는 기압이 낮거나 기온이 낮은 날에 많은것이 지금까지의 경험을 통한 통례로 되어 이러한 사실은 기후가 낮을때 몸의 세포가 수축되고 심적(心的)으로 긴장되어 있어 유연성을 잃음으로써 발생하게 된다. 따라서 선수와 코우치는 경기에 앞서 20분 전에는 준비운동을 하여 몸의 유연성을 찾고 긴장을 풀게 하여야 한다.

6) 복부 타박

복부에 강한 타격을 받게 되어 복부 근육이 간접적으로 복강 내에 있는 소위 태양 신경총이라는 신경망을 타격하여 횡경막이 일시적으로 마비되는 외상이다.

의식은 있으나 희미하며, 심한 복통이 있고 호흡과 말을 못하게 된다. 하복부를 채었을 때는 고환을 직접 맞았을 때처럼 제자리에 주저앉는 것이 아니고, 한두발자욱 발을 옮기다가 쓰러진다. 이것은 고환이외의 급소를 맞고도 고환에 수축이 오는 또다른 고환 충격의 경우이며 고환을 직접 가격당하지 않고도 쓰러지므로 맞은 측과 공격한 사람들 사이에 시비의 대상이 되기도 한다. 흔히 이러한 때에 코우치나 심판은 엄살일 것으로 판단하여 응급조치는 커녕 주의를 주는 경우가 없지 않으나 그것은 매우 위험한 일이다.

대체로 고환을 맞았을 때와 동일한 처치로 곧 회복할 수 있으나, 계속해서 복부가 부어오르고, 참기 어려운 통증이 계속되게 되는 경우는 병원으로 옮겨 치료를 받아야 한다.

7) 탈수와 염분 손실

모든 신체 운동은 근육활동에 의하여 이루어지며 이 근육활동은 에너지의 소모가 따르게 된다. 신체 운동에는 체열 생산의 증가가 필요하여 많은 체열이 발생되면 호흡이 증대되고 땀도 많이 흘려 수분의 증발을 가져오므로 증발열을 통하여 많은 체열을 외계로 내보내게 된다.

땀은 심장에 있는 땀구멍, 즉 한선(汗腺)으로 분비되는 액체이며 약간의 유기물과 무기물을 함유한 수분인 것이다. 그중 가장 중요한 성분은 유기물과 무기물을 함유한 수분인 것이며, 또한 염분도 0.5~1%가 함유되어 있다.

장시간의 연습이나 시합은 신체에 탈수상태를 가져오며 동시에 염분손실을 가져오므로 체액의 전해질 균형이 파괴되고 혈액 농축상태가 발생된다. 이에 따라 불쾌감, 경련, 허탈, 심신, 불면증, 발열 등의 증상이 나타나고 체력의 감퇴를 가져온다.

탈수와 염분의 손실은 0.25~1%의 식염수를 마시면 곧 회복되며 충분한 염분과 수분섭취에 유의하면 어느정도 예방될 수 있다. 일반적으로 한국인의 염분 섭취량은 구미인에 비하여 많으며, 1일 10~15g에 달하므로 다소의 발한으로는 큰 부족이 오지 않으나, 특히 여름철에 심한 운동을 할 때는 충분한 염분과 수분을 섭취하여야 한다.

4. 응급 처치

가. 응급처치의 개요

응급처치라 함은 돌발적인 사고로 상해를 입었거나 급한 질병에 걸린 환자가 발생되었을 때 그 환자가 전문적인 의사의 치료를 받기 전에 이루어지는 즉각적이며 임시적인 적절한 처치를 말한다. 따라서 신체 상해를 동반하기 쉬운 태권도를 수련하는 모든 사범들은 평소부터 돌발사고에 대한 응급처치법을 익혀두어야 한다.

응급처치와 사고발생의 원인 및 결과를 알게 되면 불의의 사고라 할지라도 미리 그 원인으로부터 피할 수 있는 능력을 길러주게 된다. 그리고 적절한 응급처치는 의사에게 인계될 때까지의 그 질병 및 부상 악화를 방지하고 빠른 회복에 도움을 준다.

나. 처치에 들어가기 전에 알아두어야 할 사항

① 어디까지나 의사에게 보이기 전까지의 응급적인 것에 한한다.
② 후에 의사의 치료에 도움이 되어야 하며, 결코 방해가 되는 응급처치가 되어서는 안된다.
③ 올바른 이론에 맞는 처치라야 한다.
④ 항상 올바른 지식을 갖도록 노력한다.
⑤ 언제 어디서든지 바른 응급처치를 신속히 행할 수 있도록 평소에 수련을 쌓아야 한다.

다. 환자 발생시의 주의사항

① 먼저 당황하거나 서두르지 말 것
② 상태를 확실히 파악할 것
③ 처치의 순서를 재빨리 판단할 것
④ 환자의 전반적인 상태를 관찰할 것
⑤ 주위의 상황에 유의하여 주위 사람들의 협력을 구할 것
⑥ 환자의 곁을 되도록 떠나지 말 것
⑦ 현장을 확인하고 보고할 것

라. 응급처치에 필요한 약품 및 기구

표1. 구급용, 내복약

종 류	품 명	종 류	품 명
해열진통제	아스피린 ABC 노발긴, 사르빈	소화제	건위산, 중조합제 훼스탈 베스타제
진 통 제	바랄긴, 부르코판, 사리돈	멀미약 염증완화효소제	아보민, 보비른 키모타부

4. 응급처치

안 정 제	세레피아, 사네간 위스키	지속성, 설파제	슬신, 바이레나 박트림, 간트리신
지 사 제	스토우베린, 아토민 후라베린큐	항생제	크로로마이세틴, 펜푸리틴

표 2. 구급용 의용약

품 명	적 요	품 명	적 요
머어큐러크롬액	상처 소독	크레졸 비누액	손 소독 및 세척
붕 산 수	상처소독, 세척	암모니아수	독충자상, 자극
알 코 올	살갗 및 기구소독	페르가렌	각성, 파상처치
안티 푸라민 안티멘틀담고약	소염, 진통고약	와셀린 또는 와셀린 거어즈	화상, 찰과상
캄 비 손 연 고	항생, 항히스타민	캄비손 안고약	항생, 살균
아빌 연고 덱스타신델라	피부 보호고약	펜마이 안약	눈보호안약

표 3. 구급용 재료 및 기구

품 명	적 요	품 명	적 요
붕 대	대, 중, 소 창상 처치용	기름종이	고약 첨부용
		목제면봉	의용약 도표
압 박 붕 대	대, 중, 소 압박 처치용	목제설압자	구강검사, 고약첨부
		가 위	처치용
탄 력 붕 대	대, 중, 소 압박 처치용	부 목	대, 중, 소 목제
		봉 합 사	봉합용
멸 균 거 어 즈	대, 중, 소 창상 처치용	봉 합 침	봉합용
		지 침 기	봉합용
거 어 즈	큰것	섭 자	드레싱용
탈 지 면	소독된 것, 안된 것을 구별	들 것	환자 운반
반 창 고	큰 것 1 회용	고무주머니	얼음주머니
삼 각 건	여유있게 준비	담 요	보온용 1~2 매
붕대핀과안전핀	처치용	전 지	비상용
지 혈 대	지혈용	수 건	환자 처치용
지 혈 봉	지혈용	물통과 컵	음료 공급
휴 지	오물처리	팩	찜질용

심 사 규 정

제1조 (목적)
본 규정은 국기원(세계태권도본부) 공인 품, 단증 발급에 따른 제반심사 및 업무처리 절차를 규정하여 태권도 기량의 합리적인 배양과 체계적이고 표준화된 품, 단의 부여를 목적으로 한다.

제2조 (적용)
본 규정의 적용범위는 아래와 같다.
1. 세계태권도연맹에 가맹된 국가협회에 소속된 도장이나 단체에서 지도하고 있는 사범과 수련받고 있는 자
2. 세계태권도연맹에 가맹하지 않은 국가에서 공인단증 보유자로서 지도하고 있는 사범과 수련받고 있는 자
3. 태권도 유사단체에서 발급받은 단증 보유자로서 국기원 제 규정을 준수할 것을 확약하고 그 취지에 적극 찬동하는 자 중 국기원단을 받기를 희망하는 자
4. 응심자가 주재국 이외의 제3국에서 응심할 경우 그 곳에서의 수련 및 체제기간이 6개월 이상 경과된 자

제3조 (권한)
본원은 심사승인, 심사위임, 심사집행, 심사감독, 품, 단사정, 품, 단증 발행 및 징벌권을 총괄 행사하는 최고 기관이다.

제4조 (의무)
1. 세계태권도연맹은 각 국가협회가 국기원 승품, 단 심사업무를 원활히 수행할 수 있도록 협조하여야 한다.
2. 각 국가협회장은 심사업무 집행에 따른 제반업무를 충실히 이행하여야 한다.
3. 응심자는 심사에 관한 본원의 제 규정을 준수하여야 한다.

제5조 (추천권)
1. 응심자에 대한 국기원 승품, 단 심사추천권은 국가협회가 자국내의 회원을 70%이상 장악하고, 원활한 심사업무를 집행한다고 본원에서 인정될 경우 해당 국가협회장은 추천권이 있다. 단, 개별 추천권은 허용하지 않는다.
2. 승품, 단 심사추천권이 확정되지 않은 국가협회는 위 1항과 같이 여건조성의 시기도래시까지 국기원에 대하여 개별 추천권을 갖는다.
3. 세계태권도연맹에 가맹하지 않은 국가에서 공인 사범이 지도하고 있는 수련생에 대하여 공공기관의 확인서에 의거 지도사범이 추천한다.

제6조 (심사위원회 구성)
1. 승품, 단 심사업무의 효율적인 집행을 위해 아래와 같이 심사 기구를 구성 운영한다.
    가. 심사기구

심사구성	심사위원 자격	응심대상
보 통 심사위원회	6단 이상자	5단 이하
고단자 심사위원회	8단 이상자	6단 이상

나. 국가협회에 6단 이상자가 없을 경우에 본원의 사전승인을 득한 후 심사를 집행하여야 한다.
　다. 심사위원은 심사규모에 따라 3인 이상 10명 이내로 편성하고 응심자의 동작 관찰이 용이한 장소에 위치한다.
2. 위1항은 국기원 승품, 단 심사추천권자가 각국협회장으로 확정 되었을 경우에 적용되며, 그 이전까지는 현행과 같이 본원에서 인정하는 사범과 협회의 재량에 따라 임의로 구성한다.

제7조 (심사이행)

1. 심사는 실기와 이론심사로 구분 다음과 같이 시행한다.
   가. 5단 이하는 실기심사를 원칙으로 한다. 단, 4, 5단은 이론심사를 병행 시행할 수 있다.
   나. 6단 이상 응심자는 실기와 이론(필답, 논문) 심사를 병행 시행한다.
   　단, 해외응심자의 실기는 본원에서 인정하는 지도사범 또는 국가협회 추천으로 하고 이론심사는 논문(한글, 영어, 불어, 독일어, 서반아어)으로 대체하며, 논문은 A4용지 10매 이상을 (논제는 별도 선정) 작성하여 승단심사 신청서와 같이 제출하여야 한다.
2. 5단 이하 응심자는 시도 및 주단위로 지방에 위임하고 6단 이상 심사는 중앙에서 실시한다. 단, 국가 실정에 따라 이를 조정할 수 있다.
3. 국내 및 해외거주 8단 이상 응심자는 본원에서 실기심사를 실시하며, 심사시기는 매분기마다(년 4회)실시 한다.
   해외거주 7단 이하 응심자에 대해 당원에서는 지역 및 국가별로 심사위원을 출장 현지 고단자와 합동으로 심사를 실시할 수 있다.
4. 심사는 월1회 실시하는 것을 원칙으로 하며, 해당국협회 실정에 따라 수회 조정 실시할 수 있다.
5. 심사장에는 응심자의 안전을 위하여 심사집행부서의 장은 아래와 같은 안전대책을 취한다.
   가. 시사집행 규모를 감안하여 적정인원의 의사 또는 응급처치사를 배정한다.
   나. 응심자 및 심사집행원을 상대로 사전에 실기심사를 위한 안전교육을 실시한다.
6. 심사 진행 중 발생한 응심자의 상해 및 사망에 대하여 본원 및 심사주관단체에서는 법적(민, 형사상)인 책임을 지지아니함을 응심자에게 확인 신청케 한다.

제8조 (승품, 단 연한 및 연령구분)

1. 연한 및 연령구분

품,단별	승품, 단 연한구분	승품, 단 연령구분 단부터시작한자	승품, 단 연령구분 품부터 시작한자	참고사항	품,단별	승품, 단 연한구분	승품, 단 연령구분 단부터시작한자	승품, 단 연령구분 품부터 시작한자	참고사항
1 품			15세 미만	※모든 응심자는 승품, 단 연한 및 연령이 경과되어야 함.	3→4단	3년	21세 이상	18세 이상	※태권도 조기수련 자임을 감안하여 품부터 시작한 자는 5단까지 승단 연령의 단축 혜택을 부여함.
1→2품	1년		〃		4→5단	4년	25세 이상	22세 이상	
2→3품	2년		〃		5→6단	5년	30세 이상	30세 이상	
3→4품	3년		18세 미만		6→7단	6년	36세 이상	36세 이상	
1 단		15세 이상	15세 이상		7→8단	8년	44세 이상	44세 이상	
1→2단	1년	16세 이상	15세 이상		8→9단	9년	53세 이상	53세 이상	
2→3단	2년	18세 이상	〃		9→10단		60세 이상	60세 이상	

2. 1, 2, 3품 보유자는 만 15세가 경과되면 단과 같다.(단, 4품은 만 18세 이상)
   ※ 현 1, 2, 3품증 보유자가 만 15세를 경과할 경우 본인의 희망에 따라 단증으로 교체하여 교부 받을 수 있다.(단, 4품은 만 18세 이상)

3. 만 15세 경과한 품보유자로서 차상위단으로 승단하고자 할 경우 보유품 승품일자로 부터 기산하여 승단기간 경과자는 응심자격을 부여 한다.

단, 3품 보유자가 4단으로 승단을 희망하는 경우 18세 미만은 4품, 18세 이상은 4단으로 응심토록 한다.

제9조 (응심구분)

1. 승품, 단 심사
2. 특별승단 심사(유사단증 인준등)
3. 명예단 심사(태권도 발전에 공로가 지대한 사회인사에게 그 공적 내용에 따라 명예단을 수여한다.)
4. 추서단 심사(태권도 고단자로서 공로가 지대한 자가 순직하였을 때 1계단을 추서한다.)

제10조 (심사과목)

1. 실기심사
   가. 품새   나. 겨루기   다. 격파(선택실시)   라. 특기(선택실시)
2. 이론심사(4단 이상 응심자에게 시행할 수 있다.)
   가. 필답   나. 논문
3. 면접심사(6단이상 응심자에게 시행할 수 있다.)

제11조 (품, 단 응심별 실기과목)

품,단	품새 지정	필수	품,단	품새 지정	필수
1품, 단	태극1장-7장 중 1지정	태극 8장	6단	태백, 평원, 십진 중 1지정	지태
2품, 단	태극1장-8장 중 〃	고려	7단	평원, 십진, 지태 중 1지정	천권
3품, 단	태극1장-8장 고려중 〃	금강	8단	십진, 지태, 천권 중 1지정지태,	한수
4품, 단	태극1장-8장 고려, 금강 중 〃	태백	9단	천권, 한수 중 1지정심사심의위원	일여
5단	태극1장-8장 고려, 금강,태백 중 〃	평원	10단	회에서 심의 의결함	

제12조 (채점요령)

1. 실기 심사의 채점은 별첨 1, 2양식(품새, 겨루기)에 의거 실시하며, 요령은 다음과 같다.
   가. 심사위원은 홀수로 편성(3인, 5인)하며, 1인 100점 만점으로 배점한다.
   나. 각 심사위원 부여점수 60점 이상은 합격, 59점 이하는 불합격으로 한다.(점수부여 5점차로 함:"예" 55, 60, 65등)
   다. 편성된 각 심사위원 실기심사 부여점수 결과에 대한 합, 불 판정은 다음 예와 같다.
      ① 1품, 단~8단(해외 8단 특별심사 제외)까지의 경우
         "예"품새(겨루기)심사

피심사자 \ 심사위원	A	B	C	판정결과
홍 길 동	65	55	60	합 격
마 희 송	55	55	60	불합격

※ 심사위원 3인중 60점 이상 2개는 합격, 59점 이하 2개는 불합격 처리함.(심사위원이 5인인 경우는 60점 이상 3개는 합격, 59점 이하 3개는 불합격)
※ 품새점수는 지정 및 필수를 합쳐 평균치를 산출 적용함.
② 해외 8단 특별심사 및 9단의 경우
   "예"품새 심사
※ 심사위원 3인 전원 60점 이상 합격, 59점 이하 1개 이상 불합격 처리함.
※ 점수는 지정 및 필수를 합쳐 평균치를 산출 적용함.
라. 각 과목중(품새, 겨루기, 이론 등) 1개 과목 불합격시는 과락으로 간주 실격처리한다.
마. 별첨 3양식(각과목별 점수종합)에 의거 각과목별 점수를 종합기록 관리한다.

2. 체점의 확인사항

	품 새	시선, 기합, 완급, 강약, 신축, 중심, 자세	
	겨루기	시선, 기합, 완급, 강약, 신축, 중심, 기의 다양성	
	격 파	시선, 중심, 힘의 강도, 속도, 공격부위	
	특 기	격파, 특수 손기술, 특수 발기술	
	이 론	정신분야, 실기분야	

제13조 (심사복장)

각 응심자는 아래 복장을 필히 착용 심사에 임하여야 한다.
   가. 공인도복   나. 각종 보호대(몸통, 머리, 낭심보호대)

제14조 (등록금)

1. 본원의 품, 단증서 발급과 유품, 단 보유자 기록관리 유지를 위한 등록금을 별도 산정 납부한다.
2. 아래의 경우는 등록금을 면제 혹은 감면을 받을 수 있으며, 이를 위해 국가협회(장)는 서면으로 본원에 요청하며, 원장의 승인을 받아야 한다.
   가. 경제적으로 취약국가
   나. 미수교국등 보급차원에 있는 정책적인 국가
   다. 천재지변에 의한 재난을 당한 지역 및 국가
   라. 기타, 감면, 면제가 요구된다고 판단된 지역 및 국가
3. 월단할 경우는 월단까지의 각단을 합산한 등록금을 납부하여야 한다.

제15조 (원장재량권)

원장은 승품, 단 심사에 관한 심사규정 이외의 사항에 대하여 본원 심사심의위원회의 건의에 의거 처리할 수 있는 재량권을 갖는다.

제16조 (품, 단증 발급처리)

1. 본원은 승품, 단 심사심의위원회를 구성 운영하며, 심의결과에 따라 원장의 재가를 득하여 아래와 같이 품, 단증을 발행한다.
   가. 협회중심국으로 선정된 국가(제5조 1항)의 5단 이하는 국기원장과 추천 국가협회장 공동 명의로 발행하며, 추천국가협회장 박급명의는 별도 지정한 위치에 본원에 등록된 협회장 서명후 해당 국가에서 발행한다.

나. 국가협회 추천이 확정되지 않은 국가협회의 모든 단증은 국기원장 명의로 발행한다.
　다. 6단 이상 고단자는 국기원장 명의로 발행한다.

제17조 (특전)
다음과 같은 경우에는 승단(품)연한 및 연령의 기한단축 특전을 부여한다.
1. 유공자의 경우
　가.

분야별	내　　　용	연한 및 연령단축
경기실적	1.올림픽 우승자	100%
	2.세계연맹이 주최한 세계적 규모의 태권도대회 우승자	80%
	3.지역대륙별 대회 우승자	60%
공로실적	1. 태권도 지도, 보급 공로자로서 국가원수로부터 훈장을 수상한자	50%

　나. 위 각 분야별 특전은 동일성격으로 1회에 한한다.
　다. 유공에 따른 혜택을 받고자 하는 자는 구비서류를 제출해야 한다.
　　　(1) 경기실적이 있는 자는 각국 태권도협회장이 발급한 전적증명서 2부
　　　(2) 공로 및 기타 실적이 있는 자는 이를 증명할 수 있는 공공기관의 서류 2부
　라. 유공자 특전은 7단 응심자까지 해당한다.
2. 체육대학 태권도과 졸업예정자
　　체육대학(태권도과)에서 태권도를 전공하며, 4학년 이전에 3단을 보유한 졸업예정자가 지도교수의 추천으로 다음 구비서류를 제출할 경우에는 연한에 구애없이 4단 응심자격을 부여할 수 있다.
＊졸업예정자 구비서류
　가. 특수한 사정으로 승단(품)연한 또는 연령의 기한단축을 요구할 시는 본원에 다음 구비서류를 제출해야 한다.
　　　(1) 승단(품) 심사신청서 1부
　　　(2) 이력 및 무력서 1부
　　　(3) 국가협회장 추천서 1부
　　　　　(단, 협회중심국으로 선정되지 않은 국가는 협회장 또는 지도 사범의 추천서)
　　　(4) 태권도 활동상황 및 공헌 내용 1부
　　　(5) 한국인은 해외거주를 인정할 수 있는 근거서류 1부
　　　　　(국내거주자는 주민등록등(초)본 1부)
　　　(6) 기타 참고자료
　나. 본원에서는 위 "가"항의 응심자에 대해 심사심의위원회의 심의후, 원장의 재가를 득하여 특전을 부여할 수 있다.

제18조 (유사단증 및 월단 인준)
1. 태권도 유사 사설단체와 도장에서 발급한 단증을 보유한 자가 국기원단증 발급을 원하는 경우 본원에 다음 구비서류를 제출해야 한다.
　가. 승품. 단 심사신청서 1부
　나. 이력 및 무력서 1부
　다. 보유중인 유사단체 발급 단증

라. 국가협회장 추천서 1부
　　　(단, 협회중심국으로 선정되지 않은 국가는 협회장 또는 지도사범의 추천서)
　　마. 태권도 활동 상황 및 공헌 내용 1부
　　바. 해외거주 한국인은 해외 거주를 인정할 수 있는 근거서류 1부
　　　(국내 거주자는 주민등록등(초)본 1부)
　　사. 기타 참고자료
 3. 본원에서는 위 1, 2항의 응심자에 대해 심사심의위원회의 심의 후, 원장의 재가를 득하여 인준할 수 있다.

제19조 (징벌)

 1. 다음 행위는 제명, 단의 박탈, 정권등으로 처벌한다.
　　가. 단증의 변조, 위조 행위
　　나. 무자격자의 심사 행위
　　다. 각국 협회 및 개인명의로 품, 단증 발행하는 행위

제20조 (승급심사)

승급심사는 각 도장 지도사범의 권한에 속하며, 공인 4단 이상자로서 사범자격증 보유자가 급증을 발급한다.

제21조 (행정사항)

 1. 응심자 구비서류는 다음과 같다.
　　가. 심사신청서 1부(국기원양식 1호(국내), 양식1-1호(해외))
　　(1) 국외거주 한국인은 해외거주를 입증할 수 있는 근거서류를 제출한다.
　　　(공공기관 발행 해외거주 입증서류)
　　(2) 국내 1품, 단 응심자는 주민등록표 등(초)본 원본을 첨부한다.
　　　(외국인은 국내(한국) 거주확인서 첨부)
　　나. 피심사자 심사연명부(별첨 국기원양식 2호(국내), 양식 2-1호(해외))
　　다. 심사현황 및 등록금 납부내용
 2. 위 심사서류는 심사일로부터 각 국가협회는 30일, 국내(각 시도협회)는 10일 이전에 본원으로 제출한다.
　　단, 기일 경과시는 접수일자를 심사일로 간주 처리한다.
 3. 본원에서는 응심자중 적격자로 확정된 자는 다음과 같이 해당협회(국가협회)에 발급 송부한다.
　　가. 국내 응심자는 심사신청서 접수일로부터 15일내 송부
　　나. 해외 응심자는 심사신청서 접수일로부터 20일이내 송부

부 칙

본 규정은 1999. 1. 1일부로 개정 시행한다.

심 사 신 청 서

국기원양식1호

(Application for promotion test)

고 유 번 호 및
발 급 일 자 : _____
(Certificate No)

| 2 매 |
| I.D 2PHOTOS |

현 주 소 : _____
(Perment Address)

성 명 (한 글) : _____ (한 문) : _____   생년월일 : _____ (만) _____
(Name in full)   (Date of Birth)   (Age)

　　 (영 문) : _____

현 품 단 : _____ 품단 현 품 단 : _____   성 별 : _____
(Present Rank)   (Present Rank)   (Sex)

본인은 국기원 승·단 심사에 응시코저 자이 신청서를 제출합니다.
(I hereby submit this application for a promotion test in accoordance with the promotion regulation of kuk-kiwon)
심사 진행중 발생한 사고에 대하여는 국기원 심사규정 제7조 6항에 따른다.
상기자는 국기원 품승단 심사에 응시할 자격을 인정 자이 추천합니다.
(I hereby recommend the preson above as well-qualified for the promotion test to be conducted by kuk-kiwon.)

　　　　　　　　　　　　　　　　　　　　　　신청인 : _____
　　　　　　　　　　　　　　　　　　　　　　(Applicant)

　　　　　　　　　　19 년   월   일

도 장 명 : _____   전화번호 : _____   추천인 : _____
(Name of Do Jang)   (Tel. No.)   (Recommanded by)
국기원장 귀하
To: President, Kuk-kiwon

　　　　　　　　　　　　　　　　　　　　_____ 협 회

대한태권도협회 예의규범

　예의는 상대의 인격을 존중하는 마음이 행동으로 표현되는 높고 값진 인간의 기본 자세이다.
　예의규범을 통하여 세계 곳곳의 모든 태권도 가족에게 같은 도복과 띠를 두르고, 바르고 품위 있는 높은 인품을 지닌 사람이 되도록 노력해야 한다.
　이렇게 함으로써 우리는 동방예의지국의 긍지와 태권 한국의 보람을 갖는 것이다.
　한 개인으로부터 여러 사람이 모이는 집단을 이루면 이는 단체이며 조직인 것이다.
　조직은 규율이 확립되어야 질서가 유지된다. 더욱이 청소년이 모이는 곳에 한층 더 규율과 질서가 필요하기 마련이다.
　과잉된 젊음을 선도하는데는 무엇보다 도의교육이 필요한 것이다.
　도의는 예의를 중심으로 시작된다.
　예의는 단정한 마음과 겸양의 태도라야 한다. 또한 비굴한 태도는 버려야 하며 겸손한 태도를 지니는 것이 예의인 것이다.
　고상하고 정확한 말씨와 우아한 몸가짐 단정하고 절도있는 태도는 건전한 현대 생활인의 지혜이며 공동생활의 화목과 단결의 근원이라 할 수 있다.
　상기한 바와 같은 이유와 필요성에 따라 여기 대한태권도협회는 예의규범을 제정한다.

1971년 5월 7일

- **태권도인의 예의의 각도와 자세**
　차려 자세로서 머리는 45도 숙인다. 허리는 15도로 굽힌다. 발 뒤축을 힘있게 붙인다.

- **도장, 방, 마루에 앉아 있을 경우**
　윗사람이 앉아 있을 때는 무릎을 꿇고 앉아서 절을 한다.
　윗사람이 들어왔을 때는 자리에서 일어나서 예를 하고 윗사람이 앉은 후에 무릎을 꿇고 앉아 절을 한다.
　수행이 목적인 때는 반드시 수행하는 사람을 뒤따라야 한다.
　입실할 경우 윗사람보다 수행자는 잠깐 앞섰다가 뒤따르는 순서를 지켜야 한다.
　자리에 앉을 경우에도 먼저 자리를 살피고 편히 모셔야 한다.
　회의가 진행되는 동안에도 수행원은 항상 윗사람을 지켜보고 있다가 필요한 경우 쉽게 응할 수 있도록 유의하여야 한다.
　윗사람이 의견을 말할 때에는 경청하는 태도를 취하고 아랫사람이 의견을 말할 때에도 주의 깊게 받아들이는 태도를 취한다.

- **의식과 자리 배정**
　회장, 부회장, 이사, 관장, 사범, 고단자 순으로 하되 의자의 배정은 상석을 중심으로 중앙이 제일 상석이고 오른편, 왼편의 순서로 배정되어야 한다.
　배석의 위치가 달라질 때는 언제나 제일 윗사람의 순으로 정하여야 한다.
　회장, 관장이 식사(式辭)를 할 때의 순서는 집행자 다음 제일 우선으로 대우하여야 한다.
　의식이 끝날 때는 윗사람 순으로 자리를 일어나야 한다.

- **음주와 흡연**
  윗사람한테 잔을 받을 때는 어려운 태도로 받고 고개를 약간 돌리고 마셔야 한다.
  술이 과한듯 느껴질 때에는 실수가 없도록 자리에서 일어나야 한다.
  자기 기분의 좋고 나쁨에 따라 경솔한 행동을 하지 말아야 한다.
  윗사람 앞에서 담배를 피울 경우 불경한 태도를 삼가야 한다.

- **지도자(관장 및 사범)의 자세**
  (1) 관장이나 사범은 문하생들에게 존경받을 수 있는 모범된 인격을 갖추어야 한다.
  (2) 문하생은 관장이나 사범의 언행 하나하나를 본보기로 행동하기 때문에 각별히 주의해야 한다.
  (3) 동료나 윗사람을 문하생 앞에서 험담이나 비방을 하지 말아야 한다.
  (4) 문하생 앞에서 예의에 어긋난 언행을 일체 삼가야 한다.
  (5) 문하생에게 항상 꿈과 이상, 좌표(座標)를 정하여 주어야 한다.
  (6) 관장, 사범은 태도가 명백하여야 한다.
  (7) 거짓말과 순간적인 기교를 부리지 말아야 한다.
  (8) 문하생 앞에서 말이 많으면 안된다.
  (9) 문하생의 가정환경 또는 고충을 주의깊게 살펴 성의껏 도와야 한다.
  (10) 명령보다도 의논하는 태도를 가져야 한다.
  (11) 공과 사를 정확하게 구분하여야 한다.
  (12) 관장, 사범은 사치, 허영, 향락, 도박, 과음을 억제하고 근면 검소한 생활을 보여야 한다.
  (13) 관장, 사범은 지역사회 개발에 앞장선 실천자가 되어야 한다.
  (14) 관장, 사범, 고단자, 유단자 전 태권도인은 도덕적 의협심과 정의, 의리, 겸양으로 배신을 버리고 실천할 수 있는 교육과 자세를 자기 주변에서부터 하나하나 실천해 나아가야 한다.

수련 과정표

수련 과정표는 지도상의 과정을 급과 단별로 작성하여 체육관에 입관할 때부터 지도계획의 체계를 잡아 수련을 효과적으로 하기 위해 작성한 것이다.

- **도장에서**
  도장에 들어서면 경건하게 국기에 경례하고(국기 경례는 오른손을 왼편 가슴에 붙인다) 관장, 사범, 고단자 순으로 인사를 한다.
  도장 내부에서는 조용하고 엄숙한 분위기를 스스로 만들어야 한다.
  도복은 언제나 소중하게 간수하여야 한다.
  도복 착용으로는 특별한 경우를 제외하고 도장 밖 출입을 삼가야 한다.
  도장 내에서는 관장, 사범, 선배에게 노소를 막론하고 꼭 경어를 써야 한다.

- **도복 착용과 간수**
  도복을 청결하게 하고 매무새를 단정하게 하여야 한다.
  수련이나 경기를 하다 도복이 흐트러졌을 때는 행동을 중지하고 돌아서서 고쳐 입어야 한다.

- **복장 및 용모**
  복장은 단정하여야 한다.
  단추나 넥타이가 풀리지 않았나 항상 주의를 기울여야 한다.

대회 및 심사 또는 기타 행사와 의식에는 반드시 성장을 하여야 한다.
머리는 단정히 하고 구두는 항상 청결히 한다.
항상 깨끗하고 단정한 생활을 습성화하여야 한다.
용모나 복장에 게으름이 나타나지 않도록 하여야 한다.
지나친 유행성을 삼가야 한다.

● 사회와 가정에서
학교, 사회, 가정에서도 정중한 예의와 바른 말을 써야 한다.
스승과 상사, 동료, 후배들에게 분수에 벗어나지 않는 예의를 갖추어야 한다.

● 대화를 나눌 때
상대와 앉아서 대화할 때의 자세는 가슴을 펴고 정중한 태도로 임하여야 한다.
언어는 항상 교양있게 사용한다.
대화는 웃는 얼굴로 상대방에게 불쾌감을 주지 않도록 한다.
대화는 상대방이 알아 들을 수 있는 정도로 낮은 목소리로 조용하고 의논성 있게 하여야 한다.
화제는 되도록 흥미를 잃지 않도록 위트와 유우머를 적절히 가미하도록 노력한다.
외국어 사용은 되도록이면 삼가한다.
대화를 나눌 때 침이 튀지 않도록 주의를 기울여야 한다.
상대방의 칭호에 각별히 신경을 써야 한다.
상대방의 얘기를 끝까지 주의 깊게 들은 다음 정확한 판단 아래 자기의 의견과 주장을 내세워야 한다.
상대방의 얘기를 가로 막아서는 안된다.
상대방을 경시하는 태도로 빤히 쳐다보아서는 안된다.
윗사람도 대화시 상대를 툭 치거나 상대방의 몸에 손을 대거나 손짓을 하여서는 안 된다.

● 전화 및 방문
전화를 걸었을 때는 자기의 성명을 먼저 대고, 상대방의 성함을 물어야 한다.
전화를 받았을 때는 먼저 자기의 이름이나 직장 직책을 먼저 말하고 누구를 찾느냐고 물어야 한다.
대화는 간결 명료하게 하여야 한다.
중요한 내용은 되도록 통화시에 메모하는 습관을 길러야 한다.

● 방문
방문시에는 신분의 상하를 막론하고 사전에 연락을 취하여야 한다.
가급적이면 일요일이나 그밖의 공휴일 또는 이른 아침, 밤 늦게, 식사시간, 혹은 일기가 불순한 경우에는 방문을 삼가야 한다.
방문하였을 때는 간단히 용건을 마치고 자리에서 일어나야 한다. 바쁘거나 또는 몸이 괴로운 표정이면 더욱이 자리를 빨리 떠야 한다.

● 식사
식탁에 앉을 때는 바른 자세로 앉아야 한다.

식사시는 되도록 말이 없도록 하여야 한다.
윗사람이 식사를 먼저 시작한 후 따라서 하여야 한다.
같은 친구 사이에도 상대가 손님일 경우 대우를 하는 성의를 보여야 한다.
수저소리, 마시는 소리, 씹는 소리를 내지 말아야 한다.
입 속이 들여다 보이지 않도록 다물고 음식을 먹어야 한다.
식사 중에는 자리를 뜨지 말아야 한다.
식사는 되도록 상대방과 같이 끝나도록 한다.

● 사교장에서 지켜야 할 일
소개할 때 먼저 윗사람에게 정중히 의사를 물은 다음 손아랫사람을 소개한다.
소개하는 사람이 장황하게 설명해서는 아니 된다.
소개를 받았을 때에는 소개하는 사람의 말이 끝나기를 기다려서 인사를 한다.
악수를 하는 경우 윗사람이나 선배가 먼저 손을 내밀어야 그에 응한다.
남성과 여성의 악수는 여성의 의향에 맡겨야 한다.
악수는 지나치게 힘을 주어서는 안된다.

● 승차
승용차를 탈 때는 운전수 뒷자리가 차석이고 반대쪽이 상석, 가운데 자리가 그 다음, 운전수 옆자리가 말석이 된다.
자가용으로 주인이 운전을 할 때에는 운전석 옆자리가 상석이 된다.
승차시 윗사람을 모실 때는 언제나 먼저 타도록 하고 내릴 때는 그 반대로 먼저 내려 곁에서 부축과 시중을 들어야 한다.

● 수행
윗사람을 안내할 경우에는 약간 허리를 굽히고 앞서가야 한다.

주심 수신호(Referee's Hand Signals)

1. **청, 홍 선수위치(Call for contestants)**

    1) 양주먹을 말아 쥐며 엄지는 중지위에 놓고 인지를 곧게 편 후
        Clencing the with the thumb on the middle finger, and spreading out the forefinger
    2) 좌,우 가슴앞까지 올려 팔을 뻗으며 먼저 "청"선수 위치를 오른손 인지로 가리킨 후 "홍"선수 위치를 왼손인지로 가리킨다.
        Stretching out the arm from the break part, "Chung" contestant's mark shall be pointed first with the right forefinger, and next "Hong" contestant's mark with the left forefinger.

 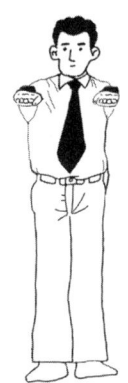  

2. **차렷/경례("Cha-ryeot"/"Kyeong/rye")**

    1) 엄지손가락을 안쪽으로 접고 그 외 손가락들을 곧게 펴 양손바닥을 앞으로 향하게 하여 양팔을 어깨중심으로 45도 바깥쪽으로 벌린 후 손끝을 눈썹 높이까지 올리면서 "차렷" 구령을 한다음,
        Raise open palms facing forward with the thumbs folded to the height of the eyebrow. Keep the arms apart from both side of the trunk at 45 degrees, giving a verbal commend "Cha-ryeot" and then,
    2) 두 팔을 어깨높이와 평행이 되도록 펴되 손바닥은 아래로 향하게 하면서 "경례"구령을

한다.
Stretch both arms even to the height of the shoulders with palms down, giving a verbal command "Kyeong-rye".

3) 양손바닥이 마주 보도록 하여 양손을 수직으로 세운 후 양쪽 어깨를 중심으로 각각 45도 바깥쪽으로 팔을 벌린 상태에서 손끝을 눈썹 높이까지 올리며 "차렷" 구령을 한다음,
Raise open palms facing each other with thumbs folded to the height of the eyebrow. Keep the arms apart from both sides of the trunk at 45 degrees, giving a verbal command "Cha-ryeot" and then,

4) 양손바닥을 명치앞에 수평이 되도록 동시에 내리면서 "경례" 구령을 한다.
이때 양손과 명치사이 그리고 양손끝 사이는 주먹하나 간격이다.
Bring both hands to the front of the pit of the stomach with the palms down while giving a verbal command "Kyeong-rye". Keep a fist-sized distance between fingertips of both hands and between hands and the trunk.

3. 준비("Joon-bi")

1) 오른팔을 어깨를 중심으로 45도 구부려
   Outstretching the crooked right arm at an angle of 45 degrees from the point of the right shoulder

2) 세운 손바닥을 귀높이까지 올리며 왼앞굽이 자세를 취하고
   Vertically raising the palm of the right hand at a height of the ear, and taking a step forward the posture of the left-front-walking shall be taken, and then

3) 오른손날을 명치높이 까지 뻗어 내리며 준비구령을 한다.
   Taking down the right hand in a knife-hand position to the height of the pit of the stomach, a verbal order of "Joon-bi" shall be given.

4) 이 때 왼손은 주먹을 가볍게 쥐고 몸옆 아래로 내린다.
   At this point, the left hand lightly clenched shall be straightened down.

4. 시작 ("Shi-jak")

1) 준비자세에서 왼발을 끌어 당겨 범서기로 서면서 양손바닥을 양 어깨를 중심으로 각45도 바깥으로 벌린 후

   Taking the posture of "Bum-seo-ki" from the posture of "Joon-bi" by withdrawing the left foot back, both arms shall be outstretched at an angle of 45 degrees from the point of both shoulders, and then

2) 양팔을 양손바닥이 마주 보이도록 양젖꼭지까지 재빨리 끌어 당기면서 "시작" 구령을 한다.

   With the arms rapidly closing up before the breast, an order of "Shi-jak" shall be given

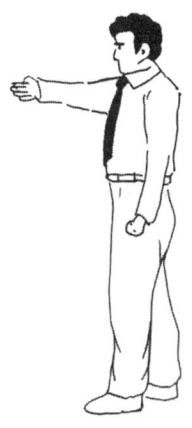 

5. 갈려/그만 ("Kal-yeo"/"Keu-man")

왼앞서기 자세를 취하며 오른 세운 손날을 명치까지 뻗어내리며 "갈려"/"그만"구령을 한다.

Taking the posture of the left-front-standing, the right knife-hand spresd out shall be rapidly taken down at a height of the pit of the stomach giving an order of "Kal-yeo"/"Keu-man".

6. 계속("Kye-sok")

"갈려"선언 자세에서 오른 세운 손날을 오른 귀높이까지 들어 올리며 "계속" 구령을 한다.
Rasing the right knife-hand in the posture of "Kal-yeo" at a height of the right ear, the order of "Kye-sok" shall be given.

7. 판정선언(Winner declaration)

1) "청"선수 승자시 승자쪽을 향한 후 오른 주먹을 명치앞으로 올리며 오른 손날로써 45도 바깥쪽으로 뻗어 올림과 동시에 "청승" 구령을 한다.
   When "Chung" is the winner, the Referee shall turn towards "Chung" and raise the right fist to the front of the pit of the stomatch, and then immediately strech the right knife-hand up at an angle of 45 degrees declaring "Chung-seung".

2) "홍"선수 승자시 같은 요령으로 왼 손날을 사용, "홍승"구령을 한다.
   In case of "Hong", the Referee shall declare "Hong-seung" by using the left knife-hand in the same manner.

3) 이 때 반대쪽 손은 주먹을 가볍게 쥐고 몸옆 아래로 내린다.
   At this point the other jand lightly clenched shall be strightened down.

8. 계시("Kye-shi")

오른팔을 135도 뻗어 내리며 오른손 인지로 기록원석을 가리킨다.
Straightening down the right hand with the arm bended at an angle of 135 degrees, the Referees shall point the right forefinger at the Recorder's seat.

9. 시간("Shi-gan")

양손의 인지를 인중 높이에서 왼손인지를 바깥으로 하여 서로 교차시킨다.
This is demonstrated by making an X mark by crossing both forefingers with the left forefinger to be placed outer at a height of the perpendicular furrow of the upper lip.

10. 계수(Counting)

주먹을 쥔 상태에서 큰소리로 오른손 엄지손가락부터 하나씩 1초간격으로 펼쳐낸다. "다섯"과 "열"에서는 손을 들어 손바닥이 선수를 향하도록 한다.
The count shall be made from the right tumb by spreading out the fingers of the clenched fist one by "Yeol"(ten), the palm shall be turned towards the pertinent contestant.

　　　　　　　1)　　　　　　　　　　　2) 앞 (Front)

11. 경기방해 행위(Interference with the progress of the match)

1) 인지를 편 오른손 주먹을 오른쪽 귀 뒤로 가져갔다가, 오른팔의 내각이 135도가 되도록 들어올린 후 오른손 인지로 금지행위를 한 선수를 가르킨 후
   Get the clenched right fist with the forefinger stretched behind the right ear and then point at the pertinent contestant who did a prohibited act with the right forefinger with the interior angle of the arm being 135 degrees.

2) 편 양손목을 목높이에서 교차시키되 오른손을 안쪽으로 하고 몸통에서 약 20cm간격을 둔다.
   Cross wrists of both hands stretched before the throat with the right hand inside, keeping the distance of about 20cm from the throat.

　　　1)　　　　　　　2)　　　　　　　3)　　　　　　　4)

12. 바람직하지 못한 행위(Undesirable acts)

1) 인지를 편 오른손 주먹을 오른쪽 귀 뒤로 가져갔다가, 오른팔의 내각이 135도가 되도록

들어올린 후 오른손 인지로 금지행위를 한 선수를 가르킨 후
Get the clenched right fist with the forefinger stretched behind the right ear and then point at the pertinent contestant who did a prohibited act with the right forefinger with the interior angle of the arm being 135 degrees.

2), 3) 오른손끝으로 왼팔을 아래에서 위로 한 번 쓸어올린 후
Rub the left arm upward once and then

4) 자연스럽게 오른손바닥으로 입을 가린다.
Naturally hide the mouth with the right palm

1)

2)

13. "경고" 선언(Declaration of "kyong-go")

1) 인지를 편 오른손 주먹을 오른쪽 귀 뒤로 가져간다.
Get the clenched right fist with the forefinger stretched behind the right ear.

2) 오른팔을 펴면서 인지로 해당선수의 이마를 가리키며 "경고" 선언한다.
Pointing at the forehead of the pertinent contestant, stretching the right arm and declaring "Kyong-go".

1)

2)

14. "감점" 선언(Declaration of "Gam-jeom")

1) 먼저 청, 홍 두 선수를 선수위치에 서게 한 다음, 차렷자세에서
   Let the two contestant of Chung and Hong stand at their positions. Take "Cha-ryeot" stance and then,

2) 오른손 인지를 수직으로 곧게 뻗어 올리며 "감점" 선언한다.
   Raise up the right fist vertically with the right forefinger stretched, declaring of "Gam-jeom".

1)　　　　　　　　　　　　2)

3)　　　　　　　4)　　　　　　　5)

15. 주의(Caution "Joo-eui")

1) 오른팔의 내각이 135도가 되도록 하여 들어올려 오른손 인지로 해당선수를 지적한다.
   Stretch the right arm with the interior angle being 135 degrees and point at the forehead of the pertinent contestant with the forefinger.

2), 3), 4) 편 오른손바닥을 앞을 향하게 하여, 왼쪽에서 오른쪽으로 흔든 후
   Turn the right palm forward and sway it once from left to right and then

5) 다시 오른손 인지만 펴서 주의를 한 번 주었음을 알린다.
   Get the right fist clenched with only forefinger stretched (to let the pertinent contestant that the Referee has given a caution).

3. 득점무효 선언(Annulment the points scored)

경기규칙 제12조 5항과 관련, 주심은 "갈려"선언을 한 후 즉시 득점무효를 선언한다.
This is in regard to the Article 12.5 of the Competition Rules that stipulates the annulment of the points scored made immediately after the command "Kal-yeo".

1) "차렷"자세에서 오른손바닥을 앞을 향해 이마 앞 20cm 위치까지 올린 후
   In "Cha-ryeot" stance, raise the right palm before the forehead with 20cm distance from the forehead.
2), 3) 오른손바닥을 오른쪽에서 왼쪽으로 어깨넓이만큼 2회 흔들어 무효를 나타내되 몸은 자연스럽게 해당선수를 향한다.
   Sway the right palm twice horizontally from right to left as widely as the shoulder to annual the point(s) scored.
※ 그 후에는 기록석을 향해 "시간"을 지시한 후 금지행위를 한 선수에게 벌칙선언을 해야 하며, 벌칙선언을 한 후 "계속" 구령을 하는 시점에서부터 경기시간이 다시 시작된다.
   After the motion 3), show the sign of "shi-gan" to the Recorder's desk and declare the penalty to the pertinent contestant. Time shall be recorded again from the point of declaration "Kye-sok" after giving the penalty.

1. 심판용 전광판

1) 모양

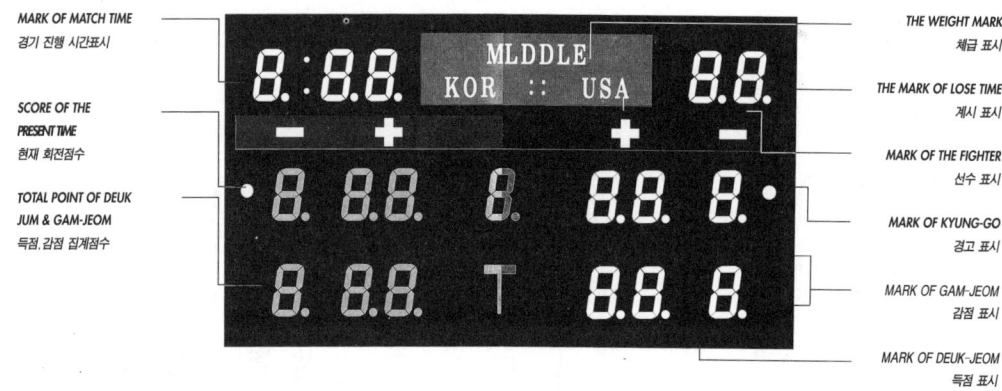

2) 구조

(1) 개요 : 심판용 전광판은 COMPUTER SYSTEM을 이용한다.

(2) 보유기능

① 본 전광판의 소자는 색상이 선명하고 수명이 반영구적인 LED DOT-MATRIX와 LED 7-SEGMENT(FND)를 사용한다.

② 표출내역

  ㉠ COT-MATRIX표시부 : 중앙상단에 경기자의 체급이 영문 및 한글로 표출되고 하단에 경기자 이름이 표출된다.

  ㉡ 경기시간 표출 : DOT-MATRIX표시부 좌측에 경기시간이 표출되며 경기시간은 DOWN COUNT 하여 종료와 동시에 부저가 울리고 로스타임 작동시 경기 시간은 흐르던 그 상태에서 정지된다.

  ㉢ 로스타임 표출 : DOT-MATRIX표시부 우측에 로스타임이 표출되며, 로스타임은 UP-COUNT하여 종료 시간전 10초간 예비음이 울리도록 한다.

  ㉣ 득점, 감점 및 경고표출 : 전광판의 중앙 좌우측에 LED 7-SEGMENT를 사용하여 청, 홍 경기자의 득점 및 감점을 표시하고 ROUND 점수 좌우측에는 황색 램프를 이용하여 경고를 표출한다.

  ㉤ 합산점수(T)표출 : 전광판 좌우측 중단부에 청, 홍 경기자의 1, 2, 3회전의 득점 및 감점의 합산이 표출되고 최종 점수가 자동계산되어 승리자의 LEF-7SEG-MENT가 10초간 깜박인다.

③ 득점 및 감점의 표출은 1회전이 끝나 2회전이 시작되면 1회전의 성적이 TOTAL에 표출되며, 2, 3회전도 마찬가지의 방법으로 계산 표출되어 TOTAL의 득점, 감점을 자동 계산 승리자를 표시한다.

④ 득점의 표출은 4명의 부심중 정해진 시간안에 2인 이상의 부심이 득점 KEY를 눌렀을 때 표출되며, 유효득점이 아닌 점수의 표시 및 제반 경기의 모든 종합적인 사항은 PRINTER로 받아 볼 수 있다.

⑤ 득점의 표시는 4명의 부심 판정에 의해 조작되며 감점표시는 주심의 선언에 의해 KEY BOARD 조작으로 표출된다.

⑥ 득점은 최대 99점, 감점은 최대 9점까지 표출할 수 있다.

⑦ 전광판에 부저를 부착하여 경기시작과 종료를 나타낸다.

(3) 구성 요소
- ① 전광판(SCORE BOARD) : 1 SET
- ② COMPUTER SYSTEM : 1 SET
  - ㉠ COMPUTER 본체
  - ㉡ MONITOR & KEY BOARD
  - ㉢ LASER PRINTER
- ③ 부심용 조작 KEY : 4 SET
- ④ INTERFACE CONTROLLER : 1 SET
- ⑤ DISPLAY CONTROLLER : 2 SET
- ⑥ POWER SUPPLY : 1 SET

2. 경기용 매트

1) 모양

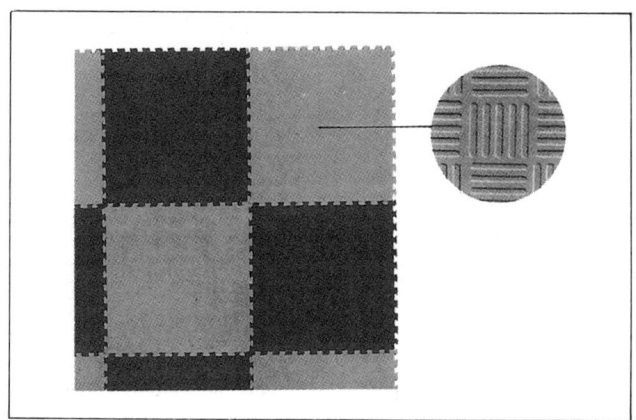

2) 구조
  (1) 재질 : 고압측 EVA(무취 및 향)
  (2) 색상
   ① 경기지역 - 연두색
   ② 경계지역 오렌지색
  (3) ① 두께 : 20mm (± 3mm)
   ② 크기 : 1m × 1m의 퍼즐 재단
  (4) 무늬 : 완자형 (20mm × 20mm)의 요철

3) 안전도
  (1) 경도 : 52~54
  (2) 비중 : 0.18~0.19
  (3) 압축줄입률 : 20.5%
  (4) 반발탄성 : 33.7%
  (5) 열변형 : 변형 0%(-18~35°C)

3. 몸통 보호대

1) 모양

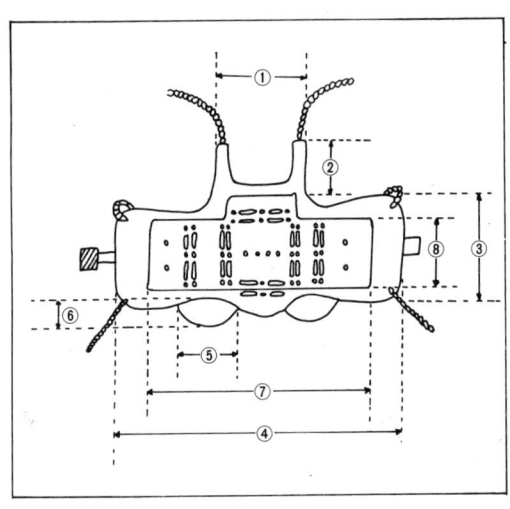

2) 구조
  (1) 보호부위 : 가슴부위와 하복부를 포함한 몸통둘레의 2/3이상을 둘러 쌓아야 하며 서혜부를 보호할 수 있도록 하여야 한다.
  (2) 색상 : 흰색 바탕에 득점부위는 청, 홍색으로 표시
  (3) 재질
    ① 합피: 0.6mm이상의 비닐
    ② 방력판 : EVA SPONGE PAD-두께 13mm(+ 2mm)
              NBR SPONGE PAD-두께 18mm(+ 2mm)
    ③ 내부천, 외부끈 : 100% 면
    ④ Velcro
  (4) 표면처리 : 유연재 Paint Coating 및 비닐봉재 타입

3) 안전도
  (1) 방력판은 몸에 부착이 용이하고 통풍이 용이하고 원활하도록 다수의 구멍을 내야한다.
  (2) 방력판의 강도는 EVA SPONGE경도 60°이상, NBR SPONGE 경도 15°이상 이어야 한다.
  (3) 규격   (단위 : cm)

구분	1	2	3	4	5	6	7	8
1호	Small Free Size							
2호	24	13	25	75	15	10	58	18
3호	25	14	28	80	16	11	63	21
4호	26	15	31	85	17	12	68	24
5호	27	16	34	90	18	13	73	27
6호	Large Free Size							

4. 머리 보호대

1) 모양

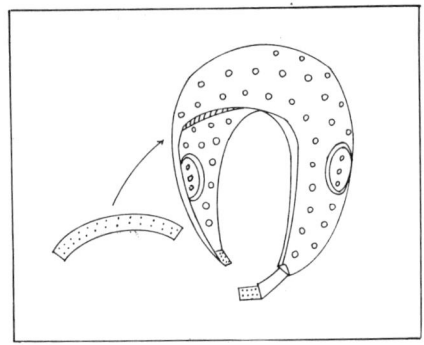

2) 구조
  (1) 보호부위: 머리 및 양볼 부위
  (2) 색 상 : 청, 홍색의 2종
  (3) 재질
    ① NBR 스폰지 : 두께 18mm(+ 2mm)
    ② 접착식, 밴드
    ③ 면 머리띠
  (4) 표면처리 : 유연재 Paint Coating

3) 안전도
  (1) 귀덥개는 귀가 눌리지 않도록 표면에 부착하며 고막파열 방지를 위한 배기공이 있도록 하여야 한다.

(2) 충격완화와 공기유통을 위한 다수의 구멍이 있도록 하여야 한다.
(3) 눈에 땀흐름을 방지를 위하여 이마부위에 착탈식 면 머리띠를 머리둘레의 1/3이상 부착토록 하여야 한다.
(4) 안전강도는 스폰지 경도 18° 이상 이어야 한다.

5. 샅보대(남성용, 여성용)

1) 모양

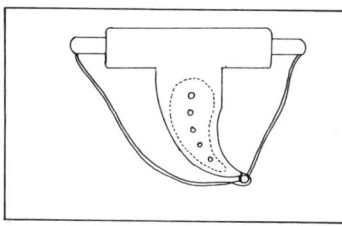 (1) 남성용   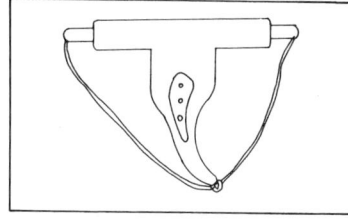 (2) 여성용

2) 구조
   (1) 보호부위 : 하복부 부위는 EVA또는 NBR스폰지로 하되 국부 부위는 견고한 프라스틱의 CUP로 하며 CUP의 표면은 충격흡수를 위해 스폰지를 덧붙여야 한다.
   (2) 색상 : 흰색
   (3) 재질
      ① 방력판(프라스틱) : 경도 90° 이상
      ② EVA 또는 NBR 스폰지 : 경도 18° 이상
      ③ 접착 밴드. P.U. 스폰지
   (4) 표면처리 : 유연재 Paint Coating및 비닐봉재 타입

3) 안전도
   (1) CUP의 신체접촉 부위는 타박을 방지토록 충격흡수를 위해 스폰지를 덧붙여야 한다.
   (2) CUP는 모든 방향의 외압으로부터 보호하기 위해 바나나형으로 굽어야 한다.
   (3) CUP는 공기 유통을 위한 다수의 구멍이 있도록 한다.

6. 팔, 다리 보호대

1) 모양

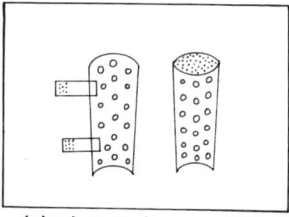
(1) 팔 보호대

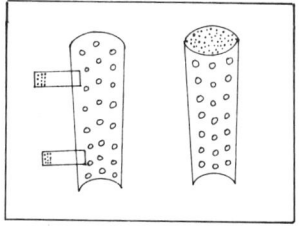
(2) 다리 보호대

2) 구조
   (1) 보호부위 : 팔뚝 및 정강이 부위의 2/3를 감싸도록 하여야 한다.
   (2) 색상 : 흰색
   (3) 재질
      ① 방력판(EVA OR NBR SPONGE PAD) : 두께 : 10mm(+2mm)
      ② 접착 밴드. COTTON TOWEL
      ③ 표면처리 : 유연재 Paint Coating 및 Cotton Towel Round Type

3) 안전도
   (1) 팔, 다리에 부착한 후 돌지 않도록 하여야 한다.
   (2) 방력판은 공기유통을 위한 다수의 구멍이 있도록 한다.
   (3) 안전강도는 Sponge경도 18° 이상 이어야 한다.

All Respected Fellow Taekwondists of the World

First of all, I would like to express my deep appreciation for your painstaking efforts to promote people's health conditions all over the world through Taekwondo training, and at the same time extend my sincere thanks to you all Taekwondo black belts and instructors for your deep interest and affection in the Taekwondo Textbook published by the Kukkiwon in Seoul, the Republic of Korea.

In fact, the English edition of Taekwondo Textbook published in 1995 has evoked a sensation and favorable Hand signals' from many Taekwondo devotees : however, it must be admitted that the Textbook comes short of dimensional and visual illustrations of bodily movements.

With these handicaps in mind, we have decided to provide you, free of charge, with 2 video-tapes, which contain a series of vivid, dynamic and dimensional images to explain everything in the Textbook, beginning with the history of Taekwondo, philosophy, fundamental motions, poomsae, competition rules, referees Hand signals and refereeing rules, also including training methods.

I sincerely hope that these tapes along with the existing Textbook will contribute greatly to the practice of Taekwondo as well as the promotion of people's health.

〈본 테이프는 1997년 홍콩 세계태권도대회를 계기로 만들어진 것이며, 제1권에는 생명력 넘치며 입체적인 태권도의 기본동작, 태극품새, 팔괘품새를 다루었고, 제2권에는 유단자 품새, 심판사인, 우수 태권도선수선발시합 장면, 태권한마당시범대회 등 다양한 내용을 영상에 담아 제작하였습니다.〉

Chairman, Joong Young Kim
Dan Promotion Committee Kukkiwon

TAEKWONDO TEXTBOOK

Price : $60
Quantity : 766p 4×6倍判
Paper thickness : 120(sw)
ISBN : 89-7336-735-8
Publisher : O-Sung Publishing Co.
　　　　　　147-7, Yeongdeungpo-6ga, Yeongdeungpo-gu,
　　　　　　Seoul, Korea(Zip Code 150-046)
Tel : 82-2-2635-5667~8
Fax : 82-2-835-5550 Mobile : 82-11-265-4345

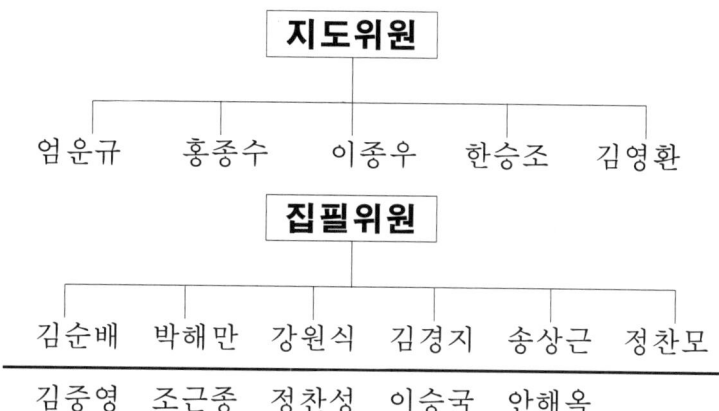

국기 태권도 교본

2000년 4월 10일 2판 1쇄 발행
2004년 4월 5일 2판 3쇄 발행

엮은이 : 국 기 원
발행인 : 이 금 재
발행처 : 오성출판사

서울시 영등포구 영등포 6가 147-7
TEL : (02) 2635-5667~8
　　　　2635-6247~9
FAX : (02) 835-5550

출판등록 : 1973년 3월 2일 제 13-27호
http://www.osungbooks.com

ISBN 89-7336-700-5
값 30,000원

※파본은 교환해 드립니다.
※독창적인 내용의 무단 전제, 복제를 절대 금합니다.